BIBLIOTECA LUZZATTIANA

Fonti e studi

21

ISTITUTO VENETO DI SCIENZE, LETTERE ED ARTI

BIBLIOTECA LUZZATTIANA

Fonti e studi

COLLANA DIRETTA DA PIER LUIGI BALLINI E PAOLO PECORARI

1. PAOLO PECORARI, *Il protezionismo imperfetto: Luigi Luzzatti e la tariffa doganale del 1878*
2. *Luigi Luzzatti e il suo tempo*, a cura di PIER LUIGI BALLINI e PAOLO PECORARI
3. *La politica della casa all'inizio del Novecento*, a cura di DONATELLA CALABI
4. *Finanza e debito pubblico in Italia tra '800 e '900*, a cura di PAOLO PECORARI
5. *Le idee di rappresentanza e i sistemi elettorali in Italia tra Ottocento e Novecento*, a cura di PIER LUIGI BALLINI
6. *Verso la svolta delle alleanze: la politica estera dell'Italia ai primi del Novecento*, a cura di MARTA PETRICIOLI
7. LUIGI LUZZATTI, *La diffusione del credito e le banche popolari*, a cura di PAOLO PECORARI
8. *Le banche popolari nella storia d'Italia*, a cura di PAOLO PECORARI
9. *I giuristi e la crisi dello stato liberale (1918-1925)*, a cura di PIER LUIGI BALLINI
10. *Chiesa, fede e libertà religiosa in un carteggio di inizio Novecento: Luigi Luzzatti e Paul Sabatier*, a cura di SANDRO G. FRANCHINI con Introduzione di ANNIBALE ZAMBARBIERI
11. *Crisi e scandali bancari nella storia d'Italia*, a cura di PAOLO PECORARI
12. PAOLO PECORARI, *Storie di moneta e di banca*
13. *Alla ricerca delle colonie (1876-1896)*, a cura di PIER LUIGI BALLINI e PAOLO PECORARI
14. *Scuola e nazione in Italia e in Francia nell'Ottocento: modelli, pratiche, eredità. Nuovi percorsi di ricerca comparata*, a cura di PIER LUIGI BALLINI e GILLES PÉCOUT
15. *I cattolici e lo stato liberale nell'età di Leone XIII*, a cura di ANNIBALE ZAMBARBIERI
16. *L'Italia, la Francia e il Mediterraneo nella seconda metà dell'800*, a cura di PIER LUIGI BALLINI e PAOLO PECORARI
17. *Carteggio Luigi Luzzatti - Fedele Lampertico (1861-1905)*, a cura di PIER ANGELO PASSOLUNGHI
18. *Luigi Luzzatti, Presidente del Consiglio*, a cura di PIER LUIGI BALLINI e PAOLO PECORARI
19. *Luigi Luzzatti e la Grande Guerra. Temi e vicende dell'Italia divisa: dall'intervento ai trattati di pace*, a cura di PIER LUIGI BALLINI
20. PIER LUIGI BALLINI, *Debito pubblico e politica estera all'inizio del '900. Luigi Luzzatti e la conversione della rendita del 1906*
21. *Nel primo centenario della battaglia di Caporetto*, a cura di PIER LUIGI BALLINI e SANDRO G. FRANCHINI

ISTITUTO VENETO DI SCIENZE, LETTERE ED ARTI

NEL PRIMO CENTENARIO DELLA BATTAGLIA DI CAPORETTO

a cura di

PIER LUIGI BALLINI
e
SANDRO G. FRANCHINI

VENEZIA
2018

ISBN 978-88-95996-87-5

Il volume riporta le relazioni presentate al Convegno
Nel primo centenario della battaglia di Caporetto
(Venezia, 8-10 novembre 2017)

promosso da:
Istituto Veneto di Scienze, Lettere ed Arti
Österreichische Akademie der Wissenschaften

IstitutoVeneto
diScienzeLettere
edArti

ÖAW
AUSTRIAN
ACADEMY OF
SCIENCES

con il contributo della Regione del Veneto

Progetto e redazione editoriale: Ruggero Rugolo

30124 Venezia - Campo S. Stefano 2945
Tel. 0412407711 - Telefax 0415210598
ivsla@istitutoveneto.it - www.istitutoveneto.it

INDICE

PRESENTAZIONE

Il volume raccoglie gli Atti del Convegno internazionale Nel primo centenario della battaglia di Caporetto, *promosso dall'Istituto Veneto di Scienze, Lettere ed Arti in collaborazione con l'Österreichische Akademie der Wissenschaften, svoltosi a Venezia, in Palazzo Loredan, l'8, il 9 e il 10 novembre 2017.*

Caporetto, «la sola battaglia persa in una guerra vinta» – con decine di migliaia di morti e di feriti, con centinaia di migliaia di prigionieri e di profughi – non fu soltanto una grande tragedia militare; contribuì a mutare il carattere della guerra italiana che divenne difensiva-controffensiva; si incrociò con la più grave crisi parlamentare dell'Italia in guerra.

Nelle analisi e nelle interpretazioni che per un secolo hanno animato il dibattito sulla dodicesima battaglia dell'Isonzo si sono spesso confrontate la spiegazione 'politica' di Caporetto («lo sciopero militare dei soldati») e la spiegazione 'militare' (le responsabilità dei comandi italiani, i successi di quelli austro-tedeschi); temi ripresi dal Convegno – anche con un bilancio della storiografia italiana su quella vicenda –, ma in una più larga prospettiva, insieme a numerosi altri proposti dagli studi di storia sociale, culturale e della medicina.

L'eredità di Caporetto è stata letta e vissuta in modo differente nel primo dopoguerra, nel ventennio fascista, nei diversi periodi del secondo dopoguerra, ma è sempre rimasta ben presente nell'immaginario degli italiani, considerata simbolo di tutte le sconfitte precedenti dell'Italia unita, talvolta paradigma del carattere nazionale.

Il volume – con i numerosi temi che presenta – propone un'ulteriore occasione di riflessione su Caporetto, sulle complesse vicende alle quali va collegata quella battaglia e sui temi di studio della sua memoria e della sua eredità.

Venezia, dicembre 2018

Il Presidente
Gherardo Ortalli

ELENCO DEGLI AUTORI

Filiberto Agostini, Università degli studi di Padova

Pier Luigi Ballini, Istituto Veneto di Scienze, Lettere ed Arti,
Università degli studi di Firenze

Gian Piero Brunetta, Istituto Veneto di Scienze, Lettere ed Arti,
Università degli studi di Padova

Daniele Ceschin, Storico

Luca Falsini, Storico

Paolo Gaspari, Storico ed Editore

Mario Isnenghi, Università Ca' Foscari di Venezia

Nicola Labanca, Università degli studi di Siena

Alba Lazzaretto, Università degli studi di Padova

Carla Marcato, Istituto Veneto di Scienze, Lettere ed Arti,
Università degli studi di Udine

Valeria Mogavero, Università degli studi di Verona

Augusta Molinari, Università degli studi di Genova

Donato Nitti, Istituto Veneto di Scienze, Lettere ed Arti,
Università degli studi di Padova

M. Christian Ortner, Heeresgeschichtliches Museum -
Militärhistorisches Institut, Wien

Lorenzo Renzi, Università degli studi di Padova

Adriana Vignazia, Universität Wien

I criteri di citazione sono stati uniformati compatibilmente con le peculiarità degli apparati critici dei singoli testi compresi nel volume.

Nicola Labanca

IL PASSATO E IL FUTURO DI CAPORETTO

Può sembrare paradossale che, nel pieno di un Centenario della Grande guerra e – per quanto qui ci concerne – di Caporetto, già si pensi al futuro. Sommersi da un'enorme quantità di pubblicazioni, di commemorazioni, persino ancora di celebrazioni, forse inevitabili in occasioni di ricorrenze, guardare non a quanto è stato fatto e a quanto viene facendosi ma a quanto dovrà ancora essere fatto potrebbe apparire ossessivo.

Ma come? Non sono bastati cento anni dall'evento e, alla sua fine, non sono bastate le decine di volumi e le decine di incontri, convegni, simposi (quale quello da cui queste pagine prendono le mosse) che hanno costellato il 2017? In effetti, non sono bastate.

In altre sedi[1] abbiamo ripercorso le tendenze maggiori di un secolo di pubblicazioni attorno a Caporetto e quanto è andato vedendosi nella sfera pubblica dei mesi dell'anno del Centenario, cioè in quell'insieme di iniziative pubbliche, non sempre di alto valore storiografico, ma tutte importanti per darne – e coglierne – il 'sapore'.

Qui, in sede scientifica, si mira invece a trarre un bilancio di cosa sappiamo e di cosa non sappiamo bene ancora, delle più recenti acquisizioni (il passato, anche prossimo, se non quasi il presente e la cronaca degli studi editi in occasione dei cento anni dall'evento) e di quanto ancora rimane da fare. Perché, come si spera di riuscire a dimostrare, nonostante cento anni e un Centenario, c'è ancora un futuro per gli studi su Caporetto.

Certo, nella pubblicistica storica, c'è anche chi crede di aver già raggiunto il campo della verità[2]: e quindi di poter collocare gli altri nel

---

[1] N. Labanca, *Caporetto. Storia e memoria di una disfatta*, Bologna 2017; e Id., *Caporetto nella sfera pubblica, cento anni più tardi,* «Passato e presente», 2018, in c.s.

[2] P. Gaspari, *Le bugie di Caporetto. La fine della memoria dannata*, prefazione di G. Rochat, Udine 2011, cui ha fatto seguito *La verità su Caporetto,* Udine 2012.

campo delle bugie. Ma la storiografia, senza negare il molto che già sa, è più raffinata.

1. *La definizione*

In primo luogo, è fondamentale intendersi a partire dalla definizione dell'oggetto. In questo, il Centenario è stato utile.

Anche qui, è necessario distinguere la storiografia dalla pubblicistica. Molto di recente il capo di stato maggiore della difesa, intervistato da uno dei maggiori quotidiani italiani, da un giornalista a sua volta autore del volume maggiormente venduto in tutto il Centenario italiano della Grande guerra, ha voluto insistere che per Caporetto si dovrebbe parlare di sconfitta ma non di disfatta[3].

In maniera imprevista, gli è venuto a sostegno persino uno storico di vaglia come Alessandro Barbero, autore del volume più grosso e più venduto, forse frutto della ricerca documentaria più ampia, di tutto il Centenario di Caporetto, il quale ha concentrato le sue quasi seicentocinquanta pagine quasi tutte sulla giornata, fatale, del 24 ottobre 1917[4]. Barbero, in verità, pensiamo con disappunto del generale, parla di disfatta (e non di sconfitta) e vi legge il sommarsi di cause militari contingenti e cause (quasi, tare) italiane di più lunga durata: ma proprio quel suo concentrarsi sulla giornata del 24 (ci sono, sì, una sessantina di pagine su eventi successivi, come la prigionia o la ritirata al Piave, che però, solo un decimo del totale, finiscono per non essere caratterizzanti sia per la quantità sia perché ispirati ad una descrizione degli eventi «tra apocalisse e carnevale»[5], cioè, alla fine, con poca storia) finisce per quasi ridimensionare Caporetto.

Per evitare rischi di incomprensione, allora, dall'alto del Centenario, sarà bene iniziare queste note affermando che Caporetto fu – nel

---

[3] A. Cazzullo, *Il generale Graziano: «Caporetto, una sconfitta non una disfatta»*, «Corriere della sera», 17 ottobre 2017, testo disponibile all'indirizzo: http://www.corriere.it/cronache/17_ottobre_22/caporetto-sconfitta-5c9dd3e6-b692-11e7-9989-18155f38f5a5.shtml .

[4] A. Barbero, *Caporetto,* Roma-Bari 2017.

[5] *Ibid.,* p. 469.

quadro della guerra italiana – un rischio enorme[6] e che non può essere limitato al 24 ottobre. Per Caporetto, da storici, intendiamo ormai tanto la rottura del fronte (24-27 ottobre 1917, sull'Isonzo, fra Plezzo e Tolmino) quanto la rotta al Piave (dove poté dirsi assestata la difesa solo il 7 novembre). Rottura e rotta formano un tutto indissolubile, per uno storico, un fenomeno storico unico, che non può essere separato. Esso si compone, ovviamente, come avviene per i fenomeni storici complessi, di più fasi e più parti, anche con caratteri diversi. Ci fu così la rottura del fronte inaspettata e ci fu invece, qualche chilometro più a nord o più a sud, quella dove invece era noto che un eventuale tentativo avversario avrebbe quanto meno provato a passare. Ci fu poi la rotta completa dei reparti aggirati, dai legami organici dissolti, così come quella un poco più regolare dei reparti che invece provarono, ritirandosi, a combattere e a difendersi, così come quella invece dei reparti che mantennero i legami organici e arretrarono armi in pugno e ordinatamente, ma in un quadro generale che era di rapido e in genere confuso movimento all'indietro. Un movimento, infine, che nell'insieme ebbe e avrebbe avuto conseguenze notevolissime sulla stessa impostazione generale della guerra italiana, che da offensiva si fece difensiva e al massimo controffensiva, e a cui la rotta aveva sottratto una enorme quantità di uomini e di materiali.

Tanta attenzione alla cronologia non deve stupire. Non solo perché, in generale, una battaglia contemporanea non è riassumibile in una giornata campale dell'antichità o del medioevo[7]. Ma anche perché, nello specifico di questo Centenario della Grande guerra, molta attenzione è stata portata alle questioni di date. La stessa datazione della guerra ha fatto discutere, da alcuni autori 'ampliata' sia in ingresso sia in uscita: da qui, per ricostruire l'unità del fenomeno storico, le proposte di chi ha antedatato lo sgretolarsi della pace sino al 1911 e di chi ha invece postdatato la fine delle operazioni, o quanto meno dello stato di guerra,

---

[6] M. Isnenghi - G. Rochat, *La grande guerra 1914-1918,* Firenze-Scandicci 2000. Più in generale P. Pieri, *L'Italia nella prima guerra mondiale*, Torino 1965; Id., *La prima guerra mondiale 1914-1918. Problemi di storia militare* (1947), ried., a cura di G. Rochat, Roma 1986; P. Melograni, *Storia politica della grande guerra 1915-1918*, Bari 1969; M. Isnenghi - G. Rochat, *La grande guerra 1914-1918*; J. Gooch, *The Italian army and the first world war,* Cambridge 2014.

[7] G. Duby, *La domenica di Bouvines 27 luglio 1214* (1973), Torino 1977.

a persino il 1923[8], volendo guardare al conflitto da un'ottica più globale e meno eurocentrica[9].

In conclusione, per un insieme di ragioni, per lo storico contemporaneo, Caporetto fu rottura e rotta assieme. Per lunghi decenni, si erano confrontate una spiegazione 'politica' di Caporetto[10] (lo 'sciopero militare' dei soldati) ed una spiegazione invece 'militare'[11] (le responsabilità dei comandi italiani, i successi dei comandi austro-tedeschi). La seconda spiegazione, fra gli storici, è ormai accettata. Sarebbe bene che almeno da questo non si arretri, a causa del Centenario, tornando a discutere se si era combattuto o meno, o di quale grado di sconfitta si tratti, o se addirittura – come ha intitolato un volume edito in questi mesi – a Caporetto abbiamo vinto[12].

I volumi di memorie e la relazione ufficiale del 1967[13] nonché – in questo Centenario – le ricerche più recenti di Paolo Gaspari e Alessandro Barbero, assieme all'uso della documentazione della Commissione d'inchiesta[14], hanno precisato molto la conoscenza della dinamica più militare di Caporetto. Ma, paradossalmente, anche laddove sappiamo di più, ancora non poco rimane da fare.

L'atmosfera del Centenario ha provocato alcuni approfondimenti

---

[8] R. Gerwarth, *La rabbia dei vinti. La guerra dopo la guerra, 1917-1923,* Bari-Roma 2017.

[9] *The Cambridge history of the first world war,* 3 voll., a cura di J. Winter, Cambridge 2014.

[10] Per il comunicato di Cadorna e in genere per le tesi dei rivendicatori di Cadorna, si veda ad esempio E. Faldella, *La Grande guerra,* 2 voll., Milano 1965.

[11] A. Monticone, *La battaglia di Caporetto,* Roma 1955; M. Isnenghi, *I vinti di Caporetto nella letteratura di guerra,* Padova 1967; *L'esercito italiano nella Grande guerra (1915-1918),* IV/3, *Le operazioni del 1917 (Gli avvenimenti dall'ottobre al dicembre)*; N. Labanca, *Caporetto. Storia di una disfatta,* Firenze 1997; A. Alberti, *L'importanza dell'azione militare italiana. Le cause militari di Caporetto,* introduzione e cura di A. Ungari, Roma 2004; Gaspari, *Le bugie di Caporetto. La fine della memoria dannata*; A. Barbero, *Caporetto*; M. Isnenghi - P. Pozzato, *Oltre Caporetto. La memoria in cammino. Voci dai due fronti,* Venezia 2018; Labanca, *Caporetto. Storia e memoria di una disfatta.*

[12] *A Caporetto abbiamo vinto,* a cura di S. Lucchini, Milano 2017.

[13] *L'esercito italiano nella Grande guerra (1915-1918),* IV/3, *Le operazioni del 1917 (Gli avvenimenti dall'ottobre al dicembre).*

[14] L. Falsini, *Processo a Caporetto. I documenti inediti della disfatta,* prefazione di Angelo Ventrone, Roma 2017; Labanca, *Caporetto. Storia e memoria di una disfatta.*

da parte tedesca[15] e austriaca[16]. Ma non poco rimane ancora da ricercare negli archivi di questi Paesi, così come moltissimo rimane ancora da ricercare (se non negli archivi, nella memoria) per ricostruire il panorama delle nazionalità coinvolte a Caporetto. Il grande serbatoio etnico dell'esercito austroungarico – slovacchi, cechi, croati, 'ruteni' – deve ancora essere sondato. Una storia veramente transnazionale deve superare le barriere linguistiche, e tranne alcuni benemeriti casi il Centenario – organizzato su basi nazionali – non ha aiutato più di tanto.

2. *L'alta politica*

Cosa non sappiamo di Caporetto, nonostante il sommarsi di cento anni e di un Centenario, appare evidente se guardiamo ad esso, inteso come sopra, da più prospettive e a più livelli. Se ne potrebbero indicare almeno sette, di prospettive o livelli. Quella della più alta politica (in inglese si parla di *grand strategy* come spazio politico che tenga assieme diplomazia, alta politica, grandi decisioni militari), quella della demografia, quella più specificamente militare, quella della società e delle classi sociali, quella della cultura e della propaganda, quella della politica e quella infine delle eredità.

Sono le stesse prospettive, o livelli, in cui più in generale la prima guerra mondiale incise profondamente nel suo tempo. In uno dei volumi più pensati, pensosi e stimolanti, e meno 'evenemenziali', fra quelli editi negli anni del Centenario, Oliver Janz si è in fondo accostato a quasi tutti questi livelli[17]. Introducendo i grandi processi che la guerra aveva messo in moto o cui aveva dato una spinta decisiva, ha parlato di relazioni fra nazionalismo, imperialismo e darwinismo sociale nei sistemi di alleanze in marcia verso una guerra globale; di impatto demografico del conflitto; di una guerra totale e di mobilitazione; di cambiamenti sociali indotti dall'economia di guerra; della rilevanza, nella

---

[15] G. Dörfel, *Flitsch-Tolmein 1917. Vorbereitung des Durchbruchs an der Isonzo-front*, «Militärgeschichte», 3 (2017), pp. 14-17.

[16] Nello stesso convegno da cui questo fascicolo prende le mosse, si veda l'intervento di M.C. Ortner (del Heeresgeschichtliches Museum-Militärhistorisches Institut di Vienna).

[17] O. Janz, *1914-1918 la grande guerra*, Torino 2014.

guerra totale, della censura e della manipolazione delle opinioni e del fenomeno, frequente, di mobilitazione delle coscienze senza consenso; della trasformazione delle forme della politica parlamentare e in genere nazionale; e infine della pesantezza del lutto e della memoria della guerra nelle società postbelliche. Sono, in fondo, i livelli e le prospettive da cui sarebbe necessario giudicare tutta la guerra. Che proprio per questo sono però anche indicati per rettamente giudicare un evento, o un fenomeno, della rilevanza grande quale appunto ebbe Caporetto.

A livello della più alta politica, i cento anni di studi e pubblicazioni su Caporetto avevano detto già molto[18]. La spiegazione militare dell'evento non aveva evitato che si sottolineasse la sua rilevanza strategica eccezionale. Da parte austriaca, e in generale relativamente all'alleanza delle Potenze centrali, è stato ribadito che alla fine del 1917 era assai opportuno dare un colpo al nemico del fronte sud-occidentale, il più debole dei suoi avversari. Da parte italiana, analogamente, è stato confermato che Comando supremo e governo avevano sottovalutato questa possibilità, e che l'orientamento di tutta la guerra italiana aveva disposto il fronte e le truppe in modo che una eventuale sua rottura avrebbe potuto avere effetti pesantissimi. Anche se, come è dimostrato, Berlino e Vienna pensavano di arrivare al Tagliamento, non sperando di andare oltre, tutte le condizioni favorevoli ad una rotta italiana erano di fronte a loro. Fu così che la guerra italiana, da offensiva, divenne difensiva-controffensiva, non mirante più soltanto a prendere Trento e Trieste ma prima di tutto a riconquistare la parte del territorio nazionale occupato dagli austrotedeschi.

Le pubblicazioni italiane del Centenario non hanno portato nuovo materiale documentario o nuove interpretazioni, su questo punto, ed anzi si sono rivelate assai poco attente a quella dimensione 'globale' della guerra che invece sempre più stava e sta interessando le altre storiografie. Sappiamo quindi quanto la notizia della rotta significò, all'interno della crisi di governo, per il passaggio da Boselli a Orlando, e per la sostituzione di Cadorna con Diaz. Ma non sappiamo quale eco Caporetto abbia avuto presso i governi degli altri Paesi. La pubblicistica d'impostazione nazionale, qualche tempo fa, si era baloccata con l'idea che a sostituire

---

[18] P. Melograni, *Storia politica della grande guerra 1915-1918.*; D. Veneruso, *La Grande guerra e l'unità nazionale. Il ministero Boselli giugno 1916-ottobre 1917,* Torino 1996.

Cadorna fossero state le altre potenze: ciò è stato negato dagli studiosi, che pure hanno dimostrato quanto i rappresenti dell'Intesa fossero però poco favorevoli a qualunque riconferma del vecchio generalissimo, l'unico – fra quelli delle maggiori potenze in conflitto – che non era mai stato sostituito dall'inizio delle operazioni. Epperò non disponiamo di nessuno studio, internazionale e 'globale', di quanto l'evento-Caporetto impressionò le classi dirigenti europee dopo la rotta, di quanto esso confermò quelle dell'Intesa nella loro immagine dell'Italia come di una potenza di second'ordine, peraltro fortemente indebolita proprio da Caporetto. E invece avremmo proprio bisogno di questi studi per capire alcune ragioni profonde della 'vittoria mutilata' alle Conferenze internazionali del 1919 – pur tenendo conto che i primi a mutilare la vittoria italiana del 1918 erano stati proprio quei liberali, da Salandra a Sonnino a Cadorna, che avevano imposto al Paese una guerra per la quale non solo non aveva i mezzi ma per cui non avevano disposto sul terreno le forze nel modo migliore. A conferma, insomma, che a mutilare la vittoria fosse la guerra offensiva salandrino-cadorniana. Ciò precisato, risulterebbe d'interesse capire come le élite delle altre potenze guardassero all'Italia a seguito di Caporetto, in quali giudizi o pregiudizi la rotta li confermò.

Il riorientamento della guerra italiana, insomma, sarebbe una prova della globalizzazione della guerra allora in corso.

3. *La demografia*

Troppo a lungo la storia della prima guerra mondiale è stata solo una storia di alta politica. In realtà, il bilancio demografico della guerra e in particolare quello delle perdite inflitte ai vinti come ai vincitori era troppo alto da essere perso di vista[19]. Così, anzi, sin dalla fine della guerra, si scatenò una gara nazionale ad esibire il maggior numero di perdite, o a valorizzarle celebrandole (più che studiandole). Gli 'albi d'oro' delle

---

[19] J. Winter, *Nutrire le popolazioni*, Id., *Le città*, Id., *Le vittime: morti, feriti, invalidi*, in *La prima guerra mondiale*, a cura di S. Audoin-Rouzeau - J.-J. Becker (ed. italiana a cura di A. Gibelli, Torino 2007); J. Winter, *Demography*, in *A companion to World War I*, a cura di J. Horne, Chichester 2010.

perdite diventarono, paradossalmente, il luogo dell'esaltazione retorica della guerra, quando invece ne erano uno dei più potenti indici per la messa in stato d'accusa.

Del peso demografico, e più in generale del numero delle vittime, di Caporetto già cento anni avevano detto molto. Sappiamo che, rottura e rotta assieme, fecero circa la metà dei prigionieri italiani di tutta la guerra[20], mentre in termini di morti e feriti si contarono 40.000 perdite[21]. Ma chi fossero, da quale arma, reparto e unità provenissero – a parte calcoli assai generici – non era così chiaro, né soprattutto da quale regione essi fossero estratti. Ostacolava questo il reclutamento nazionale e le modalità affannose attivate, sin dall'inizio del conflitto, dall'amministrazione militare per il ripiano delle perdite, che finirono per mescolare ancora di più gli italiani. Poco inoltre si sapeva e si sa di alcune categorie particolari di perdite militari – i feriti, i mutilati, ad esempio – per non dire poi di quelle civili.

Rispetto al tema cruciale delle perdite in guerra, forse proprio l'ultimo decennio del Centenario appena trascorso aveva visto alcune modifiche rispetto a questo quadro diffuso di scarse conoscenze storiche. Già qualche anno prima si era messo l'accento sui prigionieri[22], per quanto soprattutto in un (necessario) quadro di storia politica. Ma è stato nell'ultimo decennio prima dell'avvio del Centenario della Grande guerra che si era iniziato, con un approccio di storia politica e sociale, a studiare di nuovo le vittime civili, a partire dai profughi[23] e, con un approccio di storia culturale, ad addentrarsi nell'universo delle parole del lutto, soprattutto quelle delle famiglie più benestanti e colte che, in memoria di un loro caduto in guerra, avevano prodotto opuscoli commemorativi[24]. Si trattava più che altro di primi segnali, ancora, che però

---

[20] G. Procacci, *Soldati e prigionieri italiani nella Grande Guerra,* con una raccolta di lettere inedite, Roma 1993.

[21] *L'esercito italiano nella Grande guerra (1915-1918),* IV/3, *Le operazioni del 1917 (Gli avvenimenti dall'ottobre al dicembre).*

[22] Procacci, *Soldati e prigionieri italiani nella Grande Guerra.*

[23] D. Ceschin, *Gli esuli di Caporetto. I profughi in Italia durante la Grande guerra,* Roma-Bari 2006.

[24] O. Janz, *Das symbolische Kapital der Trauer. Nation, Religion und Familie im italienischen Gefallenenkult des Ersten Weltkriegs,* Tubingen 2009; *Non omnis moriar. Gli opuscoli di necrologio per i caduti italiani nella Grande Guerra. Bibliografia analitica,*

puntavano finalmente l'attenzione non solo sui massimi attori politici ma sulle più evidenti vittime del conflitto: i combattenti.

Gli anni del Centenario non hanno aggiunto molto, da questo punto di vista, se addirittura non hanno segnato un passo indietro. Qualche studio serio su singole delimitate categorie di vittime – ad esempio, i mutilati[25] – c'è stato. Ma mentre la storia diplomatica e politica si interessava dei sonnambuli (o meno) che avevano condotto il Paese in guerra, gli anni del Centenario e in particolare il 2017 come 'anno di Caporetto' hanno visto un ritorno di attenzione alle vittime della guerra, anzi hanno assistito ad una sorta di trionfo del 'vittimismo', se con questo intendiamo una generica e diffusa presentazione di tutti i combattenti e di tutti gli italiani come vittime della guerra (trasformata così, però, da deliberato atto politico a generico episodio di orrore[26]). A fronte di chi ancora oggi si scaglia contro la guerra con interpretazioni militanti, c'è stato però chi quella guerra esplicitamente rivendica, talora anche come nuovo mito di fondazione dell'unità nazionale[27]. Quest'ultima posizione ha finito per contagiare, spesso non volendo, chi in tutti questi anni del Centenario si è dedicato ad una sistematica ripresa, spesso però poco più che una copiatura, degli 'albi d'oro dei caduti'[28]. A livello nazionale ma più spesso locale, a livello di istituzioni come di

---

a cura di F. Dolci - O. Janz, Roma 2003 (Ministero per i beni e le attività culturali, Direzione generale per i beni librari e gli istituti culturali, Biblioteca di storia moderna e contemporanea).

[25] B. Bracco, *La patria ferita. I corpi dei soldati italiani e la Grande guerra*, Firenze-Milano 2012; N. Labanca, *Studiare le disabilità di guerra,* in *Guerra e disabilità. Mutilati e invalidi italiani e primo conflitto mondiale,* a cura di Id., Milano 2016.

[26] P. Rumiz, *Come cavalli che dormono in piedi,* Milano 2014; e dei Wu Ming va ricordato quello che hanno definito il *Tridente del Centenario*, *Cent'anni a Nord-Est* (Milano 2015), *L'invisibile ovunque* (Torino 2015) e *Schegge di Shrapnel* (un disco). Per un breve testo riassuntivo, Wu Ming 2 - Wu Ming 4, *Chi non ha futuro, non ha memoria. Grande Guerra, intruppamento dei ricordi e diserzioni necessarie,* 24 giugno 2016, testo disponibile all'indirizzo: http://www.wumingfoundation.com/giap/2016/06/chi-non-ha-futuro-non-ha-memoria-grande-guerra-intruppamento-dei-ricordi-e-diserzioni-necessarie/.

[27] P. Gaspari, *Le bugie di Caporetto. La fine della memoria dannata*; Id., *Il centenario sprecato*, in *Il centenario mancato della Grande Guerra. Come snaturare il momento fondativo dell'identità italiana*, Udine 2016.

[28] *Una rete di ricordi. La memoria digitale dei caduti nella Grande guerra,* a cura di M. Balbi - P. Scolè, Milano 2017.

associazioni, l'ingannevole disponibilità di tecnologie informatiche ha permesso la facile acquisizione e la facile stampa di quei (vecchi) elenchi di caduti, spesso ritenendo di porgere così un commosso suggello del passato 'contributo' di questo o quel paesello, di questa o quella associazione, alla guerra: e invece rischiando di finire per trovarsi allineati a coloro che, esplicitamente, quella guerra ancora oggi rivendicano. Con un evidente effetto di regressione culturale che ha rischiato di riportare il Paese all'immediato primo dopoguerra.

Purtroppo, il cattivo uso delle tecnologie dovuto a cattive, o attardate, domande che si ponevano alle fonti (in questo caso, agli albi d'oro) ha permesso di perpetuare errori prospettici e di non far avanzare le conoscenze. Ad esempio, per Caporetto, a livello nazionale, ancora non sappiamo da quale regione provenissero i caduti: tantomeno sappiamo dei feriti o dei prigionieri. Troppo poco sappiamo inoltre della sorte dei profughi civili, quanti e se sono ritornati, a quali classi sociali possono essere ascritti ecc. Solo qualche informazione in più abbiamo su specificissime categorie di ferite inferte dalla guerra e specificamente da Caporetto e dalla conseguente invasione austrotedesca: ad esempio quelli vittime civili della guerra che, spesso, erano i 'figli dei disonore' e ancor prima le loro madri[29]. Né si è trovata un'istituzione che sostenesse lo studio serio degli italiani fucilati da italiani[30] (e sì che nella ritirata non furono pochissimi): disegni di legge pronti a 'riabilitarli' in blocco sì, anche in polemica con qualche maggioranza parlamentare o con le istituzioni militari, ma studiarli – cioè conoscerli seriamente e ridonare loro memoria e dignità vere individualizzandole – no. Né molto di

[29] Fra i più recenti interventi, cfr. A. Falcomer, *Gli 'orfani dei vivi'. Madri e figli della violenza e della guerra nell'attività dell'Istituto San Filippo Neri (1918-1947)*, «Dep», 10 (2009), pp. 76-93; B. Montesi, *"Il frutto vivente del disonore". I figli della violenza, l'Italia, la Grande guerra*, in *Stupri di guerra. La violenza di massa contro le donne nel Novecento*, a cura di M. Flores, Milano 2010, pp. 61-78; B. Montesi, *Opposti destini: i figli del nemico e i pupilli della nazione*, in *L'Italia nella Grande guerra. Nuove ricerche e bilanci storiografici*, a cura di C. De Maria, Roma 2017, pp. 263-279. Ma nei giorni del Centenario il tema ha avuto una nuova e più grande attenzione anche da parte dell'opinione pubblica.

[30] N. Labanca, *Ricerca storica, 'storia pubblica', politica: il caso dei fucilati italiani della Grande guerra*, in Museo storico italiano della guerra, *L'Italia nella guerra mondiale e i suoi fucilati: quello che (non) sappiamo*. Atti del convegno (Rovereto, 4-5 maggio 2015), «Annali», 24 (2016), pp. 17-42 [*recte* 2017].

più, in questo Centenario, si è saputo dei feriti in guerra (con la sanità militare italiana fra quelle più in affanno, comparativamente a quelle di tutte le maggiori potenze[31]) o in generale dell'aumento della morbilità e della mortalità della società civile, tipico anche di quella Grande guerra. Con la conseguenza, ad esempio, che a studiare gli effetti sanitari italiani di Caporetto, della guerra e della connessa influenza spagnola sono stati studiosi non italiani.

Come spiegare questi ritardi di lungo periodo e questa distrazione, se non quest'arretramento, della pubblicistica del Centenario? Le ragioni, al solito, sono molte e diverse. Il ridotto interesse dei contemporaneisti italiani verso la demografia storica potrebbe esserne una. Ma la questione di fondo sta invece nella prevalenza della storia politica rispetto alla storia sociale: su questo torneremo più avanti. Qualunque sia la ragione, il vero peso di Caporetto sulla società italiana, nonostante un secolo e un Centenario, è ancora da perimetrare con attenzione.

4. *La storia militare*

Caporetto, battaglia persa, non poteva non muovere per primi gli storici militari.

Per un secolo, in quanto evento bellico, essa è stata oggetto di innumerevoli studi[32], basati ora sulle memorie dei protagonisti, ora sulla documentazione archivistica, in primo luogo italiana ovviamente, ma di recente anche di altri Paesi. Come ogni grande battaglia della Grande guerra, è stata sondata a più livelli: l'azione dei maggiori comandi, quella dell'ufficialità intermedia, il comportamento dei soldati; e poi le

---

[31] D. De Napoli, *La sanità militare in Italia durante la Prima Guerra Mondiale,* Roma 1989; *La Sanità militare e la Croce Rossa nella grande guerra : atti Convegno nazionale di storia* (Abbazia di Vallombrosa, Reggello, Firenze, 16-17-18 giugno 2017), a cura di R.R. Jasinski - M.E. Monaco, Reggello 2018; G. Donato, *Prima guerra mondiale 3ª armata. Sintesi degli eventi bellici (1915-1918). La sanità militare del periodo 1915-1918,* Padova 2017; M. Scroccaro - C. Pietrobon, *Pianeta sanità : la sanità militare italiana nel Veneto durante la Grande Guerra,* Crocetta del Montello 2015; L. Bonuzzi, *La medicina fra l'ultimo ottocento e il 1930 (al tempo della grande guerra),* Verona 2018.

[32] Per una presentazione Labanca, *Caporetto. Storia e memoria di una disfatta.*

azioni sull'Isonzo, soprattutto nella primissima giornata fatale nonché – ma meno – quelle delle giornate successive. Come abbiamo più sopra accennato, negli ultimi anni, all'interno della rotta più generale, si è anche provato a identificare 'battaglie'[33] (o, forse, meglio si sarebbe dovuto dire 'scontri', di varia dimensione ed esito, quasi sempre fallimentare da parte italiana) finalizzati all'arresto della spinta austrotedesca). Insomma su Caporetto, a livello di evento militare, davvero si è scritto estensivamente e – come peraltro era ovvio – più che ad ogni altro suo livello o prospettiva.

Ma sappiamo tutto? O almeno sappiamo quello che davvero sarebbe necessario secondo le sensibilità e gli interessi storiografici recenti? Ad esempio, nel corso del secolo trascorso dagli eventi, la prima seria attenzione è andata al comportamento dei maggiori comandi. Cercando di discolparli, e discolparsi, Cadorna, col suo comunicato del 28 ottobre, aveva gettato l'ignominia esplicitamente sulle truppe e implicitamente sul governo. Ma già la Relazione della Commissione d'inchiesta aveva fatto capire che v'era qualcosa nella struttura militare che non andava. Poi la memorialistica dei comandanti e dei più alti ufficiali aveva ridotto molto ad una lotta fra personaggi: Capello contro Cadorna, tutti contro Badoglio ecc. Quando, fra anni Cinquanta e Sessanta, la spiegazione politica di Caporetto andò in frantumi, l'obiettivo della ricerca non si era in Italia ancora granché spostato.

Negli ultimi decenni, invece, in molti altri Paesi, la storiografia militare ha messo a fuoco molti altri temi rispetto a quello, pur importante, dei maggiori comandi. Le modificazioni della tattica dei piccoli reparti, la storia dell'addestramento delle truppe, le curve d'apprendimento da parte delle istituzioni militari in genere ecc. sono state analizzate in grande dettaglio, tanto per le fasi di 'normalità' quanto per quelle ecce-

---

[33] Di P. Gaspari cfr. almeno: *La battaglia del Tagliamento. Dal 30 ottobre al 5 novembre 1917,* con la collaborazione e la consulenza del generale A. Gransinigh, Udine 1998; *La battaglia dei capitani. Udine: la battaglia urbana della Grande Guerra*, prefazione di G. Rochat, Udine 2005; (con M. Mantini - P. Pozzato) *Generali nella nebbia. Le 36 ore di battaglia della 43° divisione, dal Monte Nero al ponte di Caporetto*, Udine 2007; *Le Termopili italiane. La battaglia di Cividale del 27 ottobre 1917,* Udine 2007; *La battaglia dei gentiluomini a Pozzuolo e Mortegliano il 30 ottobre 1917,* Udine 2013; *La battaglia dei generali. Da Codroipo a Flambro il 30 ottobre 1917,* Udine 2013.

zionali[34]. Alla storiografia italiana questo passaggio è sostanzialmente mancato[35], e solo pochi, primi, parziali tentativi sono stati fatti in quelle direzioni.

Per quanto concerne Caporetto ciò significa che ancora non sappiamo bene come 'lavorassero' i reparti, come lo facessero quelli nel tratto di fronte tra Plezzo e Tolmino, e come quelli delle retrovie, nonché come tutti potessero reagire – se lo fecero – di fronte alla sorpresa della rottura del fronte. Anche gli anni del Centenario non hanno aggiunto molto in questa direzione. Abbiamo avuto solo qualche studio, più culturale e meno militare, sulle emozioni dei combattenti[36].

Nonostante gli sforzi generosi di Paolo Gaspari, ma non sistematici e soprattutto segnati da un pregiudizio di fondo, nonostante un secolo e un Centenario, quindi, ancora non conosciamo bene come si mossero i reparti attorno all'Isonzo, e fra quello e il Piave, né cosa comandarono di fare gli ufficiali medi e inferiori, né cosa i soldati sapessero fare. Tanto i pregiudizi positivi della vecchia storiografia liberale di Piero Pieri[37], per la quale gli ufficiali di complemento rappresentavano la nazione in armi rispetto ai pochi ufficiali in servizio permanente effettivo dell'anteguerra, quanto quella più negativa di Gaspari[38], e di tutti coloro che invece recentemente hanno teso a svalutare l'apporto militare dei 'civili in divisa' e a rivalutare quello dei 'professionisti in uniforme' dell'esercito regolare (ma quanti ne erano rimasti, in quell'autunno 1917, rispetto alla primavera 1915?), si rivelano oggi per quello che ancora sono: pregiudizi più o meno fondati, ipotesi di ricerca ancora non basate sullo studio della documentazione. Forse si potrebbe osservare come le aspettative democratiche dei primi, al tempo delle guerre mondiali e di massa del Novecento e delle sue ideologie, abbiano ceduto il campo alle sfiducie

---

[34] *The Cambridge history of the first world war*, I, *Global war*, a cura di J. WINTER, Cambridge 2014

[35] N. LABANCA, *Combat style. Studi recenti sulle istituzioni militari alla prova del fuoco*, in, *Il soldato, la guerra e il rischio di morire*, a cura di N. LABANCA - G. ROCHAT, Milano 2006.

[36] V. WILCOX, *Morale and Battlefield Performance at Caporetto, 1917*, «Journal of Strategic Studies», 37 (2014), n. 6-7, e il recente *Italy in the era of the Great War*, a cura di EAD., Leiden 2018.

[37] PIERI, *L'Italia nella prima guerra mondiale*.

[38] GASPARI, *Le bugie di Caporetto. La fine della memoria dannata*.

più conservatrici dei secondi, al tempo delle nuove guerre e dei nuovi eserciti professionali. Ma la ricerca vera è ancora da farsi.

Ecco allora che, persino sul punto – apparentemente basilare per una storia militare – di come gli uomini e i reparti si comportano di fronte al fuoco e al rischio di morire, un secolo più tardi, gli studi italiani su Caporetto hanno ancora molto lavoro da condurre.

Ciò che invece è certo, che gli studi anche recenti hanno confermato, è che il rischio che Caporetto – rottura e rotta – fece correre allo Stato italiano, e per certi versi all'Intesa, fu enorme. Le ondate di minimizzazione, più volte tentata, si infrangono sugli scogli della consapevolezza per cui lo sfondamento dall'Isonzo al Piave mise a rischio la tenuta dell'esercito, fece perdere una quantità eccezionale di materiale faticosamente accumulato in due anni di guerra, mise a repentaglio l'unità nazionale e per certi versi persino le sorti dell'Intesa: un eventuale passaggio del Piave e un dilagare degli austrotedeschi nella pianura padana, verso Milano, avrebbe posto la parola fine alla resistenza italiana ed avrebbe indebolito enormemente lo sforzo dell'alleanza franco-britannica, con la Repubblica attaccata da nord, da est e persino da sud. Questo poteva essere Caporetto, e questo temettero i più avvertiti osservatori stranieri. Gli storici politici che guardano a Caporetto come ad un cambio di governo o a un indurimento della politica repressiva dell'esecutivo verso le opposizioni parlamentari, o gli storici culturali che lo riducono ad un cambio di atmosfera perdono di vista quanto grave gli storici economici abbiano computato il supplemento di sforzo bellico richiesto all'Italia adesso di Orlando e di Diaz per ricostituire gli approvvigionamenti e le scorte perdute, e quanto difficile gli storici militari abbiano valutato la rimessa in sesto dell'esercito scosso.

La prospettiva militare dell'analisi rende davvero impossibile minimizzare Caporetto.

5. *Società, classi sociali, comportamenti sociali e società civile*

Lo sforzo bellico del Paese per affrontare la guerra decisa dal governo Salandra-Sonnino era già stato enorme, sino a Caporetto. Dopo quell'ottobre esso dovette essere rinnovato, con ancora maggiore forza e urgenza.

La storia militare precisa come i reggimenti, entrati nel conflitto con due sole mitragliatrici, avrebbero contato dopo Caporetto ben tre compagnie mitragliatrici e dodici sezioni di pistole mitragliatrici, a riprova del consistente aumento della potenza di fuoco fra l'inizio della guerra e l'autunno 1917[39]. Ma si trattava solo di un esempio. All'inizio del conflitto, nel 1915, erano stati impiegati dall'esercito combattente 3,3 milioni di proietti di artiglieria: nel 1917 erano saliti a 16,5[40]. Un Paese ancora poco industrializzato era stato costretto a tenere il passo con le maggiori potenze industriali europee[41], perché il proprio esercito non fosse meno modernamente armato degli altri. Analogamente, l'Italia non poteva non soffrire in maniera più acuta che altri Paesi della crisi delle munizioni che affliggeva tutti gli eserciti, sorpresi da una guerra che aveva raggiunto dimensioni e letalità (e, quindi, bisogno di armamenti ed equipaggiamenti) mai visti sino ad allora. Lo sforzo era stato intenso e il divario con gli altri eserciti, se non era stato colmato, era certamente stato ridotto di molto.

Gran parte di tutto questo fu perso a Caporetto, nel corso del quale l'Italia abbandonò almeno 3150 pezzi d'artiglieria (due terzi dei grossi calibri esistenti e metà dei medi, notava Giorgio Rochat) e 1700 bombarde: una perdita enorme in termini di materiali. Una volta attestatesi e arrestatesi le truppe sul Piave, le enorme perdite subite costrinsero governo, industria, Paese e società italiana ad un ennesimo e durissimo sforzo, nell'ultimo anno di guerra.

Per colmare il divario, intanto, la politica aveva costretto la società italiana ad uno sforzo straordinario. E la società ne era uscita potentemente trasformata, durante il conflitto[42]. I tradizionali rapporti fra campagna e città, fra produzione agricola e produzione industriale, fra classe operaia e borghesia, fra donne e uomini erano stati fortemente modificati a tutto vantaggio dei secondi termini delle rispettive endiadi. Tutta

---

[39] Isnenghi-Rochat, *La grande guerra 1914-1918.*

[40] *L'esercito italiano nella Grande guerra (1915-1918),* IV/3, *Le operazioni del 1917 (Gli avvenimenti dall'ottobre al dicembre).*

[41] P. Kennedy, *Ascesa e declino delle grandi potenze*, Milano 1989.

[42] G. Procacci, *La prima guerra mondiale*, in *Storia d'Italia*, IV, *Guerre e fascismo*, a cura di G. Sabbatucci - V. Vidotto, Roma-Bari 1997; A. Gibelli, *La grande guerra degli italiani 1915-1918,* Milano 1998; Id., *La guerra grande. Storie di gente comune 1914-1919,* Roma-Bari 2014.

la società era stata sottoposta a impetuosi venti di modernizzazione, e di sfruttamento. Tutti, a proprio modo, avevano tratto qualche vantaggio da questi venti (la produzione agricola era sempre più richiesta dalle città, i salari non erano diminuiti in valore assoluto, molte donne erano entrate nel vortice della produzione industriale e, soprattutto, dei servizi ecc.) ma certo in maniera assai diseguale, tale da sollecitare acute sensazioni di sfruttamento. Le donne delle campagne erano state lasciate sole dai propri mariti, richiamati in guerra; le giornate lavorative operaie si erano allungate; la piccola borghesia si sentiva compressa; tutti si sentivano sfruttati dai 'pescecani di guerra' e tutti (ma soprattutto i redditi fissi e più bassi) soffrivano dell'inflazione crescente. Inoltre, ovviamente, i combattenti si lamentavano di non essere ricordati dalla società civile, pur immolandosi per essa: società civile che da parte sua soffriva.

Intanto la guerra totale cambiava in profondità l'assetto liberale dell'economia nazionale: si basava adesso sulla mobilitazione organizzata, con lo Stato che entrava prepotentemente nell'economia. Gli apparati e i comitati di mobilitazione industriale voluti dal governo avrebbero dovuto coordinare tutto questo immenso sfruttamento delle energie economiche del Paese[43]. In particolare, allo Stato competeva – in uno scenario di guerra globale, di blocco economico e di ostacolo ai tradizionali scambi commerciali – di aiutare, permettere e regolare l'inserimento dell'economia nazionale nel flusso globale delle risorse, molte delle quali (da quelle finanziarie ad alcune materie prime) scarseggiavano in Italia. Ma non sempre lo Stato italiano funzionò come necessario, la sua classe amministrativa si rivelò in parte impreparata e più burocratica del necessario, la mobilitazione non sempre fu efficace (si pensi alle enormi problematiche di quella che avrebbe dovuto essere la mobilitazione annonaria), alcune scelte politiche dei governi resero più difficile la situazione: è noto che la Grande guerra, a causa delle modalità prescelte per il finanziamento del conflitto, scatenò in Italia un'enorme inflazione, che incise molto negativamente sulle condizioni di vita di molti ceti sociali, non ultima la piccola borghesia impiegatizia, che pure militarmente aveva donato non pochi suoi figli all'ufficialità di complemento.

[43] L. Tomassini, *Lavoro e guerra. La mobilitazione industriale italiana 1915-1918,* Napoli 1997; P. Di Girolamo, *Produrre per combattere. Operai e mobilitazione industriale a Milano durante la Grande guerra, 1915-1918,* ivi, 2001.

Tutto questo enorme sforzo bellico della società italiana stava trasformandola nel profondo. In parte ciò avveniva, ovviamente, in tutti i Paesi in guerra; in parte queste trasformazioni assumevano declinazioni particolari in Italia. La struttura familiare tradizionale, ad esempio, fu sottoposta a radicali sollecitazioni. Sulle donne ricaddero compiti e responsabilità, ma anche quindi spazi di autonomia, sino ad allora non previsti[44]. Bambini e giovani furono gettati nella fucina: le relazioni fra generazioni videro, in un Paese demograficamente ricco, la gioventù reclamare il proprio posto. La distanza fra città e campagna aumentò. Tutta la società civile insomma 'viveva' e aveva ragioni per affermare di 'soffrire' la guerra.

Questa storia, economica e sociale, non è estranea a Caporetto. Troppo spesso, invece, l'attenzione degli storici è stata limitata solo all'episodio militare campale, o alle sue ripercussioni politiche.

Purtroppo, se si ripensa al secolo trascorso dalla guerra ad oggi, la grande stagione delle grandi ricerche sostenute anche in Italia dalla Fondazione Carnegie è lontana[45], negli studi storici si è ridotta la sensibilità verso la storia economica e sociale che era invece spiccata negli anni Sessanta-Settanta[46], e negli ultimi decenni una nuova e benvenuta sensibilità verso la storia culturale ha monopolizzato l'attenzione dei non molti studiosi, a conseguente detrimento verso la storia economica e sociale. Negli anni del Centenario, quindi, è quasi del tutto mancata l'attenzione verso la storia della società civile, che a livello internazionale ha invece caratterizzato gli studi sulla prima guerra mondiale non meno che la nuova storia militare e le nuove ricerche sulla mobilitazione promossa dallo Stato. Una sensibilità più aggiornata è stata riscontrabile sul fronte della storia di genere e in particolare della storia delle donne, un campo di ricerca nel quale però – per quanto concerne il periodo della prima guerra mondiale – persiste una certa prevalenza della storia politica rispetto alla storia sociale. Qualche rinnovata attenzione è stata

---

[44] S. Bartoloni, *Il movimento femminile e la sua mobilitazione,* in *Dizionario storico della prima guerra mondiale,* a cura di N. Labanca, Roma-Bari 2014, pp. 288-299.

[45] F. Degli Esposti, *Grande guerra e storiografia. La Storia economica e sociale della Fondazione Carnegie,* «Italia contemporanea», 224 (2001), pp. 413-444.

[46] G. Rochat, *L'Italia nella prima guerra mondiale. Problemi di interpretazione e prospettive di ricerca,* Milano 1976; B. Bianchi, *La grande guerra nella storiografia italiana dell'ultimo decennio,* «Ricerche storiche», 3 (1991).

condotta al mondo, variegato, del lavoro, anche in prospettiva comparata[47]. Ma in genere gli studi italiani recenti sulla storia economica della Grande guerra sono stati, in questo Centenario, prossimi allo zero. Non sorprende che quindi sia ancora oggi difficile inserire con qualche certezza il posto 'locale' dell'Italia nel grande flusso 'globale' di cambiamenti che il conflitto portò con sé. Lo stesso risultato migliore, negli anni del Centenario, su questo fronte economico-sociale, consistente nella proliferazione di studi regionali, locali ecc., senza poi una sintesi superiore o nazionale, rischia di contribuire ad un'immagine frammentata del Paese, con il rischio di far perdere il senso dei grandi scontri sociali e di classe in corso in quegli anni.

Molti studi di storia sociale sono insomma ancora da condurre. Fra i combattenti, da quali classi sociali, regioni e città venivano i soldati di Caporetto? E da quali gli ufficiali? E i prigionieri? E le vittime? Nella società civile e sul fronte interno, invece, chi pagò maggiormente il necessario impegno sociale per ripianare le perdite di Caporetto? Conosciamo già abbastanza la mobilitazione industriale e il mondo del lavoro industriale, ma quello delle campagne è assai meno noto. Attraverso le discussione e le polemiche postbelliche attorno alla Commissione d'inchiesta sui sovrapprofitti[48] sono emerse molte pagine e molte vicende di 'pescecani di guerra' ma questa è sicuramente una pagina di storia economica e sociale da chiarire meglio. Recenti volumi collettanei su alcune realtà regionali 'periferiche' e in genere nuovi studi su realtà 'lontane dal fronte' hanno gettato su tutto questo nuovi fasci di luce[49]:

---

[47] Ci riferiamo al convegno *Il lavoro, le guerre. Europa 1914-1945*, Reggio Emilia, 25-27 maggio 2016.

[48] *L'inchiesta parlamentare sulle spese di guerra, 1920-1923*, a cura di C. Crocellà - F. Mazzonis, 3 voll., Roma 2002 (I. Saggi, II. Documenti: settori dell'inchiesta, III. Documenti: storia della commissione); F. Ecca, *Lucri di guerra. Le forniture di armi e munizioni e i pescecani industriali in Italia (1914-1922)*, Roma 2017.

[49] A mero titolo di esempio: F. Degli Esposti, *La grande retrovia in territorio nemico. Bologna e la sua provincia nella Grande Guerra (1914-1918)*, Milano 2017; *La grande guerra*, I, *A due passi dal fronte. Città di retrovia e culture urbane nel prisma della grande guerra*, a cura di E. Franzina - M. Nardello, Mantova 2018; *Catania e la Grande guerra : storia, protagonisti, rappresentazioni*, a cura di G. Barone, Acireale 2014; M. Bonomo - G. Poidomani, *L'Italia chiamò. La Sicilia e la grande guerra*, Roma 2016; E. Riccio - C. Verri, *Siciliani al fronte: lettere dalla Grande Guerra*, Palermo 2017; R. Covino - P. Raspadori - M. Venanzi, *L'economia umbra e la Grande Guerra*, Foligno 2018; *Dalle trincee*

ma la geografia sociale italiana della Grande guerra ha ancora molti lati oscuri, a novant'anni dalle prime inchieste Carnegie. Infine, c'è tutta la dimensione della '*civil society*'[50], della storia dei comportamenti sociali e delle mentalità diffuse ancora da approfondire.

La propaganda liberale, e non solo quella, sostenne che l'Italia unita e gli italiani furono alla fine "fatti" dalla guerra. Ma a quale costo e con quali caratteri? Barbarizzazione[51] (o una certa 'cultura di guerra') e polarizzazione[52] sono state le prime categorie generali usate dagli storici: ma forse c'è ancora da ricercare e differenziare.

È evidente in conclusione che, nel campo della storia economica e sociale di Caporetto, e in generale della guerra, si sia di fronte, nonostante il secolo e il Centenario appena passati, a un grande futuro di studi.

6. *Cultura, culture, discorsi, propaganda*

Dalla prospettiva sociale a quella delle mentalità diffuse, dal registro storico-sociale a quello storico-culturale il passo è breve, come si è visto. Non si tratta di una novità se già una ventina di anni fa Antoine Prost e Jay Winter, nello stendere una fondamentale rassegna degli studi internazionali sulla prima guerra mondiale, dichiaravano essere venuto ormai il tempo della storia sociale e culturale (non solo culturale) del conflitto[53].

Negli ultimi decenni, invece, la storia culturale della guerra – una prospettiva a lungo declinata soprattutto come storia intellettuale, delle idee e degli intellettuali – ha fatto enormi passi avanti dovunque. L'Italia non ha fatto eccezione. Nella misura in cui, tenendo conto di una delle

---

alle retrovie: i molti fronti della Grande Guerra, a cura di G. Ferraro, Arcavacata di Rende 2015; *Superare Caporetto. L'esercito e gli italiani nella svolta del 1917,* a cura di L. Gorgolini - F. Montella - A. Preti, Milano 2017.

[50] *The Cambridge history of the first world war,* III, *Civil society,* a cura di J. Winter, Cambridge 2014.

[51] S. Audoin-Rouzeau - A. Becker, *La violenza, la crociata, il lutto. La grande guerra e la storia del Novecento,* introduzione di Antonio Gibelli, Torino 2002.

[52] Procacci, *La prima guerra mondiale.*

[53] A. Prost - J. Winter, *Penser la Grande Guerre. Un essai d'historiographie,* Parigi 2004.

specificità della Grande guerra, non va sottovalutato che tutto il conflitto si è basato non solo sulla mobilitazione militare dei combattenti e non solo sui combattimenti sui vari fronti ma anche sulla sistematica mobilitazione delle coscienze delle società e dei fronti interni, la ricerca sulla storia sociale e culturale delle mentalità diffuse in quegli anni ha enormemente arricchito le nostre conoscenze[54]. Gli studi hanno spaziato dalle produzioni artistiche più moderniste e futuriste delle ristrette élite d'avanguardia alle rappresentazioni più classiche e tradizionali, diffuse presso le larghe masse così come nelle loro élite politiche. Si tratta di un campo di ricerca tanto importante e affascinante quanto difficile, in cui si sono affrontate interpretazioni assai diverse, che hanno visto la guerra ora come un incidente ora come una vera e propria apocalisse della modernità[55], con le masse popolari ora consapevoli e critiche dei drammi originati dal conflitto ora invece preda delle più brutalizzate culture di guerra[56]. Pur nella diversità delle interpretazioni, gli storici concordano sul fatto che quella Grande guerra certificò sia il crollo delle fiducie del secolo borghese che si chiudeva sia la nascita della memoria moderna del secolo ventesimo.

In tutto questo complesso quadro di fatti e di interpretazioni, Caporetto incise sulla cultura diffusa degli italiani? E lo fece in maniera permanente o temporanea? Se si guarda alla fonte più facile, ai diari personali vergati dagli esponenti delle élite politiche e militari che sapevano cosa era stato Caporetto, appaiono evidenti i timori, gli sconforti, persino i sensi da *finis Italiae*[57]. Più difficile dire cosa ne pensassero gli italiani[58], pur da dividere a seconda delle classi sociali, degli orientamen-

---

[54] G. Procacci, *Aspetti della mentalità collettiva durante la guerra. L'Italia dopo Caporetto,* in *La Grande Guerra. Esperienza memoria immagini*, a cura di D. Leoni - C. Zadra, Bologna 1986 (poi G. Procacci, *Un'analisi della mentalità collettiva dopo Caporetto,* in Ead., *Dalla rassegnazione alla rivolta. Mentalità e comportamenti popolari nella Grande guerra,* Roma 1999, pp. 317-350).

[55] E. Gentile, *L'apocalisse della modernità. La grande guerra per l'uomo nuovo,* Milano 2008.

[56] Audoin-Rouzeau - Becker, *La violenza, la crociata, il lutto. La grande guerra e la storia del Novecento.*

[57] Per un caso esemplare: F. Martini, *Diario 1914-1918*, a cura di G. De Rosa, Milano 1966.

[58] Manca per gli italiani il lavoro avviato per i trentini dal gruppo di 'Materiali di

ti politici, delle varie regioni del Paese: difficile anche perché, per una prima fase, ad esempio sulla stampa quotidiana, Caporetto fu nome non pronunciabile e non pronunciato[59]. Gli italiani capirono che il fronte dell'Isonzo era crollato e tornato indietro sino al Piave guardando le cartine geografiche pubblicate dai giornali, che però 'censuravano' Caporetto. Poi, invece, come era naturale in una guerra di mobilitazione delle coscienze, su Caporetto o – meglio – sulla sua antitesi, sul Piave, si abbatté un tale tornado di propaganda nazionale, nazionalista, bellicista, antidisfattista (qualche volta sfumature diverse della stessa realtà, qualche volta realtà diverse) da confondere le idee ai non ben informati, e non di rado anche agli informati.

Dopo che a lungo l'attenzione degli storici aveva analizzato i pensieri dei maggiori intellettuali, o le opere dei più noti artisti, negli ultimi decenni gli studi hanno allargato il diaframma della ricerca. Dopo i primi pioneristici studi sulla stampa di trincea e su quella quotidiana, sulle omelie dei cappellani militari, sulle fotografie e sulle cartoline, cioè sulle immagini costruite e diffuse, l'immaginario degli italiani è stato sondato in molte direzioni. Gli artisti, gli illustratori, i cartellonisti, i giornalisti, i letterati[60], i religiosi, i propagandisti: ci sono oggi più note le loro rappresentazioni di Caporetto, delle sue conseguenze, delle necessità che esso creò, nell'ultimo anno della guerra[61].

Ma molto ancora rimane da fare. Allargando ancora il diaframma, appare necessario passare a studi più sistematici – andando oltre i maggiori intellettuali e oltre i mediatori del consenso, o artefici della propaganda – delle immagini effettivamente diffuse e circolanti nelle

lavoro', che trovò un momento di consolidamento generale in *La Grande Guerra. Esperienza memoria immagini.*

[59] N. Labanca, *La stampa e il silenzio su Caporetto dopo Caporetto*, in *Al di qua e al di là del Piave. L'ultimo anno della Grande Guerra*, a cura di G. Berti - P. Del Negro, Milano 2001, pp. 489-518.

[60] *Le notti chiare erano tutte un'alba: antologia dei poeti italiani nella Prima guerra mondiale*, a cura di A. Cortellessa, Milano 998; G. Capecchi, *I fronti della scrittura: letteratura e grande guerra,* Milano 2017.

[61] Può forse essere rappresentativo il passaggio degli studi da R. Morozzo della Rocca, *La fede e la guerra. Cappellani militari e preti-soldati (1915-1919),* Roma 1980, a M. Paiano, *La preghiera e la Grande Guerra. Benedetto XV e la nazionalizzazione del culto in Italia,* Pisa 2017.

più larghe masse degli italiani. Quali fossero le 'voci di guerra', alla Marc Bloch, circolanti su quella disfatta, non è stato ancora studiato. Cosa pensavano, di Caporetto, dei suoi comandanti italiani e degli austrotedeschi, della sconfitta e della guerra, i combattenti, i prigionieri, le donne e gli uomini del fronte interno? Cosa ne pensarono nell'immediato, come cambiarono opinione – se lo fecero – nel corso dell'ultimo anno di guerra, come influì su di loro la massiccia operazione di elaborazione del lutto che affannò le élite liberali nel dopoguerra e poi il regime fascista? Come si conciliarono, in questo, cultura alta e culture di massa, propaganda organizzata e discorsi diffusi?

Su tutto questo, in una parola sull'esito della lotta per i cuori e per le menti degli italiani, fra culture di guerra, barbarizzazione e anelito di riconciliazione, negli ultimi mesi del conflitto e poi nei lunghi anni di pace, gli studi e le conoscenze scarseggiano. Abbondano, e sono stati sollecitati dagli anni del Centenario, quelli sui monumenti ai caduti. Ma, mentre sappiamo adesso chi li abbia eretti, perché, quando e come, ancora troppo poco sappiamo cosa pensassero coloro che vi passavano davanti, i quali pure partecipavano alle pratiche di massa che si svolgevano di fronte a quelle 'pietre di guerra', nel lungo dopoguerra, da allora sino ad oggi.

7. La politique: politicienne?

La rottura e la rotta di Caporetto si incontrarono con la più grave crisi politica-parlamentare dell'Italia in guerra.

Le vicende militari e quelle politiche costituirono assieme una doppia elica, come una delle forme del DNA, fra loro intrecciate, di certo reciprocamente rafforzantisi, ma distinte. Basterà ricordare le date[62]. Il governo Boselli era già in crisi nella primavera 1917, conoscendo un rimpasto il 30 giugno. Inoltre, già prima di quella data così come anche successivamente, fra il 6 giugno e il 18 agosto, Cadorna aveva scritto a Boselli mettendo sul banco degli imputati il governo e in particolare

---

[62] P. Melograni, *Storia politica della grande guerra 1915-1918*; G. Candeloro, *Storia dell'Italia moderna*, VIII, *La prima guerra mondiale, il dopoguerra, l'avvento del fascismo*, Milano 1978.

l'allora ministro degli Interni Orlando. Pochi giorni più tardi, due eventi fra loro assai diversi – la Nota ai capi dei popoli belligeranti del papa Benedetto XV (del 1 agosto, ma diffusa dopo una decina di giorni) e i moti popolari a Torino (22-24 agosto) – certo non avevano aiutato il governo. Il quale dovette subire, a settembre, decisi attacchi politici e affrontò in evidente affanno il dibattito parlamentare alla riapertura della Camera, il 16 ottobre. Il voto di sfiducia subito dal governo la sera del 25 (quando la rottura del fronte era già avvenuta ma quando ancora poco si sapeva della battaglia in corso e pochi potevano averne colto la gravità) e la formazione di un nuovo esecutivo con a capo Orlando (formalmente incaricato il 31 ottobre) ebbero quindi ragioni anche *altre* dalla disfatta militare. Caporetto si incrociò con la crisi politica, ma non fece cadere il governo, anche se forse finì per marchiare e rafforzare quello che andò formandosi.

Al di là dei tempi parlamentari, è però evidente che la grana grossa dei problemi che Caporetto evidenziò nella preparazione militare e nell'impostazione della guerra italiana ebbe un enorme significato politico, e che mosse le forze politiche favorendone un nuovo allineamento, ed una certa radicalizzazione. Com'è noto, se già una parte dei giolittiani si era unita nell'Unione parlamentare, fu la riunione di gran parte degli interventisti – e di quelli che a loro si erano allineati – nel Fascio parlamentare di difesa nazionale a dare il segno politico del post-Caporetto. Per quanto la sua eterogeneità gli impedisse di consolidarsi, esso finì per condizionare il nuovo governo Orlando e la sua politica di rigore nei confronti di ogni 'disfattista', peraltro portata avanti anche dagli esecutivi precedenti e 'canonizzata' dal 'decreto Sacchi' del 4 ottobre, ancora sotto Boselli[63]. La radicalizzazione venne quindi dal centro e dalla destra, dal governo e dai più accesi degli interventisti, proclamanti le necessità dello sforzo bellico per difendere la patria invasa e in peri-

---

[63] G. Procacci, *Osservazioni sulla continuità della legislazione sull'ordine pubblico tra fine ottocento, prima guerra mondiale e fascismo,* in *Militarizzazione e nazionalizzazione sulla storia d'Italia,* a cura di P. Del Negro - N. Labanca - A. Staderini, Milano 2005, pp. 83-96; G. Procacci, *La società come una caserma. La svolta repressiva nell'Italia della grande guerra,* «Contemporanea», 3 (2005), pp. 423-424; Ead., *Le limitazioni dei diritti di libertà nello stato liberale: il Piano di Difesa (1904-1935), l'internamento dei cittadini nemici e la lotta ai 'nemici interni' (1915-1918),* «Quaderni fiorentini. Per la storia del pensiero giuridico moderno», 2009, pp. 601-652.

colo, così come dalla sinistra, insidiata nei suoi diritti dal nuovo clima politico, e in particolare dai socialisti, accusati – nelle settimane e nei mesi successivi alla rivoluzione bolscevica sovietica – di aver rilanciato in Italia lo slogan 'mai più un inverno in trincea' e di aver tramato per l'insubordinazione sociale a Torino. Dal canto loro la maggioranza dei cattolici, pur lambiti dalla repressione politica e incalzati dal sospetto di chi rimproverava loro la nota papale, ci teneva a presentarsi quanto mai allineata alla politica di guerra e al governo. Per almeno tutte queste ragioni, e pur non avendo una sua spiegazione politica – pur non essendo cioè uno sciopero militare o una rivoluzione fallita – Caporetto ebbe e mantiene una sua rilevanza politica di prim'ordine, nella storia dell'Italia in guerra.

Tutte queste vicende, qui sommariamente richiamate, sono state sempre più analizzate dagli studiosi lungo tutto il secolo successivo agli eventi. Già accennate nelle memorie di Giolitti, Cadorna e Orlando, sono poi state studiate – fra gli altri – da Melograni, Veneruso ecc.[64]. In questi anni del Centenario, di recente, Giovanna Procacci ha aggiunto una convincente spiegazione di quei giorni e della radicalizzazione politica nelle settimane di Caporetto[65]. Ma forse il contributo più originale che è venuto da questi ultimi anni è consistito in uno slargamento di prospettive. Anche in termini di storia politica, la scrittura di storie di città, di regioni, di luoghi insomma altri da Roma (e, per questi mesi, da Torino, sulla quale avevamo da tempo l'opera di Spriano, aggiornata e ampliata da Rugafiori[66]), in una parola l'allargamento del diaframma della ricerca ha contribuito a far capire meglio le dinamiche della politica nazionale. Ad esempio, ma questa volta per un altro periodo, Fulvio Cammarano ha promosso una raccolta di molti brevi interventi sulla storia politica in decine e decine di città italiane nelle settimane dell'intervento[67]:

---

[64] Melograni, *Storia politica della grande guerra 1915-1918*; Veneruso, *La Grande guerra e l'unità nazionale. Il ministero Boselli giugno 1916-ottobre 1917*.

[65] Ci riferiamo all'intervento di G. Procacci, *Il fronte interno, prima e dopo Caporetto,* al convegno *Ottobre 1917: Caporetto, a un passo dalla Finis Italiae,* Torino, Accademia delle scienze di Torino, 25-26 ottobre 2017.

[66] P. Spriano, *Torino operaia nella Grande guerra (1914-1918),* Torino 1960; P. Rugafiori, *Nella Grande Guerra*, in *Storia di Torino*, VIII, Torino 1998, pp. 8-104.

[67] *Abbasso la guerra! Neutralisti in piazza alla vigilia della prima guerra mondiale in Italia,* a cura di F. Cammarano, Firenze 2015.

una raccolta analoga ci sarebbe voluta anche per Caporetto e per l'ultimo anno di guerra.

Averla non solo per il 'maggio radioso' ma proprio per i foschi giorni della ritirata e della (momentanea) sconfitta avrebbe arricchito enormemente le nostre conoscenze, che pure da tempo erano informate sullo 'spirito pubblico' e sulle 'mentalità' di quei mesi. E questa storia politica non sarebbe affatto fuori tema rispetto alla storia militare di Caporetto. Infatti, com'è noto, sin dal comunicato di Cadorna del 28 ottobre (e, se vogliamo, in maniera preventiva, sin dalle sue lettere a Boselli dell'estate) era stata diffusa la versione per cui la rottura e la rotta non erano dovute ad imprevidenze dei comandi o a sorprese strategiche, né tantomeno all'impostazione salandrina-cadorniana della guerra, bensì alla deliberata azione di combattenti di "alcuni reparti" (influenzati – si sarebbe detto poi e si era già scritto prima, nelle lettere del Comandante supremo al Capo del governo – dal Paese). Conoscere meglio l'orientamento in quei giorni delle popolazioni e delle élite politiche locali aiuterebbe a dimostrare quanto Cadorna si sbagliava.

Più in generale, studiare nel futuro la storia politica dopo Caporetto non solo nel Parlamento ma nel Paese aiuterebbe anche a illuminare importanti dibattiti storiografici tuttora in corso: la guerra "fece" davvero gli Italiani[68]? La propaganda di guerra impose davvero una stessa cultura di guerra nei diversi ceti sociali e nelle diverse regioni? Con l'avanzare della guerra avanzò la spoliticizzazione e la neutralizzazione, come la propaganda voleva, o la rimobilitazione e la radicalizzazione? Il millenarismo fu la sola forma di reazione politica, o religiosa, contro la guerra? Poiché ci pare difficile pensare in termini monolitici per un Paese composito e diviso come l'Italia del tempo, ovviamente, le risposte a queste domande dovrebbero moltiplicarsi ed articolarsi territorialmente, oltre che socialmente.

Se, però, i punti interrogativi abbondano è anche perché – pur avendo rappresentato fra anni Sessanta e Settanta, assieme ad una nuova storia militare, la punta di diamante del rinnovamento storiografico – da qualche tempo molti aspetti di storia sociale e politica non sono più studiati come meritano. Anche sotto questo profilo, gli studi su e attorno a Caporetto hanno evidentemente un futuro. Una storia politi-

---

[68] *La grande guerra e l'identità nazionale: il primo conflitto mondiale nella politica e nelle istituzioni,* a cura di F. Perfetti, Firenze 2014.

ca così impostata non sarebbe affatto *politicienne* ed anzi ricondurrebbe al cuore del problema delle ragioni, e delle forme, e della rilevanza di Caporetto nella guerra italiana più in generale.

8. *Eredità e memorie*

L'ultimo livello a cui si è guardato a Caporetto, e da cui continuerà ad essere necessario guardare, è quello dell'eredità che l'evento ha lasciato ai posteri. Su questo punto, anzi, Mario Isnenghi, in più di un'occasione, dalla sua prospettiva, è stato reciso: Caporetto è più l'eredità che l'evento, più la memoria che la storia[69].

Anche senza arrivare a questo estremo, che pure acutamente tocca un punto importante, è evidente che, da subito dopo la rotta, quando cioè si è iniziato a capire di cosa si stava parlando, Caporetto è entrato potentemente nell'immaginario degli italiani. Ancor più, forse, è entrato nei pregiudizi dei non italiani riguardo agli abitanti della Penisola. Per questa via, anzi, è uscito dalla storia per entrare nell'antropologia (presupposta) degli italiani. 'Far caporetto', essere 'caporettista' sono diventati modi di dire, e come tali ogni generazione li ha intesi e li ha riempiti di contenuti non di rado diversi.

Effettivamente, in quell'ottobre, fu l'impostazione della guerra salandrina-cadorniana a 'fare caporetto'. Più spesso ha invece preso piede una versione 'alleggerita' del comunicato di Cadorna del 28 ottobre, diffondendo l'impressione – nel senso comune, non certo fra gli storici – che qualcuno abbia 'voluto' far caporetto. Da qui, attraverso complessi passaggi culturali, fra la denigrazione e l'autocritica irridente, il passo è stato breve e inquadrare 'antropologicamente' gli italiani (in genere) come 'caporettisti' è stato facile. Anche per questa via c'è stata una eredità che la Caporetto storico ha lasciato al senso comune, agli italiani (e sugli italiani).

Lo storico però, guardando ad un secolo di storia e di pubblicazioni su Caporetto, sa bene che le fasi attraversate furono molte e fra loro diverse. Sostanzialmente, cercando di schematizzare, l'eredità memoriale

---

[69] Isnenghi-Pozzato, *Oltre Caporetto. La memoria in cammino.*

di Caporetto ha conosciuto cinque grandi fasi[70]. La primissima fu quella della fine dell'Italia liberale, contrassegnata dalle forti polemiche personali e politiche del 1919. La seconda fu quella del ventennio fascista, che ne impose invece un ricordo pacificato e normalizzato, tacitando e superando le prime polemiche fra i massimi comandanti. Con l'avvento della democrazia e della Repubblica si aprì una terza fase del ricordo della rotta, che venne quanto possibile ridotto, anche in ossequio alle interpretazioni moderate della partecipazione italiana al conflitto nei termini di una quarta guerra d'indipendenza. Al contrario con la fine degli anni Sessanta e per più di un ventennio si fece avanti una nuova e più polemica memoria della rotta, o quantomeno una lettura in cui l'attenzione era decisamente spostata dai generali ai soldati, dai comandanti ai combattenti. Dagli anni Novanta, con la fine della Guerra fredda e delle sue contrapposizioni, una più ambivalente fase si è aperta: per un verso, contro la lettura più polemica, si è quasi tentata una rivincita a favore di quei generali (e di quella classe politica) sino ad allora posti sotto accusa, mentre per un altro verso lo sguardo – va riconosciuto – si è assai ampliato ad aspetti sino a quel momento presi in scarsa considerazione (si pensi all'attenzione alla Caporetto 'civile' dei profughi, delle donne violentate cc.). Ovviamente, questa delineazione in grandi fasi andrebbe scomposta a seconda dei soggetti, delle posizioni, degli interessi o meno dei diversi attori a ricordare: ma dà l'idea di come, nel tempo, uno stesso fatto storico possa essere diversamente ricordato.

Poi è intervenuto questo Centenario. A distanza di cento anni, con la morte di ogni possibile testimone, memoria è un concetto che ha ormai poco o nessun significato. Quella di senso comune storiografico parrebbe invece essere la categoria più appropriata, e rinvia a cosa di un determinato evento in genere si sappia: a così grande distanza dagli eventi, alla costruzione e alla modificazione di quel senso comune non sono indifferenti le politiche istituzionali e le costruzioni di memoria.

Quale era appena ieri il senso comune storiografico degli italiani attorno a Caporetto e come il Centenario oggi l'abbia cambiato non è questione facile da determinare. Quell'eredità, quella memoria collettiva, aveva conosciuto – attraverso le cinque fasi sopra delineate – potenti

---

[70] Già in N. Labanca, *Monumenti, documenti, studi,* in *Dizionario storico della prima guerra mondiale,* pp. 423-445.

modificazioni già da qualche tempo. Qualcosa ad esempio era irreversibilmente cambiato già al tempo del Cinquantenario. Da un lato vi erano gli storici che precisavano sempre meglio quanto era successo, dall'altro lato il tempo era già passato inesorabilmente e di Caporetto ('caporettismo' a parte) gli italiani parlavano e sapevano sempre meno. Fra gli studiosi, una nuova generazione andava precisandone i termini storici; fra gli italiani, il senso comune andava sempre più svanendo. Da qui il paradosso per cui Caporetto appariva meglio spiegato dalla nuova storiografia, ma finiva per essere sempre meno ricordato. Mezzo secolo più tardi, con l'avvicinarsi del Centenario, il paradosso era ancora più profondo.

Non che non fossero intercorse nuove 'politiche della memoria'. Soprattutto nel Nord-Est del Paese, all'interno di una pecualire ri-memorizzazione della Grande guerra in generale, una memoria nuova di Caporetto è andata forse costruendosi. È stata però una memoria assai selettiva, che 'ricordava' solo quello che interessava maggiormente, che era più consono ad altri aspetti dell'odierno sentire: e da qui la memoria del profugato, con le popolazioni civili 'vittime' del conflitto, e poi quella dei fucilati, vittime di una guerra di cui si era perso il senso. Anche così Caporetto, come tutta la guerra, nel senso comune storiografico, subiva un potente processo di ri-costruzione. La presenza di un fitto reticolo di musei locali, l'opera costante di un'editoria insediata nel territorio, la stessa azione di enti locali interessati a vantare una 'propria' identità hanno insieme svolto in tutto questo un ruolo non sottovalutabile. Anche questo è stato il Centenario, della guerra e della battaglia.

Per la verità, in assoluto, nel 2017 Caporetto è stato ben presente nella sfera pubblica: ma, è parso, in senso relativo, se comparato con gli altri anni centenari, lo è stato meno di quanto nel 2015 aveva invece giganteggiato il Centenario dell'intervento nel conflitto, e di quanto nel 2016 per certi versi aveva fatto quello dello stallo della guerra (Accostando Cinquantenario e Centenario, Caporetto è parso anzi avere avuto un ruolo minore in questo rispetto a quello). Nel complesso, ne è risultato un Centenario italiano che ha parlato molto più di 'maggio radioso' e di orrore della vita di trincea, che della disfatta dell'ottobre 1917. Se davvero – e sarebbe oggetto di discussione storiografica – le ricorrenze e i centenari fanno cambiare la memoria collettiva, se davvero influiscono nella ri-formulazione del senso comune storiografico, si potrebbe azzardare che l'odierna memoria italiana della Grande guerra quale il Centenario ha contribuito a riconfigurarla è contraddittoriamente fatta molto più di rinnovato orgoglio nazionale di partecipazione ad una guerra mondiale (l'intervento, il 24 maggio) e molto più di addolorata sensibilità verso le vittime del conflitto (il 'vittimismo', lo stallo, l'orrore della trincea) che di consapevole ammissione delle debolezze della guerra italiana (Caporetto). Una miscela contraddittoria, ma con poco spazio per la disfatta. La miscela si impasticcia poi per altre ragioni. Oggi, al tempo della frammentazione e della globalizzazione, cadute le grandi spiegazioni e sfarinatesi le maggiori ideologie, non sembra esserci molto spazio per le grandi e totalizzanti contrapposizioni. Nell'allontanarsi del ricordo diretto, finiscono così per coesistere le spiegazioni più diverse: la spiegazione militare rimane, mentre ritorna però anche quella politica. Come era già stato notato, finisce per esserci spazio per tutto e per il contrario di tutto.

Una prova di questa miscela contraddittoria con poco Caporetto? Un volume critico e fondamentale come quello di Quinto Antonelli ha ambiziosamente mirato a presentare la storia della memoria di tutta la guerra per tutto un secolo. In esso, quanto avvenne fra il 24 ottobre e il 7 novembre 1917 ha un ruolo non centrale[71].

Anche per questo lo studio delle eredità e della memoria di Caporetto può avere ancora un futuro.

9. *Quale Centenario?*

Come si è visto, sarebbe stato legittimo pensare che di Caporetto sapevamo già tutto. L'alluvione di testi editi dilagata lungo tutto il 2017, per quanto più di pubblicisti che di studiosi professionali (con poche notevoli eccezioni), può aver rafforzato quest'impressione.

Guardando però più da vicino, a vari livelli, secondo varie prospettive, è facile accorgersi che su aspetti fondamentali, la ricerca è tutt'altro che non necessaria. Il quadro globale, al livello della alta politica; l'impatto sulla popolazione, al livello demografico; certe dinamiche, allo

---

[71] Q. Antonelli, *Cento anni di grande guerra. Cerimonie, monumenti, memorie e contromemorie*, Roma 2018.

stesso livello militare; il peso nella (ri)mobilitazione della società; l'impronta lasciata negli immaginari diffusi; persino molte sue conseguenze, al livello politico generale; sino alla durata e alle trasformazioni del senso comune storiografico nella memoria collettiva nazionale: molto è ancora da farsi. Nonostante cento anni ed un Centenario, gli studi su Caporetto hanno ancora un futuro.

Non è un caso isolato. D'altronde non sempre i Centenari sono l'occasione migliore per la comparsa di ricerche innovative: lo studio non ha sempre il tempo delle commemorazioni pubbliche. Esse forniscono però certamente il destro, ed è successo anche con quello di Caporetto, per qualche tentativo di ri-scrittura e ri-codificazione, e per l'accumulazione di nuove conoscenze, anche se talora disperse. Spesso, come nelle pagine che qui si chiudono, perché spingono a redigere bilanci più accurati.

Forse, complessivamente, il Centenario della partecipazione italiana alla Grande guerra è stato segnato dalla miscela contradditoria di 'vittimismo' e di qualche rinnovato 'orgoglio nazionale' (quanto fuori posto non è qui il caso di insistere). Certamente è stato molto più il Centenario (della rivendicazione) dell'intervento di quanto lo sia stato (dell'ammissione) di Caporetto.

Speriamo almeno sia servito a ricordare alla cittadinanza la rilevanza di quell'episodio centrale e rivelatore della guerra italiana e alla comunità degli storici come potrebbe essere di nuovo studiato: ammesso che ne sia rimasto qualcuno che non ne abbia avuto abbastanza, di un secolo e di un Centenario.

M. Christian Ortner

CAPORETTO: COMMENTS ON THE TWELFTH BATTLE OF THE ISONZO

1. *The Initial Military and Political Situation before the Offensive Began*

For the Central Powers, the favourable development of their military situation on the Russian front throughout the course of May 1915 had suffered a major setback through the entry of their former ally, Italy, on the side of the Allies in the war. With Italy's not-entirely-unexpected declaration of war on Austria-Hungary on the 23rd of May, 1915, a new theatre of war arose for the *k. u. k. Armeeoberkommando* (military supreme command) – a new area of attention that initially could only be covered with skilled improvisation based on the limited available forces. Only five divisions (Nos. 90 through 94) were originally available. These were partially composed of second-line troops and volunteer corps and were only provided with 49 artillery batteries. Furthermore, about 40,000 *Standschützen* (volunteer riflemen) from Tyrol and Vorarlberg were split into 39 battalions, and then deployed and sent to the battlefields. In addition to this, other crown lands formed volunteer corps as well. The backbone of the defence, however, remained the numerous and, while outdated, nevertheless operational barriers and fortifications, which guarded the most important mountain crossings and communication lines, for the time being. The German allies dispatched the division-hefty German *Alpenkorps* to Tyrol[1].

The Italian army command, however, had already made a large mistake at the war's beginning: only to initiate the beginning of the offensive, after having reached the full level of combat readiness. The resulting delay provided the commander of the newly formed Southwest Front, Archduke Eugen, with the required respite to build up a defence

---

[1] M.Ch. Ortner, *Die k.u.k. Armee und ihr letzter Krieg*, Vienna 2014, p. 73.

front. This front reached from the Stelvio Pass, on the Swiss-Austrian boundary, to the Adamello-Presanella Group, the northern shore of Lake Garda, the Val di Fassa Alps and the Dolomites, the Carnic Crest, the Isonzo Valley and further to the Adriatic coast at Monfalcone.

The lynchpin of the Italian offensive efforts was at first the Isonzo area, which was already attacked in the June of 1915 during the First Battle of the Isonzo in the Gorizia and Doberdò regions. Despite considerable numerical advantages, the Italians were unable to achieve the desired breakthrough against the battle-experienced and defence-ready Austro-Hungarian units. The Second Battle of the Isonzo in the July and August of 1915 had the same objective and ended in the same way, with the successful defence by the Austro-Hungarian Army. Until the turn of the year, the breakthrough was attempted twice more (the Third Battle of the Isonzo in October and November and the Fourth Battle of the Isonzo in November and December)[2]. In order to give the badly struggling Austro-Hungarian front on the Isonzo some breathing room, a large offensive (*Strafexpedition*) was set up for 1916 in the Folgaria-Lavarone area. This offensive was meant to precipitate the escape from the mountains through a deep thrust. For this purpose, not only were significant infantry forces concentrated in the area of operations, but so were substantial amounts of artillery. However, a simultaneous intended attack on the Isonzo had to be omitted, as the German army could not, nor wanted to, release their forces due to their own offensive at Verdun. The offensive, whose start had to be postponed multiple times due to bad weather, began on the 15th of May. Despite early success, Italian resistance grew ever stronger through the allotment of appropriate reserves from the Isonzo. Ultimately, the deciding breakthrough did not succeed, as a large-scale offensive on the north-eastern front (General Alexei Brusilov) against Austro-Hungarian forces, located in Volhynia, began in the June of 1916. This developed into a military disaster as the offensive ran its course. To stabilise this section of the front, not only did forces immediately need to be taken from the south-western front – by then, all thought of continuing the South Tyrol offensive was unthinkable – but German troops likewise had to be led there.

---

[2] M. Simcic, *Die Schlachten am Isonzo. 888 Tage Krieg im Karst in Fotos, Karten und Berichten*, Graz 2003, p. 43-61.

However, even the situation on the Isonzo front in 1916 was by no means calm. In March of 1916, a spatially restrictive Italian offensive was carried out against Mt. San Michele and near San Martino (the Fifth Battle of the Isonzo). This, however, had absolutely no effect on the front lines. In August of 1916, a further attack followed, which began with nearly a doubled advantage in terms of soldiers and materials for the Italians and ended with the capture of Gorizia, as well as the occupation of Mt. San Michele and the Doberdò *Plateau*. Further offensives followed in September (the Seventh Battle of the Isonzo), October (the Eighth Battle of the Isonzo) and November of 1916 (the Ninth Battle of the Isonzo). These brought the Italian front ever closer to the Hermada, the last geographic rise before Trieste, which, up until that time, was considered the operative goal of the Isonzo offensive[3].

Hence, the plans for war in the year 1917 for the Austro-Hungarian forces were determined to the effect that a further attack on the Italian front should follow, in order to permanently eliminate the threat of Ljubljana and Trieste and, if nothing else, to forestall further Italian offensives. Meanwhile, it took Italian military leadership, until mid-May of 1917, to regain their operation readiness and, in accordance with a French request, to attack at the Isonzo front again (the Tenth Battle of the Isonzo). In the May of 1917, far superior artillery opened a preparatory fire which was barely known until that time. Despite significant resistance, numerous breaks were made in the Austro-Hungarian front of defence. The commander of the Austro-Hungarian 5th Army, Colonel-General Svetozar Freiherr Boroević von Bojna, then had to bring up reserves early. The crisis was so intense that the *k.u.k. Armeeoberkommando* (supreme army command) felt compelled to withdraw forces from the north-east. However, by the beginning of June 1917, the *k.u.k.* forces, to a large extent, were successful in restoring the *Flondarstellung*. The barely significant territorial gains (Kuk-heights) were won at the cost of a significant death toll for the Italians: 36,000 dead, 96,000 wounded and 27,000 prisoners of war, compared to 7,300 fallen, 45,000 wounded, and 23,400 prisoners of war on the Austro-Hungarian side[4]. However, even after a few weeks, the Italians

---

[3] Ortner, *Die k.u.k.*, p. 92.

[4] A. Hübner, *Die 12. Schlacht am Isonzo und die Isonzokriege*, Vienna 1918, p. 39 f.

attacked the *k.u.k.* 5th Army again, which had already been weakened through the casualties they sustained through the previous battles, and achieved territorial gains, especially north of Mt. San Gabriele, so much so that Boroević felt compelled to regain this section and to leave the plateau from Bainsizza/Heiligengeist all the way to the eastern edge to the enemy. Then, Mt. San Gabriele played a key role as the cornerstone of the Gorizia region; despite an intense deployment of materials and troops, the mountain could nevertheless not be taken by the Italians[5]. The Italian casualties in the Eleventh Battle of the Isonzo were again enormous, with 40,000 dead and 108,000 wounded. The *k.u.k.* 5th Army lost 10,000 soldiers, and 45,000 were wounded; of these, 30,000 were missing or prisoners of war while 20,000 had fallen ill.

Apart from the casualties, which were easier for the Italians to replace than they were for the *k.u.k.* Army, the territorial conditions for the Isonzo defence had significantly worsened throughout the Eleventh Battle of the Isonzo. Even though the loss of territory accounted for only between 10 and max. 12 km, the *k.u.k.* 5th Army now stood quite literally on the outermost edge of their defence opportunities. The loss of the Chiappovano Valley, east of Bainsizza, would have given the Italians access to the Ljubljana Basin, while the subsequent conquest of the Mt. San Gabriele in the south resulted in the retaking of the front behind the Trnovo Forest Plateau, which could not be defended due to its poor road conditions[6]. However, subsequently, the *Flondarstellung* was still protecting the Hermada region in the south, whose conquest would have left Trieste vulnerable. Hence, for a next Italian offensive all three regions had yielded operative opportunities, even with minimal actual territorial gains. As a consequence, it had to be concluded that the military 'clearing' of the situation in these regions could no longer be solved by merely strengthening the defence forces, but through an offensive operation. In this respect, initial considerations already existed in the Italy department of the *k.u.k. Armeeoberkommando*, done by

[5] Id., *Die Elfte Schlacht am Isonzo 17. August - 8. September 1917*, Vienna 1917, p. 19 f.

[6] F. Felberbauer, *Die 12. Isonzoschlacht: Der Operationsplan und seine Durchführung*, in *Waffentreue. Die 12. Isonzoschlacht 1917*, Katalog zur gleichnamigen Ausstellung im Österreichischen Staatsarchiv in Wien, Vienna 2007, p. 14.

Major Sigismund von Schilhawsky in July 1917. For the Chief of Staff, General Arz von Straußenburg, however, it was clear that an operation without German support barely had a chance of success. This meant that the German *Oberste Heeresleitung* (Supreme Army Command) had to be convinced and the resistance of Emperor Karl against this German involvement had to be overcome beforehand. The latter ultimately brought to an end the dramatically deteriorating situation at the Bainsizza throughout the course of the Eleventh Battle of the Isonzo; the incoming messages from the *Armeeoberkommando* in Baden were more than clear[7]. The Emperor now appeared to be ready to accept the involvement of their ally. With this reversal in opinion, Schilhawasky created a first draft, which calculated the basic troop requirements, including an attack group in the sector of the newly created Army Group Boroević with about 38 infantry divisions; this meant an increase of ten to eleven divisions. Of these, at first consideration, about eight should have been sent by the German *Obersten Heeresleitung* and the remaining were to be supplied by the Austro-Hungarians and moved from other theatres. In addition, about 700 additional artillery pieces had to be provided apart from the equipment of the respective infantry division artilleries. The area around Tolmin (Julian Alps), with a northern accompanying approach around Bovec[8] was chosen since it was the least heavily occupied region by the Italians.

Based on the calculated troop situation, Emperor Karl‘s request for assistance from Emperor Wilhelm II now followed, although therein, significant deviations, from both Schilhawsky's planning and probably also from Arz von Straußenburg's vision, are evident. This was because Karl I wished to replace the Austro-Hungarian divisions with German troops in the east, in order to use *k.u.k.* troops exclusively for the offensive. Only a supply of German artillery was greatly desired. With this, they still wanted the war in Italy to be viewed as a solely Austro-Hungarian affair, and a bold meddling of the German Reich would be perceived as a humiliation of their own military self-image. For the Emperor, it was likewise indeterminable to what extent the appearance

---

[7] H. Schöckl, *Österreich-Ungarns Isonzofront im Jahre 1917*, Ungedr. Diss phil, Vienna 1997, p. 131

[8] *Ibid.*, p. 133 f.

of the German divisions on 'his' Italian front would adversely affect his peace initiatives with respect to Paris and London. These deeply emotional concerns and doubts, especially owing to Karl´s character, were nevertheless already obsolete in the course of the first basic military arrangements. However, as Major General Alfred von Waldstätten, the chief of the operations department in the *k.u.k. Armeeoberkommando*, travelled to Bad Kreuznach to the German *Oberste Heeresleitung*, the imperial letters were opposed and the provision of German divisions were still presented according to the Schilhawsky plan. There, Waldstätten received a pledge that a thorough examination of the plan of operations would be conducted at any rate, while the former commander of the German *Alpenkorps*, Lieutenant General Konrad Krafft von Dellmensingen, together with three general staff officers, were dispatched first to the *k.u.k. Armeeoberkommando* at Baden and then to the intended area of operations in order to make the feasibility of the operation clear on site[9].

Emperor Wilhelm II's first answer to Karl's request was issued on the first of September and was just as vague as the commitments made to Waldstätten in Bad Kreuznach. Nevertheless, it could be gathered from the letter that these troops would only be granted within the framework of a joint offensive, and thereby also joint leadership of the operation, provided there would German support granted at all.

These very strong restrictions and terms were owed to multiple considerations. On one side, a simple allocation of German artillery groups without the possibility of influencing military decisions seemed unbeneficial, while on the other, there would barely be a possibility for achievement and prestigious success alongside any tactical disadvantages.

On the other side, the German Secretary of State for Foreign Affairs, Richard von Kühlmann, certainly had foreign policy reservations. He had been consistently informed by the Austro-Hungarian Foreign Minister, Ottokar Graf Czernin, that the Danube Monarchy would likely not withstand the next winter, neither materially nor militarily. With this, the danger of the Habsburg Empire´s withdrawal from the

---

[9] K. Kraff von Dellmensingen, *Der Durchbruch am Isonzo*, I, *Die Schlacht von Tolmein und Flitsch*, in *Schlachten des Weltkrieges*, XII[a], Berlin 1926, p. 14.

alliance and from the war, perhaps through a separate peace treaty, was of concern for him[10]. However, similar concerns were shared by German General-Lieutenant August von Cramon who was commissioned in the *k.u.k. Armeeoberkommando*[11].

On another side, a successful offensive could possibly weaken Italy so that it would either pose no further threat to Austria-Hungary or, like Russia, whose withdrawal from the war was already underway, could request a separate peace treaty[12]. With this, the war goals of Austria-Hungary would be reached, and, likewise, the hazard of a discrete peace agreement with the Entente would also be possible. In addition, a prestigious military success under the sole leadership of Austria-Hungary with minimal German involvement could, in turn, be absolutely detrimental to the general political dominance of Germany in the alliance, as well as their dominance on specific topics, for example, on the question of Poland[13]. Either way, the German side found themselves in a tight spot, a situation that was without doubt intended by Foreign Minister Czernin, and was faced with a dilemma concerning the choice of approach.

Ultimately, it fell on the German Imperial Chancellor and Prussian Minister-President, Georg Michaelis, to compare and contrast the possible advantages and disadvantages, as well as evaluate the extent of German involvement on the Isonzo with its possible consequences. Kühlmann's fears regarding Austria-Hungary's possible withdrawal seemed to him more likely if they did not take part, for a collapse on the Isonzo would have military, as well as moral, effects on the Danube Monarchy, and, therefore, consequences for the entire conduct of war. Territorial shifting of the front could perhaps interrupt the connection to Bulgaria and to the Ottoman Empire. Surely, the major offensive planned for the spring of 1918 on the western front would

---

[10] L. Höbelt, *„Stehen oder Fallen?" Österreichische Politik im Ersten Weltkrieg*, Vienna 2015, p. 195 f.

[11] A. von Cramon, *Unser österreichisch-ungarischer Bundesgenosse im Weltkriege*, Berlin 1920, p. 151.

[12] E. Glaise-Horstenau, *Flitsch-Tolmein. Zum zehnten Jahrestage*, «Militärwissenschaftliche Mitteilungen», 58 (1927), p. 497-502: 500.

[13] I. Gonda, *Verfall der Kaiserreiche in Mitteleuropa. Der Zweibund in den letzten Kriegsjahren 1916-1918*, Budapest 1977, p. 367.

be endangered[14]. The latter was ultimately the deciding argument, in order to influence the decision in favour of involvement with the German Emperor as well as for the German Supreme Army Command, especially since the west front was deemed the deciding theatre of war to which all other measures had to be subordinated. Within the framework of the classic operative doctrine of area and time, the immediate threat in Italy would now be cleared with the help of a temporary involvement of German troops, so that afterwards the decision could be faced again in the west.

Accordingly, the first preliminary approval of the First Quartermaster General, General Erich Ludendorff, followed on the 5th of September, 1917. This was also supported through a report by Krafft von Dellmensingen about the general feasibility of the offensive operation on the Isonzo with focus on the area between Bovec and Tolmin. Waldstätten, who was again invited to Bad Kreuznach on the 7th of September, could, on the 8th of September, telegraph the message, «Brothers in Arms secured!» to the *k.u.k Armeekommando* at Baden[15].

2. *Planning of the Operation and Deployment*

Based on the generally promised commitments to a joint offensive and right from the beginning, crucial questions about the incorporation and assembly of German and Austro-Hungarian reinforcements headed to the Isonzo region were asked. A new standing army under German command, which would receive the number 14, should be included as assault troops in the northern section of the Army Group Boroević. Their marshalling area zigzagged from the Smogar Mountain, northeast to the Krn Mastiff to the Elevation of Loučná, about 5 km south of Tolmin, encompassing about 17km worth of front lines[16]. In the north, a subsequent operative roll was intended for a front line of about 2km by the Bovec region (Rombon – Bovec Basin– Vrata – Smogar), wherefore

---

[14] SCHÖCKL, *Isonzofront*, p. 140.

[15] *Ibid.*, p. 143.

[16] *Österreich-Ungarns letzter Krieg 1914-1918*, 7 vols., ed. by *ÖSTERREICHISCHES BUNDESMINISTERIUM FÜR LANDESVERTEIDIGUNG UND KRIEGSARCHIV*, Vienna 1930-1938, VI/ 22.

it was separated and made independent from the responsible *k.u.k.* 10th Army, but tactically put under the control of the German 14th Army. Subsequently, the *k.u.k.* 1st Corps under General Alfred Krauß should have attacked in this region. These were deployed from the Burkovina region, though his troops were originally supposed to be partially replaced with Tyrolian divisions who were accustomed to the mountains[17].

However, now the chain of command at a higher level needed to be resolved. With his promotion to an Army Group and his responsibility for the Isonzo front, which had, by then, already spanned many years, Colonel-General Boroević naturally felt qualified also to lead the currently planned offensive. On the other side, the command of the south-western front was held by Field Marshal Archduke Eugene along with his responsibility for the entire Italian front. However, next to the German ally's strong scepticism towards Boroević, who had until then never led an offensive operation, but had merely defended, the Emperor, who was known to personally occupy the position as *Armeeoberkommandant* (commanding army officer) of the *k.u.k.* Army, also had to be considered. Ultimately, it came to a typical Austrian compromise solution, which took into account both military and individual considerations. An insinuation of the new German 14th Army had allowed the Army Group Boroević to grow onto three armies, which had certainly presented a special challenge concerning leadership possibilities. With the decision to appoint Archduke Eugene, who also represented a powerful historical symbolism as the representative of the archducal Italian Tuscan lineage, a definitely acceptable General and a quite respected army leader, even for the German allies, was chosen[18]. At the same time, the Army Group Field of Marshall Conrad, as well as those troops posted in Tyrol and in Carinthia, were immediately put under the control of the *k.u.k.* 10th Army *Armeeoberkommando*, a decision that strengthened their value considerably. Archduke Eugene's army front now encompassed the Army Group Boroević with the first and second Isonzo armies, the German 14th army, and the formerly directly led *k.u.k.* 1st Corps[19].

The preliminary directives of the *k.u.k. Armeeoberkommando* went

---

17 A. Krauss, *Das Wunder von Karfreit. Der Durchbruch bei Flitsch*, Berlin 1937, p. 19.

18 Schöckl, *Isonzofront*, p. 147 f.

19 Felberbauer, *Isonzoschlacht*, p. 18

to the command of the south-western front on the 12th of September 1917 and created the basic objective of the attack – reaching the former national boundary and pushing the Italians back «if possible, behind the Tagliamento» [20]. By the 18th of September, the Command of the Southwestern front issued instructions to the subordinated armies, assigning the main thrust to the German 14th Army supported by a strong protection of the northern flanks by the *k.u.k.* 1st Corps as well as a simultaneous support attack by the 2nd Isonzo Army positioned in the South. The 1st Isonzo Army however, which was located even more southward, was tasked with hindering as many Italian deployments to the north as possible through local operations, though they were not yet allowed to immediately engage in attacks. Here it may already have come to initially ambiguously formulated instructions, which consequently led to a great deal of irritation in the Army Group Boroević. This was due to the preamble of the army front command, in which the simultaneous crossing of the 'entire army front' – that is to say, of both Isonzo armies – was to be ordered for the offensive[21]. This 'simultaneous operation' was also adopted by the German 14th Army. While the purposes of the offensive were entirely clear for the actual assault troops, numerous frictions and arguments arose between the Command of the South-western front and the Army Group Boroević, which could subsequently, if nothing else, be attributed to Boroević's personal animosities. The understandable discontent of having been weakened by a decision to diminish the amount of heavy artillery troops and withdraw them in favour of the attack area of Bovec-Tolmin was strengthened through the 'degradation', of merely supporting the imminent offensive through an attack from the south. The re-conquest of Gorizia, a prestigious target, was naturally to be expected as the goal of the intended operation, although only as an indirect target, because the town was situated in the section of the 1st Isonzo Army, which was perceived as weak. Although a direct 'Gorizia Operation' envisaged by Boroević was subsequently no longer considered, the consequences of the 'diplomatically' created hierarchical structure were very clearly brought to light in this way. The instructions of the Command of the Southwestern Front to both

---

[20] ÖSTA/KA AOK Op. I. Geh. 450/24 vom 12. 9. 1917, Fasz. 581 ex 1917.

[21] ÖSTA/KA NFA KdoSWF Op. Nr. 19.265 vom18. 9. 1917.

Isonzo Armies actually made the Army Group Boroević's Command superfluous. This Command now sought to compensate their leadership skills through exaggerated interventions in the Operation Command of both Isonzo Armies, thereby marginalising the German 14th Army in regards to its free reign over operations (for the time being)[22].

The German 14th Army, as an essential element of the breakthrough, gradually shaped their own organisational ideas in regards to its structure and the admission of German and Austro-Hungarian formations on the basis of directives from the 18th of September 1917, starting at the end of September and beginning of October. Prussian General Otto von Below, an experienced army leader, was named commander and was provided with Krafft von Dellmensingen, who was already entrusted with the operational area, as Chief of General Staff, and Major General Berendt as Chief of Artillery. For the execution of the previously established attacks, three or four groups were created, who, named for their commander, contained extensive corps strength. In the northern region of the attack sector, the General Krauß Group (*k.u.k.* 1st Corps) stood with the *k.u.k.* 3rd and 55th infantry divisions, such as the *k.u.k.* 22nd *Schützendivision.* In addition to this, the German *Jägerdivision*, formed of independent light infantry and storm battalions, stood as a reserve. Furthermore, the group of Lieutenant General von Stein (III. Bavarian Army Corps) with the German Infantry Divisions Nos. 12 and 117, the division-strong *Alpenkorps*, and the *k.u.k.* 50th Infantry Division joined the aforementioned units even into the area around Tolmin. The group of Lieutenant General von Berrer (LI. Würtemberg Army Corps) was comprised of the German Infantry Divisions Nos. 26 und 200, and was allocated an attack sector of approximately 2km south of Tolmin by Lucija. The southern flank of the army was comprised of the Field Marshall-Lieutenant Scotti Group (*k.u.k.* XV. Corps) with the *k.u.k.* 1st and 13th Infantry Divisions (reserves) as well as the German 5th Infantry Division in a similarly approximately 2 km wide zone of action[23].

Almost immediately after the establishment of the general

---

22 Schöckl, *Isonzofront*, p. 170-179.

23 K.u.k. Armeeoberkommando, *Chef des Generalstabes. Op.Geh.Nr. 700. Die 12 Isonzoschlacht. Die Offensive gegen Italien*, Vienna 1918, p. 10.

directives through the *Armeeoberkomando* on the 12th of September, the deployment of the first troops began, which, of course, had to be transferred from varying theatres of war. So, three Austro-Hungarian, four German divisions, and four independent battalions (later condensed with other units into the *Jägerdivision*) from the eastern theatre of war, as well as two divisions from the western front, were to be transferred and brought to their marshalling areas in the Ljubljana Basin and on both sides of the Karawanks. In addition to this, shifts in resources, equipment and supplies still occurred within the respective *k.u.k.* Army Groups (Conrad and Boroević) in the Italian theatre of war. Ultimately, 2,245 hundred-axle trains should have been moved until the beginning of the attack on the 24th of October[24], although numerous transports, especially in regards to artillery ammunition, were not yet finalized or transloaded, and continued to deliver even after the attack began. The deficient railway system in the area of the front proved to be problematic and time-consuming, especially in regards to the in part only single-track expansions, as well as the minimal cargo capacity of the stations near the front, whereby the bulk of the materials already had to be unloaded and handled in the areas of Villach-Tarvisio, Klagenfurt Basin, Assling and Ljubljana Basin, in order to reach their operational area within an average of a six days march. In the beginning, the artillery formations received priority in regards to deployment, as they did not just need to establish their positions, but also had to prepare and test-fire their artillery. The batteries were initially given orders to achieve their complete state of tactical readiness by the 18th of October. The Command of the Southwestern Front was then supplied with about 1,500 additional artillery pieces and 420 mid-sized and heavy mortars in the period of time from the end of September until the 20th of October[25]. The ammunition provisions for the Austro-Hungarian batteries were designated, on average, to be about 1,000 rounds for every field and mountain gun, 800 rounds for heavy Howitzers and 100 rounds for every 30.5 cm Mörser. For all calibres, this amounted to roughly 1,000,000 rounds altogether in the firing position zones. In addition to these, reserves of up to 500,000 additional rounds were

---

[24] *Österreich-Ungarns letzter Krieg*, VI/21.

[25] Armeeoberkommando, *Offensive gegen Italien*, supplement 1.

delivered to support areas. These amounts corresponded to the output of the Austro-Hungarian ammunitions industry in approximately five to six weeks, albeit these ammunitions could only be provided in due to the waning intensity of battle in the east, in areas such as Russia and Romania[26]. The amount of chemical weapons was assumed to have been around 10%. This provision of ammunitions was considered an unusually high proportion for the Austro-Hungarians, though in regards to the proportions used by German batteries on the west front, it was substandard. The German artillery was accordingly provided with significantly larger amounts. Among the added German units, there was also the *Pionierbataillon* No. 35, which was likewise assigned to the artillery, equipped as they were with their modern chemical launchers. This battalion was to play an important role later, at the breakthrough at Bovec[27].

In addition to infantry and artillery, technical formations, emergency medical installations, signal corps, and construction corps were sent to the marshalling areas. These were to set up bivouacs, barracks, roads, trails, and infirmaries next to field fortifications. Of course, these people had to be transported with their equipment and building materials as well. All were to be fed, housed, and equipped for the anticipated weather in the mountains[28]. However, despite immense efforts, they did not succeed in supplying every incoming troop with sturdy accommodations. In the marshalling areas, some even had to rely on tents. The logistical hassle of the trains was also tremendous and surmounted the capabilities of the Austro-Hungarians by far. Ultimately, the *k.u.k. Armeeoberkommando* had focused on individual divisions regarding needs and requirements, but they now had to deal with German artillery formations which were provided with much larger ammunition allocations, and for which increased transportation efforts had to be factored in after the initial calculations. Ultimately, this factor was either overlooked or underestimated during the conferences

---

[26] M.C. Ortner, *Die österreichisch-ungarische Artillerie von 1867 bis 1918*, Vienna 2007, p. 587.

[27] F. Radax, *Giftgas und das „Wunder von Karfreit"*, in *Waffentreue. Die 12. Isonzoschlacht 1917*, Katalog zur gleichnamigen Ausstellung im Österreichischen Staatsarchiv in Wien, Vienna 2007, p. 49 f.

[28] Armeeoberkommando, *Offensive gegen Italien*, p. 25-27.

at Bad Kreuznach. Instead of also addressing the specific topic of reinforcements for logistics and transport with the German Supreme Army Command, the Germans were promised the general provision of supply trains suited to mountains for the newly arriving German divisions. The fact that the subsequently substantialised German needs, however, proved themselves to be much higher than the *k.u.k.* divisions had calculated was entirely unexpected and threw the calculations of the commissariat and the subordinated commands into disarray. However, the attempt not only to cap the generally promised provision of materials for the mountain train, beasts of burden, and draught animals, but to conversely address additional German motorcades, was nevertheless rejected by the German *Obersten Heeresleitung*. In this way, the six or seven German divisions used up almost the entire mountain-suited train material of the Southwest Front. Reserves were barely available due to the lack of horses, whereby the delivery of horses had to be forced from other fronts in turn[29].

As far as railway was concerned, this was impossible. Without hesitation, civilian transport capacities were reduced to a minimum. The Head of Field Railways, Major General Emil Ratzenhofer and his deputy, Colonel Straub, had to indicate in mid-October that only 10 to 20% of the necessary civilian transport trains, which were needed to deliver the potato supply to Cisleithania, were able to be organised. Through this, significant restrictions of food supplies as well as the allocation of coal in the conurbations of the hinterland resulted, as the operation of the trains had to rely on civilian coal which was intended to be used for heating.

Yet still, the scope of the deployment seems immense from today's perspective, despite negative consequences for the hinterland and numerous frictions. Within 30 days, about 2,400 trains with about 100,000 carriages were deployed, which corresponded to about 65% of the achievements of the march against Russia in the August of 1914.

Next to the amounts of troops and materials which needed to be brought to their destinations, the screening of the preparations of the attack from the enemy presented a particular challenge. For this, too, considerable logistical efforts were undertaken. So were for example

[29] Schöckl, *Isonzofront*, p. 290.

German *Alpenkorps* troops deployed in the area of Trento for a time, German mountain artillery temporarily deployed on the Tyrolian Front, and German scouting troops undertook reconnaissance missions in the Carinthian sector. The later reactions of the Italians showed that these measures barely justified the additional logistical measures. Though the Italians naturally recognized the influx of troops and material, they assumed at the time that merely a localized and limited attack was planned. However, the question of aerial reconnaissance was much harder to plan. Until the decision to conduct a joint offensive, the Italians had, more or less, an unrestricted air supremacy in the operational area at their command. Beginning in the September of 1917, merely 98 anti-aircraft guns were located in the entire region of the Command of the Southwestern Front, of which 76 were divided amongst the Isonzo Armies. In the area under the control of the later I. Corps, there were only two cannons, and, on average, the later German 14th army had twenty cannons in active service. By the 20th of October, the amount of cannons in the entire south-western sector was increased to at least 142, due to their own reinforcements and through allotments from the Germans[30]. The six light (3.7cm), nine heavy (7.7cm), and the five heavy anti-aircraft platoon on German self-propelling artillery vehicles played an exceptional roll in this due to their modern materials.[31]

As it turned out, the *Fliegerkompanien* (airforce companies) and F*liegerstaffeln* (airforce squadrons) proved to be of supreme importance in preventing both enemy reconnaissance as well as the enemy's attainment of important reconnaissance. About 80 battle and reconnaissance airplanes were at the disposal of the 16 available *k.u.k.* aircraft companies, though these were opposed by more than twice the amount on the Italian side. The Germans were successful in gaining air supremacy within a few days due to the transfer of three *Jagdstaffeln* (fighter squadrons), eight *Fliegerabteilungen* (airforce squadron) and a Bombengeschwader (bomber squadron). The air activity of the Italians almost ceased when the first deployment of German fighter planes, modern 'Albatros' D.III fighter, shot down numerous Italian Caproni-Bombers. This made it possible to systematically scout out the entire

---

[30] Armeeoberkommando, *Offensive gegen Italien*, supplement 1.

[31] Felberbauer, *Isonzoschlacht*, p. 21.

attack zone of the German 14th Army and to provide the maps with the current enemy situation[32]. The most important result of the aerial reconnaissance in the areas of the German 14th Army was the fact that the Tagliamento had apparently not been prepared for defence on the Italian side. This became the first indication that the goal of the attack, «over the Tagliamento and beyond» could become a reality. In the area of the Army Group Boroević, but also by the Group Krauß, however, the aerial reconnaissance remained insufficient. The promised *Fliegerkompanie* (airforce companies) arrived partially too late, or not at all.

3. *The Battle*

The assembly of the attack units belonging to the German 14th Army and the *k.u.k.* 1st Corps which, for the Italian theatre of war, took on immense dimensions, was, as previously mentioned, clearly visible to the Italians. In addition, the shifting of German troops temporarily to Tyrol and Carinthia, as well as the issuing of German uniforms to *k.u.k.* troops, both intended as a diversionary manoeuvre, were likewise ineffective.

At any rate, throughout the course of September, the Italian army came to the conclusion that a further separate offensive over the Bainsizza Plateau and beyond was impossible in the foreseeable future. The high number of casualties in the 11th Battle of the Isonzo, as well as the difficult terrain circumstances of the plateau, which were likewise worrisome for the Central Powers, in addition to the replacement of missing amounts of ammunition, which took longer amounts of time, allowed a justifiable dismissal of any thoughts of attack to emerge – at least for the time being. An Austro-Hungarian counterattack on the Bainsizza Plateau was expected instead. The Entente appreciated the shift of the offensive less, as it was necessary to support the recent battles at Flanders in the West through attacks on ancillary fronts. Therefore, it removed its heavy batteries, which numbered about 200 guns, from their locations in the Italian army[33].

---

32 KRAFFT, *Durchbruch am Isonzo*, p. 27.

33 *Österreich-Ungarns letzter Krieg*, VI, p. 513 f.

Lieutenant General Luigi Cadorna's decision to change his strategy to a temporary defensive with the formation of strong reserves on the Tagliamento in order to be able to stop offensives from both Tirol and the Isonzo region was not fully supported by the subordinated armies (2nd and 3rd Army) in its implementation. Therefore, the setup of reserves on the Tagliamento, which was to be supplied with troops provided by the two armies of the front, did not follow. Likewise, the transition to the defensive echelons of the forces, which had manifested itself in a relocation of the heavy and wide-reaching artillery, remained in the sections of the front. Especially the commander of the 2nd Italian Army, Lieutenant General Luigi Capello, was convinced that they could stop a possible offensive of the *k.u.k.* Isonzo army in its existing formation and strength at any time, and could even take the critical Monte San Gabriele (Škabrijel) in a counterattack. For this envisaged counter attack, it was nevertheless necessary to leave the far-reaching artillery in the front positions in order to utilize their firing range to its full extent. Although Cardona ultimately spoke against the planned counter attack, the heavy batteries remained in their firing positions in the front lines. Despite this 'offensive' disposition of troops, which was maintained for the entire 2nd Italian army, the Corps directly on the front considered themselves strong enough to fight off any attack in the Isonzo section – a detrimental misjudgement. The calculations regarding the comparative strength of the 2nd and 3rd Italian armies envisaged by the *Comando Supremo* in Udine underlined this trust, even with the possibility of German reinforcements factored in. Thus a numerical advantage, in regards to infantry as well as artillery, was established on the front line, to which additional strong army reserves were added[34].

Likewise, the fact that quickly deteriorating weather conditions developed as the heat of the late summer gave way to a rapid fall in temperatures with rain, thunderstorms, and strong winds beginning on the 6th of October, proved to be beneficial, as it had a massive effect on the moral of the Austro-Hungarian front line infantry. This also resulted in increasing desertions, which had remained fairly rare up until that point. These cases occurred most frequently in the Tolmin sector and in

---

[34] *Ibid.*, p. 517.

the northern flank of the German 14th Army, where, in addition to the lower ranks and files, three Austro-Hungarian officers with nationalistic motives deserted. On the 20th and 21st of October, these men gave relatively precise indications about German artillery assemblies, attack objectives, the starting time of the attack, and the employment of German poison gas, which was recorded and forwarded by Italian intelligence officers[35]. That these significant statements, both in regard to their reality and especially to their dimensions, were not assessed as significant appeared to be linked with the repeated postponement of the offensive's begin in addition to the previously mentioned feeling of superiority. After the first preliminary designations in the second third of October, the date of October 21st was determined due to the transportation difficulties during the assembly of troops – that is to say, all units had until then to reach a state of complete tactical readiness and to confirm the completion of their preparations with the Command of the Southwestern front. Nevertheless, problems arose for the Army Group Boroević as well as for the *k.u.k.* 1st Corps, which should have been provided with reinforced artillery due to their increasing importance as the northern flank group[36]. However, logistically they were still bound to the *k.u.k.* 10th Army. The time of attack was subsequently postponed to the 22nd of October. Ultimately, the German 14th Army requested a further postponement, to which an additional delay of 24 hours was added, and, with this, the 24th of October was finally determined[37]. These changes were, of course, not relayed to the deserting officers, so that the attack which was awaited on the 21st of October never happened and certainly cast doubt onto the credibility of their statements. Nevertheless, this 'betrayal' was exaggerated by the Command of the Southwestern Front even during the war due to captured records and reoccurred in numerous post-war reports[38].

In the night hours of the 23rd and 24th of October, Groups 'Stein' and 'Berrer' now moved three German divisions into their assault positions and relieved the Austro-Hungarian trench infantry positioned

35 SCHÖCKL, *Isonzofront*, p. 358-361.

36 ÖSTA KA NFA KdoSWF Op. Nr. 25.901 vom 10. 10. 1917.

37 SCHÖCKL, *Isonzofront*, p. 374-376.

38 See: *Österreich Ungarns letzter Krieg*, VI, p. 516.

there. The replacement was not recognised by the Italians and therefore ran smoothly.

The employment of artillery in the breakthrough zones of Bovec and Tolmin was planned by the Head of Artillery of the German 14th Army, Major General Berendt, introducing a new procedure corresponding to the tactical concepts of the German Lieutenant Colonel of Artillery, Georg Bruchmüller[39]. A barrage of artillery fire, which wasted immense amounts of artillery, was no longer to be applied. Instead, a sudden barrage, which was shorter by west-front standards, though overall fiercer, was to be fired from all guns. Furthermore, the artillery's and mortar's use of gas had to be determined so that the assault troops themselves would not be endangered by it. A waiting time of about 90 minutes after the gas attack was considered enough to be excluded from the hazard. In order to have useful visibility for the artillery's fire control of highly explosive shells, it was decided to wait for daybreak, which, according to observations in the Tolmin area, was to be expected at 6:30 a.m. Consequently, two sudden barrages were scheduled. A first barrage, beginning around 2 a.m., had to dedicate itself especially to the second and third Italian defences, as well as to their artillery positions, with the entirety of the gas ammunition. After a pause, which was in part due to the time it took the chemical warfare agents to take effect, the registering and destruction fire of the entire artillery and mortar formation would occur around 6:30 a.m. at first only on the Italian front lines, and then from 7 to 8 o'clock was expanded as an 'observed fire' on all enemy positions. The beginning of the infantry's attack was scheduled for 8 o'clock. The *k.u.k.* I. Corps Krauß was unsure of the effect of the at this site deployed chemical-launching battalion (*Pionierbataillon* No. 35) as well as other effects of the artillery on the mountain position, and therefore was guaranteed a longer interval in regards to the end of the gas ammunition deployment and a two-and-a-half hour barrage (The beginning of the infantry attack was at 9 o'clock)[40].

The effect of the artillery fire on the 24th of October was ultimately non-uniform. The poor visibility through fog and drizzle in the morning

---

[39] CH. STACHELBECK, *Militärische Effektivität im Ersten Weltkrieg. Die 11. Bayerische Infanteriedivision 1915. bis 1918. Zeitalter der Weltkriege*, VI, Paderborn 2010, p.156.

[40] SCHÖCKL, *Isonzofront*, p. 382 f.

worked on the one hand to the advantage of the assault infantry, but they also made observation of the artillery and fire positioning difficult. An envisaged artillery observation from the air was entirely impossible. In this way, parts of the preparatory bombardment went up in smoke. Some through misplaced points of detonation and others because badly visible ground signals, panels or flags, which had partially proved their worth in the east, made an adjustment to the offensive progress of their own side impossible. Only signal rockets guaranteed a certain synchronisation between infantry, artillery observers, and firing batteries. On the other hand, the artillery fire of some Italian barrage fire batteries – provided they fired according previously surveyed target maps – partially caused high casualties within the attack columns and destroyed numerous communication lines during the preparatory stage. Nevertheless, the importance of the massive artillery strike cannot be underestimated, especially because the Italians had not previously experienced it from the Austro-Hungarian side. It is also undisputed that the significance of the modern German gas ammunition cannot be underestimated in this context. Diphenylchlorarsine (*Blaukreuz*) and Phosgene (*Grünkreuz*) were used. The former acted as a cough triggering and irritating gas and caused soldiers to tear off their gas masks, which were useless against these agents. Phosgene, however, acted as a deadly lung poison. After both gases were mixed with Austrian C Substance (Cynogen Bromide), and simultaneously deployed (*Buntschießen*), a corresponding effect was achieved. The outdated Italian gas masks (*Polivalente*) proved ineffective against the German gases[41], to the point where the use of gas led to a panic-like abandonment of positions. In the area of the Bovec sector, the use of the German chemical launchers (*Gaswerfer*) therefore proved to be a decisive factor: the reserve of an infantry battalion, which could not have been fought with artillery, was completely disabled with over 600 casualties[42].

Nevertheless, the infantry was to bear the brunt of the battle, especially on the first day of the battle, because, as previously mentioned, the signal communication to the artillery batteries was

[41] W. Zecha, *Unter die Masken!" Giftgas auf den Kriegsschauplätzen Österreich-Ungarns im Ersten Weltkrieg. Militärhistorische Dissertationen*, XIII, Vienna 2000, p. 122-124.

[42] R. Hanslian, *Der chemische Krieg*, Berlin 1927, p. 145.

partially interrupted through the Italian barrage. The attack troops were expanded, trained, and instructed in the special circumstances of trench warfare in its linear phase, which meant that forces were distributed among two to four trench complexes, each two to three kilometres apart from one another, most commonly organised in three battle lines[43]. The battle strategy now saw extended assault troops in the attack, which were supposed to quickly overcome the no man's land and to enter the line of the first position in order to show the following attack troops the way. Speed was of paramount importance in this in order to prevent the defenders from occupying the foremost trench by the end of the preparatory fire[44]. The training on this front had already been optimized in the German Army, beginning in 1916, and was successfully and gradually applied at the end of 1916 and beginning of 1917 in the *k.u.k.* Army as well. Separate storm battalions were formed and became the bearer of both the new idea of assault troops and of training units. These were generally not closed and instead distributed amongst the attack columns, furthermore forming the first lines of the attack[45]. Subsequently, special attention also had to be paid to the factor of time. The trench infantry which was overthrown in these positions were not to be given any opportunity to re-form or to interdict the breakthrough areas.

If nothing else, this procedure of attack made it possible for the spearheads to win massive amounts of territory, even on the first day. The procedure was then barely known by the Italians and presented a massive difference in comparison to the previously practised, frontal skirmishing line tactic, in addition to noticeably reducing the defensive power of the machine gun. On the evening of October 24th, the front from Bovec to Tolmin was torn open in a width of 32km. The Krauß group had significant difficulties due to diminished effectiveness of the artillery, though they had already pierced through the second line against Žaga, while the group 'Stein' already stood west of Kobarid. The

---

[43] M.Ch. Ortner, *Sturmtruppen. Österreichisch-ungarische Sturmformationen und Jagdkommandos im Ersten Weltkrieg. Kampfverfahren, Organisation, Uniformierung und Ausrüstung*, Vienna 2005, p. 34-41.

[44] *Ibid.*, p. 178 f.

[45] *Ibid.*, p. 188-191.

'Berrer' and 'Scotti' groups, who were to attack in the difficult mountain terrain, achieved at least a breakthrough to the second line[46].

Nevertheless, there were numerous frictions and problems. The attack of the northern flank of the 2nd Isonzo Army largely failed and other parallel operations were also partially marred by difficulties. Especially in the Tolmin area and by Lucija, quickly supplying the spearheads with reinforcements and ammunition was unsuccessful due to the overstraining of the poor paths and roads. In these confined areas there were numerous tailbacks and congestions. In addition, arbitrary actions began to develop, which could be attributed to the lack of leadership on the part of the German 14th Army as well as the Corps Command.

The Italian *Comando Supremo*, however, was faced with similar difficulties. Little could be learned about the positions now actually occupied by the enemy due to the destroyed telephone lines, merely that a massive attack between Bovec und Tolmin was apparently in motion. Appropriate reserves were immediately set in motion in order to strengthen important points, such as the Kolovrat Ridge in the attack area of the 'Stein' group. At the same time, there was a nervous reaction and, in regards to the 2nd Isonzo Army, which was unsuccessfully attacking, it was decided to withdraw the troops to a front line position located further back[47].

However, at this point, the deep breakthroughs of the attack groups had merely triggered a repression of the Italian front. A decision had not yet been achieved by any means. For the 25th of October, the flanks of the spearheads, which each pushed forward to different distances, had to be secured, and the breakthrough areas had to be widened. Again, speed was the foremost principle in the area of the German 14th Army.

In the course of the 25th of October, this was more or less to succeed in all sections. The 'Krauß' group succeeded in taking the Stol Ridge and the 'Stein' group had succeeded in taking the Kolovrat position. Ultimately, Monte Matajur was also taken. Until then, already around 23,000 men had been taken as prisoners of war by the German 14th Army. On the 26th of October, both spearheads of the Bovec and Tolmin

---

[46] *Österreich-Ungarns letzter Krieg*, VI, p. 533.

[47] *Ibid.*, p. 535.

regions were more or less united, and the 2nd Italian line was broken to a large extent, on the 27th of October Cividale del Friuli fell, and in the night of the 28th of October, the extensively destroyed Gorizia was reconquered further in the south[48].

At this point, about 200,000 prisoners had already been brought in. The 2nd Italian army was largely shattered and the 3rd Italian army endeavoured to reach the Tagliamento, leaving behind artillery and equipment. Subsequently, on the 28th of October, the *k.u.k.* 10th Army belonging to the Army Group Conrad, could also successfully join the offensive on the Carinthian Front. Through this, they succeeded in exiting the mountains and reaching the Friulian Plain. The entire Italian forces between the Carnic Crest and Adria partially found themselves in a panicked retreat. The deployment of the Italian reserves was uncoordinated and therefore they often ran straight into the spearheads due to the chaotic circumstances. Still others could not move forwards due to the completely congested roads.

With this, the Twelfth Battle of the Isonzo, the 'Breakthrough at Bovec-Tolmin' or 'Caporetto' was de facto ended in the official military historiography. The battles to reach the Tagliamento and the Piave, respectively, were merely presented as 'pursuit battles' in the military historiography, though they were no less dramatic. Having reaching the Tagliamento in sight, the German Supreme Army Command's predefined operational goal in regards to the support which was granted through German troops was reached, and a fundamental decision concerning further procedures was necessary. Here, different approaches developed between the *k.u.k. Armeeoberkommando* and the Command of the Southwestern front. Archduke Eugene did not under any circumstances want to let the possibility of a further shattering of the Italian Army, either west or east of the Tagliamento, slip away unexploited. In this, he found himself in accord with the subordinated commands, particularly the German 14th Army. On the other hand, German requests for compensation in the form of a large offensive in the west, which was planned for the spring, appeared to have been made possible by the obvious military success. The deployment of *k.u.k.* troops on the west front appeared to have been daunting for both Emperor

[48] ARMEEOBERKOMMANDO, *Isonzoschlacht*, p. 11-13.

Karl, because of the undeniably worsening relationship with France, as well as for Arz von Straußenburg from a military respect. Ultimately, the approval for the continuation of the offensive fell after the already completed military manoeuvres. The Command of the Southwestern front had the eastern shore of the Tagliamento reinforced and tried to build a bridgehead on the western shore even before approval from the *k.u.k. Armeeoberkommando*. At this point, chaotic scenes took place on the eastern shore of the Tagliamento, especially when numerous wooden bridges and piers were torn down by flooding and thousands of Italians were unable to retreat. At the remaining crossing points, drumhead trials were held to filter out alleged deserters and stragglers and to establish order in the units through disciplinary measures; innumerable Italian soldiers fell victim to executions that were conducted on a large scale. The crossing of the still intact Italian 3rd army to the western shore could ultimately not be hindered and the last bridges were detonated.

At this point, parts of the German artillery were already retreating and saw a significant lack of ammunition. In addition to this, there were considerable difficulties in the coordination of the advance. Especially between the German 14th Army and the 2nd Isonzo Army, crossings of the lines of advance and frictions over the few usable roads occurred time and time again, the latter of which were additionally congested with columns of returning prisoners of war and abandoned Italian war materials. Beginning on the 2nd of November, the crossing of the Tagliamento was gradually achieved, and on the 9th of November, the Piave was already reached.

At this point, both the Command of the Southwestern Front and the German Supreme Army Command had contemplated extending the obvious operative success through means of an envelopment. The attempts to destroy the Italian defence of the Piave through a southern thrust, which were justified by the former contemplation, failed on Monte Grappa due to a lack of forces and ammunitions. In addition, the troops had hitherto been in constant battle for over two weeks, and were battle-weary. Regroupings and the catching up of the artillery and ammunition supply demanded a halt as they reached the then current lines. On the side of the Italians, this time was also used to further strengthen themselves. Towards the end of November, a continuation of the offensive no longer seemed sensible. Even General Below pleaded for the cessation of the offensive, especially after the approach of the Army Group Conrad from Tyrol had failed and in regards to the already onset winter[49]. Equally at this point, the German Supreme Army Command was not ready to detach more forces to the Italian theatre of war, as no real strategic advantages had been gained by reaching the Brenta or the Adige, according to their evaluation at the time.

On the 3rd of December, the end of the offensive was officially ordered by the Command of the Southwestern Front, although locally, fighting for better positions still occurred. On the 14th of December, 1917, the German Supreme Army Command decided to forgo further involvement in (future) operations and initiated the staggered transport of the German divisions to the western front.

4. *Epilogue*

With the Piave reached, the autumn offensive against Italy came to a close. On the side of the Austro-Hungarians and the German allies, at the first attack, three and then subsequently five armies were involved. On the Italian side, two and then afterwards four armies were in active service in the first phase. Of these, one (2nd) was essentially annihilated and one (3rd) had lost the majority of their heavy equipment and was no longer considered capable of carrying out operations. As a precaution, the Italians had not sent the shattered and completely demoralised parts of these two armies into service on the Piave. Instead, they deployed fresh troops, which were subsequently joined by supporting British and French formations. Here, the shortening of the length of the front line by about 240km proved to be an advantage as a continuous, staggered front line could immediately be built up, despite the loss of an entire army. In addition, the supply line had been shortened by exactly the 150km which the Austro-Hungarian and German allies had marched through after the successful breakthrough. The breakthrough over the Piave would only have been possible with a new attack operation, although locally, building bridgeheads had already been successful. However, at this point, and as already mentioned, they lacked the

[49] K. von Dellmensingen, *Durchbruch am Isonzo*, II, p. 244 f.

forces, not to mention the necessary artillery ammunition amounts, to do so. The attainment of the Brenta line and the capture of Venice or even the march to the Adige and the re-conquest of Verona, would have been understandably prestigious, though seen purely from a military perspective, the circumstances had hardly been changed. This was ultimately recognized by the German Supreme Army Command. Merely the attainment of the plain in the area of the Army Group Conrad would have been valued as an advantage, though this would have equally affected the Italians and, in this, would have gone up in smoke. On the other hand, the front line in the plain would have been significantly extended again. The Piave line was very well suited to a further defensive line, though this advantage was offered to both adversaries. The subsequent criticism made by numerous authors, especially Alfred Krauß, of the *k.u.k. Armeeoberkommando* and the German *Oberste Heeresleitung*[50], who had missed a strategic chance through a sudden southern thrust of the Army Group Conrad from Tyrol, came to nothing. Apart from the unpredictable development of the breakthrough battle, which was actually merely planned as an offensive to achieve a respite, the movement of troops between lowlands and mountains was impossible in a short period of time, as was more than clearly shown by the later offensive in June. Even if it would have come to a complete collapse of the Italian Army, the decision in the west would still have persisted. The possible political consequences which could have resulted from this, for example, an Italian withdrawal from the war or the beginning of peace negotiations, allowed for excellent discussions then and still encourages them today.

The withdrawal of the German troops, which began in the December days of 1917, saw its first effects in that air supremacy was immediately lost to the Italian air force, which was additionally strengthened by British and French airplanes. The afflux of Entente troops was also associated with the material and tactical standards of the west front, which the former forces brought to the front lines. The tactical advantage of the modern method of warfare from the October of 2017 therefore went up in smoke. In addition, under British and French[51]

---

[50] See: A. Krauss, *Theorie und Praxis in der Kriegskunst*, Munich 1936, p. 240 f.

[51] W. Allen, *Our Italian Front*, London 1920, p. 2-8.

influence, the Italian army located by the Piave, immediately converted to the modern so-called *Zonenkampfführung*, whose effectiveness was clearly felt during the Piave offensive in the June of 1918. On the other hand, Bovec-Tolmin was associated with a significant gain of experience for the German troops as well. From the planning of the artillery strikes to the 'efficiency' of the gas use, and even to the testing of the assault troop method, the breakthrough battle could be viewed as a kind of 'dress rehearsal' for the spring offensive in the West. Some lessons, such as the need to allocate definite paths for the attack units to move in were actually implemented in the spring of 1918.

There are no exact or verifiable numbers in regards to the casualties of the allied German and Austro-Hungarian forces. The calculations of the Austrian General Staff accounted for about 70,000 dead, wounded, missing, and sick men[52] and it can be assumed that these numbers were less than those during the Tenth Battle of the Isonzo, even taking a corresponding lack of exactness into account.

As a result of the great success, the Command of the Southwestern Front and, also, of course, for the *k.u.k. Armeeoberkommando* compiled the factors which led to its success. Among these was Schilhawsky's plan, which was outstanding in regards to the choice of attack point, and which specified the basic concept and the calculation of forces, even if its details were later amended and adapted. Furthermore, a noticeable moral crisis within the Italian army, which was due to battles with heavy losses, was associated with a palpable individualism of the medium level of command, particularly in the army commands, during the run-up to the offensive. In addition to this, the unique Austro-Hungarian formations and concentrations of artillery and ammunition, the speedy deployment, the surprise which was reached through the former, and the rainfall which was very useful for the infantry attack, were beneficial on the 24th of October. Regarding the actual implementation, however, the German involvement remained decisive. Not only the achievement of air supremacy in the assembly period, the use of modern German equipment, and the effective poison gas, but also the modern fighting method of the West front and the flexible leadership methods in the attack, proved to be advantageous over the rigid Italian conduct

---

[52] *Österreich-Ungarns letzter Krieg*, VI, p. 713.

of operations. 'Caporetto' was viewed in numerous memoirs and accounts as a victory which was only made possible by German involvement, though the exact analysis of the events of the 24th to the 26th of October proves this to be incorrect. Many of the specific events which were extrapolated afterwards, for example, that Kobarid was already reached on the 24th of October, ignored the contributions of the Austro-Hungarian troops. Nevertheless, it must be stated that the involvement of German units had a positive effect on the morals in *k.u.k.* troops and cadres and encouraged them to confidently carry out given instructions[53].

The Emperor, who was officially designated as the *k.u.k. Armee-oberkommandant* responsible for the entire operation, expressed «Dank an alle, alle, alle» (thanks to everyone) in an army command[54], in order to avoid officially confirming the involvement of German troops for the time being. This was subsequently amended and the German contribution was mentioned. This German involvement on the Isonzo was supposed to have acted as a moral justification and, with it, a repercussion of foreign policy, following the declaration of war by the USA on Austria-Hungary on December 7th, 1917[55]. However, it was not crucial for this diplomatic step. From this point on, the Austro-Hungarians no longer attempted to hide the German support for political or diplomatic reasons[56].

The monarch's thanks for the great success manifested itself in a virtual shower of awards, which descended upon both his own troops and the German ones, although animosities did exist and bestowments of some awards (or lack thereof) were misunderstood as resentment. The highest military distinction of the Habsburg Empire, the Military

---

[53] See: A. Krauss, *Die Ursachen unserer Niederlage, Erinnerungen und Urteile aus dem Weltkriege*, Munich 1920; Id., *Das Wunder von Karfreit". Der Durchbruch bei Flitsch*, Berlin 1937; R. Hermanny-Miksch, *Die Durchbruchsschlacht bei Flitsch im Oktober 1917*, Hall s.d.

[54] P. Broucek, *Ein General im Zwielicht. Die Erinnerungen Edmund Glaises von Horstenau*, 3 vols., Vienna 1980, I, p. 436 f.

[55] M. Rauchensteiner, *Einleitung*, in *Waffentreue. Die 12. Isonzoschlacht 1917*, Katalog zur gleichnamigen Ausstellung im Österreichischen Staatsarchiv in Wien, Vienna 2007, p. 10.

[56] See the Preface of Arz von Straußenburgs in *Armeeoberkommando, Isonzoschlacht*.

Order of Maria Theresa, was only awarded three times for the autumn battle in 1917, though, as the bylaws designated, only to natives. Only foreign sovereigns and ultimately also three allied (German) Generals of a very high rank – eight foreigners in total – received this award during the World War[57]. Contrarily, the Prussian *Pour le Mérite* was not bound to standards of this kind and was also awarded to Austro-Hungarian Generals such as Krauß und Waldstätten.

Some careers definitely experienced an impetus through 'Caporetto'. Boroević was made the commander of the Piave, and, in this role, was eventually promoted to Field Marshall. Likewise, General Krauß was to be promoted, although not in the way he imagined. As general in the east after the Treaty of Brest-Litovsk, his function was not insignificant, especially in regards to the supply crisis of 1918. For Archduke Eugene, the autumn offensive was the pinnacle of his military career. With the dissolution of the Command of the Southwestern Front in January, however, he was forced to retire. The unauthorized decision to continue the offensive over the Tagliamento was probably held against him.

Next to the purely operative and territorial results of the Twelfth Battle of the Isonzo and the pursuit battles on the Piave, the amount of loot, as mentioned in the beginning, was impressive: over 3,000 pieces of artillery, more than 1,700 mine and grenade launchers, 3,000 machine guns, and over 300,000 rifles, in addition to immense amounts of other war equipment described in the beginning, uniforms and individual gear, respectively. In addition to this, numerous undamaged military camps fell into the allies' hands. In regards to the code for the allocation of goods between both states, it was decided to split the weapons and material in a ratio of 2:1 in favour of the Danube Monarchy, and to divide the roughly 300,000 prisoners of war equally[58]. On the side of the *k.u.k* units, there were no forces allocated to the security of the loot, a disadvantage in regards to the materials which had already been shown in the march. Much of the equipment deteriorated due to the stormy conditions, was individually stolen or was pointlessly destroyed.

---

[57] G.K. von Kövesshaza, *Die Militär-Maria Theresien-Ordens-Ritter des Weltkrieges 1914-1918*, Vienna 1937, p. 24.

[58] *Österreich-Ungarns letzter Krieg* VI, p. 713.

Nevertheless, the captured warehouses stocked with provisions guaranteed the supplying of the troops standing on the Piave until the spring of 1918[59]. Machine guns, sub-machine guns, and rifles, for which sufficient amounts of ammunition had also been captured, were immediately integrated into the Austro-Hungarian and German forces. This was also applicable to mortars (mine launchers) and several mountain and field guns. It can be seen that there was a reconsideration on the part of the army administration regarding the remaining pieces of artillery, in contrast to the advance after the South Tyrolian offensive of May 1916. Even though far greater quantities, both with better conditions and with greater ammunition supplies, were taken over by the December of 1917, the thoughtless stockpiling of foreign artillery materials appeared impractical, as they could perhaps only be brought to the front after a lengthy adaptation work, particularly as the German artillery already had been using such weapons as guns to protect the loot, most of which were of French origin. The code for the allocation of goods was consequently changed from the two-to-one ratio in favour of Austria-Hungary to the allocation of goods calculated based on the number of a particular kind of weapon and would no longer be applied within every artillery type. Austria-Hungary showed that they were ready to meet the Germans in this matter, especially in regards to medium and heavy artillery and relinquished large amounts of the spoils of war – though in exchange, they hoped for a delivery of coal[60]. A delivery of looted materials to the remaining Austro-Hungarian and German allies, as with Bulgaria in the year 1916, was no longer possible due to the already implemented standardization of the system. Consequently, the *k.u.k. Armeeoberkommando* issued a directive, on the basis of the materials which had been found, that batteries of four guns each could only be formed when each piece of artillery could be provided with at least 1,000 rounds of ammunition[61]. This especially affected medium and heavy artillery from 10.5 cm to 28 cm. Captured anti-aircraft guns

---

[59] H. LEIDL, *Die Verwaltung der besetzten Gebiete Italiens (November 1917-Oktober1918)*, in *Die Militärverwaltungen in den von den österreichisch-ungarischen Truppen besetzten Gebieten*, ed. by H. KERCHNAWE, Vienna 1928, p. 346-354.

[60] ÖSTA KA AOK Op. Nr. 85995.

[61] ÖSTA KA AOK Op. Nr. 80075.

on motor vehicles were especially valuable and were immediately added to the capturer's own defence batteries.

Consequently, only a fraction of the captured artillery could actually be used. In the fall of 1918, many cannons, especially older kinds, found themselves exactly where the Italians had abandoned them the previous year. At the end of the war in 1918, the inventories of the current situation reported only about 229 captured pieces of artillery (in addition to Italian, also those of French and Russian origin). At this point and time, there were about 829 pieces of artillery located in the hinterland and in the depots for the plunder[62].

Even so, next to the immense number of captives, the amount of captured pieces of artillery acted first and foremost as propaganda[63].

The elation of the military success naturally had its effects on the land behind the front lines. Among other things, a war loan, which had been available for subscription in the beginning of November 1917, was advertised with the achieved military success and found a ready market. Only the military was truly aware of the possible consequences which the danger of the (early) collapse on the Isonzo posed and which was ultimately averted within the framework of the offensive. Besides the already mentioned propagandist effect, the 'Miracle of Kobarid' did not result in immediate consequences on daily life for the hinterland, except perhaps for the inhabitants of the Istrian coast and Trieste. In contrast to this, the ceasefire of the 18th of December in the east seemed of epochal significance, awakened hopes and expectations, and thereby quickly covered up the events at Bovec and Tolmin.

---

62 O. Pflug, *Bewaffnung und Munition*, Vienna 1923, unpublished manuscript in ÖSTA KA, p. 250.

63 See the Diary Entries of Josef Redlichs from 28th October to 3rd November 1917, in *Schicksalsjahre Österreichs 1908-1919. Das politische Tagebuch Josef Redlichs*, 2 vols., ed. by F. Fellner, Graz 1954 (Veröffentlichungen der Kommission für neuere Geschichte Österreichs, 40), II, p. 240 f.

Daniele Ceschin

LA SCONFITTA COME CARATTERE NAZIONALE: CUSTOZA E LISSA, DOGALI E ADUA, CAPORETTO

1. *Premessa*

Caporetto è una sconfitta militare che racchiude simbolicamente tutte quelle precedenti dell'Italia unitaria: Custoza, Lissa, Dogali, Adua, solo per citare quelle più rilevanti. Le due battaglie del 1866 sono sconfitte cocenti – in una guerra vinta da altri – appena mitigate dall'annessione del Veneto avvenuta nelle settimane successive. Disfatte che gettano una luce sinistra sull'italiano che combatte, sulla sua capacità di «fare la guerra». La sconfitta del 1896 – preceduta nove anni prima dallo smacco di Dogali – è senza appello e segna non solo una cesura nella politica coloniale italiana, ma una svolta anche a livello di classe dirigente. Così Caporetto alla fine non è solo una battaglia perduta, ma una sorta di metafora del carattere degli italiani, o almeno di un lato, della loro identità debole. Il termine, già da solo, evoca ancora oggi un disastro irreparabile, restituisce il senso di una tragedia collettiva che riguarda non solo l'aspetto privato, ma quello pubblico e perfino antropologico. Comune a queste disfatte è l'accusa nei confronti dei soldati che non si battono e la *damnatio memoriae* nei confronti dei duci militari.

Ma esiste una via italiana alla sconfitta? Quanto dura la memoria di una sconfitta nazionale? Se si escludono le imprese coloniali e la Grande Guerra, l'Italia unita ha sempre perduto le sue guerre. Pur evocando dei naufragi collettivi, le sconfitte nazionali si fissano attorno a singole responsabilità. La sconfitta – per dirla con Marc Bloch – rappresenta l'impossibilità di disporre del proprio destino o anche solo di modificarlo. Uno dei luoghi comuni che accompagnano l'idea di nazione e che accreditano un'identità debole degli italiani, è il loro scarso valore militare. Ma la vastissima letteratura sul carattere dell'italiano non ha mai preso nella dovuta considerazione questo cliché.

> «La nostra patria è vile» veramente? Non vili mai gli italiani, individualmente o in piccoli gruppi; senza dubbio, non più vili di altri; in tutte queste guerre, nobili e ignobili, i soldati nostri ci hanno sempre lasciato la pelle, qualche volta eroicamente, qualche volta con rassegnata rabbia, e sono scappati solo di rado, quando sarebbero scappati anche gli uomini di altre nazioni, celebri per le virtù militari. Non vili, dunque, ma quasi sempre le vittime di quelle particolari circostanze che essi stessi, come nazione, avrebbero dovuto determinare: i capi, gli armamenti, gli alleati, la causa per la quale battersi[1].

Già nel medioevo circolano i luoghi comuni che descrivono gli italiani come un popolo antropologicamente imbelle, privo di attitudini militari. Sono stereotipi che i cronisti alimentano dopo la conquista franca e la sconfitta dei longobardi, descritti come vili e codardi tanto quelli di Pavia che quelli del ducato di Benevento. Stereotipi che migrano nella *chanson de geste*[2]. La stessa battaglia di Legnano del 1176 – vinta da una coalizione di comuni lombardi contro le truppe imperiali di Federico Barbarossa – costituisce in realtà «una delle pagine più nette di guerra civile *italiana*»[3].

Fin dal Cinquecento la battaglia di Fornovo costituisce la metafora degli 'italiani' che si battono per la prima volta per un'idea nazionale, «come se l''Italia' fosse esistita davvero»[4]. Pur non essendo corretto attribuire allo scontro il significato di difesa di una 'nazione', la lega che vede uniti soprattutto milanesi e veneziani e che il 6 luglio 1495 tenta di sbarrare la strada a Carlo VIII – che sta risalendo la penisola dopo la trionfale campagna militare dei mesi precedenti – rappresenta un primo serio tentativo di comporre le divisioni dei singoli Stati regionali in nome di un interesse comune. L'esercito della lega, pur contando su una schiacciante superiorità numerica, viene travolto dalle truppe al soldo del re di Francia, lasciando sul campo enormi perdite. Le cause della sconfitta vanno ricercate nella composizione troppo eterogenea del con-

---

[1] L. Barzini, *Gli italiani. Virtù e vizi di un popolo*, Milano 2008[9], pp. 22-23.

[2] A. Barbero, *Il castello, il comune, il campanile. Attitudini militari e mestiere delle armi in un paese diviso*, in *Storia d'Italia. Annali 18. Guerra e pace*, a cura di W. Barberis, Torino 2002, pp. 47-69.

[3] R. Romano, *Introduzione*, in *Paese Italia. Venti secoli di identità*, Roma 1994, p. IX.

[4] Barzini, *Gli italiani*, pp. 360-387.

tingente guidato da Francesco Gonzaga, nelle condizioni sfavorevoli del terreno e nella pioggia che aveva ingrossato il Taro, nella defezione degli stradioti – i soldati di cavalleria leggera reclutati da Venezia nello Stato da Mar – e che, stando a Guicciardini, sarà il fattore decisivo[5]. Rispetto alla mancata vittoria dell'esercito più numeroso e alle ragioni dell'alto numero di caduti, la versione di testimoni oculari, cronisti e storici non sarà univoca, anche perché sotto il profilo strettamente militare l'esito della battaglia è in realtà incerto: l'esercito della lega non riesce a fermare i francesi, che però non riportano una vittoria schiacciante e sono costretti a chiedere strada per riparare ad Asti.

Gli 'italiani', pur battuti, escono con onore dalla battaglia, ma la sconfitta di Fornovo inaugura le cosiddette «guerre d'Italia», un trentennio in cui la penisola è trasformata in un enorme campo di battaglia calcato dai mercenari di mezza Europa e che culmina con il sacco di Roma del 1527, un trauma che lascia dei segni indelebili sul carattere nazionale: «Ogni straniero vinse o perse a turno. Gli italiani persero sempre»[6]. La discesa di Carlo VIII mette così in crisi la tradizione militare dell'Italia rinascimentale e ne intacca un primato fino a quel momento indiscutibile, viziando probabilmente anche la lettura di Machiavelli che tanto avrebbe pesato sul giudizio rispetto al valore in guerra degli italiani. In sostanza, la sconfitta è spiegabile con una condotta politico-militare del tutto inadeguata, caratterizzata dai contrasti tra i capi.

2. *Custoza e Lissa*

Preparata diplomaticamente dall'intesa italo-prussiana dell'8 aprile, la campagna militare del 1866 sconta i limiti dovuti all'incertezza della linea politica[7]. Da una parte la situazione è complessa e l'utilizzo di reparti che erano stati impegnati nei mesi precedenti nella lotta al brigantaggio per la tenuta dell'ordine pubblico può essere pericolosa; dall'altra

---

[5] M. Palumbo, *La guerra esemplare: la battaglia di Fornovo nella* Storia d'Italia *di Francesco Guicciardini*, in *Les guerres d'Italie. Histoire, pratique, représentations*, Actes du Colloque International (Paris, 9-10-11 décembre 1999) réunis et présentés par D. Boillet - M.F. Piejus, Paris 2002, pp. 117-133.

[6] Barzini, *Gli italiani*, p. 380.

[7] H. Heyriès, *Italia 1866. Storia di una guerra perduta e vinta*, Bologna 2016.

una vittoria in un quadro di alleanze avrebbe aumentato il prestigio internazionale del giovane Stato unitario. Il contrasto tra La Marmora e Cialdini impedisce la creazione di un comando unico e, cosa ben più grave, conduce alla separazione dell'esercito in due tronconi: 12 divisioni vengono disposte sul Mincio guidate da La Marmora e dal re, mentre le altre otto divisioni rimangono sul Po sotto il comando di Cialdini. Il 24 giugno i reparti italiani comandati da Giovanni Durando e da Enrico Morozzo della Rocca vengono sconfitti a Custoza da un esercito, quello imperiale, composto da circa 70.000 uomini. Dal punto di vista militare non si tratta di una vera e propria sconfitta, ma è a quel punto che viene ordinata la ritirata[8].

All'indomani della battaglia Giuseppe Mazzini non coglie solo le ragioni militari della disfatta – trova sbagliata l'idea d'insistere contro il Quadrilatero in un terreno propizio per gli austriaci, decisione presa a Parigi perché la sconfitta dà l'occasione a Napoleone per intervenire – ma il «guasto» morale di chi era a capo dell'esercito:

> Sono scorato; non pel fatto di Custoza che in una guerra nazionale condotta da uomini diversi e sotto altri auspici, sarebbe un mero incidente; ma perché il rovescio era preveduto da noi; perché è conseguenza inevitabile d'un guasto radicale, permanente nelle cose nostre; perché gli stessi uomini e le stesse influenze continuando a prevaler sulla guerra, rovesci futuri seguiranno quello d'ieri; e perché gli Italiani si dimostrano visibilmente incapaci a porre rimedio: hanno, come dissi, l'*istinto*, non l'*intelletto* della grandi cose[9].

«La Civiltà Cattolica» guarda con animo niente affatto distaccato al doppio rovescio di Custoza e Lissa e ne rinviene le cause, oltre che nell'ira divina, nell'eccessiva fiducia – che «ubbriaca il soldato» e «rende sprovveduti i duci»[10] – di poter entrare nel Quadrilatero, nella qualità dell'esercito «formato di fresco» e composto di elementi eterogenei «disusati da gran tempo alla guerra», ma soprattutto nella «qualità della

---

[8] M. Gioannini - G. Massobrio, *Custoza 1866. La via italiana alla sconfitta*, Milano 2003.

[9] Giuseppe Mazzini a Vincenzo Brusco Onnis, 26 giugno 1866, in *Edizione Nazionale degli Scritti di Giuseppe Mazzini*, LXXXXII, *Epistolario*, LI, Imola 1939, pp. 216-217.

[10] *La guerra combattuta ultimamente in Italia*, «La Civiltà Cattolica», 1866, p. 392.

causa», ovvero l'unità italiana, che «non è idea nazionale; è idea settaria. Nelle sètte fu concepita, e dalle sètte effettuata, mediante l'oro e la frode; all'Italia è stata imposta colla violenza, e colla violenza è mantenuta»[11].

Alle giornate di Custoza e Lissa, che rappresentano «un atto del dramma morale della nazione», gli italiani ritorneranno per decenni «con inesausta curiosità»[12]. La consegna del silenzio sui fatti del '66 non viene rispettata. Le pubblicazioni di relazioni, memorie, rettifiche sugli episodi militari si susseguono per anni. Ragionando sulla duplice sconfitta Ernesto Teodoro Moneta scriverà nel 1910:

> A quest'arte [la guerra] tessuta d'inganni, di frodi, di ferocia e di odio, la natura italiana ripugna. Se da secoli in tutti i paesi civili le menti più elevate furono e sono contrarie alla guerra, è anche vero che questa contrarietà in molti popoli è rimasta un'eccezione; nell'italiano invece costituisce la caratteristica principale, la psiche nazionale[13].

In questo il contributo del cristianesimo, e del cattolicesimo in particolare, era stato enorme, probabilmente decisivo :

> Da una parte la religione che fu intesa in tutti i paesi della Riforma in un senso vivificatore ed umano, divenne da noi spegnitoio d'ogni virile pensiero, d'ogni energia di volontà; dall'altra, per distrarre anche le classi colte da ogni cura dei pubblici interessi, con fine accorgimento si riuscì a mettere fuori d'uso gli esercizi che elevano il corpo e l'animo, vennero favoriti i molli costumi, protetta la letteratura arcadica e leggera. Così d'una nazione, che per sapienza di Stato e per virtù individuali era stata due volte alla testa del mondo, si finì per formare negli ultimi secoli un popolo docile, fiacco, imbelle, civilmente evirato[14].

Per Moneta gli italiani erano un popolo pacifico, estraneo «da secoli alla politica», «nel quale le virtù guerriere non sorgono di generazione spontanea».

---

[11] *Ibid.*, pp. 393-394.

[12] N. Romualdi, *Il processo Persano*, Milano 1938, pp. 17-18.

[13] E.T. Moneta, *Le Guerre, le Insurrezioni e la pace nel secolo XIX*, IV, *Custoza e Lissa*, Milano 1910, p. 341.

[14] *Ibid.*, p. 344.

> Dato un ambiente così refrattario alla guerra, come doveva essere l'Italia dopo secoli di disuso dall'esercizio delle armi, si comprende la manchevole preparazione militare, la nessuna corrispondenza fra l'Italia ufficiale e l'Italia reale, fra l'esercito e il paese: si comprende perché pochi generali conoscessero il loro mestiere; si comprende come La Marmora fosse facilmente tratto in inganno dalle voci che l'Austria non avrebbe opposto seria resistenza entrando l'esercito italiano nel quadrilatero, la sua disorientazione quando si accorse che la battaglia era seriissima; si comprende la lunga, funesta crisi del comando seguìta dopo Custoza, e si spiega infine tutto quel complesso di trascuranze e di violazioni di ogni buona regola di guerra che condussero alla sconfitta[15].

La battaglia di Custoza peserà per decenni sull'esercito come una «cappa di piombo»[16] e «il lutto del 1866» durerà almeno per cinquant'anni, fino alla Grande Guerra[17]. Ma l'ombra lunga del 1866 arriverà fino al secondo dopoguerra, quando uno degli ultimi capolavori del neorealismo, *Senso*, viene rimaneggiato per prevenire gli interventi censori rispetto ad una interpretazione gramsciana del Risorgimento e subisce un autentico boicottaggio perché considerato lesivo dell'onore delle Forze Armate. Del resto siamo nel clima della vicenda giudiziaria che vede protagonista *L'armata s'agapò* – la sceneggiatura di un film sulla guerra di Grecia che è costata il carcere militare a Renzo Renzi e Guido Aristarco – e alla fine Luchino Visconti sarà costretto a mutare anche il titolo, rispetto ai provvisori *Custoza* oppure *I vinti* giudicati disfattisti.

Sotto l'aspetto militare, quelle del 1866 sono disfatte senza appello. Per un esercito non vi è niente di più tremendo di una sconfitta senza rivincita. Anzi, l'esito positivo delle trattative diplomatiche in virtù della vittoria prussiana, aumenta il senso di frustrazione dei quadri militari cui viene sottratta la possibilità di una rivalsa immediata e contro lo stesso nemico. La presa di Roma è poca cosa come fatto d'arme e le campagne africane – peraltro costellate di altri rovesci – non riescono a riscattare l'onore lasciato sul campo di Custoza e nelle acque di Lissa.

---

15 *Ibid.*, p. 346.

16 A. Pollio, *Custoza (1866)*, Torino 1903, p. 419.

17 V. Morello, *Il libro della guerra di* Rastignac, Torino 1915, pp. 285-290.

3. *Dogali e Adua*

La commemorazione di una sconfitta militare – che deve fare i conti con un forte impatto emotivo – è caratterizzata da reticenze, resistenze, imbarazzi, frasi fatte e non detti. Eppure nessuna disfatta trova tanto spazio pubblico quanto quella di Dogali del gennaio 1887, che rappresenta la prima, seria battuta d'arresto dell'Italia coloniale, oltre che il primo cimento (e rovescio) militare postrisorgimentale. Anche le reazioni parlamentari insistono quasi tutte sull'onore della nazione perduto o salvato. Se Andrea Costa, nel discorso in cui pronuncia la celebre frase «né un uomo, né un soldo», sostiene che non si può invocare l'onore della bandiera quando, «incominciando da Lissa e Custoza, questo onore è stato trascinato nel fango sino a Saati»[18], e Felice Cavallotti si preoccupa del credito nazionale e militare più che mai diminuito – «l'Italia giace ancora sotto i ricordi del 1866»[19] –, per Francesco Crispi l'episodio di Dogali è un incidente di percorso, un «caso doloroso», un «piccolo avvenimento», non un disastro, e condanna l'abitudine a esagerare i nostri mali e difetti: «Una grande nazione non può pretendere che, nella sua lunga storia, vi sieno soltanto vittorie. Oserete voi giudicare la Francia unicamente dalle sciagure del 1870, e non ricordarvi dell'epopea napoleonica, la quale gittò una luce sì gloriosa su tutta la terra europea»?[20]

Nelle commemorazioni ai caduti, Dogali si trasforma in un racconto pubblico di una «gloriosa disfatta»[21], e questo nonostante il polemico rifiuto da parte di Carducci – già nel maggio del 1887 – di 'celebrare' le vittime a Roma in occasione dell'inaugurazione dell'obelisco a loro dedicato. E nella costruzione di una memoria pubblica della battaglia, non si contano i discorsi, gli epitaffi e le lapidi[22]. Le epigrafi *in mortem* seguono un canone in cui l'eroismo dei caduti viene declinato in chiave di martirio, quindi di sacrificio spontaneo e consapevole, di «generoso

---

[18] Atti parlamentari, Camera dei deputati, *Discussioni*, XVI legislatura, 3 febbraio 1887, p. 2018.

[19] Ivi, 3 febbraio 1887, p. 2031.

[20] Ivi, 4 febbraio 1887, p. 2056.

[21] M. Isnenghi, *Le gloriose disfatte*, «Mélanges de l'École Française de Rome. Italie et Méditerranée», 1997, t. 109, n. 1, pp. 21-34.

[22] C. Antona-Traversi, *Sahati e Dogali*, Roma 1887, pp. 381-390.

olocausto». I soldati sono «eroi», «prodi», «valorosi», «impavidi», «forti», «fratelli», «baldi», «giovani», «martiri», «crociati della civiltà». Nelle lapidi si richiama il «valore», l'«onore», la «virtù», l'«eroismo» e continui sono i paragoni con episodi dell'antica Grecia o della Roma repubblicana. Le «Termopili degli italiani» sono un'immagine ricorrente, utile per dimostrare tanto il valore dei caduti, che la pretesa superiorità della civiltà italiana rispetto a quella africana, giudicata barbara e selvaggia[23]. Infatti il nemico da un lato viene ingigantito per dimostrare la disparità numerica, dall'altro assume i tratti della barbarie: «esorbitanti torme selvagge», «sterminate orde africane», «innumerevoli e rabbiose orde abissine». Il rimpatrio dei feriti, inoltre, è uno dei *topoi* delle sconfitte e così il ritorno a Napoli di una parte dei superstiti, poi fatti sfilare tra due ali di folla, diventa l'occasione per esaltare il coraggio e le virtù dei soldati: «Giammai olocausto fu più fecondo; giammai sconfitta fu meno dannosa. Dogali non fu una vittoria; ma fu qualcosa di più; un nobile volontario sacrificio»[24].

L'esito naturale di questa costruzione di un canone eroico dei caduti di Dogali, non possono che essere le pagine di Alfredo Oriani, segno che i discorsi pubblici vanno a comporre una parte non indifferente del «discorso nazionale». *Fino a Dogali*, testo del 1889 che gode di una fortuna anche postuma, costituisce un manifesto protonazionalista delle mire espansionistiche e dei destini africani della Terza Roma. Il sacrificio della colonna De Cristoforis viene dipinto come inevitabile e la morte dei soldati come il pegno per ancorare l'Italia sulla sponda eritrea:

> Tutti giacevano in ordine, allineati, morti sulla grigia altura, dalla quale avevano resistito tre ore senza voltarsi indietro. Erano vestiti di bianco, insanguinati. Il sole alto sull'angusta vallata dardeggiava impassibile infiammando i loro cadaveri col calore e col colore della vita, ma nessuna voce turbava il superbo silenzio della loro morte. La storia italiana doveva trovarli là, allineati sulla soglia dell'Africa, nell'eroismo che il nemico stesso non aveva osato scomporre fuggendo dopo la

---

[23] M. Nani, *Ai confini della nazione. Stampa e razzismo nell'Italia di fine Ottocento*, Roma 2006, pp. 63-70.

[24] Riportato in A. De Cesare - A. Pulce-Doria, *Dogali e l'Italia*, Napoli 1887, p. 66.

strage; e così resteranno eternamente nella gloria della poesia! Il primo capitolo della nuova storia mondiale d'Italia doveva essere un canto epico[25].

L'Italia che si era gettata con entusiasmo nello *scramble for Africa*, esce però pesantemente ridimensionata dalla sconfitta di Adua del 1896. La classe dirigente liberale esce fiaccata e si dimostra incapace di gestire le conseguenze militari e diplomatiche della sconfitta. Ad aumentare il senso di umiliazione contribuisce la vicenda – a lungo rimossa perché giudicata politicamente imbarazzante – dei quasi 2000 italiani prigionieri del negus[26].

Impietoso è ancora il giudizio di Oriani: «La viltà deve essere breve, perché essa pure è un'agonia. Auguriamoci di seppellire presto questi agonizzanti, che non furono mai vivi, questi ministri che non sanno di avere una patria al disopra e un paese al di sotto di se stessi, che non possono essere né padroni né servi, che producono le sventure, e sono troppo deboli per ispirare l'odio»[27].

Le reazioni alla sconfitta di Adua sono in linea con le suggestioni di Oriani[28]. In questo caso il valore e l'onore dei soldati italiani saranno tenuti distinti – tanto alla Camera che nel Paese – dalle responsabilità pesanti della classe dirigente che, per dirla con Edoardo Scarfoglio, è pusillanime e composta da «molluschi viscidi e freddi» che si accontentano della vanità del potere[29]. Sulla scia di Angelo Mosso, il direttore de «Il Mattino» è convinto che non esistano popoli imbelli, se non quelli retti da governanti vili, ma

> il popolo italiano non ha, purtroppo, avuta quella scuola di ferro, senza la quale anche le razze più generose si spappolano e periscono. Conquistò l'unità attraverso una serie di sconfitte di vittorie dovute all'aiuto straniero; e dopo aver ottenuto la Venezia in premio di una disfatta ed

---

[25] A. Oriani, *Fino a Dogali*, Bari 1918^4, pp. 282-283.

[26] N. Labanca, *Dopo Adua, i «prigionieri di Menelik» (1896-1897). Con un diario inedito*, «Studi piacentini», 9 (1991), pp. 199-249.

[27] Lettera di Alfredo Oriani a Luigi Atti, 29 luglio 1896, in A. Oriani, *Le lettere*, a cura di P. Zama, Rocca S. Casciano 1958, p. 116.

[28] N. Labanca, *In marcia verso Adua*, Torino 1993, pp. 360-393.

[29] E. Scarfoglio, *Che vergogna!*, in *Abissinia (1888-1896). Studi di "Tartarin" durante la prima campagna d'Africa*, II, Livorno 1937, p. 257.

essersi assiso sul Campidoglio quasi senza combattere, non poteva avere che una molle idea della guerra.

Che cosa era per esso la guerra? Una serie di grandi razzie garibaldine, di battaglie francesi, nelle quali il Re d'Italia conquistava i galloni di caporale, e di proficue disfatte. Trent'anni di grandi manovre e di dispute bizantine sul parassitismo dell'esercito non han certo conferito a far più virile la nostra gente.

L'occasione era venuta. Una guerra in paesi lontani senza complicazioni e senza conseguenze politiche, con la sicurezza della vittoria finale anche a prezzo di parziali rovesci ci era stata dal destino mandata apposta per darci il modo di reagire contro il nostro rapido smascolinamento.

Ed ecco un branco di fabbricanti di eunuchi converte questa occasione in un mezzo di totale rovina; e alla prima sconfitta, quando nel mondo si dice che i nostri soldati han dato le spalle al nemico senza combattere, implora la pace obbrobriosa, per far subire la quale al Parlamento, va a cercare voti in fondo agli ergastoli[30].

Scarfoglio non comprende come si possa ammainare la bandiera di fronte ad un nemico vittorioso e trasformare l'Italia nel più vile e dispregiato Paese d'Europa:

Se l'Italia non deve far la guerra, se deve chinar la schiena davanti al primo barbaro che l'ha battuta, tanto vale neutralizzarla, abolir l'esercito e la marina e affidarci all'amministrazione del Papa, che almeno ci darà pace con tutto il mondo, una influenza coloniale dieci volte più vasta di quella inglese, e che troverà nel Vangelo i rimedi ai morbi che travagliano il corpo sociale[31].

Sulla stampa italiana passa l'idea della superiorità numerica del nemico che compensa la sua inferiorità militare (e di conseguenza civile e morale), mentre gli italiani sarebbero vittime di tradimenti e imboscate. Se da un lato la sconfitta di Adua riporta l'Italia indietro di trent'anni, riesumando il mito dell'italiano imbelle, dall'altro rappresenta una frustata all'onore nazionale e non solo a quello dell'esercito, peraltro istituzione cardine della *nation-building* e su cui tanto avevano investi-

---

[30] Id., *La scuola della viltà*, ivi, pp. 261-262.

[31] Id., *Che vergogna!*, ivi, p. 257.

to, in termini culturali ed ideologici, le classi dirigenti[32]. Adua dunque, al di là della polemica tra africanisti e antiafricanisti, costituisce una battuta d'arresto delle attese ideologiche del giovane Stato italiano che sull'espansione coloniale – e sulle relative guerre – aveva riposto la sua credibilità tanto all'interno che sulla scena internazionale.

4. *Caporetto*

«La guerra – scriveva Mussolini nel febbraio del 1915 – deve rivelare l'Italia agli italiani. Deve anzitutto sfatare l'ignobile leggenda che gli italiani non si battono, deve cancellare la vergogna di Lissa e di Custoza, deve dimostrare al mondo che l'Italia è capace di fare una guerra, una grande guerra. Bisogna ripeterlo: *una grande guerra*»[33]. Solo la guerra, «la prima guerra d'Italia», può «fare gli italiani» intesi alla d'Azeglio.

La sconfitta costrinse il Paese a una profonda riflessione sul carattere degli italiani, a ricercare le cause profonde del disastro che una parte di esso attribuiva a retaggi secolari che la giovane nazione non era riuscita ancora a superare. Queste impressioni non si registrarono, come sarebbe stato comprensibile, solamente nei giorni immediatamente successivi a Caporetto, ma accompagnarono il discorso privato e le riflessioni personali durante tutto l'ultimo anno di guerra. Paradossalmente nemmeno la vittoria finale e Vittorio Veneto avrebbe modificato questo stato di cose. A questo punto, vi era chi poteva legittimamente parlare di *finis Italiae*, come Ferdinando Martini – «Io capisco F[ranchetti] che s'è ucciso per non vedere ciò che è sperabile che non avvenga, la fine dell'Italia nostra»[34] – ma anche, e pubblicamente, Mussolini, che legava la disfatta a propositi di riscatto: «Se la lezione dell'Alto Isonzo non c'insegna nulla, noi perdiamo per sempre il diritto al nostro domani di grandezza e di libertà»[35].

---

[32] Nani, *Ai confini della nazione*, pp. 90-95.

[33] B. Mussolini, *La prima guerra d'Italia*, «Il Popolo d'Italia», 14 febbraio 1915.

[34] Lettera di Ferdinando Martini alla nipote Giuliana, 9 novembre 1917, in F. Martini, *Lettere (1860-1928)*, Milano 1934, p. 534.

[35] M. [B. Mussolini], *I nostri postulati II. Disciplina di guerra*, «Il Popolo d'Italia», 9 novembre 1917.

L'analisi non poteva che partire dalla dissoluzione dell'esercito[36]. E chi in quei giorni la ritirata la viveva dall'interno, testimone di «scene di vera pazzia collettiva» tra le truppe[37] – quando «molti cessarono di essere soldati e diventarono folla»[38] – non aveva difficoltà ad attribuire la sconfitta alla propaganda pacifista. Reparti che giungevano al fronte, secondo Cadorna, «già infraciditi dalla propaganda» disfattista di socialisti e cattolici[39]: «Gli ufficiali inferiori, improvvisati anch'essi, non hanno la saldezza né la forza per tenere in mano i gregari, nei quali è un tarlo che non si estirpa con bando o fucilazioni. Se avremo altre sconfitte, ahimè prevedibili, il paese sarà invaso, prima che dal nemico, da elementi sbandati, numerosi, in parte armati, che creeranno i torbidi»[40]. Nessun dubbio sulle colpe nemmeno per Piero Calamandrei:

> Certo, in questi momenti, bisogna tutti aver fede assoluta nella vittoria e attendere con piena concordia; ma verrà un giorno in cui bisognerà pure cercare di stabilire con chiarezza, per la storia e per il nostro onore di italiani, quali sono state le cause di questo impensato e fulmineo capovolgimento della situazione militare: e allora si vedrà forse che i veri responsabili di questo doloroso episodio di guerra [...] sono coloro che, mentre l'esercito faceva la guerra oltre i confini contro i tedeschi, nell'interno del paese facevano indisturbati la guerra contro l'Italia[41].

Errori che invece per Nitti andavano ripartiti in maniera chiara: «Bisognerà a suo tempo, ad educazione della nazione dire la verità; e questa è che forse gli otto decimi delle responsabilità sono nazionali, e sono

---

[36] Molte di queste testimonianze le ritroviamo in M. Isnenghi, *I vinti di Caporetto nella letteratura di guerra*, Padova 1967.

[37] Lettera di Alessandro Lustig a Francesco Saverio Nitti, 1° novembre 1917, in A. Monticone, *Nitti e la grande guerra (1914-1918)*, Milano 1961, p. 141.

[38] G. Volpe, *La storia degli italiani e dell'Italia*, Milano 1936, p. 313.

[39] O. Malagodi, *Conversazioni della guerra. 1914-1919*, I, *Da Sarajevo a Caporetto*, a cura di B. Vigezzi, Milano-Napoli 1960, p. 175.

[40] Lettera di Oscar Roffi a Giovanni Giolitti, 5 novembre 1917, in G. Giolitti, *Quarant'anni di politica italiana*, III, *Dai prodromi della grande guerra al fascismo 1910-1928*, a cura di C. Pavone, Milano 1962, p. 247.

[41] Lettera di Piero Calamandrei ai genitori Rodolfo e Laudomia Calamandrei, 2 novembre 1917, in P. Calamandrei, *Zona di guerra. Lettere, scritti e discorsi (1915-1924)*, a cura di S. Calamandrei - A. Casellato, Roma-Bari 2006, p. 150.

l'effetto della mancata educazione civile del popolo. Poi un decimo si può lasciare al Comando, e un decimo ai disfattisti»[42]. In questo clima, chi non aveva particolari responsabilità ma si limitava a osservare i fatti, era disposto anche a scommettere sulla tenuta delle truppe e ad indicare nelle classi dirigenti le vere colpevoli di un eventuale nuovo disastro:

> L'esercito si va ripigliando e fra non molto spero di rivederlo ricostituito e risollevato. Tutto questo però se i cittadini non continueranno nell'opera parricida di disgregamento: se in Parlamento non si continueranno a giuocare partite elettorali puntando sulle carte i destini della patria, se le città non tumultueranno perché saran private dei grissini. Tali cittadini, tali governanti disfanno l'esercito, perché il loro contegno è un insulto per chi tutto rischia nell'impresa: sono essi che hanno aperto al nemico le porte d'Italia: e t'assicuro che più che la sconfitta grava la vergogna; se odio il tedesco, ancora più abomino i tedeschi d'Italia [...][43].

Erano i giorni delle dichiarazioni parlamentari che invitano alla resistenza contro i nemici esterni ed interni. In generale non c'era molta fiducia rispetto a questi propositi: «Ho visto quali mediocri, freddi e generici discorsi hanno declamato a Roma. Nessuno ha il senso del tragico – o per lo meno del pratico. Codesti paiono a me antichi scheletri mascherati e chiusi in rendigote. Spariranno alla prima freccia di sole»[44].

Ma erano anche i momenti in cui qualcuno pensava all'uscita dell'Italia dalla guerra attraverso un armistizio separato. A farsene latore fu addirittura Giacomo De Martino, il segretario generale del ministero degli Esteri, che il 14 novembre 1917 scrisse a Sonnino in termini perentori prefigurando un possibile scenario diplomatico in cui l'Italia avrebbe dovuto avere le mani libere nei confronti degli alleati[45]. Temendo l'esistenza stessa del Paese, suggerì di esaminare i rimedi «nella ipotesi di un possibile disastro». Non lo auspicava, ma se fosse stato

---

[42] Malagodi, *Conversazioni della guerra*, p. 236.

[43] A. Omodeo, *Lettere 1910-1946*, Torino 1963, pp. 237-8, lettera alla moglie Eva Zona, 19 novembre 1917.

[44] Lettera di Giovanni Papini a Olga Resnevic Signorelli, 15 novembre 1917, in *Carteggio Papini Signorelli*, Milano 1979, p. 96.

[45] Lettera di Giacomo De Martino a Sidney Sonnino, 14 novembre 1917, in S. Sonnino, *Carteggio 1916-1922*, a cura di P. Pastorelli, Roma-Bari 1975, pp. 330-334.

necessario si sarebbe dovuta aprire una prospettiva che non gli sembrava politicamente inconciliabile con i doveri dell'alleanza. Del resto c'erano a suo avviso degli elementi chiari, a cominciare dalle tenuta del fronte interno: «Il paese, mirabilmente unito sotto la sferzata della invasione nemica, è sostanzialmente stanco della guerra, come più o meno tutti i belligeranti; ma sarebbe pericoloso fare affidanza su di una lunga resistenza morale del popolo italiano». La sfiducia era totale, compresa quella nel grado di persuasione che la classe dirigente liberale era capace, in certi contesti, di esercitare. Era convinto, al contrario, che cattolici e socialisti, forti di un contatto diretto con le masse, fossero in grado di determinare moti interni in grado di forzare qualsiasi governo. Di fronte ad una simile evenienza vi erano solo due strade: lasciare che la pressione cattolica e socialista spingessero per la pace «e in tal caso soccomberemo nella pace del vinto», oppure guidare la loro azione in modo da servirsene come strumento in ambito internazionale. Per giungere a questo secondo obbiettivo sarebbe stato necessario stringere accordi con cattolici e socialisti, anche attraverso ricomposizioni ministeriali e prendere contatti indiretti con l'Austria e la Germania tramite il Vaticano – che si sarebbe potuto sconfessare se fosse venuto meno il segreto sulla trattativa – per avviare un negoziato per una pace comune. Naturalmente bisognava conseguire la vittoria con le armi, questa doveva rimanere la priorità: «Se la guerra terminasse restando l'Italia sotto il peso della sconfitta vergognosa dello scorso ottobre, ne deriverebbe tale un indebolimento della forza politica dell'Italia, come fattore di politica internazionale, da compromettere gravissimamente, per lungo volgere di anni, i suoi più vitali interessi politici ed economici nel mondo».

Questa iniziativa, che poi non avrebbe avuto seguito, la dice lunga sul ventaglio di ipotesi che nei giorni successivi alla sconfitta erano sul tavolo e certamente teneva conto della subalternità diplomatica e militare che Caporetto aveva creato rispetto agli alleati. Eloquente, in tal senso, una confidenza di Orlando dopo gli accordi di Rapallo: «Non potete immaginare la vergogna che io ho provato oggi: sentivo di essere trattato come un servitore. Alla porta ero, e mi mandavano a chiamare quando volevano»[46].

---

[46] Riportato in A. Gatti, *Caporetto. Diario di guerra (maggio-dicembre 1917)*, a cura di A. Monticone, Bologna 1997², p. 254.

Esco da una bufera dove più e più volte ho creduto di sparire travolto come tanti altri. Esco più vecchio ma non disperato. Quindici giorni sono stati per me come quindici anni tante emozioni ho provato, tante cose ho viste, malinconiche, atroci, enormemente tragiche, di un tragico più spirituale che materiale. Non ho la possibilità di raccontarti nulla: troppo ci sarebbe da dire. A voce potremo forse intrattenerci di questi grandi fatti per ora incomprensibili. [...].

Si potrebbe disperare; ma non dispero. L'Italia non può morire e forse comincia ora soltanto a vivere di nuova vita più piena e cosciente[47].

Come detto, vi erano coloro che leggevano Caporetto come paradigma del carattere nazionale. Alfredo Rocco ne coglieva la conferma delle sconfitte dei cinquant'anni precedenti e non solo:

Malgrado tutto, noi sentiamo che l'Italia del 1917 è migliore dell'Italia di Adua, di Custoza e di Novara. Purtroppo, diciassette secoli di imbellicosità, sessanta anni di elettoralismo e di parlamentarismo, non si cancellano, non si sono cancellati in due anni di guerra. Molto peso del nostro passato remoto e prossimo portiamo, tuttavia, sulle spalle: molte colpe antiche e recenti oggi, nel momento della prova, scontiamo[48].

Uno dei primi critici fu Giuseppe Prezzolini, che riportando le sensazioni di Giovanni Amendola, annotava:

La catastrofe di Caporetto non è un vero peggioramento, ma la rivelazione di come stavano le cose. Se esso conducesse a un serio lavoro di rieducazione e formazione nazionale, facendosi aiutare dagli stranieri, non sarebbe stato una cattiva cosa. Per far ciò qualunque mezzo sarebbe buono, anche una consorteria del tipo della vecchia destra storica, o una società segreta con la massoneria. [...] Chi riescirà a togliere l'analfabetismo e a dare giustizia e verità alla classe popolare, che non le ha mai avute? Nascere Italiani oggi è un peso[49].

---

[47] Lettera di Ardengo Soffici a Giovanni Papini, 7 novembre 1917, in G. Papini - A. Soffici, *Carteggio*, III, *1916-1918. La Grande Guerra*, a cura di M. Richter, Roma 2002, p. 133.

[48] A. Rocco, *La resistenza civile*, «L'Idea Nazionale», 21 novembre 1917.

[49] G. Prezzolini, *Diario 1900-1941*, Milano 1978, p. 272.

Prezzolini scrisse ad Alessandro Casati come quelle della sconfitta fossero «giornate terribili in cui abbiamo perduto tutto, anche l'onore, e dalle quali non so con quale animo ci risolleveremo»[50]. In un fecondo scambio epistolare con Ardengo Soffici avrebbe poi ragionato intorno alle secolari «bacature» dell'*italiano*:

> La classe dirigente è, certamente responsabile più delle altre. Non foss'altro perché ha il potere ed ha la coscienza. Ma non è forse responsabile tutto il popolo di non aver saputo esprimere dal suo seno una classe direttiva nuova, capace, superiore veramente? [...].
>
> Si dà la colpa a questo o quell'individuo, perché semina dottrine disfattiste. Ma il grave non è che ci siano stati individui che seminassero tali germi. Il grave è che i germi trovassero il terreno adatto. I disfattisti c'erano al fronte come nel paese[51].

Soffici, che aveva in animo di cominciare subito il libro sulla ritirata per mettere in chiaro come erano andati i fatti – «poi, dopo la guerra, ci sarà bisogno d'altri libri»[52] – proponeva un punto di vista più interno, avendo vissuto in prima persona la rotta:

> Schifo i giornali, schifo i discorsi, schifo il parlamento, schifo la politica, schifo la letteratura. Schifo tutte le manifestazioni interne della vita nazionale. L'uomo qui non è sempre straordinario ma quasi sempre pulito: nell'interno del paese vedo qualcosa di miserabile e di sozzo che si manifesta in tutti i modi pestilenzialmente. Il soldato che torna in licenza non è più lui perché il sudicio e la vigliaccheria che lo circondano lo forzano a considerare le cose e a parlare in modo diverso da quel che farebbe in un altro ambiente. C'è della gente (ne conosco) che si vanta di aver fatto il vigliacco, mentre qui è stata obbediente ed ha fatto il suo dovere! [...]
>
> Il soldato è innocente in gran parte di tutto: la colpa di ciò che è

---

[50] Lettera di Giuseppe Prezzolini ad Alessandro Casati, 4 novembre 1917, in A. Casati - G. Prezzolini, *Carteggio*, II, *1911-1944*, a cura di D. Continati, Roma 1990, p. 436.

[51] Lettera di Giuseppe Prezzolini ad Ardengo Soffici, 4 dicembre 1917, in G. Prezzolini - A. Soffici, *Carteggio*, I, *1907-1918*, a cura di M. Richter, Roma 1977, p. 301.

[52] Lettera di Soffici a Prezzolini, 7 dicembre 1917, in A. Soffici, *Lettere a Prezzolini 1908-1920*, a cura di A. Manetti Piccinini, Firenze 1988, pp. 126-127.

successo va divisa fra tutti coloro che sono sopra il popolo: in questa divisione il soldato è per una parte minima. Del resto, quello che sta accadendo sul Piave (ammirevole) prova che il mio giudizio è esatto e la mia fede incrollabile, fatale sulla bontà dell'italiano, era giustificata. Tu vedi lontano e nero; io vedo pure lontano ma attraverso al nero vedo una grande luce[53].

Ma al solito in Prezzolini non vi era spazio per le mezze misure, come pure per una distinzione tra discorso pubblico e discorso privato. La disfatta non aveva avuto un effetto anestetizzante, bensì poteva costituire uno stimolo per uscire dall'inerzia individuale e costruire un'Italia nuova – «L'Italia è tutta da rifare e bisogna accingerci seriamente a questo lavoro» – partendo dalla constatazione – per Prezzolini una conferma – di come per gli italiani «sia più da temere la fortuna della disgrazia» e di come «il duro castigo e la sferza della realtà siano più utili dello stellone che ci ha fatto spesso andare dove non ci meritavamo punto»[54]. Ragionandone dopo Vittorio Veneto, questo esame di coscienza imposto da Caporetto non era stato poi così negativo:

Non si dirà mai abbastanza il bene che Caporetto ha fatto all'Italia. Sembrò restituire al paese il buon senso, la misura, l'umiltà, la volontà seria, la concordia, il senso della precisione, la coscienza severa dei propri atti, che tanto avevano scarseggiato nei primi retorici anni di guerra. L'esercizio di verità cui ci costrinse ebbe ottimi effetti. Ci si può rammaricare che noi dobbiamo imparare sempre a così caro prezzo; ci si deve augurare che nel futuro non sia necessario sempre passare col dito sulla fiamma per sapere che brucia. Ma non resta che prendere atto di questa caratteristica della storia nostra recente: che i periodi più sani della nostra vita sono stati quelli in cui, avendo duramente battuto contro la realtà, ci siamo raddrizzati ed abbiamo imposto a noi stessi di cambiare strada. Lo storico dell'Italia futura dirà molto bene di Adua e di Caporetto; cioè, dirà molto bene degli italiani, perché, in fondo non è una qualità da disprezzare quella di sapersi correggere[55].

---

[53] *Ibid.*, pp. 122-124.

[54] Lettera di Giuseppe Prezzolini ad Ardengo Soffici, 16 febbraio 1918, in Prezzolini - Soffici, *Carteggio*, pp. 306-307.

[55] G. Prezzolini, *Vittorio Veneto*, Roma [1920], pp. 2-3.

La sconfitta poteva essere un 'rimedio' estremo, doloroso ma provvidenziale, sembrava dire anche Benedetto Croce nelle sue *Pagine sulla guerra*, per edificare «un mondo nuovo» sulle macerie di quello «crollato col rovescio toccato all'Italia sull'Isonzo»[56]. Meglio dunque saggiare «l'onta e la rabbia e il danno della sconfitta», resistendo ad oltranza, piuttosto che condurre in porto una guerra vittoriosa ma anonima, con la «vecchia decrepita Italia [...] avvinghiata e pesante sulla nuova». Su quali basi dovesse essere costruito questo mondo nuovo Croce lo lasciava solo intendere, ma era certo che quest'opera andasse compiuta il prima possibile, «nel furore della guerra, quando la fornace arde e la massa incandescente fluisce». Riflessioni pubbliche del dicembre del '17 e in linea con lo spirito di una resistenza morale prima che patriottica. Ma fu attraverso queste dinamiche che si cominciò ad esorcizzare una disfatta militare accettata ormai senza ricorrere a giri di parole o a frasi di circostanza. Caporetto dunque come un'occasione irripetibile, come un «giusto castigo delle proprie colpe» da accettare ed espiare innanzitutto, ma poi da rovesciare per continuare ad esistere come popolo tra le nazioni europee. «Caporetto – avrebbe scritto Gioacchino Volpe – fu come avere ben destato un quasi-dormiente o richiamato alla realtà chi se ne era dipartito, inseguendo false immagini di cose»[57]. Un'opportunità per capire – sentenziò Luigi Einaudi – quali fossero state le falle della scuola italiana nell'insegnamento della storia, che doveva diventare una scienza formativa del carattere e della mente del cittadino:

> Troppe volte nella storia gli italiani cercarono di gittare sui duci o sugli alleati o sui nemici la colpa delle proprie sventure, e troppo acerbi furono i frutti delle recriminazioni di cui ci compiacemmo nelle ore dolorose, poiché oggi non appaia a tutti la necessità di se guire altro cammino. Noi dobbiamo fare, ognuno di noi, il proprio esame di coscienza e chiederci: non abbiamo davvero noi nessuna parte di colpa nella sciagura che ha colpito – per breve ora – il paese?
>
> Se gli educatori della gioventù italiana vorranno porre a se stessi questa domanda, forse dovranno riconoscere che essi, che noi, che quanti colla parola e colla penna – poiché anche il giornale è una scuola ed il

[56] B. Croce, *Pagine sulla guerra*, Bari 1928 [1919], pp. 232-234.

[57] G. Volpe, *Ottobre 1917. Dall'Isonzo al Piave*, Milano-Roma [1930], p. 183.

pubblicista è un sacerdote – ci siamo arrogati l'ufficio augusto di formare le nuove generazioni d'Italia, abbiamo forse mancato al nostro dovere[58].

Le settimane successive alla rotta sarebbero rimaste per Gaetano Salvemini come le più dolorose della sua vita, ovviamente dopo quelle di Messina del 1908, «superiori ad ogni forza umana»[59]. Nonostante «l'opera di smidollamento morale» esercitata da giolittiani, socialisti e clericali[60], ora era convinto che il disastro fosse stato arginato e manifestava una cieca fiducia nella capacità dei soldati italiani, «più incoscienti che colpevoli», di tornare «a battersi come prima»[61]. Salvemini riteva la sconfitta un semplice incidente di percorso ricomponibile all'interno di un quadro patriottico dove le masse combattenti, se ben guidate, possono risollevare le sorti della guerra. Si trattava di un riflesso condizionato proprio di gran parte degli esponenti dell'interventismo democratico, anche se non tutti consentivano con questo ottimismo:

> L'Italia ha patito un rovescio morale, che è assai più doloroso di un rovescio militare, perché agli effetti territoriali di questo aggiunge il problema angoscioso delle cause non militari che lo hanno determinato. Il rovescio militare può essere dovuto a cause occasionali; il rovescio morale è dovuto necessariamente a cause remote e profonde, che investono tutta la vita pubblica del paese, l'educazione e la cultura del popolo. L'uno può non ripetersi, l'altro può sempre ritornare. Ecco l'incubo[62].

Coloro invece che da sempre avevano manifestato dubbi circa lo stato dello spirito dei soldati apparivano al contrario molto perplessi, quasi a conferma delle loro riserve iniziali. Nei giorni di Caporetto un angosciato Giustino Fortunato scriveva come fosse «umanamente impossibile darci ragione dell'accaduto e sospendere la nostra parola di imprecazione contro chi era, è e rimane responsabile d'una incoscienza,

---

[58] JUNIUS [L. EINAUDI], *La scuola ha adempiuto al suo dovere?*, «Corriere della Sera», 18 novembre 1917.

[59] Lettera di Gaetano Salvemini a Bernard Berenson, 25 novembre 1917, in G. SALVEMINI, *Carteggio 1914-1920*, a cura di E. TAGLIACOZZO, Roma-Bari 1984, p. 339.

[60] Lettera di Gaetano Salvemini a Pietro Silva, 7 novembre 1917, ivi, p. 335.

[61] Lettera di Gaetano Salvemini a Bernard Berenson, 25 novembre 1917, ivi, p. 339.

[62] A. DE VITI DE MARCO, *Crisi superata*, «L'Unità», 29 novembre 1917.

di una imprevidenza, unica nella storia!»[63]. Il riferimento, neppure tanto velato, era a Cadorna, nei confronti del quale non aveva mai nutrito troppa fiducia. Ma Fortunato rivelava anche una profonda amarezza per la tenuta del fronte interno:

> Salvemini scrive ne «L'Unità», che il popolo non è né vile né stolto. S'inganna. Se la fragile corrosa impalcatura nazionale, per questo momento almeno, non vacilla, lo si deve a quella borghesia, che Salvemini ha, non del tutto ingiustamente, tanto odiata, ma la cui parte più rumorosa egli ha seguito nel folle abbandono verso il precipizio...[64]

A distanza di un mese, comunque, la sua lettura di Caporetto sarebbe diventata sostanzialmente cadorniana, anche per la diffidenza verso il contadino-soldato, ragione prima del suo neutralismo:

> Sono stato il più risoluto avversario del Cadorna, e, certo, la responsabilità del disastro è sua. Ma non so proprio intendere, tu perdonami, come tu mai possa, menomamente, trovar modo di..., non so, giustificare o, se non giustificare, e compatire!, spiegare l'obbrobriosa condotta delle sei Brigate (i cui nomi io conoscevo)! che ignobilmente *si diedero al nemico*, il quale, a buon diritto, sputò loro in viso e li prese a calci e molti lì lì fucilò. Per Iddio, se non arrossiamo di essere il vituperio della gente, di che mai arrossiremo? È o no vero che seicentomila uomini (eran tanti, que' della II^a Armata) si son dati a settantamila tedeschi che ne fecero prigionieri duecentomila, catturando duemila e cinquecento cannoni? È o no vero che noi stentammo ad occupare in due anni e mezzo a prezzo di 400 mila morti? È o no vero che il nostro Paese minaccia soggiacere a una condanna di inferiorità morale per lungo tempo indelebile? E tu ci ragioni su, e tu ti rassegni! Io, no. Invidio Franchetti che, non sopportando l'onta, ebbe il coraggio di bruciarsi il cervello[65].

Per Fortunato, anche mesi successivi, Caporetto sarebbe rimasta una ferita lacerante, una vergogna «senza pari nella umana storia» di un

---

[63] Lettera di Giustino Fortunato a Michele Rigillo, 31 ottobre 1917, in G. FORTUNATO, *Carteggio 1912-1922*, Roma-Bari 1979, pp. 285-286.

[64] Lettera di Giustino Fortunato a Umberto Zanotti Bianco, 7 novembre 1917, ivi, p. 286.

[65] Lettera di Giustino Fortunato a Michele Rigillo, 25 novembre 1917, ivi, p. 287.

«paese fradicio»[66], come pure gli interrogativi sulle sue cause profonde. Di nuovo il «contadiname meridionale», certo, che non aveva voluto e sentito la guerra e che poi aveva rappresentato l'ossatura dell'esercito, ma il disastro era imputabile non alle masse meridionali e nemmeno al massimalismo socialista, piuttosto alle masse dell'Italia centro-settentrionale. Insomma, quasi propositi per la nuova Italia che sarebbe venuta:

> Non «specialmente» le masse meridionali, ma *particolarmente* quelle della media ed alta Italia, e, in genere, tutto quanto il popolo italiano, letterato ed illetterato, bisognerà che una nuova generazione dirigente, superstite e – speriamo – ammaestrata dell'immane conflitto, *rifaccia da capo*, liberandolo soprattutto dalla presunzione di dover noi, italiani, riveder le bozze della creazione; presunzione, frutto della infinita ignoranza nostra ed altrui, che ci ha portati all'orlo dell'abisso![67]

---

[66] Lettera di Giustino Fortunato a Michele Rigillo, 28 gennaio 1918, ivi, p. 291.

[67] Lettera di Giustino Fortunato a Pietro Silva, 7 marzo 1918, ivi, p. 296.

Gian Piero Brunetta

EFFETTO CAPORETTO

«Durchbruch bei Tolmein; Arbeit der Filmtruppen; Italienische Überläufer»: grazie a queste tre parole chiave e al titolo del frammento *Die 12. Isonzo-Schlacht* mi era stato possibile, verso la fine degli anni Ottanta, riconoscere nell'archivio di Coblenza un documento cinematografico di fonte austro-ungarica che tentava di raccontare la battaglia di Caporetto[1].

Per molto tempo ho pensato si trattasse di un unicum, sfuggito agli occhi di altri ricercatori, che avrei analizzato con calma, confrontandolo con documenti coevi di altri archivi europei e americani, in modo da capire se, al di là della rappresentazione degli italiani in fuga e disertori, vi fosse un 'effetto Caporetto' registrabile nel cinema italiano e capace di modificare, da quel momento, i modi di rappresentazione del teatro bellico in funzione della propaganda da parte di tutte le forze in campo. Per quanto mi risultava, e mi risulta anche di recente, il documentario del 1927, *Guerra nostra,* primo frutto della raccolta di materiali sulla Grande guerra prodotto dalla Cinemateca Militare italiana, poi rimontato e sostituito alcuni anni dopo dall'Istituto Luce col titolo *Gloria*, sorvola su Caporetto, limitandosi a parlare del 'ripiegamento sul Piave'.

In pratica si può dire che Caporetto entri potentemente nell'immaginario dall'indomani della disfatta, senza che le immagini cinematografiche esercitino un ruolo decisivo e portante. Anche le immagini ritrovate, con molta probabilità, hanno avuto una circolazione modesta e non determinante nell'alimentare l'immaginazione e la memoria collettiva.

---

[1] Si tratta di un documentario che racconta Caporetto e dopo in vari capitoli, oggi probabilmente visibili quasi interamente al Filmarchiv di Vienna e in parte acquisiti e diversamente contestualizzati, come vedremo, in altri paesi. Vedi la lettura di alcune immagini della quinta parte di questo documentario fatta da A. Faccioli, *Riflessioni su due immagini ritrovate e su un film perduto*, in *Narrazione e immagini delle donne in guerra*, a cura di G. Albanese - A. Faccioli - C. Sorba, Torino 2016, pp. 243-265.

Per quanto riguarda il cinema italiano, benché Caporetto sia uno dei luoghi rimossi della memoria cinematografica bellica italiana, il piccolo insieme di filmati reperibili sulla battaglia e dintorni assume invece, a mio parere, un'importanza decisiva per la comprensione del differente ruolo strategico nella propaganda del periodo.

«La propaganda più efficace è quella per gli occhi: fotografie, cinematografie, disegni, manifesti. Essa sola raggiunge gli analfabeti, i pigri, i distratti: cioè il pubblico», ha scritto Ugo Ojetti percependo tra i primi in Italia l'importanza propagandistica dei nuovi mezzi di comunicazione[2].

Il cinema, nuova forma di linguaggio e racconto visivo internazionale, si offre anche come luogo ideale di costruzione immediata di monumenti e celebrazione dell'eroismo nel campo dell'onore. In questo periodo iniziale però i modelli della propaganda cinematografica sono tutti da inventare e i modi di rappresentazione, per qualche tempo, anziché adeguarsi alla realtà presente, si rifanno ancora all'iconografia e all'oleografia ottocentesca. Questi modi però sono dinamici e tengono conto delle diverse fasi della guerra e delle tecniche adottate dal nemico.

In ogni caso la rappresentazione austro-ungarica di Caporetto capovolge le attese più prevedibili e i modelli circolanti, perché, dopo aver mostrato gli effetti devastanti dei propri armamenti, gas compresi, non esalta l'impresa militare, né celebra la vittoria e l'eroismo dei propri soldati, quanto piuttosto punta soprattutto a irridere e svilire il nemico sconfitto, a non concedergli alcun segno di rispetto. Un'azione *destruens* di tipo morale, prima che militare.

Se da un lato i soldati tedeschi e austriaci nel cinema di propaganda avversario sono subito diventati oggetto di stereotipi ed hanno assunto, nella finzione in particolare, l'aspetto di discendenti delle tribù barbariche (gli Unni di preferenza), sono belve o esseri dall'aspetto repellente (la cui crudeltà si esalta nei confronti degli indifesi, donne, vecchi e bambini soprattutto), dall'altro i comandi austroungarici non riescono, durante tutto il conflitto, a elaborare stereotipi e modi di rappresentazione del nemico convincenti ed efficaci. Ad eccezione dei soldati italiani, che ne fanno le spese, proprio a partire da Caporetto. Italiani che, oltre ad essere traditori per eccellenza, diventano *Überläufer,* e vengono

---

[2] Cit. in M. Nezzo, *Critica d'arte in guerra: Ojetti 1914-1920*, Vicenza 2003, p. 113.

in pratica soltanto mostrati in fuga, dopo che hanno abbandonato le armi e si sono arresi al nemico.

Coinvolto in altri progetti, avevo progressivamente e da tempo messo da parte le ricerche sui rapporti tra il cinema e la Prima guerra mondiale e sono grato ai curatori di questo volume per avermi dato la possibilità di riprendere in mano molti materiali che da un paio di decenni si trovavano in una specie di letargo nella mia videoteca e che non avevo più avuto occasione di considerare con uno sguardo d'insieme. Oggi, consultando gli archivi Luce in rete, è possibile constatare che quei documenti di Coblenza sono stati acquisiti e le didascalie, tradotte, sono accessibili a tutti.

Osserviamo più da vicino, confrontandole, le diverse fonti disponibili.

Nei materiali tedeschi e austriaci, a cui ho potuto avere accesso sul finire degli anni Ottanta, il nemico era una presenza assente, fino al frammento del documentario su Caporetto.

Come tutti gli operatori, anche quelli dell'Impero sono presenti sulla linea di fuoco solo a guerra avanzata, quando rispondono al documentario inglese sulla battaglia della Somme con un'opera analoga, girata in controparte (*Bei Unseren Helden an der Somme*, 1916) per i pubblici tedeschi e austro-ungarici; e allora sarà finalmente possibile avere un contatto diretto coi campi di battaglia. Solo nel 1917, però, gli operatori potranno filmare il fronte con maggiore libertà – prendendo a modello gli operatori inglesi – registrando sconfitte e trionfi, senza riuscire mai però ad ottenere, sul fronte interno, un vero successo di pubblico. Va detto, *en passant*, che, oltre alle scene sulla battaglia della Somme, vi sono, nel corso di tutto il conflitto, ben pochi momenti in cui la testimonianza cinematografica è stata in grado di registrare dal vivo gli avvenimenti militari e gli effetti reali della tragedia in atto: uno di questi mi pare proprio il frammento di un centinaio di metri della prima parte della *Dodicesima battaglia dell'Isonzo*. Si tratta di un frammento su cui vale la pena soffermarsi per vedere se proprio da questo documentario nasca l' 'effetto Caporetto' di cui si è parlato, che determinerà una svolta nell'uso del cinema come strumento di propaganda da parte dei comandi militari italiani.

Il filmato, della durata di circa nove minuti, è importante per la drammaticità di alcune scene, ma lo è forse di più per i testi delle didascalie, che, per la prima volta nella storia del cinema di propaganda, affidano alla parola, piuttosto che all'immagine, un ruolo connotativo e di vera e propria arma nei confronti del nemico. Emerge, o per meglio dire esplode, esattamente come avviene nelle immagini con la registrazione del *Trommelfeuer* (il fuoco martellante), nelle parole che si succedono nelle didascalie, un senso di disprezzo profondo per il nemico, una rappresentazione della sua nullità sul piano militare, della sua viltà, dell'assenza di qualsiasi senso di rispetto per la divisa che indossa. D'altra parte va anche detto che il tono di queste didascalie sembra rispecchiare, in controparte, quello del bollettino di Cadorna, che parla della «mancata resistenza di reparti della Seconda Armata, vilmente ritiratisi senza combattere o ignominiosamente arresisi al nemico». Da subito, dopo le didascalie descrittive di Tolmino, del sobborgo di Santa Lucia e dell'ansa del fiume Isonzo, che sembra scorrere placidamente, incontriamo una scritta che condensa e annuncia il senso della *Strafgericht,* della spedizione punitiva, che sta per abbattersi sulle truppe italiane («La reazione punitiva irrompe contro gli ex alleati dilagando nella zona di Tolmino»).

Nel film non si vedono né i cannoni, né le truppe tedesche e austroungariche all'attacco. Poco alla volta si vedono, invece, gli effetti del bombardamento sul paesaggio e il fumo intenso che via via copre tutto, impedendo di distinguere le cose, ma non impedisce di capire che le bombe cadono sugli obiettivi militari, sugli uomini, sulla vegetazione e anche sulle case e sulle chiese di Tolmino. In tutti i punti del teatro di guerra si levano nubi sempre più alte di fumo e nella nebbia si intravvedono immagini degli effetti devastanti dell'offensiva delle forze imperiali. «I tedeschi, secondo l'opinione dell'Intesa, indeboliti sul fronte occidentale, e le truppe austroungariche, fiaccate dalla guerra, sfondano con incomparabile forza d'urto le posizioni italiane, che riportano un gran numero di perdite». Con questo testo trionfale la didascalia suggella la conclusione del *Trommelfeuer*.

Dopo altre immagini di bombardamento viene inserita una nuova didascalia, molto drammatica, che riunisce vari soggetti, in primis gli operatori cinematografici, a cui viene riconosciuto sul campo un ruolo di co-protagonisti: «I nostri operatori cinematografici avanzano assieme alle truppe di sfondamento». E in controparte appaiono «Die ersten italianichen Überläufer». I primi disertori italiani.

Sono i primi soldati italiani sbandati che hanno abbandonato le armi e si consegnano nelle mani dei tedeschi, superando di corsa la linea nemica, che si vedrà segnata dai cavalli di frisia e dal filo spinato. I disertori, ripresi dalle macchine da presa, sono decine, centinaia. La didascalia a questo punto commenta: «Mentre le nostre truppe con fredda determinazione avanzano, gli italiani, impauriti, fuggono dal campo di battaglia e si dirigono verso i nostri». Anche in questo caso la didascalia colpisce per il mix di plauso per la conquista delle posizioni nemiche e il forte senso di disprezzo per la vergognosa ritirata nemica: «La prima posizione italiana è presa!» («Die Italianer im strategischen Rückzug». Il ritiro strategico degli italiani dietro la nostra linea).

Seguono alcune riprese di spalle dei soldati italiani che corrono disordinatamente in un campo di battaglia del tutto spoglio e reso uniforme dai bombardamenti. Si tratta del momento più drammatico del documentario, in cui si vedono gli italiani attraversare le linee nemiche e incrociare i soldati nemici che vanno in direzione opposta e neanche sembrano accorgersi della loro esistenza. È una rappresentazione forte ed unica del senso di perdita di qualsiasi bussola da parte dei fanti italiani. Un momento in cui la scena, capovolgendo le intenzioni degli autori, acquista una dimensione tragica e quasi emblematicamente si offre come annuncio d'una resa finale. Ancora il fumo impedisce di percepire il paesaggio retrostante e gli effetti reali dei bombardamenti sul campo di battaglia.

Poco dopo appaiono i primi italiani prigionieri con le mani legate dietro la schiena («Una sottodivisione snidata»), mentre altri soldati escono da un rifugio seminterrato in cui, molto probabilmente, sono stati sottoposti ad un primo interrogatorio. Questi soldati sono i primi di cui la macchina da presa incrocia gli sguardi. A questo punto la dimensione militare è accantonata e l'operatore lascia spazio a quella umana del prigioniero che avverte di poter comunque diventare un soggetto di storia, grazie a quelle riprese. Poco dopo un'altra didascalia iperbolica: «Prigionieri su prigionieri».

Da questo momento si assisterà a sfilate di prigionieri italiani che marciano lungo dei sentieri scortati dai soldati austriaci. A conclusione del frammento appare un generale che suggella con la sua presenza il senso del trionfo appena ottenuto.

Tra gli anni Ottanta e Novanta ho avuto svariate occasioni di esplorare direttamente, o assieme ad alcuni giovani studiosi, archivi italiani, austriaci, russi, francesi, tedeschi, inglesi e americani. In Russia, nell'archivio di Krasnogorsk, era stato trovato, grazie a Marina Rossi, un film di montaggio della società torinese Ambrosio (che aveva aperto una propria filiale a Mosca nel 1915) relativo alla presa del Monte Nero e all'occupazione, da parte delle truppe italiane, di Caporetto. Poche sequenze, ma con alcune vedute simili a quelle realizzate dagli operatori austriaci nello stesso teatro di guerra un paio di anni dopo.

Negli archivi dell'Imperial War Museum, esplorato assieme ad Alessandro Faccioli, invece, è stato ritrovato del materiale ungherese, senza data, girato «probably during the Battle of Caporetto», come notano le schede, in cui si vedono scene di armi abbandonate e di riprese di profughi friulani, che, con le loro misere masserizie, abbandonano le case. Nella scheda descrittiva è scritto: «An Austrian discovers a dead body (acted) and removes his hat in reverence. More abandoned italian equipment by the roadside». C'è una diversa distanza in queste immagini rispetto alle scene di guerra: l'irrisione e il disprezzo vengono accantonati e subentra un senso di *pietas* e temporaneo arresto delle ostilità e del dolore, anche grazie ai sorrisi che i personaggi, pur travolti dalla tragedia, rivolgono all'obiettivo.

Nelle note lo schedatore, oltre a notare la difficoltà a seguire la coerenza delle scene, aggiunge «It is not clear how much this material relates directly to Caporetto».

Nel 2008 gli Archives de l'Armée francesi mi hanno fatto dono di una copia di tutti i materiali da loro conservati relativi al fronte italiano. Nessun servizio riguardava direttamente Caporetto, ma molte riprese, che raccontavano l'arrivo delle truppe francesi nel Veneto, il loro fraternizzare con la popolazione ed il loro progressivo avvicinarsi al fronte di guerra, recano date proprio del periodo a cavallo dell'ottobre-novembre 2017[3]. Gli operatori assumono, in questi documenti, varie vesti e ruoli: testimoni che registrano ciò che accade davanti ai loro occhi, guide turistiche e cantori della potenza delle armi, curatori di anime e sciamani capaci di esorcizzare e cacciare le paure degli spettatori, guardiani del

[3] Ha studiato lo spirito dei soldati francesi in Italia e i mutamenti del loro atteggiamento nei confronti della popolazione e dell'esercito italiano P. Facon, *I soldati francesi in Italia 1917-1918,* in *Al di qua e al di là del Piave. L'ultimo anno della grande guerra,* a cura di G. Berti - P. Del Negro, Milano 2001, pp. 51-57.

paesaggio in grado di far sentire le lacrime della macchina da presa di fronte alla distruzione di chiese e monumenti, o trasmettere un senso di forza tranquilla di fronte alla cura dedicata alla protezione dei possibili obiettivi civili ed religiosi.

I servizi mostrano l'incontro tra due realtà che fino a quel momento non sapevano nulla l'una dell'altra e registrano i tentativi di comunicazione, di interazione tra militari e popolazione civile e il superamento progressivo di ostilità e pregiudizi reciproci, soprattutto in base alla comune appartenenza al mondo contadino.

Mi limito a citare qualche sequenza che riprende alcuni soldati a contatto con le popolazioni locali sul Lago di Garda, a Verona e a Montebello e il filmato relativo a Venezia. Si tratta di materiali importanti per capire le declinazioni del racconto cinematografico della guerra da parte dei diversi attori sulla scena veneta nei giorni di Caporetto.

Venezia e piazza San Marco appaiono immerse nella nebbia autunnale e le immagini comunicano una sensazione d'allerta, d'attenzione, di sorveglianza, di protezione. L'occhio dell'operatore si identifica con quello degli ufficiali che visitano il Palazzo ducale e, nello stesso tempo in cui s'arresta sulla bellezza del luogo, si sofferma sul sistema di protezione e fortificazione messo in atto. Lo sguardo della macchina da presa sembra preoccuparsi di voler prendere il suo tempo davanti ai sacchi di sabbia e alle tavole di abete o larice che hanno la funzione di tranquillizzare lo spettatore e rassicurarlo sul fatto che i grandi monumenti di una città sono ben protetti. Una volta che si sia veramente persuasi della bontà dei sistemi di protezione che coprono la facciata della basilica e i vari piani del Palazzo ducale ci si può concedere il lusso di ritrovare il tempo di Venezia, di ammirare le cupole della basilica, di buttare il granturco ai piccioni, di mescolarsi e confondersi con i veneziani, di godere del tempo della loro vita quotidiana. Spettatori e famiglie che in Francia vedono questa immagini per il momento possono sentirsi rassicurati sia sulla protezione di un patrimonio dell'umanità che sulle sorti dei loro familiari sul fronte italiano.

Il tempo di Caporetto non interferisce minimamente con queste vedute.

Mi piace usare questi documenti per mostrare la compresenza, nello stesso periodo, da parte delle forze alleate che si avvicinano al fronte di guerra nel momento più drammatico, della possibilità di trasmettere, a chi sta a casa, la sensazione della grande opportunità per il soldato mandato sul fronte veneto di fraternizzare con la popolazione locale, ammirare le grandi opere d'arte, prendersi una vacanza assieme a molti amici, ritrovare gesti, luoghi, persone, mestieri, odori, animali, case e paesaggi in parte conosciuti e familiari, non dare mai l'impressione a chi va al cinema, con la speranza di rivedere i propri cari al fronte, che vi siano veri motivi di preoccupazione per la loro sorte.

Da ultimo un film di montaggio di provenienza americana (National Archives di Washington) e acquisito dall'Istituto Luce, documento che rappresenta in pieno ciò che intendo per 'effetto Caporetto': cioè la decisa risposta del paese, mediante il racconto cinematografico, non solo con un gesto d'orgoglio e di ritrovamento di comuni valori nazionali irrisi e negati dal nemico, ma anche con un forte gesto di esibizione di forza militare e potenza industriale, capaci di rimettere in gioco e ribaltare le sorti della guerra. Si tratta di un documentario che riunisce buona parte del film immaginato dal Ministero della guerra e prodotto e realizzato dalla Società Cines nel dicembre 1917 col titolo in sceneggiatura di *La mobilitazione industriale in Italia,* e con titolo definitivo *L'altro esercito*. In questo documentario americano sono montate anche le scene sullo sfondamento di Tolmino, che, acquisite senza le didascalie e ricontestualizzate, trasmettono un nuovo senso di spirito unitario ritrovato proprio nel momento più drammatico. *L'altro esercito*, per tutta la prima parte, costituisce la più forte operazione di propaganda cinematografica ideata all'indomani di Caporetto per mostrare come l'Italia, dal punto di vista industriale e militare, sia pienamente all'altezza della modernità del conflitto e possa reagire alla disfatta militare con spirito nuovo, con tutte le forze armate e con la sua popolazione attiva.

L'ideazione di questo importante progetto da parte del Ministero delle Armi e Munizioni modifica in maniera decisiva l'atteggiamento di controllo capillare e di censura a monte e a valle di ogni informazione giornalistica e cinematografica tenuta dal comando supremo dell'esercito fino al luglio 1917. Almeno per quanto risulta dalle *Norme per i corrispondenti di guerra*, rimaste pressoché inalterate dall'inizio del conflitto, che, in pratica, limitavano qualsiasi testimonianza legata alla linea di fuoco e agli effetti su entrambi i combattenti delle azioni armate[4].

---

[4] *Norme per i corrispondenti di guerra, Prescrizioni per il servizio fotografico e cinematografico*, Roma, Laboratorio Tipo-litografico del comando supremo, luglio 1917.

Dopo Caporetto viene riformato l'Ufficio Stampa e attorno al Reparto Fotografico, in un primo tempo, si stringono ulteriormente le maglie della censura: alcuni operatori civili, come ad esempio Luca Comerio, che prima offrivano all'esercito i propri servizi fotocinematografici, non vengono più ammessi al fronte. Ma questo non impedisce di sintonizzarsi con il nuovo spirito che Armando Diaz e l'Ufficio di Propaganda vogliono infondere alle truppe. Tra i film prodotti ve ne è uno, uscito nel gennaio del 1918, diretto proprio da Luca Comerio, che si intitola *Resistere,* che invita a sottoscrivere i prestiti di guerra, si richiama a Garibaldi e allo spirito delle guerre risorgimentali. E ricorre a sua volta a didascalie che invitano a raccogliere le lacere, ma gloriose bandiere dei padri, in un nuovo slancio patriottico unitario: «Dai nostri padri l'esempio/ dai nostri padri il grido: Vai fuori straniero!

Dio segnò i confini d'Italia!

Vogliamo i confini che Dio ci ha dato!

Resistere! Resistere! Italiani: resistere per la vittoria!

Sol colla fusione di tutte le energie nazionali conseguiremo la vittoria!»

Torniamo al testo del soggetto del documentario *L'altro esercito*, che mi sembra valga la pena leggere:

> Oggi, che il popolo d'Italia, fiero di antica fierezza e fidente per incrollabile Fede nei destini della Patria, ancor più si stringe intorno alla sua parte più bella che la Gran Madre ha chiamato a sé ed ha schierato, baluardo di petti d'acciaio, contro le orde barbariche che calpestano e profanano il suolo d'Italia, il Ministero per le Armi e le Munizioni ha voluto presentare questa grandiosa cinematografia perché il popolo, che con tanto slancio e tanta amorevole trepidazione segue le sorti della guerra liberatrice, possa ancora più vivere in essa [...]
>
> In questa cinematografia il pubblico visiterà le miniere, entrerà negli stabilimenti e negli arsenali, si interesserà alla costruzione e alla fabbricazione delle munizioni e di tutti i molteplici ordigni di guerra e seguirà il movimento di un esercito di 800.000 mila operai. "L'ALTRO ESERCITO" combatte anch'esso la sua guerra contro difficoltà tecniche di ogni genere, contro la materia bruta, i pericoli delle potenti macchine, le insidie dei prodotti velenosi, i rischi degli esplodenti: esercito che ha pure le sue vittime, i suoi morti, i suoi mutilati negli accidenti, negli infortuni, che non sempre tra tanto febbrile lavoro è possibile prevedere

> ed evitare [...]. Tutte le lavorazioni [...] anche le più difficili, anche quelle che erano i monopoli [...] di altre nazioni, oggi si compiono e con egual precisione in Italia [...].
>
> Molti quadri della cinematografia sono dedicati alla donna. In questo immane conflitto, la donna non può più essere rappresentata dalla casta Penelope che, curva sulla tela istoriata, aspetta il ritorno di Ulisse [...]. La donna oggi ha voluto prendere il suo posto di combattimento e non solo tra le corsie degli ospedali e delle opere di beneficenza, ma nel crudo, faticoso lavoro delle officine. Allo scoppiare della guerra esse risposero con slancio ammirevole e il loro esercito si formò, si fortificò. Si ingrandì. Furono prima centinaia, poi migliaia che accorsero alle Officine, oggi l'esercito delle maestranze di guerra comprende 160.000 donne. Il pubblico non potrà non interessarsi vivamente a questa cinematografia[5].

Il documentario prevede anche in appendice *La leggenda di Santa Barbara*, interpretata da Lyda Borelli.

Indubbiamente il documentario, così com'è ricomposto, ibridandolo con materiali di punti di vista antitetici, vuole proporre al pubblico degli alleati americani l'immagine di un paese potentemente unito, che ha compiuto uno sforzo enorme per la creazione di un'industria di guerra e che, quanto a modernità, qualità e quantità di armamenti producibili, non è inferiore al nemico, né per terra, né per mare, né in cielo e che ha saputo superare, con grande spirito comune, la sconfitta di Caporetto.

Proprio come si era visto anche in filmati del nemico, si descrivono le trasformazioni delle materie prime, si filmano gli altiforni, le fabbriche di cannoni e armi, ci si avvicina agli operai e operaie al tornio, li si vede mettere a punto delle munizioni per i cannoni o assemblare i pezzi dei fucili o delle mitragliatrici. Inoltre si abbracciano con lo sguardo lunghe file di aerei, cannoni, mezzi corazzati. Uomini e armi, come vuole il soggetto scritto, sono visti in un rapporto simbiotico, tuttavia, come si è detto, si tiene presente la forte presenza femminile, un vero e proprio esercito di donne che assumono dei ruoli indispensabili all'interno dell'industria di guerra.

---

[5] *La mobilitazione industriale in Italia. Film del Ministero per le Armi e le Munizioni eseguito dalla società CINES*, Dicembre 1917, pp. 1-6.

Il documentario si conclude su immagini del Re e del presidente del consiglio Vittorio Emanuele Orlando, che assistono a una sfilata di truppe italiane e americane, che, molto probabilmente, avviene in prossimità della vittoria. Quest'ultima parte, ma anche quella di acquisizione dei materiali austro-ungarici, va detto chiaramente, non si capisce bene quando sia stata montata e con che possibile uso pubblico.

Fatto sta che la disfatta di Caporetto, in ogni caso, non è rimossa e non è un tabu, anzi è ben metabolizzata e diventa, in questo particolare montaggio, un importante momento critico, ripreso nella sua drammatica interezza, che, grazie alla mobilitazione e a un senso di unità ritrovata di tutto il paese, sembra, più che rallentare, aver agito da ulteriore sprone morale e militare nel cammino per la vittoria.

Valeria Mogavero

UN *NETWORK* NELLA GRANDE GUERRA: GENTILDONNE, UFFICIALI E INTELLETTUALI A PALAZZO PAPAFAVA

1. *Il «crollo della fronte» e Padova capitale della riscossa*

A Maria Meniconi Bracceschi Antonini Papafava dei Carraresi – un diluvio di cognomi e blasoni da Gabriele d'Annunzio prosciugato e stilizzato in due soli aggettivi: «la fiera Carrarese»[1] – il maresciallo Ferdinand Foch, memore dell'ospitalità e dell'amicizia a lui e alla Missione francese generosamente accordate dalla famiglia veneta, si indirizza, il 20 novembre 1918, per ricordare, a vittoria ormai conseguita, la reciproca fiducia nella capacità di reazione italiana che, proprio nelle sale del palazzo padovano, nei giorni amari e difficili dell'autunno precedente era stato l'argomento principale dei loro conversari:

> Comtesse, nous sommes bien loin du temps de la Piave. Je n'avais jamais douté du succès de l'Italie. Vous avez bien voulu ne jamais douter de moi; nous avions raison l'un et l'autre. Recevez mes bien vifs remerciements. Rien ne me sera plus cher que de vous le dire de vive voix. Recevez en attendant, Comtesse, mes plus respectueux et plus dévoués hommages[2].

Il comandante supremo degli eserciti alleati e donna Maria erano stati 'coinquilini' «nel periodo del crollo della fronte dell'Isonzo»,

---

[1] Sul punto mi permetto di rinviare al mio *Novello Papafava tra Grande Guerra, dopoguerra e fascismo. Alle radici di un'opposizione liberale (1915-1930)*, prefazione di M. Isnenghi, Sommacampagna 2010, p. 215.

[2] Della lettera – pubblicata per la prima volta da N. Papafava, *A proposito di alcune pagine di "Caporetto" di Angelo Gatti*, «Il Mulino», XIV (1965), 151, pp. 526-528: 527 – si ha una riproduzione fototipica in L. Bracci Testasecca, *Dai Dragoni del Genova ai bersaglieri di Boriani. Il diario di guerra di un intellettuale aristocratico*, Udine 2006, p. 167.

mentre «Padova veniva all'improvviso coinvolta nel tragico ciclone della guerra»:

> Padova fu investita dall'ondata degli sbandati militari e dei profughi civili e rapidamente seppe provvedere con le sue molteplici istituzioni al freno, all'instradamento, al collocamento di essi. D'altra parte il Comando Supremo dell'esercito, costretto il 27 ottobre ad abbandonare Udine, si trasferiva, dopo una breve sosta a Treviso, a Padova nel palazzo Dolfin in Corso Vittorio Emanuele e da lì, il 7 novembre, il generale Cadorna dava il supremo comando: «Sappia ogni comandante, sappia ogni soldato qual è il suo sacro dovere: lottare, vincere, non retrocedere di un passo. Noi siamo inflessibilmente decisi: sulle nuove posizioni raggiunte, dal Piave allo Stelvio, si difende l'onore e la vita dell'Italia»[3].

Lo sfondamento austro-tedesco aveva prodotto un'anti-epica degli indietreggiamenti che amplificava il crollo militare sproporzionandolo fino alla smisuratezza di un collasso etico-politico e subdolo «male oscuro»[4] della Nazione, come Maria Papafava avrebbe scritto, in una lettera inviata alla signora Julie Bienvenüe Foch il 23 marzo 1929, appena appresa la notizia della morte del maresciallo, avvenuta il giorno prima:

> In una mattina brumosa di un autunno sciagurato, l'ansia per il mio figliuolo di diciotto anni che il 24 ottobre 1917 avevo salutato [...] e per altre persone care di cui, dopo Caporetto, non avevo più notizie, era quasi superata [...] dal dolore, dall'umiliazione della nostra disgrazia. [...] tutto mi pareva sommerso, invidiavo i miei morti più cari che non avevano assistito a quella tragedia, piangevo sui miei figli e sulla gioventù del nostro paese. Era uno schianto che compendiava tutto. Ho capito che cosa era la patria, la casa, il focolare in quel momento, e mi pareva che nulla potesse consolarmene. L'unica forza nostra, io e mia figlia sposata da quattro anni che pure non aveva notizie di suo marito, la trovavamo per consolare fino a tarda notte gli amici, conoscenti, ufficiali che passavano avviliti e disperati, e togliere dalle loro menti le velleità

---

3 N. Papafava, *Padova nella grande guerra*, in *Padova i secoli, le ore*, a cura di D. Valeri, Bologna 1967, p. 357.

4 N. Papafava, *Caporetto, questo male oscuro*, «Orientamenti per la famiglia», XI (1967), 7-8, pp. 30-39.

del suicidio che l'onta e il dolore facevano loro intravedere. La casa si andava riempiendo di profughi, la città si vuotava, tutte le minacce mi parevano possibili e malgrado Dio mi desse forza ed i nervi fossero calmi mi sentivo annientata. In queste condizioni scendevo le scale della mia casa per andare all'ospedale a prestare servizio [...] quando la porta d'ingresso si aprì e il generale Foch, accompagnato da Lucien Henraux, impareggiabile ufficiale della missione francese che era nostra ospite, si avanzò, giunto appena dalla Francia [...]. Restai quasi interdetta da un terribile senso di umiliazione, e, quando Henraux me lo presentò, non potei proferire una parola perché quasi gliene volevo, e il *bien venu* mi si strozzò in gola. [...] Veniva dall'aver visto il generale Cadorna, e ognuno, dal canto suo, si erano trovati che sul Piave ci si dovesse fermare per ripartire e vincere. Queste parole precise, sicure, in un momento che intorno a me si parlava con insistenza del Mincio, le prime che sentivo da un'autorità competente, mi ridiedero le ali e un coraggio sereno che potei meglio infondere in tutti quelli che capitavano. Fu così che [...] lasciai ogni lavoro fisso e mi misi a fare la Signora, a ricevere a casa tutti, col the sempre pronto, come ai tempi della più grande pace, fino alla vittoria[5].

Un resoconto molto preciso, che ricalca perfettamente quello fatto, nelle settimane dopo Caporetto, nelle lettere a familiari e amici e diffuso nelle conversazioni con visitatori e ospiti; e in tutto coincidente con quello che la figlia della contessa, Margherita Papafava, fornisce in presa diretta a suo marito Lucangelo Bracci Testasecca l'11 novembre 1917. Margherita, che si trova in compagnia della marchesa Titina Martini e della di lei figlia Giuliana Benzoni, dà voce alla sfibrante alternanza di euforia e depressione in cui si vive nel palazzo di Padova e all'ostinato, tenace aggrapparsi di tutta la loro 'comunità' alla speranza suscitata dal *maréchal de France*, che lavora nella biblioteca di famiglia:

[5] Ho pubblicato la lettera nel mio *Novello Papafava tra Grande Guerra, dopoguerra e fascismo*, pp. 153-155. Si ricordi che quando, il 6 dicembre 1918, tra il risuonare delle note della Marcia reale e della *Marseillaise*, il re d'Italia decorò le bandiere di alcune unità francesi, accennando alle «personnalités» venute ad «apporter leur sympathie à la France» il cronista annotò: «Voici la comtesse Papafava, dont le merveilleux palazzo de Padoue a servi de demeure, aux jours sombres d'octobre et de novembre 1917, au maréchal Foch»: *Les drapeaux français en Italie*, «Nouvelle Revue d'Italie», XVI (1919), p. 267.

> Amore mio che giornate si passano, se non s'impazzisce questa volta non s'impazzisce più!... Mi pare d'essere una secchia (la definizione è della Marchesa Titina), ogni tanto in fondo al pozzo della disperazione, ogni tanto nel cielo della più fervida speranza!... Pensa, ieri sera i nostri amici cioè il nostro amico era venuto a dirci che [...] la speranza del Piave [...] agonizzava eppure non voleva morire, che pena, che pena!... Invece questa mattina il nostro amico ha mandato un biglietto alla Mimi [Maria Papafava] dicendo che le notizie erano molto migliori!... Amore mio che gioia!... Ti dico, sono sbilanci da impazzire, ma che felicità quando sono nel senso buono!... Oggi poi è venuto a trovarci il grand'uomo [Foch] che lavora in biblioteca, simpaticissimo e gentilissimo, ci ha detto che resisteremo dove siamo, che il nostro Paese è magnifico, che l'esercito ha avuto una malattia ma che quando regge il Paese queste sono malattie che guariscono presto, che lui è pieno di fiducia [...] Dio volesse, fosse vero amore mio!... Ti assicuro, l'avrei abbracciato... Reggiamo questi 5 o 6 giorni per carità [...] Lucien [Henraux] ci ha detto che ieri è stata una giornata storica, si vede che hanno deciso questo, e tutto in questo caro casone che diventa storico pure lui!... Dio mio purché si resista!...[...]. Giuliana [Benzoni] e la Marchesa Titina [Martini Benzoni] pure ci hanno dato buone notizie di Rapallo [...]. I preti pregano per la vittoria delle nostre armi, e hai visto, perfino i socialisti ufficiali dicono delle cose sensate, meglio tardi che mai. Ma era necessario che il Paese resistesse così, vuol dire che siamo ancora degni di essere Italiani. E allora coraggio e fermiamoli lì. E abbiamo fede![6].

Il 15 novembre la passione etico-patriottica di Margherita si impenna ulteriormente, forte anche dell'ottimismo degli ospiti francesi, a cercare di convincersi e persuadere della certezza della resistenza, ma anche nel rincorrersi e stridere di notizie vere e false, a rassicurare sullo 'spirito pubblico' di Padova e sulla sorte dell'amatissimo Veneto:

> Un generale di Lucien [Henraux] ha fermato la Mimi [donna Maria] per le scale e le ha detto che ci sono delle buone notizie, che le truppe si battono benissimo, e che [i generali francesi] credono proprio che resisteremo! Dio volesse! E questa è anche l'opinione del Capissimo

---

[6] M. Polo, *Civiltà e libertà. Margherita Papafava e Lucangelo Bracci dalla Grande Guerra alla Repubblica*, Firenze 2013, pp. 73-75.

> [Foch] che lavora in biblioteca il quale va molto d'accordo col successore di Luigino [Cadorna].
>
> Questa mattina invece in città c'era un certo nervosismo, ma ripeto, questa sera c'è proprio un gran miglioramento e ogni giorno che passa è un vantaggio. [...] Fede ci vuole [...] la fede deve essere una febbre contagiosa e dovete voi cercare di propagarla da per tutto, in tutto l'Esercito, in tutto il Paese. Pensa amore mio che dall'ardore, dalla volontà, dalla fede degli Italiani dipende tutto quello che abbiamo di più caro al mondo, questo nostro caro Veneto, la nostra terra, la nostra felicità, l'Italia e per conseguenza l'Europa e l'Umanità, e soprattutto l'onore del nostro Paese, che con la resistenza eroica si sta rialzando e bisogna, bisogna resistere[7].

Con una non differente disposizione d'animo, il generale Maxime Weygand annota che la Missione francese, arrivata a Padova, sistemò

> ses bureaux dans quelques pièces du délicieux palais de la comtesse Papafava, où le général Foch se réserva un coin pour travailler. La maîtresse du logis était une grande dame et une ardente patriote, fort belle personne. De temps en temps, à la fin d'une journée dans les hôpitaux, elle venait chercher près du général le réconfort de son énergie et de sa foi. Le général partageait sa journée entre le Commando Supremo et le front, où il se rendait dans l'après-midi[8].

Integrando le confidenze rilasciate dall'«acuto e sottile Weygand», di regola ansiosamente interrogato da Margherita, con le informazioni amabilmente estorte al capo-missione generale Henri de Gondrecourt, spesso confermate dal generale Percy Radcliffe, capo della missione britannica che, trovandosi anch'egli a Padova, spesso era ospite dei Papafava, vengono decifrati i misurati e gesticolati oracoli pronunciati dal «rude e sintetico Foch»[9], che si lascia interpellare dalla padrona di casa. La consociazione funziona come emittente di rimbalzo delle

---

[7] *Ibid.*, p. 77.

[8] M. Weygand, *Mémoires*, I, *Idéal vécu*, Parigi 1953, p. 433.

[9] Le caratterizzazioni dei due generali francesi sono di A. Gatti, *La parte dell'Italia. Rivendicazioni*, Milano 1926, p. 166. In più ampia prospettiva storiografica, M. Caiazzo, *Il mito dell'alleanza italo-francese nella Grande Guerra*, «Storia in Lombardia», XXX (2010), 2, pp. 62-94.

decisioni che in quei giorni si adottano nel *carrefour* dei numerosi comandi supremi, talora strutturando il racconto in modo da espungerne o attenuarne quanto di sgradevole per l'orgoglio nazionale potesse sembrare annidarsi in quella specie di 'protettorato' politico-militare che a Foch già si rimprovera di voler esercitare proprio dallo scrittorio dello scomparso Francesco Papafava. Che ciò fosse al centro delle preoccupazioni di donna Maria si evince dalla citata lettera alla vedova del Generalissimo francese, laddove amabilmente si richiama l'insistenza con la quale la padrona di casa aveva costretto il «Capissimo» – come altrove lo chiama Margherita – a essere esplicito sulla natura della 'presenza' transalpina:

> mais madame c'est un *concours,* c'est ne pas un *secours!* Ces choses-là arrivent partant! Nous avons une Marne vous aurez bien un Piave!». Foch ogni tanto veniva, col generale Weygand, che allora mia figlia prese per un giovanissimo subalterno – in genere lei parlava con lui, e Foch con me – ed era sempre più forza, più persuasione che ci veniva da quelle simpatiche, intelligenti personalità. Foch ripeteva: «*Pas de Mincio! Pas de Mincio! Il faut s'accrocher au Piave. Pas un pas arrière, vous foutes bien à rester, c'est chic*».

Dal palazzo di via Marsala non solo si rispecchia e riflette l'elevata concentrazione in città di autorità, notabili, giornalisti e corrispondenti, ma anche si propagano i primi fermi d'immagine e accenni di consolidamento della linea di resistenza sul Piave: nelle scritture private del *network* il «processo interpretativo» del disastro, avviatosi in diretta attraverso strozzature, deformazioni e fraintendimenti clamorosi, inizia a diventare anche «processo di contrattazione collettiva»[10]. Meglio di niente è il proclama che il Generalissimo italiano rivolge all'esercito e al paese proprio dal capoluogo euganeo, come si è appena visto nella citazione dell'ordine del giorno di Cadorna fatta da Novello Papafava, che da quel documento periodizza la 'nuova' storia della guerra italiana. Nella città del venerato e popolare Taumaturgo, insomma, il *grand récit* colloca il 'miracolo' laico del comandante supre-

[10] K. von Lingen, *Il trauma culturale di Caporetto: il luogo della sconfitta nella memoria patriottica italiana*, «Annali dell'Istituto storico italo-germanico in Trento», 39 (2013), 1, p. 409.

mo uscente: «in quattordici giorni fece spuntare dalla terra, presso Padova, un esercito. I suoi treni percorsero giorno e notte la pianura del Po»[11], secondo le parole di Angelo Gatti che, nella loro perentorietà, da un lato comprimono, e tuttavia proprio perciò rivelano, un intento polemico rivolto a ciò che lo storico ufficiale del Comando supremo definisce «la narrazione francese dei fatti»[12]; dall'altro, più esplicitamente, pongono una premessa che si rivelerà indispensabile alla costruzione della narrazione egemonica della «tragedia necessaria»[13] e alla consequenziaria chiusura del cerchio nel segno dell'epica, finalmente ritrovata, dell'interventismo: «Il Risorgimento d'Italia era un fatto concluso e Padova fu degnamente la "capitale al fronte" durante l'anno della vittoriosa riscossa»[14].

Fuori, comunque, da ogni disputa, «Padova capitale della guerra perduta e della guerra vittoriosa»[15] dispone di un retroterra la cui concreta storicità non può certamente essere messa in ombra dalla polemica interpretativa successiva. L'importanza della città, sotto questo profilo, era stata per la verità colta già a ridosso degli avvenimenti – e fosse pure soltanto nei termini un po' convenzionali delle simbolizzazioni intrinseche a certe periodizzazioni a modo loro 'epocali' – da uno dei pubblicisti e scrittori più prolifici e popolari della 'disfatta' asburgica, l'austriaco Karl Friedrich Nowak, che, raccontando il «caos dell'Europa centrale», avrebbe assegnato alla resistenza italiana un ruolo essenziale nel crollo della Duplice Monarchia metaforizzando le mosse decisive dell'epilogo

---

[11] GATTI, *La parte dell'Italia. Rivendicazioni*, p. 84.

[12] *Ibid.*, pp. 171 sgg. Per l'altrettanto polemica risposta francese si veda almeno P. LEHAUTCOURT, *Foch en Italie*, in ID., *La part de Foch dans la Victoire*, Parigi-Limoges 1930, pp. 117 ss., che contesta la «légende [...] repandue in Italie tendant à réduire l'importance de la mission de Foch» e perciò interessata a presentare il maresciallo francese come uno che «aurait cru impossible de tenir sul la Piave». La testimonianza di Maria Papafava era perciò in controtendenza rispetto alle esasperazioni nazionaliste; e se ne sarebbe ricordato, citandola espressamente, molti anni dopo, H. CONTAMINE, *L'Italie dans la grande guerre: remarques d'un français après cinquante ans*, in *La fine della prima guerra mondiale e i problemi relativi*, Roma 1970, p. 248.

[13] M. ISNENGHI, *La tragedia necessaria. Da Caporetto all'Otto settembre*, Bologna 1999, pp. 30-55.

[14] PAPAFAVA, *Padova nella grande guerra*, p. 355.

[15] M. ISNENGHI, *Storia d'Italia. I fatti e le percezioni dal Risorgimento alla società dello spettacolo*, Roma-Bari 2011, p. 374.

dello scontro in una specie di 'dialogo' tra le due capitali dell'ultima stagione del conflitto, «Padua und Schönbrunn»[16].

2. *Una comunità 'anomala' nel Veneto in guerra*

Un buon appiglio ad allargare il discorso può senz'altro fornirlo una lettera scritta da Giuseppe Prezzolini a Gaetano Salvemini, da Padova, nell'autunno del 1915:

> [Padova 12 ottobre 1915] Caro Salvemini ricevo la tua a Padova, dove sono in attesa di far domanda per tornare al fronte. [...] Io faccio domanda di tornare su, perché la vita di guarnigione mi parrebbe ridicola in noi che abbiamo vestito questa divisa sul serio e non per stare in Italia, dove, senza divisa, avremmo potuto compiere ben altra opera. Così ho ragionato io. Ti scriverò presto, magari senza firma e tu mi riconoscerai dalla calligrafia, per trasmetterti alcune osservazioni che ho fatto nel vivo e che, non potendosi per la via della stampa, sarebbe bene fossero fatte conoscere a chi di dovere. *Puoi presentarmi alla Signora Papafava qui a Padova?*[17]

In capo a due giorni, da San Sepolcro, perviene a Prezzolini il biglietto di presentazione di Salvemini:

> Cara Signora, Prezzolini, che è di guarnigione a Padova, verrà a Lei con questo biglietto, che sarebbe quello che in linguaggio aulico si dice di presentazione. Ma di presentazione non ce n'era bisogno. Sono sicuro che ella e Novello e la signora Margherita saranno molto contenti di fare amicizia col mio amico[18].

---

[16] È questo il titolo del settimo capitolo di K.F. Nowak, *Chaos*, Monaco di Baviera 1923, tr. it. *Il caos della Media Europa dopo il crollo delle potenze centrali*, prefazione di A. Valori, Bologna 1924.

[17] *L'Archivio Zanotti-Bianco di Reggio Calabria*, a cura di M. Isnardi Parente, *Corrispondenti italiani*, «Archivio storico per la Calabria e la Lucania», LXIII (1996), p. 189. I corsivi sono miei.

[18] Biblioteca Cantonale di Lugano, *Archivio Prezzolini*, Carteggio con Gaetano Salvemini, f. 1915, n. 214.

Tre anni dopo, a titolo di cursorio e provvisorio bilancio della frequentazione patavina allora avviata, e dell'amicizia conseguitane, il fondatore della «Voce» annota nel suo diario:

> Scopro di avere qui amici che non conoscevo: i Papafava, dai quali mi trovo accolto come in famiglia, e ho la soddisfazione di poter parlare capito a volo. Gente fine, colta, aristocratica e alla mano, casa magnifica, tradizioni di arte e di pensiero, spirito, conoscenze europee. Come mi piacciono[19].

Il Veneto in guerra è anche questa comunità anomala, ellittico diverticolo di una regione teatro e crocevia, geografia concreta e trasposizione emotiva e mitica della guerra italo-austriaca sul Piave, importante snodo di retrovia[20] e sponda di resistenza.

Tra immaginario e dura aderenza di uomini e cose alle pieghe del terreno emerge e si compone l'«enorme carica di visibilità attribuita a tutto ciò che è veneto dalla Grande Guerra»[21]. Nella concentricità delle topografie, spiccano alcune poche isole ellittiche: casa Papafava[22], appunto, ma anche casa Giusti del Giardino[23], per fare solo qualche esempio, con i loro andirivieni e reti relazionali a larghissimo raggio. Luoghi 'cugini', per parentele e connessioni plurime, condividono molti frequentatori e agganci e non ne condividono, però, altri; come basterebbero a dimostrare lari e penati della prima casa – Salvemini e Amendola, innanzitutto – rispetto a quelli – D'Annunzio e i suoi, tra i quali qualche appartenente alla famiglia – della seconda dimora. Casi di studio che andrebbero approfonditi nella loro più o meno singolare unicità, la quale, come in tutte le petizioni di principio che si rispettino,

---

[19] G. Prezzolini, *Diario (1900-1941)*, I, Milano 1978, p. 288, 15 settembre 1918.

[20] *Veneto "retrovia" 1915-18*, a cura di L. De Bortoli - M. Ermacora, «Venetica», XXXI (2017), 53.

[21] M. Isnenghi, *Le montagne della letteratura e della memoria*, in *A montagna veneta in età contemporanea. Storia e ambiente. Uomini e risorse*, a cura di A. Lazzarini - F. Vendramini, Roma 1991, p. 337.

[22] F. Papafava [1934-2014], *Palazzo Papafava, crocevia del fronte*, in L. Bracci Testasecca, *Dai Dragoni del Genova ai bersaglieri di Boriani. Il diario di guerra di un intellettuale aristocratico*, Udine 2006, pp. 155-183.

[23] M.R. Giacon, *D'Annunzio a Padova durante la Grande Guerra*, in *Padova e le sue istituzioni nella Grande Guerra*, a cura di A. Daniele, Padova 2016, pp. 215-235.

è proprio l'elemento che forse più d'ogni altro ha impedito la sua stessa messa a fuoco come problema storiografico.

Durante la Grande Guerra palazzo Papafava non è, però, soltanto una delle tante maglie della 'rete' di iniziative e attività civili al servizio della mobilitazione e di quel minimo di *welfare* che la sostanziale 'privatizzazione' delle attività di assistenza riesce a garantire ai soldati al fronte e ai feriti e agli ammalati di retrovia[24]; né è soltanto un punto di approdo e di recapito, una *tea-room* sempre disponibile per una folla di personaggi, aristocratici e borghesi, combattenti e no, giornalisti e intellettuali, direttamente o indirettamente coinvolti dalle operazioni militari. Nel palazzo, capolinea di una comunità animata da una tenace solidarietà etico-politica, a sua volta trasversale a situazioni cetuali e condizioni sociali, antichi lignaggi patrizi si confondono con i loro amici intellettuali e assieme a loro, come avrebbe osservato Leo Valiani con riferimento a Novello Papafava, si reinterpretano come una borghesia che impara a leggersi la mano[25]. Il che se da un lato imporrebbe un confronto serrato con l'interpretazione che scorge la persistenza di profili d'antico regime nel cuore del Novecento, in ciò cogliendo la possibilità di «una storia marxista a prospettiva rovesciata, focalizzata cioè sulle classi superiori anziché su quelle inferiori», dall'altro, e forse a maggior ragione, suggerirebbe di battere piste più circoscritte, meno vincolate a un disegno di «rimobilitazione [...] degli *anciens régimes* europei» in funzione di 'partito' «preindustriale e preborghese»[26]. Rispetto alla Grande Guerra, e nei limiti d'eccezione del caso di studio qui accostato, se un «problema del ruolo delle nobiltà» può essere posto è innegabile che esso abbia «direttamente a che fare con la storia della politica, della cultura e delle ideologie» nei termini di un 'noi' certamente elitario, ma assai poco cetuale, di compagini che non solo per questo «sopravvissero declinando e declinarono sopravvivendo»[27].

---

[24] P. Grosson Baronchelli, *La donna della nuova Italia. Documenti del contributo femminile alla guerra (maggio 1915-maggio 1917)*, Firenze 1917, p. 87.

[25] L. Valiani, *La borghesia italiana si legge la mano*, «L'Espresso», 23 maggio 1976, pp. 96-97. Sulla prevalenza dell'identità patriottica su quella sociale, cfr. A.M. Banti, *Identità borghesi, ardori patriottici*, in Id., *Storia della borghesia italiana. L'età liberale*, Roma 1996, pp. 313-336.

[26] A.J. Mayer, *Il potere dell'Ancien Régime fino alla prima guerra mondiale*, Roma-Bari 1999, pp. VIII e 1-2.

[27] G.C. Jocteau, *Nobili e nobiltà nell'Italia unita*, Roma-Bari 1997, p. XII.

Un retrogusto cetuale certamente permane, con i suoi giochi di ruolo e d'autocoscienza, di ricchezza e potere sociale, ma in evidente affanno e svuotamento competitivo nell'epoca cruciale in cui sono ben altri «gesti e gesta», culturali e politici, a costituirsi come segni e semi «precipui di un clima ad alto tasso di simbolizzazione» in cui Caporetto non meno del maggio '15 viene a porsi come «tornante decisivo di riformulazione dei referenti e delle identità»: come allora «il nuovo partito per la guerra», anche quello della 'resistenza' dell'autunno-inverno del '17 «nasce e si vuole transpartitico»[28]; nonché – almeno in certa misura – antipartitico.

Da quest'angolo visuale la comunità di guerra di palazzo Papafava coinvolge lignaggi patrizi solo nella misura in cui questi ultimi siano stati capaci di dotarsi di robusti e moderni affacci politico-culturali e sociali, imparando a ristrutturarsi, pensarsi e proiettarsi in prospettiva compiutamente 'borghese': al punto d'intersezione, potrebbe dirsi, delle *Cronache* di Francesco Papafava con «L'Unità» di Salvemini più che nella estenuata e detritica area di propagazione dei bollettini della Commissione araldica.

Quanti e quali gradi di parentela e percorsi di rifusione si diano tra cetualismo e elitismo è, al di là delle apparenze e delle facili, troppo facili genealogie, ancora largamente da accertare, sotto l'incombere del «reinnesco ciclico di situazioni psicologiche e di climi d'anime marcati da fortissima affinità»[29] e della particolare curvatura modernizzante d'una dialettica individuo/famiglia/nazione in cui «le amicizie aristocratiche, le solidarietà di gruppo e di ceto» evolvono «a trasformarsi in legami e sentimenti "civili"»[30].

3. Papafavopoli: *la 'trincea' di via Marsala*

Un'*enclave* patrizia – dapprima a ridosso, e poi, tra l'Ottobre italiano per antonomasia e Vittorio Veneto, al centro, della zona d'operazio-

---

[28] M. Isnenghi, *Il gesto, la gesta*, in Id., *L'Italia del fascio*, Firenze 1996, pp. 7-9.

[29] Id., *L'«effetto Serra» tra le due guerre*, in *Tra provincia ed Europa. Renato Serra e il problema dell'intellettuale moderno*, a cura di F. Curi, Bologna 1984, pp. 391-392.

[30] D. Maldini Chiarito, *Le amicizie civili: solidarietà, fraternità, amor di patria*, in *Politica e amicizia. Relazioni, conflitti e differenze di genere (1860-1915)*, a cura di E. Scaramuzza, Milano 2010, p. 22.

ni – oppure un «Olimpo borghese»[31] nel reticolo di diffrazioni, anche sociali, della Grande Guerra? Un «piccolo mondo antico», ultimo ed epifenomenico struggersi della «persistenza dell'antico regime» che si è voluto vedere sospinta fino alle soglie del primo conflitto mondiale, oppure luogo d'un contaminato e proiettivo *network* aristocratico-borghese, aperto a intrecci e presenze addirittura piccolo-borghesi, in cui è comunque l'aggettivo 'borghese' a dare un senso alle complicate topografie di una *Papafavopoli* di gran lunga più estesa e alquanto più densamente ed eterogeneamente popolata della fogazzariana *Giacosopoli*[32], e perciò con carature e cifre politiche che drenano vivacità ed icasticità dalle *Cronache* e dalle tensioni politico-morali e intellettuali di Francesco Papafava[33], del quale, almeno i figli Margherita e Novello, adottano anche il solido e militante «liberalismo linguistico»? [34].

A palazzo non ci sono più linee di demarcazione o di distinzione, titoli, etichetta, cerimoniale; tutti possono venire, ma chi decide di presentarsi deve provvedersi da sé: «è arrivato il duca d'Aosta e la Mimi [Maria Papafava] ci ha fatto chiamare su al thè. [...] Dunque, il Duca d'Aosta è entrato solo, si è levato il paltò da solo, poi non vedendo nessuno è andato in caffetteria a cercare Giuseppe e gli ha domandato se

[31] Mutuo l'espressione dalle belle pagine di E. Bricchetto, *L'Olimpo liberale: le genealogie Giacosa-Alberetini-Croce e Cecchi-D'Amico*, in *Atlante della letteratura italiana*, diretta da S. Luzzatto - G. Pedullà, III, *Dal Romanticismo a oggi*, a cura di D. Scarpa, Torino 2012, pp. 499-406, dedicate al progressivo accrescersi, e implementarsi relazionale, della singolare 'rete' subalpina, fatta di ville e case affettivamente e, più ancora, culturalmente intercomunicanti.

[32] L'invenzione del lemma *Giacosopoli* per designare la *sodalitas* piemontese cresciuta attorno ai Giacosa si deve al vicentino Antonio Fogazzaro, che in una lettera del 30 dicembre 1905 a Paola Giacosa scrive: «ora io non vengo a Torino, vengo a Pallamiglio o a Giacosopoli, come volete»: A. Fogazzaro, *Lettere scelte*, a cura di T. Gallarati Scotti, Milano 1940, p. 573.

[33] F. Papafava, *Dieci anni di vita italiana (1899-1909). Cronache*, Bari 1913, 2 voll. Forse non è superfluo ricordare che, morto l'autore nel 1912, la raccolta degli scritti fu proposta e voluta da Gaetano Salvemini, cui la famiglia affidò infine la curatela.

[34] Sul «liberalismo linguistico»: S. Baggio, *«Niente retorica». Liberalismo linguistico nei diari di una signora del Novecento*, Trento 2012, pp. 25 sgg., 459 sgg. Per tutta la durata della guerra (come attestano numerose lettere di Margherita e Novello Papafava) e fino almeno al 1923 (come si evince da una lettera di Carlo Rosselli a Novello Papafava) il dono di una copia delle *Cronache* era una sorta di sanzione di condivisioni politiche entro una già consolidata amicizia.

c'era Mammà, e gli ha detto: "io sono il Duca d'Aosta", e così è stato introdotto! Molto bene, questi segni dei tempi che si democratizzano!»[35].

A Margherita tocca intrattenere talvolta «il duchino di Bergamo», ossia Adalberto di Savoia-Genova, «tanto graziosino al solito», e dare ascolto al duca di Pistoia. Un altro frequentatore abituale è Vittorio Emanuele di Savoia-Aosta, conte di Torino, comandante generale della cavalleria:

> Oggi al thè è venuto [...] Henraux e due Francesi dell'Armata simpaticissimi, uno maggiore wilsoniano che ha fatto amicizia con Novello, s'occupa d'economia politica ecc., e l'altro tenente ex di cavalleria, poi comandante di una Compagnia Mitragliatrici, come te, ferito a Verdun con una mano rattrappita. Devo dire che ai comandi Francesi ci sono molti più feriti che da noi, il che trovo molto giusto. Poi è venuto il Conte di Torino che nessuno aspettava. Aveva scritto stamattina alla Mimi che veniva, ma non aveva firmato, e la Mimi fra il sonno, perché questi militari fanno tutte le cose la mattina presto, non aveva capito, e siccome aveva detto a Civinini di venire credeva che fosse lui! *Un principe al giorno però comincia a essere troppo!* Ma è stato veramente molto gentile, mi ha subito domandato tanto di te, poi ha fatto elogi immensi di Reina e dice che anche all'Armata ne hanno fatti tanti, poi ha fatto la conversazioncina con me e mi ha domandato com'è andata la tua ritirata, allora gli ho contato tutto, gli ho detto che hai visto caricare Genova e Novara e gli ho raccontato i begli episodi dei soldati di cavalleria che gli hanno fatto molto piacere. Poi andando via mi ha scotolato la mano per mezz'ora e mi ha detto: "Quando scrive a suo marito lo saluti tanto per me, gli dica che mi congratulo e mi rallegro tanto con lui, che sono molto fiero di avere degli ufficiali così perché lui onora l'Arma di Cavalleria"[36].

Donna Maria, Margherita e molte altre: la componente di genere è forse la più importante, vivace, vitale, curiosa, in un incrocio di generazioni e culture, vocazioni e attitudini: la marchesa Titina Martini; Giuliana Benzoni sua figlia; zia Luisa Cittadella Vigodarzere, ferrea e nubile matriarca di tutti i lignaggi riuniti, classe 1847, memoria vivente

---

[35] Margherita a Lucangelo, 1° febbraio 1918, in Polo, *Civiltà e libertà*, p. 89.

[36] Margherita a Lucangelo, 20 gennaio 1918. I corsivi sono miei.

dell'amaro '66, scrittrice, detentrice di un nodo di amicizie intellettuali di prim'ordine e dama della regina madre; le due sorelle Aurelia e Maria Cittadella, quest'ultima stimata amica di Benedetto Croce; Anna Meniconi Bracceschi, moglie di Pieralvise – Pierino – Serego Alighieri e sorella di Maria Papafava; Marcella Theodoli, moglie di Diego Salazar; Maria Giulia di Seyssel d'Aix, moglie di Francesco Giusti del Giardino; Pia Valmarana, dedicataria delle *Storie* di zia Luisa, corrispondente di Rilke, Hofmannsthal e amica di D'Annunzio. Un discorso a parte meriterebbe Cora Slocomb, moglie americana di Detalmo Savorgnan di Brazzà e «crisalide emancipazionista», suffragista 'interventista' e wilsoniana *avant la lettre*[37], che porta una ventata di cooperativismo moderno e di formazione scolastica tecnica in un ambiente ancora inamidato dal paternalismo caritatevole ottocentesco[38].

Stanziali, semistanziali o frequentemente di passaggio i Borghese, i Chigi, i Brandolini d'Adda, i Gallarati Scotti, i Pirzio-Biroli – nipoti di Detalmo e Cora Savorgnan – i Nicolis di Robilant, alcuni Ruspoli in via di cooptazione per il fidanzamento di Josepha Savorgnan (figlia di Pio) con don Francesco; i Salazar y Muñatones, i Sanseverino Vimercati, i Sergardi Biringucci, i Seyssel d'Aix, i Theodoli, i Visconti Venosta, il generale Antonio Cascino; il babbo della carissima e salveminianissima Elsa, generale Alfredo Dallolio, ministro delle munizioni; il generale Angelo Martinengo di Villagama; gli ufficiali che nelle valli e nella tenuta Papafava di Frassanelle, messe a disposizione, addestrano e formano unità combattenti[39]; Andrea e Carlo Manfredo Nicolis di Robilant. E ancora: Antonio Albertini, fratello del senatore Luigi, in duplice veste di corrispondente del *Corriere* e emissario confidenziale del suo direttore; Giovanni Amendola; il grecista Vladimiro Arangio-Ruiz; il ministro e irredentista-interventista Salvatore Barzilai; Achille Battaglia; Camil-

---

[37] C. Delahaye, *"Les révélations de cette guerre": Woodrow Wilson et le suffrage des femmes, symbol du nouvel ordre démocratique mondial*, in *La Grande Guerre et le combat féministe*, a cura di Ead. - S. Ricard, Parigi 2009, pp. 143-162.

[38] C. Slocomb Savorgnan di Brazzà, *The Italian Woman in the Country*, in *World's Congress of Representative Women*, Chicago 1893, pp. 697-703; B. Polese, *Cora Slocomb Savorgnan di Brazzà: l'opera di una nobildonna 'friulana' per l'export della Scuola dei Merletti di Burano negli USA*, «Arte e documento», 25 (2009), pp. 227 sgg.

[39] A. Espen, *Le forze armate sui Colli durante la Grande Guerra*, «Padova e il suo territorio», XXXII (2017), 188, pp. 34-39.

lo Bellieni; i professori padovani e amici di famiglia Emilio Bodrero e Erminio Troilo; Federico Comandini; Giuseppe Donati; Francesco Fancello; Tommaso Gallarati Scotti, intellettuale, cattolico modernista, addetto al comando supremo, che conosce e sposa una cugina dei Papafava, Aurelia Cittadella Vigodarzere, amica e corrispondente di Rilke[40]; Arnaldo Fraccaroli; lo storico del Risorgimento Giuseppe Gallavresi; il colonnello e storico militare Angelo Gatti; Stefano Jacini junior; Giuseppe Lombardo Radice; Umberto Morra di Lavriano; Ugo Ojetti; Carlo a Prato; Giuseppe Prezzolini; Gaetano Salvemini; Giovannino Visconti Venosta di Sostegno, nipote di Cavour per discendenza materna e addetto al comando supremo con Diaz generalissimo; Umberto Zanotti Bianco che arriva a palazzo anticipato e protetto dall'ombra lunga e carezzevole di comuni e venerati numi tutelari (soprattutto Salvemini e Giustino Fortunato) e portandosi dietro – come con *verve* fulminante scriverà Margherita a Lucangelo – «tutti i popoli oppressi» d'Europa[41].

E, poi, tutto il gruppo della rivista di trincea «Volontà» – finanziata e co-fondata, assieme a Vincenzo Torraca, da Lucagelo Bracci – della quale il palazzo dei Papafava diventa la redazione-segreteria-fucina, nonché centro di smistamento e propaganda, con Margherita *magna pars* in collaborazione con zie e cugine e amiche.

Dopo Caporetto, la casa è in trincea. Sbandati, scoraggiati, resistenti, con un grado anche minimo di conoscenza con i padroni di casa o con uno qualunque dei loro ospiti e visitatori, passano tutti di qui. Donna Maria rincuora e offre conforto, incoraggia e rianima: da parte sua, non mostra debolezze: quello che pensa e può dire senza allarmare parenti e frequentatori lo dice e lo fa; parlando in buon francese con Foch e Gondrecourt, chef de la Mission française, con Radcliffe nell'inglese da lei e dalla figlia Margherita appreso, con Giuliana Benzoni, compagna di lezioni nella Firenze primo Novecento, dalla lituana Eva Khün, moglie di Giovanni Amendola. E poi, riservati e severi, gli scambi con il duca d'Aosta e con il conte di Torino; meno con il 'duchino' di Bergamo, un po' vanesio, che, come si è visto, lascia volentieri a

---

[40] R.M. Rilke, *Lettres Milanaises 1921-1926*, Parigi 1956, pp. 95 segg.

[41] «Oggi è venuto Avarna, poi dopo pranzo Zanotti Bianco con tutti i czechi, jugoslavi, serbi, rumeni e polacchi»: Margherita a Lucangelo, 30 luglio 1918, in Polo, *Civiltà e libertà*, p. 134.

Margherita. Come un condottiero, firma proclami che compaiono sui giornali e sui muri di Padova:

> Mentre i soldati a palmo a palmo contendono al nemico le nostre terre invase, a noi donne italiane spetta il compito di confortare gli spiriti, scuotere gli apatici, infondere tutta la serena gravità del momento[42].

E come un palazzo del capitano che si rispetti, casa Papafava ha il suo cappellano d'eccezione, padre Semeria[43].

4. *Natale di passione, Natale di Caporetto*

L'anno di Caporetto si chiude, a palazzo Papafava, con la celebrazione di una messa che, a quanti prendono parte alla liturgia, non riesce del tutto chiaro se sia per essere una veglia al capezzale dell'Italia ferita a morte o un rito propiziatorio per il consolidamento della resistenza sul Piave e, da lì, per l'avviamento d'una disperatamente sperata riscossa. Nel retrospettivo finalismo che innerverà le scritture memorialistiche, l'epistolografia di guerra, la propaganda e la pubblicistica venute a pullulare di tante o anche troppe 'verità' nel successivo mezzo secolo e oltre[44], la traiettoria «dal Piave a Vittorio Veneto» avrà Padova come caposaldo e 'capitale' dell'Italia ritiratasi al di qua del fiume. A officiare, nella chiesetta dei Colombini, gentilizia di casa Papafava e abbuiata come il tempo luttuoso richiede, è padre Giovanni Semeria, che la sera del 24

---

[42] Riportato dal giornale *Il Veneto*, 5 novembre 1917.

[43] N. Papafava, *Appunto su padre Semeria*, «Padova e la sua provincia», n.s., XIV (1968), 11-12, p. 31-33. I rapporti tra Semeria e i Papafava, molto intensi durante la guerra, come attestano gli epistolari familiari, proseguono anche nel dopoguerra, quando la famiglia aderisce a molte iniziative benefiche del Barnabita: la contessa Maria, per esempio, per favorire le raccolte di fondi a favore degli orfani, accetta di ospitare tre conferenze di Semeria – fissate per il 24, 25 e 26 gennaio 1921 – su *Patria ed umanità in Dante*; *L'idea della civiltà in Dante*; *La questione sociale in Dante*, come si evince dalla lettera del padovano avv. Paolo Toffanin allo stesso Semeria citata da F.M. Lovison, *Giovanni Semeria: dalle "soirées italiques" belghe al patriottismo di Dante. Sottolineature europee*, «Barnabiti Studi», 28 (2011), p. 198, n. 58.

[44] P. Pieri, *La leggenda di Caporetto*, «Il Ponte», VII (1951), pp. 1443-1456 e 1581-1592.

dicembre arriva a palazzo accompagnato da un giovane collaboratore, Umberto Morra di Lavriano. Il resoconto del Barnabita è in stile con il momento altamente drammatico:

> Natale di passione. Natale di Caporetto. Si cominciava a respirare un poco, si tirava il fiato, non si respirava ancora. Le fronti erano basse anche se i cuori non giacevano avviliti. Alla pace non si pensava: si voleva disperatamente la rivincita e la vittoria. Avevamo con noi gli alleati ed era un conforto e, insieme, una pena. C'era un presentimento che qualcuno ce lo avrebbe fatto pagare quell'aiuto, generoso, si, ma anche interessato. Celebrai la notte [...] quasi solo per gli Alleati. Il Comando Supremo Francese era a Padova, in casa Papafava. C'erano parecchi ufficiali cristiani – cristiani come lo sono, quando lo sono, i Francesi, specie militari: senza riserve, senza rispetto umano. [...] Celebrai nella piccola Cappella del Palazzo, a pianterreno, piena di mistiche ombre sempre, più piena quella notte. Alcuni ufficiali del Comando nostro, amici miei personali, si sono uniti agli ufficiali francesi. C'era la famiglia P[apafava], dal vecchio Conte Alberto al [...] il nipote che non c'era che in ispirito. Ventenne [*recte*: diciottenne] appena, faceva il suo dovere sul Piave. Nulla di strano, ma qualche cosa di rado, quando ci si poteva facilmente ed anche regolarmente imboscare. Parlai molto commosso e parlai bene come accade quando si è commossi profondamente. Feci vibrare la nota *forte* che il Cristianesimo mette nella parola *pace*, il Cristianesimo che è soave (come Dio) ma non è fiacco mai: fortiter et suaviter. La parola sonò però come speranza nuova, come proposito ardente affidato a Dio, al Dio della giustizia[45].

A sessant'anni dal 'maggio radioso' uno degli ultimi sopravvissuti di quella stagione, e temperie culturale e politica, così volle fissare il ricordo della comunità padovana di palazzo Papafava:

> I giorni di Caporetto mi trovai per pura combinazione a Roma, dove ero sceso per dare qualche esame all' università, ma nel corso del mese tornai su, prima a Padova, poi a Treviso, poi a Mogliano Veneto, alla direzione delle Case del Soldato della III Armata. Allora cominciò

---

[45] G. Semeria, *I miei Natali di guerra* [1921], ora in Id., *Memorie di guerra offerte per gli orfani a tutti i buoni Italiani*, Milano-Roma 1925, pp. 111-112.

> la terza fase della mia educazione. A Padova frequentai la casa di amici di padre Semeria – ma anche, in tempi più lontani, di mio padre: i Papafava. Francesco Papafava, economista e libero scrittore, una delle figure intellettualmente più notevoli dell'inizio del secolo, era già morto da alcuni anni: ma sua moglie Maria e i due figli, Margherita Bracci e Novello, non si mossero mai da Padova quando molti altri «borghesi» disertavano la città minacciata; i due figli erano su per giù miei coetanei. Novello poco dopo andò a combattere in un reggimento di artiglieria. La bella casa dei Papafava era sempre aperta agli amici, e gli amici erano molti, di ogni angolo d' Italia, allora accorsi a Padova, sede del Comando supremo, vuoi dalla fronte, vuoi dall'interno. Erano naturalmente di diverse professioni, di diversi orizzonti mentali e di diverse opinioni; ma predominavano per comunanza di intenti coloro che erano stati interventisti di stampo non nazionalistico[46].

Già vent'anni prima Morra aveva ricordato che in quel disperato ed eroico '17 «il palazzo Papafava a Padova era ormai come inglobato nel fronte»; da lì, «la guerra diventava un panorama completo»: «tra comando supremo, missioni estere, contatti politici, si incrociavano notizie, commenti ed echi» e «casa Papafava era veramente un punto di incontro e di interferenze in quella fase appassionata»[47]. L'occasione gli si era presentata quando proprio a lui era toccato, su sollecitazione di Margherita Papafava, di chiamare l'antica *sodalitas* a raccogliersi in ricordo di Lucangelo Bracci, del quale si era deciso di stampare il diario di guerra accompagnato da un «ricordo degli amici». Un laico *adeste fideles* cui i convocati corrisposero con pagine in cui facevano memoria del loro amico «Lulli» e anche di sé stessi. Il fascismo, confiscando la memoria

---

[46] U. Morra, *Per un' intesa con Gobetti*, «Nuova Antologia», 2092 (1975), p. 472; sulla 'lunga durata' dei rapporti della famiglia padovana con Morra: F. Papafava, *Un amico di famiglia. Ricordo di Umberto Morra di Lavriano*, «Nuova Antologia», 2222 (2002), pp. 107-135. Su Morra e sulla 'rete' di condivisioni, cui accenno nel testo, che in funzione antifascista avrebbe coinvolto le residenze e le amicizie dei coniugi Bracci sia a Montepulciano che a Roma, il rinvio d'obbligo è al magistrale saggio di R. Pertici, *Un liberale del nostro tempo: Umberto Morra di Lavriano*, «Annali della Scuola Normale Superiore di Pisa. Classe di lettere e filosofia», s. III, XIV (1984), 1, pp. 211-306.

[47] U. Morra, in *Lucangelo Bracci Testasecca nel ricordo degli amici e nel suo diario di guerra*, Roma 1957, pp. 21-22.

della Grande Guerra per vent'anni, aveva posto un limite invalicabile ai loro ripensamenti; ed essi non avevano avuto motivo di deflettere da ciò che uno di loro, Piero Pieri – interventista salveminiano e tra i primi, sull'*Unità*, nel 1919, proprio in *tandem* con Novello Papafava, a fornire una non umorale o viscerale interpretazione di Caporetto[48] – il quale aveva scritto nel 1928, decennale della vittoria, in controcanto alla 'voce del padrone':

> nessun altro dei grandi eserciti europei si è trovato, all'inizio dell'immane conflitto, così poco preparato come il nostro. Quanto è stato fatto, fu una grandiosa opera d'improvvisazione, in cui rifulsero speciali qualità di uomini e virtù nascoste di popolo, mentre la nazione rivelava una tale riserva d'energie da rendere possibile uno sforzo superiore a ogni previsione. Si ebbe allora veramente il popolo in armi guidato dalla sua borghesia in armi[49].

Nel lungo tempo intercorso tra la consegna degli scritti e l'uscita del libro alcuni «amici» se n'erano a loro volta andati: Gaetano Salvemini, Piero Calamandrei e Mario Ferrara, per esempio; e ciò contribuì a fare di quell'opera una sorta di autobiografia collettiva, intrecciata dalle voci dei vivi e dei morti e segnata dal crisma dell'ultimo ritrovarsi d'una generazione ancora tenacemente ancorata ai due pilastri di «onore e patria», ossia, come le ha definite Lucien Febvre, «le due fonti del sentimento nazionale» di cui è sempre interessante seguire i percorso in un tempo di «lacerazioni spaventose»[50]. Un intero lessico andato rapidamente incontro a un destino di desuetudine, se non di superfluità; come, in morte di Alessandro Casati, volle annotare Walter Maturi:

> Ciò che più d'ogni altra cosa gli storici piangono nella sua perdita è lo spegnersi di uno degli ultimi esemplari d'una delle più belle 'fedeltà risorgimentali'; la 'fedeltà' patriottica liberale ricca di interiorità religio-

[48] N. P. [Novello Papafava], *I precedenti* e *L'errore fondamentale*; P.P. [Piero Pieri], *Lo schieramento*, «L' Unità», VIII (1919), 34, 21 agosto, pp. 175-179.

[49] P. Pieri, *La guerra italo-austriaca e la storiografia d'un decennio*, «Leonardo», IV (1928), 7, 20 luglio, p. 193.

[50] L. Febvre, *Onore e patria* [1945-1947], Roma 1997, p. 3.

sa, alternante la vita degli studi con quella della politica sana e della guerra giusta [...][51].

Parole, non c'è dubbio, che da un lato fornivano la simpatetica interpretazione dello storico per una figura tanto significativa quanto discreta, disinteressata e signorile; dall'altro lato, e al tempo stesso, davano voce al mondo ideale, alle 'voci di dentro', si potrebbe dire, dello stesso storico e del sempre più esiguo circuito culturale in cui ancora durava un'ispirazione ideale e una visione della storia d'Italia intese come vissuta e normativa traiettoria etico-politica.

---

[51] W. Maturi, *Alessandro Casati*, «Rivista storica italiana», LXVII (1955), p. 474.

Augusta Molinari

LA MOBILITAZIONE FEMMINILE DOPO CAPORETTO TRA ASSISTENZA E PROPAGANDA

1. *Donne sospese tra pace e guerra*

In Italia, a differenza che in altri paesi belligeranti, le donne si mobilitano per la guerra prevalentemente con attività di assistenza civile[1]. Nei Comitati civici[2], sorti in tutto paese per organizzare la mobilitazione, è il volontariato femminile che si occupa di fornire assistenza ai ceti popolari immiseriti dalla guerra. Lo Stato è in difficoltà a far fronte alla richiesta di assistenza del 'fronte interno' ma c'è anche la volontà di delegare questo compito alla società civile per coinvolgerla maggiormente nella guerra[3]. Il volontariato femminile assume, così, il carattere di un servizio sociale volontario sostitutivo dell'intervento dello Stato. Un numero rilevante di donne si impegna in pratiche di assistenza civile. Basti dire che in una sola associazione, l'Ufficio per le notizie alle famiglie dei militari di terra e di mare, le volontarie sono più di venticinquemila[4].

---

[1] Sulla specificità della mobilitazione femminile in Italia rispetto ad altri paesi: A. Molinari, *Una patria per le donne. La mobilitazione femminile nella Grande Guerra*, Bologna 2014; Ead., *Operatrici sociali per la patria*, in *La Grande Guerra delle italiane. Mobilitazioni, diritti, trasformazioni*, a cura di S. Bartoloni, Roma 2016, pp. 151-166.

[2] Sui comitati di assistenza civile: *Un paese in guerra. La mobilitazione civile in Italia (1914-1918)*, a cura di D. Menozzi - G. Procacci - S. Soldani, Milano 2010.

[3] A. Fava, *Tra "nation building" e propaganda di massa. Riflessioni sul "fronte interno" nella Grande Guerra*, in *La propaganda nella Grande Guerra tra nazionalismi e internazionalismi*, a cura di D. Rossini, Milano 2007, pp. 156-192.

[4] L'Ufficio Notizie fu la più importante associazione femminile di assistenza civile. E. Erioli, *L'Ufficio per notizie alle famiglie dei militari: una grande storia di volontariato femminile bolognese*, «Bollettino del Museo del Risorgimento di Bologna», 50 (2005), pp. 75-89; L. Gaudenzi, *La Grande Guerra e il fronte interno attraverso le carte dell'Ufficio per le notizie alle famiglie dei militari di terra e di mare*, «Storia e futuro»: http://storiaefuturo.eu/la-grande-guerra-e-il-fronte-interno-attraverso-le-carte-

Solo di recente il ruolo svolto dalle donne nella mobilitazione civile ha acquistato visibilità negli studi italiani sulla Grande Guerra[5]. È nella figura della 'crocerossina' – uno stereotipo di donna angelicata 'costruito' nel corso del conflitto per assicurare i combattenti del permanere della stabilità delle gerarchie di genere – che è stato, a lungo, assimilato e 'ridotto' il contributo femminile alla guerra[6].

La maggior parte delle volontarie nell'assistenza civile proviene dalle borghesie urbane intellettuali e delle professioni, sono donne 'comuni', in genere estranee alla politica e ai movimenti femministi. Non sono, però, donne 'qualunque'. Hanno condizioni di sicurezza economica e un livello d'istruzione nettamente superiore alla media del paese, numerose sono le insegnanti. Anche se è la dimensione del privato al centro delle loro vite, sono donne interessate alla sfera pubblica e la guerra rappresenta la prima occasione per accedervi.

All'origine della mobilitazione femminile nell'assistenza c'è la *pietas* per le sofferenze morali e materiali provocate dalla guerra. Una *pietas* che si concretizza nel 'silenzio' delle opere e che, raramente, diventa una 'voce' a sostegno della guerra. Rispetto al numero delle donne impegnate dell'assistenza civile, le élite femminili (intellettuali e politiche) che sostengono la guerra sono un gruppo davvero esiguo[7].

Le volontarie si prendono cura dei 'figli dei soldati', degli orfani e delle vedove di guerra, organizzano la raccolta e la produzione di indumenti di lana da mandare al fronte, assistono combattenti feriti e mutilati, aiutano chi è appena alfabetizzato a espletare pratiche burocratiche (sussidi, pensioni). A Milano, Bologna, Roma, Napoli, Palermo,

---

dellufficio-per-notizie-alle-famiglie-dei-militari-di-terra-e-di-mare/,2016; Molinari, *Operatrici sociali per la patria.*

[5] S. Bartoloni, *Italiane alla guerra, L'assistenza ai feriti 1915-1918,* Venezia 2004; A. Molinari, *La buona signora e i poveri soldati. Lettere ad una madrina di guerra,* Torino 1998; Ead., *Donne e ruoli femminili nella Grande Guerra,* Milano 2008; Ead. *Una patria per le donne;* E. Schiavon, *Interventiste nella Grande Guerra. Assistenza, propaganda, lotta per i diritti a Milano e in Italia (1911-1919),* Firenze 2015; *La grande guerra delle italiane. Mobilitazioni, diritti, trasformazioni*; *Donne "comuni" nell'Europa della Grande Guerra,* «Genesis. Rivista della Società italiana delle storiche», XV (2016), 1.

[6] Per una decostruzione dello stereotipo della 'crocerossina': Bartoloni, *Italiane alla guerra.*

[7] Molinari, *Una patria per le donne,* pp. 29-42.

interi settori dell'assistenza sono organizzati e gestiti dal volontariato femminile. Anche in piccoli comuni le donne si organizzano per dare assistenza[8].

La mobilitazione nell'assistenza civile assume particolare rilievo in situazioni dove la guerra ha aggravato arretratezza economica e degrado sociale. A Napoli, ad esempio, oltre a prestare servizi di assistenza socio-sanitaria, le volontarie si fanno carico di reperire risorse finanziarie da destinare, come sussidi, alle famiglie più povere[9]. A Palermo, il comitato sorto per iniziativa di un'associazione del femminismo liberale, Alleanza Femminile[10], assiste, nei primi mesi di guerra, circa tremila bambini: «Al 31 luglio 1915 l'associazione aveva già collocato in 19 istituti diversi 1331 bambini, al 31 agosto questi erano saliti a 2097 sparsi in 23 istituti, al 31 ottobre avevano superato i tre mila occupando 30 locali diversi»[11].

Le donne impegnate nell'assistenza civile si trovano in una condizione di 'sospensione' tra pace e guerra[12]. Se, da un lato, sono sensibili alle ideologie patriottiche – la loro attività si colloca nell'ambito della mobilitazione civile – al contempo sono quotidianamente a contatto con le sofferenze dei ceti subalterni che aspettano con ansia la pace.

L'evento Caporetto[13] agisce in direzione di far cessare, in parte, questa condizione di 'sospensione': rompe il 'silenzio' delle 'opere' e favorisce un maggior coinvolgimento nella propaganda di guerra. Quello che era un impegno motivato prevalentemente dalla *pietas* per le sofferenze morali e materiali causate dalla guerra diventa un dovere patriottico per assicurare la vittoria sul nemico, sia quello esterno che quello interno

---

8 Ead., *Operatrici sociali per la patria*.

9 *Comitato napoletano Unione fra le donne cattoliche d'Italia: rendiconto maggio 1915 - 31 dicembre 1916: assistenza civile alle famiglie dei soldati*, Napoli 1917, p. 9.

10 Su questa associazione: Schiavon, *Interventiste nella Grande Guerra*, pp. 133-135.

11 Alleanza Femminile Italiana, Comitato di Palermo, *Relazione sull'attività svolta dal febbraio 1915 al 31 dicembre 1916,* Palermo 1917, p. 5.

12 A. Molinari, *Donne sospese tra pace e guerra. La mobilitazione femminile come pratica di assistenza*, «Genesis. Rivista della Società italiana delle storiche», XV (2016), 1, pp. 61-86.

13 Per Caporetto si rimanda a: M. Isnenghi - G. Rochat, *La grande Guerra. 1914 1918,* Bologna 2014; N. Labanca, *Caporetto. Storia e memoria di una disfatta,* Bologna 2017; A. Barbero, *Caporetto,* Roma-Bari 2017; M. Mondini, *Il capo. La Grande Guerra del generale Cadorna,* Bologna 2017.

(sovversivi e 'disfattisti'). Appare però eccessivo affermare[14] che tutto il volontariato femminile impegnato nell'assistenza abbia assunto posizioni e comportamenti favorevoli alla guerra. Solo in alcune grandi città (Milano e Roma), dov'è l'associazionismo politico femminile liberale e di matrice socialista (Consiglio Nazionale delle donne Italiane, Pro Suffragio, Unione Femminile) a organizzare l'assistenza civile, Caporetto ridefinisce pratiche e finalità della mobilitazione femminile[15]. Qui si ha un progressivo allineamento delle donne impegnate nell'assistenza con le posizioni dei gruppi femminili nazionalisti che gravitano intorno a Teresa Labriola e alla rivista «L'Unità d'Italia» (Lega Patriottica, Armate femminili, Lega femminile Antitedesca)[16]. Dalla maggior parte delle volontarie la 'rotta' di Caporetto è, invece, percepita come un evento di sofferenza e di lutto che crea un'emergenza di assistenza cui occorre dare risposte. La 'latitanza' dello Stato nel campo dell'assistenza civile emerge in modo drammatico dopo Caporetto, ponendo il volontariato femminile in situazioni difficili sia per l'impegno richiesto sia per la praticabilità dell'assistenza.

2. *Dal pacifismo al nazionalismo. L'Unione Femminile Nazionale*

L'Unione Femminile è una delle più antiche associazioni femministe, nasce a Milano nel 1899 e, pur diffusa a livello nazionale, è in questa città che trova un forte radicamento politico e sociale. È, per statuto, apolitica ma si collocano nell'area del socialismo, collabora con istituzioni legate al Partito Socialista (Camera del Lavoro/Società Umanitaria) e ha un orientamento pacifista[17]. Si distingue dalle altre associazioni del

---

[14] Schiavon, *Interventiste nella Grande Guerra*; B. Pisa, *La guerra di tutti e di tutte. La società civile italiana tra il 1914 e il 1919,* Roma 2017.

[15] Per Milano: Schiavon, *Interventiste nella Grande Guerra.* Per Roma: A. Staderini, *Combattenti senza divisa*; B. Pisa, *La propaganda politica delle "non politiche",* in *La Grande Guerra delle italiane,* pp. 167-188.

[16] Schiavon, *Iterventiste nella Grande Guerra,* pp. 261-264.

[17] Per la storia dell'Unione Femminile: A. Buttafuoco, *Le Mariuccine. Storia di un'istituzione laica: l'asilo Mariuccia,* Milano 1985; Ead., *Cronache femminili. Temi e momenti della stampa emancipazionista in Italia dall'Unità al fascismo,* Arezzo 1988; Ead., *Questioni di cittadinanza, donne e diritti sociali nell'Italia liberale,* Siena 1997; F. Imprenti,

femminismo politico del primo Novecento (Consiglio Nazionale delle donne Italiane, Pro Suffragio, Per la donna)[18] per un'impostazione che è stata definita di filantropismo politico[19]. È con il riconoscimento sociale delle attitudini femminili 'alla cura' che, a parere dell'Unione, può essere superata l'esclusione delle donne dalla sfera pubblica. Fin dalle origini, perciò, pur sostenendo le lotte per il suffragio, l'associazione si impegna nell'assistenza sociale ai ceti più poveri, in particolare alle donne. Per favorire l'occupazione femminile vengono organizzati corsi di formazione che consentano di rendere professionale il lavoro domestico: cucitrici, cuoche, domestiche, balie.

Poco ideologica e molto pragmatica, perché imperniata sul 'dovere del fare', l'Unione è attiva a Milano, già prima della guerra, con alcune istituzioni assistenziali (Asilo Mariuccia, laboratori di cucito e maglieria per donne disoccupate). In collaborazione col comune, fonda l'Ufficio indicazioni e assistenza che ha il compito di facilitare i contatti dei ceti più poveri con le istituzioni di assistenza pubbliche e private. Collabora con il comune all'istituzione dell'Ufficio di collocamento[20].

Nel corso della guerra e fino alla disfatta di Caporetto, l'Unione resta in una posizione di 'neutralità'[21]. Non si schiera a favore della guerra e, coerentemente con la sua impostazione assistenzialista, potenzia il suo impegno in questo campo. L'Unione non aderisce al Comitato italiano femminile per gli aiuti alla patria fondato a Milano, nel 1914, da donne del femminismo liberale e della Pro Suffragio (Angiolina De Leva, Vanna Piccini, Alessandrina Ravizza, Paolina Tarugi), né al Comitato lombardo di Preparazione alla guerra (inizio 1915), dove sono

---

Alle origini dell'Unione femminile. Idee, progetti, e reti internazionali all'inizio del Novecento, Milano 2012; G. Gaballo, *Il nostro dovere. L'unione femminile tra impegno sociale, guerra e fascismo (1899-1939),* Novi Ligure 2015.

[18] Sull'associazionismo femminile e femminista in età liberale: C. Gori, *Crisalidi: emancipazioniste liberali in età giolittiana,* Milano 2003.

[19] A. Buttafuoco, *La filantropia come politica. Esperienze dell'emancipazionismo italiano del Novecento,* in *Ragnatele di rapporti. Patronage e reti di relazioni nella storia delle donne,* a cura di L. Ferrante - M. Palazzi - G. Pomata, Torino 1988, pp. 166-187.

[20] F. Imprenti, *Il municipalismo femminile in età liberale*, Soveria Mannelli 2012.

[21] Prima di Caporetto, non c'è traccia di prese di posizione a favore della guerra nei documenti conservati nell' archivio dell'Unione Femminile. Un'ampia raccolta di documenti dell'archivio è pubblicata nel volume di Graziella Gaballo, *Il nostro dovere.*

presenti anche donne socialiste (Alma Dolens) e molte suffragiste[22]. Prima dell'intervento dell'Italia in guerra, l'associazione organizza un Comitato di Soccorso per assistere famiglie povere di combattenti e una sottoscrizione tra le socie, Il soldo del soldato. Collabora con l'Ufficio di collocamento del comune di Milano e con la Società Umanitaria nell'assistenza a profughi e rifugiati.

Con la partecipazione dell'Italia al conflitto, l'Unione accetta l'invito del comune di Milano ad amministrazione socialista (giunta Caldara[23]) a far parte del Comitato Centrale di assistenza per la guerra sorto nel giugno 1915. Nei rapporti con il Comitato l'Unione mantiene un atteggiamento di autonomia e si pone su di un piano paritario. C'è, da parte dell'associazione, la consapevolezza di essere un aiuto indispensabile nella gestione di alcuni servizi di assistenza (infanzia, occupazione delle donne e di parenti e familiari di soldati, individuazione attraverso inchieste delle famiglie bisognose di ricevere sussidi).

L'Unione svolge un ruolo essenziale nel Comitato: ha rappresentanti negli organismi direttivi e in quasi tutte le sezioni in cui è organizzata la mobilitazione civile. La fondatrice dell'Unione, Ersilia Majno Bronzino, fa parte del direttivo del Comitato; la sezione II, Assistenza alla fanciullezza, è diretta e gestita da socie dell'Unione. Lo stesso vale per sezione III, dove l'Unione organizza, dirige, gestisce sei laboratori di maglieria e di indumenti militari, attivi già nel 1915 e dove, l'anno seguente, sono occupate circa 2000 donne. Sono sempre le socie dell'Unione a dirigere e organizzare la sezione IV che si occupa dell'assistenza morale ai feriti e ai convalescenti. Ersilia Majno presiede la Commissione provinciale per le forniture militari. Donne dell'Unione sono presenti nella Lega economica nazionale e hanno cariche direttive nell'Ufficio Notizie[24]. Oltre all'attività svolta nel Comitato, l'Unione continua a occuparsi delle proprie strutture: asilo Mariuccia, Comitato di Soccorso, laboratori di cucito e di disegno, corsi di formazione per il personale domestico.

L'assistenza all'infanzia di guerra fu uno dei campi dove più si im-

---

[22] SCHIAVON, *Interventiste nella Grande Guerra,* pp. 115-142.

[23] M. PUNZO, *La giunta Caldara. L'amministrazione comunale a Milano negli anni 1914-1920,* Bari-Roma 1987.

[24] COMUNE DI MILANO, COMITATO CENTRALE DI ASSISTENZA PER LA GUERRA, *Relazione sulle attività svolte nel primo anno di guerra,* Milano 1916.

pegnarono le donne dell'Unione. Così Linda Malnate[25], figura di spicco dell'Unione e responsabile nel Comitato per questo settore dell'assistenza, sintetizza l'opera svolta nel 1917: «Gli orfani assistiti quest'anno sono stati 1150, non per tutti si è trovato come auspicabile una sistemazione nella famiglia di origine, si è dovuto provvedere per più di 300 a trovare istituti che li accogliessero, per altri 200 si sono trovate sistemazioni provvisorie per la disponibilità di privati benefattori»[26].

La guerra costringe l'associazione a trascurare quello che era stato il suo obiettivo primario: assistere donne povere e in difficoltà per metterle in condizione di trovare un'occupazione; educare e avviare al lavoro prostitute e ragazze 'pericolanti'; combattere la tratta delle donne; dare sostegno ai ceti più bisognosi. È il carattere pragmatico dell'Unione, la capacità di organizzare oltre che dare assistenza, a far apparire come un dovere imprescindibile alleviare la miseria e la sofferenza causate dalla guerra.

La 'rotta' di Caporetto provocò un netto cambiamento di posizione dell'Unione: da un atteggiamento di 'neutralità' rispetto alla guerra passò al più acceso patriottismo. La propaganda diventa l'obiettivo principale dell'associazione e ne modifica l'impostazione originaria. Non si assiste più per rendere meno gravose le condizioni dei ceti popolari, ma per far accettare e sopportare come un 'giusto sacrificio' in funzione della Vittoria la miseria e la sofferenza. Il nuovo clima nazionale di 'difesa', rispetto al pericolo di un'invasione del nemico, influenzò l'orientamento dell'associazione furono, però, anche altre le cause di un così brusco cambiamento. C'era stato un ricambio generazionale nell'associazione. Le socie entrate nell'Unione durante la guerra non avevano alle spalle quei percorsi di emancipazionismo che nel primo Novecento si erano 'incontrati' col pacifismo e col socialismo. Tra queste la presidente dell'Unione, Clara Ferri, poco coinvolta nelle problematiche del femminismo e non di alto profilo intellettuale, una figura ben diversa per formazione politica e culturale da Ersilia Majno Bronzino, fonda-

---

25 E. SCARAMUZZA, *La maestra italiana tra Ottocento e Novecento. Una figura esemplare di educatrice socialista: Linda Malnate*, in *Cultura, istruzione e socialismo*, a cura di L. ROSSI, Milano 1991, pp. 99-119.

26 COMUNE DI MILANO, COMITATO CENTRALE DI ASSISTENZA PER LA GUERRA, *Relazione sulle attività svolte dal gennaio al dicembre 1917*, Milano 1918.

trice dell'Unione, pacifista e socialista, donna animata da una spirito di moderno assistenzialismo[27].

La ragione di fondo del cambiamento degli obiettivi dell'Unione è da ricercare nel carattere pragmatico e non politico dell'associazione. La guerra evidenzia i limiti di un femminismo inteso come puro agire sociale. Le donne dell'Unione, pacifiste e socialiste, diventano parte di un meccanismo di militarizzazione della società civile che 'lavora' per la guerra. È il rapporto costante con le istituzioni del 'fronte interno' (Comitato civico di assistenza, associazioni patriottiche) a inquinare l'originario assistenzialismo pacifista dell'associazione. Significative della trasformazione del volontariato femminile in un'organizzazione centralizzata, gerarchica, burocratica di erogazione di assistenza sono le norme cui devono sottostare i laboratori di maglieria organizzati dalle donne attive nell'assistenza civile. Oltre a determinare la forma degli indumenti, il tipo e la quantità di punti da utilizzare, le circolari ministeriali davano indicazioni sul comportamento che le operaie dovevano tenere durante il lavoro: «Si rammenta che il lavoro deve essere svolto il più velocemente possibile e in silenzio»[28]. Non a caso sono le socie entrate nell'Unione nel corso del conflitto le più attive nel proporre, dopo Caporetto, iniziative patriottiche e di 'resistenza' contro il nemico interno.

Già il 3 novembre viene stampato dall'Unione un manifesto, «Alle donne italiane» dove si legge tra l'altro: «Ai nostri soldati lassù il compito di frenare l'invasione, a noi donne qui ferme ognuna al suo posto senza tremare, comprimendo e dimenticando dolore e nel pericolo comune lo strazio dei nostri cari, quello di aiutare in ogni modo la resistenza contro il nemico interno»[29].

Nel dicembre 1917, il Consiglio dell'Unione si riunì per discutere «quale poteva essere il modo più efficace per far giungere una parola sentita ed energica sul dovere dell'ora alle donne borghesi»[30] e deliberò di indire un *Comizio per la Resistenza* nel Salone della Borsa per il 27 dicembre chiedendo l'adesione delle maggiori associazioni femminili.

[27] Per un profilo biografico si vedano le voci: R. Farina, *Majno Ersilia* e *Ferri Clara*, in *Dizionario biografico delle donne lombarde,* Milano 1995, pp. 223-227; pp. 447-448.

[28] Molinari, *Donne sospese tra pace e guerra,* p. 68.

[29] Gaballo, *Il nostro dovere,* p. 237.

[30] *Ibid.*

Furono scelti come oratori la poetessa Ada Negri, una pedagogista ed emancipazionista Maria Magnocavallo e il 'glorioso mutilato di guerra' tenente Fulcieri Paolucci Di Calboli.

Questo interesse verso le donne borghesi e non, come in passato, solo per le donne povere e ed emarginate, resterà costante nell'associazione fino al primo dopoguerra. E sarà una delle cause della progressiva estinzione dell'associazione, perché ne ridefiniva natura e obiettivi. Al Comizio aderirono tutte le associazioni femminili e maschili impegnate a sostenere la guerra. I discorsi tenuti al comizio furono poi pubblicati a cura dell'Unione in un numero unico dal titolo «La riscossa»[31]. Il comizio venne aperto dalla Presidente Clara Ferri che, tra l'altro, affermò rivolgendosi alle donne:

> È finita l'epoca della mollezza! Non è più permesso a nessuna donna di fingere e di ignorare per quieto vivere l'ora di strage e di dolore e di pericoli per cui viviamo. La parola sacrificio deve essere bandita dal nostro linguaggio perché ogni più grande sacrificio è un dovere quando la patria è invasa dal nemico. C'è un fronte unico che va dalle trincee alle città e a noi donne spetta combattere il più pericoloso nemico dei nemici interni, il disfattismo [32].

Alla fine del comizio viene votato un ordine del giorno in cui si chiede di sopprimere «L'Avanti», espellere tutti i tedeschi dall'Italia e intensificare l'opera di individuazione e di denuncia dei traditori della patria.

Le iniziative di propaganda vengono definite, sempre e con insistenza, dall'Unione come «patriottiche ma non politiche»[33]. L'associazione cerca, così, di salvaguardare l'apoliticità delle sue origini nonostante si allinei con le posizioni del femminismo nazionalista. Dopo Caporetto, l'Unione aderisce al Fascio nazionale femminile, fondato a Roma da Amalia Besso (nazionalista, poi in epoca fascista prima segretaria del Fascio Femminile Romano), un'associazione che ha come finalità la lotta al 'disfattismo' e l'individuazione dei 'nemici interni'[34].

---

[31] «La Riscossa. Unione Femminile Nazionale», numero unico, Milano 1918.

[32] Molinari, *Una patria per le donne,* p. 201.

[33] Gaballo, *Il nostro dovere*, p. 254.

[34] Su questa associazione: Schiavon, *Interventiste nella Grande Guerra,* pp. 266-267.

Sono le stesse socie ad ammettere che la guerra ha concentrato ed esaurito le risorse dell'Unione: «afferrate e assorbite dall'opera quotidiana fino a giungere a sera sfinite, instupidite di stanchezza fisica e morale, noi non abbiamo più tempo per pensare. E così ci vengono man mano suggerite dall'urgenza dei bisogni più che da una riflessione calma e ponderata, gli avvenimenti incalzano e ci trascinano senza darci la possibilità di fermarci a vegliare sull' opera compiuta»[35].

Al termine della guerra, l'associazione entra in una crisi irreversibile. Molte socie, cessata l'emergenza di assistenza creata dal conflitto, si allontanano perché non abbastanza interessate alle problematiche del femminismo portate avanti dall'Unione. C'è difficoltà anche a mantenere in vita le istituzioni 'storiche' dell' Unione: Asilo Mariuccia, Ufficio Indicazioni.

La guerra decreta, di fatto, la cessazione dell'attività dell'associazione. Nel secondo dopoguerra l'Unione riprenderà a operare sulla base del filantropismo politico delle origini ed è attiva a tutt'oggi.

3. *Cercare risposte al dubbio della morte: l'Ufficio per le notizie alle famiglie dei militari*

L'Ufficio per le notizie alle famiglie dei militari di terra e di mare è fondato nel settembre 1915, a Bologna, dalla contessa Lina Bianconcini Cavazza[36]. L'associazione assume, già nei primi mesi di attività, la funzione di un integrare e, spesso, sostituire il servizio informazioni delle Intendenze militari. Il compito dell'Ufficio era di aiutare le famiglie ad avere notizie dei combattenti[37]. In una guerra caratterizzata dall'esperienza della morte di massa avere notizie dal fronte era un'esigenza cui c'era necessità di farsi carico e l'esercito non era in grado di farlo.

---

[35] Gaballo, *Il nostro dovere*, pp. 256-257.

[36] Per la storia Ufficio Notizie vedi nota 3.

[37] L'archivio dell'Ufficio Notizie è depositato presso l'Archivio Centrale dello Stato (d'ora in poi ACS), *Archivi privati* (d'ora in poi AP), *Ufficio per le notizie alle famiglie dei militari di terra e di mare (1915-1919)*, *Carteggio dell'Ufficio Centrale*, 780 buste; *Protocolli*, 203 registri; *Miscellanea*, 12 buste; *Schedari, 3173*. Il fondo è stato solo parzialmente inventariato. Per questo e per le dimensioni del fondo, si è potuto esaminare solo in parte la documentazione.

Un'associazione volontaria di donne seppe, seppur con molte difficoltà, affrontare prima e meglio del settore pubblico il problema della morte di massa e della sua certezza[38]. Il ruolo svolto dall'Ufficio Notizie fu di particolare importanza perché ebbe la funzione di cercare di dare risposte al 'dubbio della morte'. Come scrive la fondatrice, compito dell'associazione era:

> Raccogliere per quanto è possibile in modo sollecito e completo tutte le tristi notizie che riguardano i militari combattenti e ordinarle prontamente in appositi schedari a portata delle famiglie. Quando la famiglia manchi di notizie su un suo caro, si consulta lo schedario; l'assenza di nuove, deve essere motivo di tranquillità, ma se le circostanze lo giustificano, l'Ufficio chiede, indaga e poi risponde[39].

C'era da parte dello Stato la consapevolezza che il ritardo nel comunicare notizie dal fronte avrebbe accresciuto l'ostilità dei ceti popolari alla guerra; l'iniziativa del volontariato femminile venne perciò sostenuta sia attraverso il riconoscimento all'Ufficio Notizie di una capacità giuridica (richiedere notizie dei combattenti) sia con un finanziamento mensile da parte del Ministero della Guerra[40].

L'Ufficio Notizie assunse, rapidamente, il carattere di un'articolata e complessa organizzazione per la raccolta e la comunicazione di notizie tra l'esercito e le famiglie. In tutto il paese furono create sezioni e sottosezioni col compito di raccogliere e schedare – utilizzando informazioni provenienti dalle Intendenze militari, dai distretti, dagli ospe-

---

[38] M. Mondini, *La guerra italiana. Partire, raccontare, tornare 1914-18*, Bologna 2014, pp. 103-103. Su lutto e sull'elaborazione del lutto nella Grande Guerra: J. Winter, *Sites of Memory, sites of mourning. The Great War in European cultural history*, Cambridge 1995 (trad. It. *Il lutto e la memoria. La Grande Guerra e la storia culturale europea*, Bologna 1998); O. Janz, *Lutto, famiglia e nazione nel culto dei caduti della prima guerra mondiale in Italia*, in *La morte della patria*, a cura di O. Janz - L. Klinkhammer, Roma 2008, pp. 65-80.

[39] Ufficio per le notizie alle famiglie dei militari di terra e di mare, *Note sulla costituzione e sul funzionamento dell'Ufficio Notizie*, Roma 1916, p. 4.

[40] Ufficio per le notizie alle famiglie dei militari di terra e di mare, *Regolamento*, Bologna 1915. Inizialmente il Ministero della Guerra diede all'associazione un finanziamento mensile di L. 3.000. La cifra del finanziamento aumentò nel corso del conflitto, visto ad arrivare a L. 20.000 nei mesi successivi alla «rotta» di Caporetto.

dali, da privati – i militari dispersi, feriti, deceduti. La sede centrale di Bologna aveva la funzione di coordinare e di controllare l'operato delle sezioni. Dall'ottobre 1915 al termine della guerra furono attivate 8400 tra sezioni e sottosezioni e furono circa 25.000 le volontarie che se ne occuparono. Sezioni per raccogliere notizie dei militari di terra sorsero nelle sedi dei 12 comandi territoriali dei corpi d'armata (Torino, Alessandria, Milano, Genova, Verona, Bologna, Ancona, Firenze, Roma, Napoli, Bari, Palermo). Furono aperte sezioni anche a Venezia, Udine, Catanzaro, Cagliari. Quasi tutte le sezioni erano dirette da donne[41]. Per i militari di mare c'era un Ufficio Centrale a Roma, sezioni a Brindisi, Matera, Tropea e reparti presso Uffici dei militari di terra. L'associazione aveva sedi all'estero: in Francia, Svizzera, Argentina, Brasile, Stati Uniti, Tunisia, Egitto.

Nell'organizzazione dell'Ufficio Notizie un ruolo importante svolgevano le Sottosezioni che erano presenti nelle sedi di Distretto militare, di depositi militari, di grandi centri ospedalieri e, spesso, facevano parte dei Comitati di assistenza civile con la denominazione di Uffici di corrispondenza. Le volontarie delle Sottosezioni si recavano, come 'dame visitatrici', negli ospedali e in altre strutture sanitarie dove erano ricoverati i militari per cercare notizie dei combattenti dati per dispersi[42].

La fondatrice era vicino alle posizioni del femminismo liberale (Consiglio Nazionale delle donne italiane) così come chi dirigeva l'Ufficio Notizie di Milano (Carla Lavelli Celesia), alcune sezioni sono dirette da donne appartenenti Unione Cattolica delle donne italiane[43] (Genova, Palermo). Nella maggior parte delle sezioni, però, sono donne 'comuni' a organizzare le attività dell'associazione. Prevalentemente maestre e insegnanti. È a un'insegnante della Scuola Normale di Bologna, Brigida Rossi, che è affidato il compito di Ispettrice dell'Ufficio Notizie.

---

[41] Ufficio per le notizie ai familiari dei militari di terra e di mare, *Sezioni e sottosezioni* Bologna 1916: Id., *Collaboratori e collaboratrici*, s.l., s. d. [1916].

[42] Negli Uffici Notizie venne creata una sezione Ricerche Speciali per la ricerca di militari dati per dispersi e consentire così alle famiglie di poter richiedere il rilascio delle pensioni di guerra. Ufficio Notizie alle famiglie dei militari di terra e di mare, *Istruzioni per il servizio del riparto ricerche speciali,* Bologna 1917.

[43] Per il Consiglio Nazionale delle donne italiane: F. Taricone, *L'associazionismo femminile italiano dall'Unità al fascismo,* Milano 1996. Per l'Unione donne cattoliche italiana: C. Dau Novelli, *Società, chiesa e associazionismo femminile*, Roma 1988.

Dopo aver ottenuto dal Ministero l'esonero dalla didattica per il sabato, la Rossi, come racconta nella sua autobiografia[44], trascorre i fine settimana in giro per l'Italia a verificare come procede l'attività nelle sezioni.

Scopo dell'associazione era la creazione di uno schedario aggiornato dei militari di cui venivano richieste notizie. Era l'Ufficio centrale di Bologna a raccogliere e conservare tutte le schede provenienti da sezioni e sottosezioni. Nei primi anni di guerra solo la sede centrale poteva scambiare informazioni con i comandi militari, successivamente anche le sezioni furono autorizzate a farlo. Nella ricerca di notizie le sezioni e le sottosezioni ricorrono ai canali d'informazione sia pubblici che privati: i cappellani militari, i Comitati di assistenza civile, la vasta rete del volontariato femminile impegnato nella mobilitazione, le parrocchie, i reduci di guerra. A partire dal 1916, per disposizione del Ministero della Guerra e con l'assenso delle autorità ecclesiastiche, i cappellani militari diventano il tramite principale di comunicazione tra il fronte e l'Ufficio. Ai cappellani l'Ufficio Notizie fornisce elenchi nominativi di soldati dispersi e una modulistica che facilità la compilazione dello schedario centrale.

Al termine della guerra, sono circa 12.000.000 le schede di militari raccolte dall'Ufficio centrale di Bologna. A seconda del tipo di informazione la scheda era di colore differente: bianca, se forniva informazioni provenienti da qualunque luogo (depositi militari, dame visitatrici di sezioni o sottosezioni, ospedali, ecc.); rossa o arancione se conteneva richieste delle famiglie; verde, se erano reperite notizie positive circa la condizione dei militari; grigia, se indicava militari dispersi o prigionieri; color ruggine, quando era la notizia di un decesso[45]. Le pratiche di compilazione e l'organizzazione degli schedari erano complesse perché occorreva mantenere contatti con soggetti diversi (famiglie, esercito, ospedali, enti pubblici e privati) e un continuo lavoro di aggiornamento. Per questo l'associazione aveva un modo di operare burocratico e centralizzato.

Nel febbraio del 1917 il Ministero della Guerra riconobbe alle ri-

---

[44] Gida [Brigida Rossi], *Le memorie di una vecchia zitella: (da ieri a oggi)*, Bologna 1934.

[45] Ufficio Notizie per le famiglie dei militari di terra e di mare, *Regolamento pel servizio dello Schedario,* Bologna, s.d. [1916].

cerche compiute dall'Ufficio il carattere di una documentazione ufficiale. Gli schedari dell'Ufficio furono utilizzati per la concessione di sussidi e pensioni alle famiglie dei soldati morti e dispersi. Sebbene fortemente ridimensionato, l'Ufficio Notizie rimase attivo ancora fino alla metà degli anni '20[46].

Dallo spoglio dell'archivio dell'associazione si può rilevare come le volontarie facessero un enorme sforzo organizzativo e spesso, nella ricerca di notizie, fossero più efficienti e precise dei comandi militari[47]. Il rapporto con le autorità militari fu sempre difficile. Già l'esercito mal tollerava l'intrusione nella sua attività dei civili, facile comprendere quanto fosse mal disposto nei confronti di donne che lo incalzavano con richieste di notizie.

La priorità che hanno le 'opere' nella mobilitazione femminile per la guerra emerge con particolare efficacia nel caso dell'Ufficio Notizie. Dalla documentazione dell'associazione non emergono manifestazioni di consenso alla guerra. Molto limitata anche la pubblicistica prodotta dall'associazione, nonostante l'importanza dei compiti che svolgeva[48]. Le volontarie dell'Ufficio Notizie hanno, più di altre, una chiara percezione del carattere di carneficina di massa della guerra. Per questo, c'è consapevolezza di quanto sia più importante prestare assistenza che impegnarsi nella propaganda.

Gli Uffici Notizie non si limitano a cercare informazioni sulla sorte dei combattenti, hanno spesso l'impegno gravoso di comunicare l'esito delle loro ricerche alle famiglie. Quasi quotidianamente le volontarie si trovano a confrontarsi con la disperazione causata da notizie di lutto.

---

[46] La cessazione dell'attività dell'Ufficio, la collocazione dell'immenso schedario, furono oggetto di lunghe e vivaci trattative tra l'associazione e il Ministero delle guerra. Vedi: ACS, AP, *Ufficio Notizie alle famiglie dei militari di terra e di mare, Miscellanea,* bb. 8-11.

[47] Numerosi nella corrispondenza tra l'Ufficio Notizie episodi di militari dati per deceduti dai comandi militari di militari e trovati 'vivi' dall'associazione. ACS, AP, *Ufficio Notizie alle famiglie dei militari di terra e di mare. Corrispondenza dell'Ufficio Centrale,* bb. 6-14.

[48] Più che di pubblicistica sarebbe appropriato parlare di 'comunicazioni di servizio'. Le pubblicazioni a stampa dell'associazione sono prevalentemente di tipo informativo sulle pratiche svolte e nella maggior parte dei casi contengono elenchi di combattenti dati per dispersi.

Una testimonianza di particolare interesse per documentare le esperienze di queste donne è il *Diario* dell'Ufficio Notizie di Milano. Si tratta di un manoscritto di seicento cinquanta pagine dove sono annotate le mansioni svolte giornalmente dalle volontarie dal 7 luglio 1915 al 13 agosto 1918[49].

La sezione di Milano era, dopo la sede centrale di Bologna, quella che svolgeva la più intensa attività. Già nel '16 è attiva a Milano una sezione dell'Ufficio Notizie per i profughi e i prigionieri di Guerra[50].

Caporetto, con l'interruzione delle comunicazioni e un aumento vertiginoso dei profughi e dei prigionieri di guerra, rende particolarmente difficile l'attività dell'associazione e inasprisce i rapporti tra le volontarie e l'esercito. Al tempo stesso fa assumere un ruolo strategico all'Ufficio Notizie che, per molti mesi, resta l'unico punto di riferimento per le famiglie dei combattenti. Come scrive la fondatrice, nel febbraio 1918, in una lettera all'Intendenza Generale dell'esercito, nel periodo immediatamente successivo a Caporetto, nel solo Ufficio Centrale di Bologna, arrivano ogni giorno più di mille richieste di notizie[51].

Sebbene con difficoltà, gli Uffici Notizie riescono, dopo Caporetto, a reperire qualche informazione sui combattenti. Possono, infatti, ricevere notizie sia dai cappellani militari, con cui hanno un canale di comunicazione diretto e privilegiato, sia dalla rete di assistenza femminile (visitatrici negli ospedali, volontarie dei comitati di assistenza civile) che opera in tutto il paese in collaborazione con l'associazione.

È proprio l'emergenza di disporre di notizie che spinge il Ministero della Guerra ad aumentare in modo considerevole il sussidio all'associazione, da 3.000 a 20.000 lire e a inserirla tra gli Uffici provinciali per l'assistenza. Il riconoscimento come ente di assistenza provinciale com-

---

[49] Museo Storico del Risorgimento di Milano, *Archivio della Guerra*, cart. 451, *Diario dell'Ufficio Notizie*. Sul Diario: G. Franchini, *La rappresentazione dei lutti di guerra: il Diario delle volontarie dell'Ufficio Notizie di Milano (1915-1918)*, in *In guerra con le parole, Trento, Fondazione Museo storico del Trentino*, a cura di F. Caffarena - N. Murzilli, Trento 2018, pp. 537- 48.

[50] Ufficio per le notizie alle famiglie dei militari di terra e di mare, *Note sulla costituzione e sul funzionamento*, p. 12.

[51] ACS, AP, *Ufficio Notizie alle famiglie dei militari di terra e di mare. Corrispondenza dell'Ufficio Centrale, Lettera di Bianca Cavazza all'Ufficio Centrale Notizie Militari,* Bologna 15 febbraio 1918, b. 6.

portò, soprattutto per l'Ufficio di Milano, città 'retrovia' della guerra, un aggravamento di mansioni già impegnative. Dopo Caporetto, venne dato a questo Ufficio il compito di cercare notizie dei profughi e dei militari fatti prigionieri. Successivamente fu un'apposita commissione della Croce Rossa Italiana[52] a occuparsi dell'assistenza a prigionieri di guerra[53].

Soprattutto nel caso dei prigionieri, le pratiche di assistenza dell'Ufficio Notizie trovarono ostacoli, spesso insormontabili, per l'ostilità del governo e dell'esercito a occuparsi di questi combattenti[54]. La presidente dell'Ufficio Notizie di Milano, Carla Lavelli Celesia, donna colta e determinata, di formazione laica e liberale[55], denuncia pubblicamente questa situazione. In occasione di una cerimonia cui partecipano rappresentanti delle istituzioni e dell'esercito, Celesia accusa la censura militare di aver bloccato i vagoni di pane e di pacchi mandati ai prigionieri dall'Ufficio Notizie. Scatenando, così, contro l'associazione l'ira delle famiglie dei prigionieri:

> Noi non vogliamo si voglia fare di noi dei comodi capri espiatori di chi ha altre e ben più gravi responsabilità! Noi combattemmo per ottenere pane per loro – poi un pane conservabile – noi arrischiammo con firme private, un'organizzazione che non è lieve e della quale sapremmo rendere conto fino al centesimo. Chi per primo propugnò il pane per tutti fummo noi, noi sentiamo quel diritto alla vita per tutti che è nella stessa dignità umana di sostenere e l'abbiamo sostenuta senza che nessuna ragione personale di affetti familiari ce lo imponesse. E quanto era impopolare sostenerlo[56].

---

[52] Croce Rossa italiana, *Relazione morale sull'attività della Commissione dei prigionieri di guerra dalla sua costituzione al 30 ottobre 1917*, Roma 1918; *International prisoners of War Agency,* http://grandeguerre.icrc.org/

[53] B. Bianchi, *Crimini di guerra e contro l'umanità. Le violenze ai civili sul fronte orientale (1914-1919),*Milano 2012; D. Ceschin, *Gli esuli di Caporetto. I profughi in Italia durante la Grande Guerra*, Bologna 2014.

[54] G. Procacci, *Soldati e prigionieri italiani nella Grande Guerra. Con una raccolta di lettere inedite,* Torino 2016.

[55] Sulla figura di Carla Lavelli Celesia: Schiavon, *Interventiste nella Grande Guerra*, pp. 115-118.

[56] *Terzo anno di lavoro all'Ufficio Notizie,* «Bollettino III Corpo d'Armata», 5 luglio 1918, pp. 2-7.

I rapporti tra l'associazione e i comandi militari erano stati sempre conflittuali: per il ritardo con cui le intendenze rispondevano alle richieste di notizie, perché a volte le comunicavano sbagliate e l'Ufficio Notizie le rettificava, per le difficoltà che incontravano le 'dame visitatrici' dell'Ufficio a entrare negli ospedali territoriali dove erano ricoverati i feriti. Dopo Caporetto la situazione non poté che peggiorare.

In una delle tante corrispondenze dell'Ufficio Centrale con l'Intendenza Generale dell'Esercito, del marzo 1918, Bianca Cavazza critica duramente l'operato degli uffici informazioni che ancora non hanno dato notizia dei caduti di diciotto battaglioni di alpini coinvolti nella rotta di Caporetto:

> Si può presumibilmente credere che qualche alpino sia morto. Eppure di questi battaglioni nessuno finora ha mandato notizie. A me pare che questo fatto sia di una gravità eccezionale. Noi dall'altra parte, dinanzi a servizi cosi manchevoli, ci troviamo assai male non potendo in alcun modo soddisfare le più urgenti e angosciose richieste di tante famiglie alle quali sarebbe irrisione dire che su 18 battaglioni di alpini che hanno aspramente combattuto non c'è stato nessun morto[57].

I contrasti tra l'Ufficio Notizie e le autorità militari si riverberarono anche sul 'destino' dell'archivio. Fin dall'inizio c'era la consapevolezza che il materiale prodotto dagli Uffici, circa dodici milioni di schede, avrebbe costituito un archivio di enormi proporzioni e di inestimabile valore storico. L'intenzione dell'associazione era di depositarlo al Museo Nazionale del Risorgimento[58]. Dopo la fine del conflitto, le presidenti degli Uffici Notizie iniziarono a usare il materiale raccolto per stilare l'elenco dei caduti a livello locale in collaborazione con gli archivi di stato delle città[59].

Nel 1924 il ministro dell'Interno Federzoni toglieva parzialmente

---

[57] ACS, AP, *Ufficio Notizie, Segreteria dell'Ufficio Centrale, Lettera di Bianca Cavazza all'Intendenza generale dell'esercito, 6 marzo 1918,* b. 9.

[58] Ufficio per le notizie alle famiglie dei militari di terra e di mare, *Nella riunione di chiusura dell'Ufficio,* p.12.

[59] E. Schiavon, *Nel cuore del rapporto tra fronte e fronte interno. Gli Uffici Notizie per le famiglie dei militari,* in *Trame disperse. Esperienze di viaggio, di conoscenza e di combattimento nel mondo della Grande Guerra (1914-1918),* a cura di M. Severini, Venezia 2015, pp. 145-158.

agli Uffici Notizie l'incarico di compilare le liste dei caduti affidando l'indagine alla Direzione degli archivi di Stato in collaborazione con i comuni. L'archivio dell'Ufficio Centrale venne perciò depositato presso l'Archivio Centrale di Stato a Roma. Si richiedeva, però, ancora la collaborazione dell'Ufficio Notizie, perché c'era l'intenzione di usare come base di ricerca dei caduti lo schedario dell'associazione. Poco dopo, nel novembre 1925, Mussolini affidava la compilazione dell'album dei caduti al Ministero della Guerra che decideva di procedere quasi esclusivamente sulla base del proprio materiale di archivio. La redazione dei questionari ricalcava fedelmente quella messa a punto nel 1921 dall'Ufficio Notizie, escludendo le domande relative alla professione dei caduti e al numero degli orfani lasciati. È possibile supporre che l'esautoramento degli Uffici Notizie dalla ricerca dei caduti sia da attribuire al fatto che il frequente inserimento nelle schede di annotazioni sia da parte delle famiglie dei militari, dei militari stessi, oltre che delle volontarie, si prestasse poco alla costruzione di una memoria monumentale, nazionalistica, tutta maschile della guerra.

Alla Cerimonia di chiusura dell'Ufficio Notizie, nel luglio 1919, la fondatrice ricorda l'opera di assistenza alle famiglie dopo Caporetto:

> Dopo Caporetto l'ordinario lavoro divenne più intenso, dieci volte più intenso, perché la gente resa ancora più angosciata e impaziente per la sospensione del servizio postale si affollò agli uffici invocando notizie: e se notizie non trovò, era impossibile, ebbe conforto a sperare, ebbe rinvigorito il coraggio dell'attesa dall'attitudine buona, affettuosa di chi tutti riceveva soccorreva con opera di assistenza[60].

Dalla pubblicazione si può constatare, attraverso i telegrammi pervenuti, l'assenza di autorità militari e politiche nazionali. Una volta esaurita la necessità di 'rispondere' in qualche modo all'angoscia delle famiglie per le sorti dei combattenti, l'attività svolta dall'Ufficio Notizie diventava solo una scomoda testimonianza dell'inefficienza dei servizi di informazione dell'esercito.

---

[60] Ufficio Notizie alle famiglie dei militari di terra e di mare, *Nella riunione di chiusura dell'Ufficio Centrale,* p. 14.

Filiberto Agostini

«UN DOVERE DEL PAESE PER LA COSCIENZA UNITARIA DELLA PATRIA». CONSIDERAZIONI SUL CENSIMENTO DEI PROFUGHI DELLE VENEZIE DOPO CAPORETTO

Il fenomeno dei profughi durante la Grande Guerra, di dimensioni inedite per entità ed estensione geografica, si sviluppò dolorosamente, anno dopo anno, in maniera evidente lungo tutti i fronti. Secondo le differenti stime le ostilità determinarono in Europa tra i 10 e i 16 milioni di profughi[1]. Diversi furono i motivi di spostamenti così massivi e sconvolgenti: rimpatri dall'estero sull'onda del panico e delle mobilitazioni nazionali, popolazioni in fuga di fronte agli eserciti in avanzata, sfollamenti, internamenti di cittadini italiani e stranieri a causa di sospetti di antipatriottismo[2].

Il tema del profugato, per quanto concerne il caso italiano, oggi non è più un «dramma senza storia»[3], ma – dopo essere rimasto a lungo ai margini degli studi – ha conosciuto una fioritura di importanti ricerche volte ad analizzare in profondità temi e problemi politici, so-

---

[1] L'espressione virgolettata del titolo di questo contributo è di Luigi Luzzatti. Solo per citare alcuni dati, la Russia zarista tra il 1914 e il 1917 registrò 7 milioni di profughi, la Francia e il Belgio circa 2, la Prussia orientale circa mezzo milione. I dati in questione sono tratti da M. Ermacora - P. Malni, *Civili evacuati, civili in fuga. I profughi delle Venezie nella Grande Guerra*, in *Chiese e popoli delle Venezie nella Grande Guerra*, a cura di F. Bianchi - G. Vecchio, Roma 2016, p. 421.

[2] Per un quadro generale del fenomeno cfr. almeno: *La violenza contro la popolazione civile nella Grande guerra. Deportati, profughi, internati*, a cura di B. Bianchi, Milano 2006; P. Nivet, *Les Réfugiés français de la Grande Guerre (1914-1920). Les 'boches du Nord'*, Parigi 2004; A. Ferrara - N. Pianciola, *L'età delle migrazioni forzate. Esodi e deportazioni in Europa 1853-1953*, Bologna 2012.

[3] Citazione mutuata da F. Rousseau, *Un dramma senza storia? I profughi in Francia durante la Grande Guerra*, in *La violenza contro la popolazione civile nella Grande Guerra*, pp. 187-206.

ciali e istituzionali ad esso collegati[4]. Già prima dell'avvio dello scontro armato, si censirono flussi importanti di singoli e gruppi. Si trattava in larga parte di edili e artigiani emigranti – veneti, friulani, emiliani, lombardi, toscani – che, sull'onda del panico generato dalle mobilitazioni e dai primi combattimenti, rientrarono in massa dagli imperi centrali, dai Balcani e dalle regioni lungo il confine franco-tedesco. Secondo i calcoli dell'Ufficio nazionale del lavoro, tra l'agosto e il settembre del 1914 fecero ritorno in Italia 470.866 emigrati, 165.000 circa in Veneto. In qualche caso tornarono precipitosamente intere famiglie, da tempo residenti all'estero e ormai prive di qualsiasi aggancio con i paesi d'origine, che dovettero essere assistite completamente dalle amministrazioni locali. Il Friuli, con circa 80.000 rimpatriati, fu una delle regioni più interessate da un così drammatico e tumultuoso movimento di donne, uomini e bambini[5].

Nel 1915, quindi, dopo le iniziali avanzate delle truppe italiane,

---

[4] Oltre agli ormai 'classici' *Le città di legno. Profughi trentini in Austria (1915-1918)*, a cura di D. Leoni - C. Zadra, Trento 1981, e D. Ceschin, *Gli esuli di Caporetto. I profughi in Italia durante la Grande Guerra*, Roma-Bari 2006, si possono consultare pure F. Auciello, *I profughi a Milano: i censimenti, le commissioni, i patronati* e M. Dean, *I profughi a Milano: la città, l'assistenza*, entrambi in *I friulani durante l'invasione da Caporetto a Vittorio Veneto*, Udine 1999, pp. 59-76 e 77-92; inoltre D. Ceschin, *La popolazione dell'Alto Vicentino di fronte alla* Strafexpedition*: l'esodo, il profugato, il ritorno*, in *1916 - La* Strafexpedition. *Gli Altipiani vicentini nella tragedia della Grande Guerra*, a cura di V. Corà - P. Pozzato, *Prefazione* di M. Rigoni Stern, *Introduzione* di M. Isnenghi, Udine 2003, pp. 248-280; D. Ceschin, *L'esilio in Italia: i profughi di guerra*, in *Gli Italiani in guerra. Conflitti, identità, memorie dal Risorgimento ai nostri giorni*, Direzione scientifica di M. Isnenghi, III/1, *La Grande Guerra: dall'Intervento alla 'vittoria mutilata'*, a cura di M. Isnenghi - D. Ceschin, Torino 2008, pp. 260-273; *'Un esilio che non ha pari'. 1914-1918. Profughi, internati ed emigrati di Trieste, dell'Isontino e dell'Istria*, a cura di F. Cecotti, Trieste 2001; A. Molinari, *Dopo Caporetto: i profughi a Modena*, «E-Review», 2 (2014), http://10.12977/ereview72; gli articoli di Luciana Palla, Paolo Malni e Daniele Ceschin raccolti in *La violenza contro la popolazione civile nella Grande Guerra*; P. Malni, *Fra due patrie. Profughi trentini e giuliani nella Grande Guerra*, in *Trento e Trieste. Percorsi degli italiani d'Austria dal '48 all'annessione*, a cura di F. Rasera, Rovereto 2014, pp. 395-426; e i più recenti saggi di Matteo Ermacora e Paolo Malni, Sergio Bonato e Albarosa Ines Bassani in *Chiese e popoli delle Venezie*.

[5] M. Ermacora, *La guerra prima della guerra. Rientro degli emigranti, proteste e spirito pubblico nella provincia di Udine (1914-1915)*, in *Neutralità e guerra. Friuli e Litorale austriaco nella crisi del 1914-1915*, a cura di M. Ermacora, Trieste 2015, pp. 37-58.

ondate di profughi provenienti dalle cosiddette 'terre irredente' (zona delle Giudicarie, località della Val Lagarina, conca di Caporetto, Gradisca e Monfalcone) furono convogliate verso le regioni centro-settentrionali del Regno d'Italia[6]. In linea di massima però, ancora a questa data, le autorità militari italiane non avevano predisposto alcun piano di evacuazione dei civili dalla zona dei combattimenti; si procedette, così, in forma improvvisata, sgombrando le popolazioni verso le retrovie, nella convinzione di un loro rapido ritorno ai rispettivi paesi dopo l'avanzata dell'esercito regio[7]. Del resto pure sotto il profilo meramente legislativo-burocratico regnavano distinzioni talvolta fuorvianti. In Italia, infatti, all'indomani della dichiarazione di guerra, con il termine *profughi* furono definiti i non regnicoli allontanati per ragioni militari dalle zone occupate, mentre *fuoriusciti* erano chiamati i soggetti regnicoli e non regnicoli residenti nelle terre irredente e rifugiatisi volontariamente nel Regno sin dallo scoppio del conflitto europeo. Non si teneva conto, inoltre, dei profughi abitanti i comuni italiani sgomberati per precauzione o per necessità militare da parte del Comando supremo, come, ad esempio accadde alle popolazioni di Lastebasse, Forni o Posina, nel Vicentino, evacuate già nel maggio del 1915[8].

L'offensiva austriaca del maggio-giugno 1916 – la *Strafexpedition* – mutò la linea di condotta sin ad allora seguita. Lo sgombero più o meno sistematico, su ordine del Comando della prima Armata, di numerose località del Vicentino – tra cui Arsiero, Asiago, Caltrano, Calvene, Carrè, Cogollo, Conco, Chiuppano, Forni, Foza, Gallio, Laghi, Lastebasse, Lusiana, Piovene, Posina, Velo d'Astico, Roana, Rotzo, Treschè, Conca, Crosara, Salcedo, Santorso, Bassano, Marostica, Schio, Thiene e Valdagno – impose alle autorità statali il coinvolgimento in campo assistenziale di prefetture e comuni in maniera più marcata. In questo frangente, infatti, 35.000 profughi originari della provincia di Vicenza furono smistati dal Ministero degli Interni in numerosi centri del Veneto (Treviso, Venezia, Padova) e in altre regioni; l'intensa attività delle autorità locali – attraverso appositi comitati, commissioni comunali e ispezioni – e l'avvio di un sistema di sussidi più uniforme furono ele-

[6] Ermacora-Malni, *Civili evacuati, civili in fuga*, p. 426.

[7] *Ibid.*

[8] Ceschin, *La popolazione dell'Alto Vicentino*, p. 249.

menti di novità e di rottura con un passato meno (o per nulla) interessato a queste delicate problematiche sociali ed umanitarie[9].

Le disastrose conseguenze della battaglia di Caporetto – la dodicesima sull'Isonzo, iniziata alle ore 2 del 24 ottobre 1917 – costarono all'Italia la perdita di 20.000 km^2 di territorio nazionale e fecero arretrare il fronte di 150 km dalle Alpi carniche sino al Piave. Il Regio esercito lasciò sul campo 11.000 morti, 29.000 feriti e quasi 30.000 prigionieri in mano al nemico e una notevole quantità di artiglierie (numerose ancora funzionanti alla perfezione), nonché buona parte del cospicuo corredo, non solo bellico, necessario alla truppa e agli ufficiali[10]. La di-

---

[9] Punto di riferimento sul tema resta sempre CESCHIN, *La popolazione dell'Alto Vicentino.*

[10] Sul disastro di Caporetto si è scritto e discusso per decenni, sostenendo tesi radicalmente contrapposte sulle origini e cause dello 'squagliamento' delle difese militari italiane. In questa sede ci limitiamo a fornire una 'bussola' storiografica essenziale e indispensabile per puntualizzare la tematica in questione e qui riassunta brevemente: N. LABANCA, *Caporetto. Storia di una disfatta*, Firenze 1997; A. GATTI, *Caporetto. Diario di guerra (maggio-dicembre 1917)*, a cura di A. MONTICONE, Bologna 1997; M. ISNENGHI, *La tragedia necessaria. Da Caporetto all'Otto settembre*, Bologna 1999; A. MONTICONE, *La battaglia di Caporetto*, Udine 1999; G. ROCHAT, *Ufficiali e soldati. L'esercito italiano dalla prima alla seconda guerra mondiale*, Udine 2000, in particolare pp. 55-62; C. PAVAN, *Grande Guerra e popolazione civile*, I, *Caporetto. Storia, Testimonianze, Itinerari*, Treviso 1997; G.G. CORBANESE - A. MANSUTTI, *1915/1918 – Fronte dell'Isonzo e rotta di Caporetto. I movimenti delle truppe italiane e austro-tedesche nei tre anni del conflitto*, Udine 2013. Per il clima che si respirò in alcune città delle Venezie a ridosso del fronte o d'immediata retrovia divenute proprio in seguito ai tragici effetti di Caporetto snodi logistici fondamentali, oltre ai saggi raccolti in *Al di qua e al di là del Piave. L'ultimo anno della Grande Guerra*, a cura di G. BERTI - P. Del NEGRO, Milano 2001, cfr. almeno *Padova capitale al fronte. Da Caporetto a Villa Giusti*, Ciclo di conferenze a cura di M. ISNENGHI, Mostre e Atti a cura di G. LENCI - G. SEGATO, Padova 1990; P. DEL NEGRO, *La guerra 1915-1918. Le operazioni militari* e P. GIOS, *Parroci e popolazioni nella prima guerra mondiale. Un difficile fronte interno*, entrambi in *Storia dell'Altipiano dei Sette Comuni*, I, *Territorio e istituzioni*, Vicenza 1994, pp. 503-524 e 525-552; G. PIEROPAN, *1915-1918*, I, *La grande guerra nel Vicentino*, in *Storia di Vicenza*, IV/1, *L'età contemporanea*, a cura di F. BARBIERI - G. DE ROSA, Vicenza 1991, p. 77-96; V. CORÀ - M. ISNENGHI, *Guerra sull'Altopiano: la fine di un mondo*, in *L'Altopiano dei Sette Comuni*, a cura di P. RIGONI - M. VAROTTO, Verona 2009, pp. 326-372; L. BREGANTIN - L. FANTINA - M. MONDINI, *Venezia, Treviso e Padova nella Grande Guerra*, Treviso 2008. Sulla sorte dei numerosi prigionieri italiani (uno su sette fu catturato nel teatro dei combattimenti dopo Caporetto), cfr. almeno G. PROCACCI, *Soldati e prigionieri italiani nella Grande guerra. Con una raccolta di lettere inedite*, Torino 2000. Infine, sulla figura di Cadorna e la complessa

sordinata ritirata nella pianura veneta marcata dai fiumi Tagliamento, Livenza o Piave accomunò i reparti militari – privi di qualsiasi sincronia con gli Alti Comandi – e i civili anch'essi all'oscuro di ordini precisi, del resto mai promulgati tanto dalle autorità governative quanto da quelle al servizio del 'generalissimo' Cadorna. Donne, uomini (in larga parte anziani) e bambini, appartenenti a tutte le classi della società veneta e friulana dai più agiati ai meno abbienti, furono all'improvviso privati della casa, del lavoro, del reddito. Il viaggio di allontanamento dai paesi, dai villaggi e dalle città natali – primo passo di una recisione brusca di vincoli sentimentali, legami parentali e senso di appartenenza a una terra molto spesso mai abbandonata – fu una vera e propria «odissea penosa» che si svolse nella più grande confusione e incertezza. Famiglie intere o persone sole lasciarono le rispettive case e – con qualche masserizia, pochi animali (mucche, asini, cavalli), pochissimi soldi in tasca – attraversarono a piedi colline e montagne in balia del maltempo che in quei giorni autunnali sferzava Veneto e Friuli, nella speranza di trovare un treno per raggiungere una destinazione spesso ignota. Gli sfollati evacuati dalle zone del fronte settentrionale e orientale fluirono, innanzitutto, per gli snodi nevralgici di congiunzione delle linee ferroviarie d'Italia, quali Padova, Milano (nel novembre 1917 passarono per questa stazione non meno di 62.000 persone)[11], Genova, Bologna, Firenze e Roma. Essi però, in linea di massima, non si fermarono a lungo in queste località. L'intento prioritario delle autorità governative, dettato ufficialmente da ragioni di carattere militare, fu infatti quello di allontanarli dai principali poli urbani italiani per distribuirli nelle altre province del Regno[12], al fine di evitare problemi per la sicurezza interna, l'ordine

---

macchina militare ai suoi ordini si veda almeno F. Minniti, *Cadorna e la guerra nuova*, in *La guerra italo-austriaca (1915-18)*, a cura di N. Labanca - O. Überegger, Bologna 2014, pp. 111-140.

[11] Ceschin, *Gli esuli*, p. 78.

[12] Secondo i dati desunti dal *Censimento generale dei profughi di guerra*, Roma 1918, pp. 18-20, i profughi furono accolti nelle seguenti regioni e province del Regno (tra parentesi il numero di schede inviate, corrispondenti, in media, a 3,23 persone): Piemonte (14478): Torino (5328), Cuneo (2501), Alessandria (3975), Novara (2674); Liguria (11552): Genova (9538), Porto Maurizio (2014); Lombardia (27561): Sondrio (463), Como (3080), Milano (14989), Pavia (1912), Bergamo (1650), Brescia (2793), Cremona (1645), Mantova (929); Veneto (12055): Treviso (1072), Venezia (442), Padova (3131),

pubblico e non intaccare oltremodo le disponibilità alimentari presenti nelle grandi città[13]. L'accoglienza e l'assistenza ai profughi, una volta smistati nella penisola, furono demandate, nei primissimi mesi dopo Caporetto, principalmente ad opere pie, società di mutuo soccorso, cooperative, associazioni patriottiche, parrocchie, comitati civili e religiosi (in Italia ne sorsero ben 3084)[14]. La Croce Rossa americana, solo per citare limitati ma significativi esempi, fornì generi alimentari e supporto logistico a Palermo, Assisi, Forlì, Rovigo, Camerone (Ancona), Roma o Firenze[15]. Raccolsero denaro, cibo e indumenti il Comitato femminile

---

Vicenza (5445), Verona (741), Rovigo (1224); Emilia (24148): Piacenza (1645), Parma (2651), Reggio Emilia (2006), Modena (2786), Bologna (3998), Ferrara (2869), Ravenna (2037), Forlì (6156); Toscana (28525): Massa Carrara (1015), Pisa (2803), Lucca (6968), Livorno (2174), Firenze (11535), Arezzo (1923), Siena (1591), Grosseto (516); Umbria: Perugia (1880); Lazio: Roma (7651); Marche (5579): Pesaro Urbino (1289), Ancona (2216), Macerata (1038), Ascoli (1036); Abruzzi (5603): Aquila (471), Teramo (2217), Chieti (1162), Campobasso (1753); Campania (12096): Napoli (6128), Caserta (2685), Benevento (1004), Avellino (1268), Salerno (1011); Puglie (3694): Bari (1248), Foggia (1659), Lecce (787); Basilicata: Potenza (364); Calabrie (1845): Cosenza (477), Catanzaro (603), Reggio Calabria (765); Sicilia (8506): Palermo (1970), Messina (1304), Catania (1531), Siracusa (719), Caltanissetta (1172), Girgenti (691), Trapani (1119); Sardegna (63): Cagliari (34), Sassari (29). Sulla dislocazione del profugato in Italia cfr., inoltre, i dati pubblicati in Ceschin, *Gli esuli*, pp. 246-247. Inoltre F. Agostini, *"Quella disgraziata regione veneta": lettere di profughi del basso Piave*, in *Luigi Luzzatti e la Grande Guerra. Temi e vicende dell'Italia divisa: dall'intervento ai trattati di pace*, a cura di P.L. Ballini, Venezia 2016, pp.139-188; Id., *A beneficio dei profughi veneti. Assistenza pubblica e solidarietà privata nelle province italiane dopo Caporetto*, «Ricerche Storiche», XLVII, n. 3 (settembre-dicembre 2017), pp. 73-95.

[13] Ceschin, *L'esilio in Italia*, p. 260.

[14] *Chiese e popoli delle Venezie*, fig. 2.3. Cfr., poi, soprattutto Ceschin, *Gli esuli*, pp. 71-85. Da vedere anche: Agostini, *A beneficio dei profughi veneti*, pp. 73-95, Auciello, *I profughi a Milano* e Dean, *I profughi a Milano*, studi dedicati in maniera mirata a quelle associazioni (Opera Pia Bonomelli e Società Umanitaria) tradizionalmente operanti nel capoluogo lombardo nel campo dell'emigrazione e messesi in evidenza pure nel portare soccorso materiale e morale a quanti provenivano dalle terre invase dopo Caporetto.

[15] Il ruolo e la funzione di questa organizzazione internazionale durante la Grande Guerra in Italia è ben tratteggiata in G. Donelli - V. Di Carlo, *La sanità pubblica italiana negli anni a cavallo della prima guerra mondiale*, Roma 2016, pp. 179-189. Inoltre F. Agostini, *Dopo la catastrofe di Caporetto. Il ripiegamento delle unità mobili della Croce Rossa Italiana*, in *Croce Rossa Italiana e welfare dal 1914 al 1927. Esperienze di interventismo umanitario*, a cura di N. Bortoletto - G. Silvano, Pisa 2018, pp. 203-249.

di Pedara (Catania)[16], l'Unione di Propaganda Nazionale[17] o i comitati comunali sparsi in quasi tutto il Paese[18]. Aiutarono, con grande senso di responsabilità, uomini e donne provenienti dai teatri coinvolti dalla guerra a trovare degna ospitalità, invece, i monaci benedettini di S. Maria del Monte (Cesena)[19], l'Unione generale degli insegnanti di Ferrara e il locale orfanotrofio[20]; o, ancora, il Partito democratico costituzionale italiano (sezione di Napoli)[21]. Insomma attorno ai «fratelli fuggiaschi»[22], sotto l'istantanea ed emozionale spinta patriottica, si sviluppò un movimento articolato e trasversale di solidarietà 'nazionale' che coinvolse sia le classi popolari sia quelle medio-alte della società italiana.

La rotta di Caporetto trasformò, a ogni modo, lo spinoso problema dei rifugiati in una vera e propria emergenza per il paese intero, che portò alla nascita di ben precisi istituti sorti con il fine dichiarato di coordinare, in maniera strutturale, il sostegno al profugato disperso in tutta la penisola. Il primo ente pubblico che nacque con l'intenzione di proteggere e assistere i rifugiati fu costituito a Roma l'11 novembre 1917 su proposta dei «parlamentari veneti riunitisi sotto la presidenza

---

[16] L'ente, presieduto da Nunzietta Tofano, consegnò soldi e abiti ai rifugiati presenti nel paese siciliano. Si veda il *Fondo Luigi Luzzatti* dell'Istituto Veneto di Scienze, Lettere ed Arti (d'ora innanzi ALV), b. 299, fasc. 3, A-L, *Catania, Corrispondenza con le prefetture*, doc. datato maggio 1918.

[17] Donò 350 lire ai profughi di Assisi. ALV, b. 299, fasc. 3, M-V, *Perugia, Corrispondenza con le prefetture*, doc. datato 29 dicembre 1917.

[18] Tra questi si segnalarono per organizzazione mirabile, efficacia e prontezza nel fornire aiuto ai profughi almeno quelli di Caltanissetta e Ferrara, entrambi composti dalle personalità più in vista delle città (ALV, b. 299, fasc. 3, M-V, *Caltanissetta* e *Ferrara, Corrispondenza con le prefetture*, documenti datati 15, 20 e 24 novembre 1917). Ricca di dettagli sull'operato generale (assistenza sanitaria, morale e scolastica, nonché fornitura di alloggi, indumenti, sussidi, collocamento agli sfollati) di una di queste associazioni, formatasi «prima ancora che fosse costituito l'Alto Commissariato dei profughi», è la particolareggiata *Relazione su l'opera del Comitato di Patronato in Roma per i profughi di guerra friulani a tutto marzo 1918*, Roma 1918.

[19] ALV, b. 299, fasc. 3, A-L, *Forlì, Corrispondenza con le prefetture*, doc. datato 22 gennaio 1918.

[20] ALV , b. 299, fasc. 3, A-L, *Ferrara, Corrispondenza con le prefetture*, doc. datato 20 novembre 1917.

[21] ALV, b. 299, fasc. 3, M-V, *Napoli, Corrispondenza con le prefetture*, doc. datato 5 luglio 1918.

[22] La citazione è tratta da Ermacora e Malni, *Civili evacuati, civili in fuga*, p. 441.

dell'on. Luigi Luzzatti»[23]. Il *leader* indiscusso della Destra moderata del Veneto fu nominato massimo rappresentante del Comitato Parlamentare Veneto per l'assistenza ai profughi di guerra ed «ebbe a cooperatori come vicepresidenti il senatore Giovanni Cassis e il deputato Ugo Ancona e come segretari generali gli onorevoli deputati Ernesto Pietriboni e Amedeo Sandrini»[24]. L'articolo 2 dello Statuto ne evidenziava con chiarezza le principali specificità:

> Il Comitato si propone di coadiuvare l'azione governativa di protezione e di assistenza dei profughi della guerra mediante iniziative di opere dirette: a) ad avere e comunicare le maggiori possibili notizie sulla condizione dei profughi; b) ad agevolare il loro collocamento e la loro sistemazione; c) ad assistere i profughi nei loro interessi personali e patrimoniali dipendenti dallo stato di guerra presso pubbliche amministrazioni, istituti bancari ed altri enti; d) ed altre analoghe provvidenze a favore dei profughi; e) a vigilare anche col mezzo di ispezione l'attuazione delle provvidenze suaccennate; f) a raccogliere i fondi necessari ai fini predetti, curando il coordinamento delle pubbliche sottoscrizioni. Il Comitato coordinerà la propria opera con quella degli organi di Governo costituiti o da costituirsi per tali funzioni nonché alle iniziative di altri Comitati e di singole persone[25].

---

[23] Il 10 novembre 1917 si posero le fondamenta per la nascita del Comitato «nell'Aula del Senato, presenti i senatori e i deputati delle provincie venete, sotto la presidenza prima dell'on. Luzzatti, indi dell'on. Alessio, venne tenuta la prima seduta per la costituzione del Comitato Parlamentare Veneto per l'assistenza dei profughi di guerra e dopo ampia discussione venne approvato il seguente ordine del giorno, proposto dagli on. Levi-Civita, Pietriboni e Sandrini: L'adunanza si costituisce in Commissione parlamentare che, a mezzo di una sua rappresentanza, si tenga contatto col Governo per quanto concerne gl'interessi della Regione Veneta inscindibili con la coscienza unitaria della Patria; chiede al Governo la nomina di un Commissario per i profughi con mezzi e poteri idonei ad ogni necessario provvedimento, e delibera la formazione immediata di un Comitato, non ristretto a soli elementi parlamentari, per la tutela dei profughi. Si veda il «Bollettino per i profughi di guerra a cura del Comitato Parlamentare Veneto», n. 2, 29 novembre 1917. Su Luigi Luzzatti, oltre alla voce curata da P. Pecorari - P. Ballini in *Dizionario Biografico degli Italiani*, LXVI, Roma 2006, pp. 724-733, cfr. almeno P. Pecorari, *Luigi Luzzatti e Venezia*, in *Storia di Venezia. L'Ottocento e il Novecento*, I, a cura di M. Isnenghi - S. Woolf, Roma 2002, pp. 305-348.

[24] *L'Opera del Comitato Parlamentare Veneto per l'assistenza ai profughi di guerra (1917-1921)*, Roma 1921, p. 3.

[25] *Ibid.*, p. 15.

Il 18 novembre con decreto luogotenenziale n. 1897 fu creato nella capitale «presso la Presidenza del Consiglio dei ministri, un Alto Commissario, con l'ufficio di provvedere all'assistenza morale e materiale dei profughi di guerra, e con quello di deliberare e porre in atto i provvedimenti generali riguardanti gl'interessi collettivi delle terre occupate dal nemico»[26]. Esso fu presieduto sempre da Luzzatti, mentre al suo fianco – come segretari aggiunti – furono nominati il deputato udinese Giuseppe Girardini e Salvatore Segrè, titolare della presidenza della Commissione centrale di patronato dei fuoriusciti adriatici e trentini. L'Alto commissario e i commissari aggiunti inoltre furono autorizzati ad avvalersi «della collaborazione del Comitato parlamentare veneto [...] dell'opera degli altri Comitati o Istituti sorti per l'assistenza ai profughi, anche allo scopo di coordinare e disciplinarne la funzione»[27].

Il 29 novembre Luzzatti e i suoi collaboratori, «valorosi e giovani tolti dalle varie amministrazioni o scelti tra competenti riconosciuti»[28], avevano già attivato – secondo i dati estrapolati dal *Bollettino* pubblicato sotto la direzione del Comitato parlamentare Veneto – svariate iniziative tese sia a garantire la continuità operativa di molteplici istituzioni pubbliche e private del Regno[29], sia a coordinare (o perlomeno rendere noto a più persone possibili attraverso i propri mezzi di stampa) i soccorsi a categorie sociali e professionali quali, ad esempio, i maestri[30], i «grossisti

---

[26] *Ibid.*, p. 12.

[27] *Ibid.*

[28] «Bollettino per i profughi di guerra a cura del Comitato Parlamentare Veneto».

[29] Questi plurimi Istituti di credito e di risparmio delle province di Udine, Belluno, Treviso, Venezia, Padova, Vicenza e Verona, dopo essere stati «traslocati dal Veneto», furono ubicati soprattutto nelle regioni centro-meridionali d'Italia. Amministrazioni ed Istituti pubblici – tra cui l'Ospedale civile, la Casa di ricovero, il Manicomio di Udine; il Consorzio Granario di Belluno; gli uffici provinciali di Stato e autonomi di Udine e Belluno – furono, invece, ricollocati a Napoli, Capodichino, Firenze, Roma e Bologna.

[30] Così il testo: «1. Che il Governo assicura la continuità del trattamento economico di cui gli insegnanti godevano al momento dell'invasione, anche per i maestri dipendenti dai Comuni e dal Comando Supremo. 2. Che gli stipendi del mese di ottobre, maturati e non riscossi, debbono essere chiesti al Provveditore da cui gli insegnanti dipendevano, il quale spedirà i mandati all'indirizzo degli interessati. 3. Che per gli stipendi del mese di novembre e dei mesi successivi ogni insegnante profugo deve subito rivolgersi al Provveditore della Provincia dove risiede, segnalandogli il proprio indirizzo e indicando, con la maggiore possibile precisione, il mensile netto che percepiva, gli assegni per riordinamento e sdoppiamento, i compensi

e dettaglianti di cartoline illustrate»[31], i congiunti dei militari al fronte[32], gli studenti[33], i profughi di Oderzo, Spilimbergo, Maniago e Tolmezzo[34] o, ancora, le «profughe [...] signorine di civile condizione e di assoluta moralità che vogliano seriamente intraprendere la carriera di infermiera professionale nel Convitto scuola infermiere principessa Jolanda della Croce Rossa italiana»[35].

Luigi Luzzatti, Giuseppe Girardini e Salvatore Segrè, il 10 gennaio 1918, sottoscrissero una circolare da inviare a tutti i prefetti del Regno finalizzata, nei loro intenti, proprio a razionalizzare gli aiuti forniti ai più bisognosi, sollevando «la condizione di tante migliaia di infelici che, a causa della guerra, hanno dovuto abbandonare le proprie case, le proprie abitazioni, spesso anche l'agiatezza in cui vivevano, e trovarsi ora ospiti

---

di carattere continuativo e l'indennità caro-viveri. 4. Che ogni insegnante ha diritto ad un sussidio corrispondente ad un dodicesimo dello stipendio annuale lordo. Si considera come stipendio l'assegno gravato di ritenuta per il Monte Pensioni. Per ogni persona convivente a carico, il sussidio è aumentato di un ventesimo. Questo aiuto straordinario concesso dallo Stato è corrisposto per mezzo dei Prefetti di ciascuna Provincia. Chi risiedesse lontano dal capoluogo di Provincia potrà domandare il sussidio governativo, corrispondente ad un mese di stipendio, per il tramite del Sindaco, dandogli le opportune informazioni. 5. Che per il collocamento, consigli, alloggi, i colleghi profughi sono pregati di indirizzarsi ai Comitati Magistrali Provinciali che daranno sussidi ed aiuti nei limiti delle proprie forze». *Ibid.*

31 «Si avvertono i grossisti e dettaglianti di cartoline illustrate che avevano i loro negozi nelle terre invase dal nemico, che l'Associazione nazionale editori grossisti fabbricanti cartoline illustrate con sede in Torino (Corso Regina Margherita, 2) si mette a loro disposizione per ogni soccorso del caso, avendo costituito uno speciale fondo raccolto fra i soci a tale intento». *Ibid.*

32 I deputati e i senatori del Regno veneti si fecero carico, di comune accordo con il Comitato, di raccogliere lettere e domande inviate da militari al fronte per avere qualche notizia sicura sulla sorte dei familiari profughi. *Ibid.*

33 «Il Ministero autorizza tutti i capi degli istituti medi di iscrivere, senz'altro, alla classe a cui si affermano di appartenere i giovani studenti profughi delle provincie invase che chiedano di essere ammessi, e ciò con dispensa dal pagamento delle tasse scolastiche e dalla presentazione dei documenti giustificativi, salvo a procedere ai relativi accertamenti quando mutate condizioni di fatto lo consentano. Il Ministero confida che i giovani predetti trovino dovunque amorevole accoglienza e fraterna solidarietà da parte degl'insegnanti e di tutti gli studenti». *Ibid.*

34 Da Roma e da Pisa, in quei frangenti già si ordinava «sollecitamente opera di ricerca, assistenza, censimento, riunione di famiglie» di profughi sia civili sia militari originari delle città in questione. *Ibid.*

35 *Ibid.*

in casa altrui, esuli in patria» e, quindi, regolando «in modo uniforme in tutte le provincie l'opera di assistenza ai profughi di guerra e di rendere più pronta ed efficace l'azione di soccorso, eliminando le incertezze che qualche volta si notavano nelle autorità e funzionari preposti ai relativi servizi»[36]. Un atto, questo, che fu il pilastro giuridico su cui si fondarono non solo tutti i successivi interventi in materia, ma anche la 'definizione' giuridica di *profugo di guerra*. Questo preciso *status* era, infatti, riservato, essenzialmente, a coloro che erano fuggiti in seguito all'invasione nemica dell'ottobre 1917, alle popolazioni sgombrate dall'esercito vicino al fronte e alle categorie di sfollati già presenti, come ricordato in precedenza, in Italia sin dal 1915 (fuoriusciti, profughi d'oltre confine, rimpatriati, vicentini sfollati del 1916)[37].

Il sistema assistenziale fu poi, sempre nella circostanza in questione, imperniato in appositi patronati dei profughi, presenti nei comuni in cui erano stati censiti i rifugiati. Di fatto erano nominati dall'Alto Commissariato, ma nel concreto controllati strettamente dai prefetti, cui spettava il compito di finanziarli e selezionarne il personale. Ad essi spettava erogare i sussidi governativi, sostenere, approvvigionare, collocare i profughi e fornire loro l'assistenza sanitaria «come si pratica per i poveri»[38]. L'apparato statale, prima attraverso il Comitato Parlamentare Veneto per l'assistenza ai profughi di guerra e poi attraverso l'Alto Commissariato, cercò di avocare a sé compiti nuovi e inediti con l'ausilio di strumenti normativi sino ad allora mai sperimentati, al fine di garantire quanto necessario al benessere fisico e morale di centinaia di migliaia di italiani privi di tutto o quasi.

La travagliata vicenda storica dell'Alto Commissariato conobbe un nuovo capitolo il 30 giugno 1918: infatti, Giuseppe Girardini subentrò come direttore al dimissionario Luzzatti che lasciò non senza sollevare pesanti polemiche[39]. L'onorevole friulano divenne così il referente gover-

[36] «Gazzetta Ufficiale del Regno d'Italia», 6 febbraio 1918, n. 31.

[37] *Ibid.*

[38] *Ibid.*

[39] Secondo la ricostruzione degli eventi di Daniele Ceschin ciò si verificò perché «la paventata soppressione del sussidio continuativo determinò una crisi gravissima all'interno dell'Alto commissariato e le dimissioni di Luzzatti, Girardini e Segrè. Nonostante i tentativi di Orlando di porre rimedio ad una situazione che era stata creata suo malgrado, Luzzatti non ritornò sulla sua decisione». CESCHIN, *Gli esuli*, p. 96.

nativo che avrebbe da allora in poi dovuto affrontare personalmente le principali questioni riguardanti le carenze, la disparità di trattamento[40], nonché le criticità emerse nel tempo per sopperire, almeno sulla carta, alle urgenti necessità causate «dall'esodo improvviso delle popolazioni del Veneto invaso». A questo riguardo è interessante riportare un mirato stralcio di una intervista rilasciata dallo stesso Girardini al quotidiano romano «L'epoca» il 13 agosto 1918 in cui, nel complesso, da un lato illustrò abbastanza efficacemente le sue aspirazioni e i suoi intendimenti e dall'altro sottolineò a più riprese come le massime autorità politiche e istituzionali del Regno sabaudo fossero sempre molto sensibili all'*affaire* dei profughi[41]. Girardini alla precisa domanda «Quali sono i propositi immediati del Commissariato?» rispose che, assieme ad una ristretta squadra di fedelissimi collaboratori[42], si proponeva i seguenti obiettivi:

> Una delle questioni che verrà al più presto presa in esame e risolta, sarà il rimpatrio di quei profughi provenienti da località della zona delle

[40] Giuseppe Girardini (nacque a Udine nel 1856 e morì sempre in Friuli nel 1923), già fondatore del Partito radicale della sua regione, dall'agosto 1918 al giugno 1919 fu nel Gabinetto Orlando, come ricordato, Alto Commissario e dal gennaio 1919 ministro dell'Assistenza militare e delle pensioni di guerra. In merito cfr. almeno la voce curata da F. ZAVALLONI in *Dizionario Biografico degli Italiani*, LVI, Roma 2001, pp. 483-485.

[41] Così Girardini ribadì quanto alta fosse l'attenzione del Governo a questo particolare problema ancora aperto ed impellente: «Sono lieto di dire che ho trovato cordialità e condiscendenza non solo nel presidente del Consiglio on. Orlando, ma anche da parte del ministro del Tesoro on. Nitti, il quale mi ha esplicitamente dichiarato che non intende fare economie nell'assistenza ai profughi, ma che desidera, giustamente, che il danaro per essi erogato sia speso in modo che possa dare il massimo rendimento». Si veda «L'epoca», anno II, n. 223, martedì 13 agosto 1918.

[42] Così tratteggiati con tono forse un po' troppo enfatico, al limite dell'apologetico: «Il comm. Segrè [...] da parecchio tempo si occupa con amore e con sacrifici che il pubblico non conosce a favore degli irredenti profughi, ed ha una competenza non solo specifica, ma anche finanziaria, assai notevole. L'altro commissario aggiunto, onor. Pietriboni, si è occupato con zelo delle questioni del lavoro. Il mio amico on. Di Caporiacco ha fatto un'opera prodigiosa, meravigliosa per attività e buon senso, nell'ambito dell'assistenza militare, scolastica e per i patronati; senza fare rumore intorno a sé, ma con il solo intento del bene. Il prof. Carnelutti, illustre giurista, ha prestato tanta attività di cooperazione alla produzione legislativa già emanata dal Commissario e in preparazione. Gli ing. Bellati e Ciriani hanno eseguito ispezioni e studi che meriterebbero di essere conosciuti per la loro diligenza e perspicuità». *Ibid.*

operazioni nelle quali si potrà tra breve considerare come scomparso ogni pericolo. In questa guisa noi andiamo incontro al giusto desiderio di migliaia di profughi, desiderio condiviso dalle autorità e dai deputati locali. Noi [...] faciliteremo il trasferimento dei profughi da una località all'altra a seconda delle esigenze delle loro occupazioni, e metteremo la massima cura nel riunire molte famiglie che sono ancora disperse e divise [...]. Noi daremo grande impulso all'assistenza morale e alla propaganda tra i profughi: premieremo le iniziative fatte a loro beneficio; di modo che il soccorso ai profughi sia una tangibile manifestazione della solidarietà nazionale. Cureremo inoltre la tutela degli interessi collettivi, facilitando crediti per l'agricoltura e per l'industria. Per rendere più agevole il compito del Governo, intendiamo anche di studiare un progetto per la ricostituzione economica delle provincie devastate dalla guerra[43].

Alla fine del conflitto si cercò di illustrare, per quanto possibile, analiticamente numeri e dati di un fenomeno che, nel complesso, costò circa 435 milioni di lire allo Stato[44]. Il 29 novembre 1918, Umberto Tomezzoli, presentò al senatore barone Edmondo Mayor des Planches, commissario generale dell'emigrazione[45], un corposo *dossier* in cui erano riportati i risultati del censimento dei profughi di guerra. È una relazione redatta grazie alle schede consegnate a Roma da tutte le prefetture d'Italia coinvolte nelle operazioni di coordinamento dell'assistenza al profugato[46]. Un lavoro complesso e laborioso – entro il 27 novembre furono raccolte 165.000 schede di famiglia, comprendenti 534.565

---

[43] *Ibid.*

[44] Questo dato si riferisce alla spesa per i profughi citata nell'esercizio finanziario 1918-1919 dello Stato. Cfr. Ermacora-Malni, *Civili evacuati, civili in fuga*, p. 446.

[45] Il Commissariato dell'emigrazione, in precedenza impegnato nella raccolta dati dei profughi espulsi dalla Turchia durante la guerra di Libia e di quelli che abbandonarono l'Altipiano di Asiago nel maggio 1916, fu confermato, pure dopo la nascita dell'Alto Commissariato presieduto da Luzzatti, come organismo incaricato di censire numero e *status* dei rifugiati dopo Caporetto. Si veda Regio Commissariato dell'emigrazione, *Censimento generale*, p. 5.

[46] Le schede in questione comprendevano questi dati: Comune e provincia di residenza attuale; Cognome e nome; Soprannome; Sesso; Paternità; Maternità; Stato Civile; Data di Nascita; Comune di nascita e di dimora prima dello sfollamento; professione; specificazione se è italiano o irredento; numero e dati persone che accompagnano il profugo; data di compilazione e firma. Regio Commissariato dell'emigrazione, *Censimento generale*, p. 17.

persone rifugiate nelle diverse regioni italiane[47] – non privo, secondo lo stesso funzionario ministeriale di imperfezioni: «le operazioni di censimento durarono sei mesi, è accaduto che profughi già censiti in un comune fossero nuovamente censiti in un altro, sede del trasferimento. Ciò causò schede doppie (circa 6.000 per 19.800 persone)»[48], o ancora «mancano quasi completamente i profughi residenti nella provincia di Treviso (censiti 2.000 su 26.000), quelli residenti nel circondario di Monteleone Calabro (schede smarrite) e quelli residenti nella provincia di Firenze (10.000). 2.527 schede (per 8.146 persone) furono poi restituite ai prefetti perché incomplete, inesatte o con dati insufficienti»[49]. In ogni caso il materiale raccolto ed elaborato dagli uffici ci consegna un quadro non perfetto, ma almeno abbastanza attendibile, del drammatico flusso di donne, uomini e bambini avvenuto in tutto il territorio del Regno dopo Caporetto[50].

Sotto il punto di vista geografico l'operazione di rilevazione sondò una vasta area comprendente il Veneto, il Friuli, il Trentino e parte dell'attuale Slovenia a ridosso del confine italiano. Secondo i dati raccolti è palese che alcune delle centinaia di località presenti nel censimento furono appena 'sfiorate' dall'immane tragedia come, ad esempio, le friulane Sauris (0,76% della popolazione smobilitata), Lestizza (1,42%) o Andreis (1,14%), le venete Voltago (0,52%), Chies d'Alpago (0,49%), S. Pietro di Barbozza (1,58%) o, ancora, le trentine Castelnuovo (1,93%), Avio (2,24%) e Lizzana (0,47%). In altri casi, al contrario, lo stato delle cose fu a dir poco opposto e senza dubbio spaventoso. Le percentuali sono elevate in Friuli: a Chiusaforte (59,73%), Dogna (67,01%), Resia (67,01%,), Resiutta (59,43%), Marano Lagunare (61,41%), S. Giorgio di Nogaro (50,80%), Ragogna (62,33%), Arta (60,32%), Villa Santina (52,53%) e nello stesso capoluogo (60,55%).

In Veneto la provincia di Belluno in generale fu sottoposta a «poche

---

47 Cfr. i dati elencati in questo saggio alla nota numero 12.

48 *Ibid.*, p. 7.

49 *Ibid.*, p. 11.

50 Sull'attendibilità di questa fonte – utilizzata come base per un ampio studio monografico alcuni decenni or sono (G. PIETRA, *Gli esodi in Italia durante la guerra mondiale 1915-1918*, Roma 1939) – cfr. almeno le osservazioni di Gustavo CORNI, *La società bellunese nell'ultimo anno di guerra 1917-1918*, in *Al di qua e al di là del Piave*, pp. 443-446.

sofferenze», ma Sappada e Pieve di Cadore persero rispettivamente il 73,82% e il 50,71% dei loro residenti. Nella provincia di Vicenza l'intera area compresa all'interno di un virtuale quadrilatero, che ha per propri vertici Velo d'Astico, Piovene Rocchette, Bassano del Grappa ed Enego, fu a dir poco martoriata: il 72% della collettività del luogo fu evacuata. I picchi di questo luttuoso esodo furono registrati a Foza (94,12%), Treschè (91,94%), Lastebasse (99,18%), Cismon (93,75%), Campolongo sul Brenta (92,25%) ed Enego, S. Nazario, Solagna e Valstagna dove, secondo il censimento qui di seguito allegato, pressoché tutti furono allontanati dalle loro dimore. Nel Trevigiano Cavaso (71,33%), Possagno (85,73%), Cornuda (71,49%), Crocetta (71,97%), Nervesa (94,69%), Pederobba (84,06%), Spresiano (66,58%), Zenson di Piave (90,87%) risultarono i paesi maggiormente danneggiati dalle conseguenze di Caporetto, mentre nel Veneziano, nella zona tra Fossalta e Musile di Piave, si verificò uno svuotamento di grandi dimensioni. In Trentino, invece, alti tassi di sfollati furono registrati tra Borgo Valsugana e Strigno (il 57,28% di quanti qui risiedevano) e Chizzola e Brentonico (circa il 70%). Infine a Serpenizza e Zaga – oggi località slovene nel comune di Plezzo – si contarono abbandoni dell'84,51% e del 79,49% della cittadinanza.

Questi numeri evidentemente non esauriscono la complessità della questione profughi, tuttavia sono sufficienti per abbozzare le dimensioni di un fenomeno convulso e violento che ha scardinato le fondamenta delle piccole comunità alpine e prealpine, divelto famiglie contadine dai loro campi, allontanato artigiani e impiegati dalle loro botteghe o dagli uffici, disperso e abbattuto animali da cortile, distrutto una massa enorme di risorse materiali. Nelle zone sgomberate e invase del Trentino e del Veneto settentrionale e orientale, dove ha imperversato o imperversa la guerra, la veduta non è ovunque esattamente uguale, non fosse altro perché in alcuni paesi non rimane pietra sopra pietra, in altri le abitazioni appaiono illese o sono parzialmente colpite, in moltissimi domina un silenzio lugubre. Se per qualche centinaio di migliaia di persone si apre la strada di un 'esilio' incerto in città e in contrade lontane, tra solitudine e sconforto, per altre migliaia e migliaia di uomini e donne che si fermano nei palazzi di città, nelle ville gentilizie e nelle case coloniche tocca affidare la propria vita alla provvidenza o alla sorte.

APPENDICE[51]

ZONA INVASA

Provincia di Udine

Distretto di Ampezzo

Comune	Censimento 1911	Schede pervenute	Profughi censiti	%
Ampezzo	2308	357	856	37,08
Enemonzo	1756	220	700	39,86
Forni di Sopra	1666	29	80	4,80
Forni di Sotto	1501	104	342	22,78
Preone	589	30	95	16,12
Raveo	574	50	148	25,78
Sauris	785	4	6	0,76
Socchieve	2055	183	704	34,25
Totale	11234	977	2931	26,09

Distretto di Cividale del Friuli

Comune	Censimento 1911	Schede pervenute	Profughi censiti	%
Attimis	3313	98	293	8,84
Buttrio in Piano	2413	123	380	15,74
Cividale del Friuli	9886	1605	4764	48,18
Corno di Rosazzo	1908	96	269	14,09
Faedis	4364	171	480	10,99
Ipplis	1001	35	113	11,28
Manzano	3845	138	409	10,63
Moimacco	1225	62	232	18,93
Povoletto	3995	111	348	8,71
Premariacco	2668	107	333	12,48

[51] Regio Commissariato dell'emigrazione, *Censimento generale dei profughi di guerra*, Roma 1918. Una copia del censimento in ALV, b. St. 7.

Prepotto	2162	146	493	22,80
Remanzacco	3248	154	491	15,11
San Giovanni di Manzano	3049	149	437	14,33
Torreano	3197	3142	428	13,38
Totale	46274	3142	9470	20,46

Distretto di Codroipo

Comune	**Censimento 1911**	**Schede pervenute**	**Profughi censiti**	**%**
Bertiolo	3052	50	135	4,42
Camino di Codroipo	2150	66	199	9,25
Codroipo	6574	600	1975	30,04
Rivolto	3988	74	200	5,01
Sedegliano	4857	85	239	4,92
Talmassons	4105	77	170	4,14
Varmo	4180	201	693	16,57
Totale	28906	1153	3611	12,49

Distretto di Gemona

Comune	**Censimento 1911**	**Schede pervenute**	**Profughi censiti**	**%**
Artegna	3460	166	491	14,19
Bordano	1087	63	193	17,75
Buia	7051	287	709	10,05
Gemona	9486	921	2786	29,36
Montenars	1741	111	334	19,18
Osoppo	2687	586	1979	73,65
Trasaghis	3288	128	400	12,16
Venzone	3532	643	3449	97,65
Totale	32332	2905	10341	31,98

Distretto di Latisana

Comune	**Censimento 1911**	**Schede pervenute**	**Profughi censiti**	**%**
Latisana	6391	761	2479	38,78
Muzzana del Turgnano	1737	89	281	16,17

Palazzolo dello Stella	2157	100	352	16,31
Pocenia	2629	156	547	20,80
Precenicco	1735	80	284	16,36
Rivignano	3851	160	437	11,34
Ronchis	2204	103	366	16,60
Teor	2963	53	143	4,82
Totale	23667	1502	4889	20,65

Distretto di Maniago

Comune	**Censimento 1911**	**Schede pervenute**	**Profughi censiti**	**%**
Andreis	1222	7	14	1,14
Arba	1471	67	113	7,68
Barcis	1230	41	87	7,07
Cavasso Nuovo	2707	75	114	4,21
Cimolais	910	40	50	5,49
Claut	2160	65	125	5,78
Erto e Casso	1851	63	157	8,48
Fanna	2107	154	244	11,58
Frisanco	2623	35	66	2,51
Maniago	5379	529	1045	19,42
Vivaro	1757	104	189	10,75
Totale	23417	1180	2204	9,41

Distretto di Moggio Udinese

Comune	**Censimento 1911**	**Schede pervenute**	**Profughi censiti**	**%**
Chiusaforte	1283	294	983	76,61
Dogna	981	172	586	59,73
Moggio Udinese	3381	452	1416	41,88
Pontebba	2630	299	981	37,30
Raccolana	1307	201	406	31,06
Resia	2838	601	1902	67,01
Resiutta	784	144	466	59,43
Totale	13204	2163	6820	51,65

Distretto di Palmanova

Comune	Censimento 1911	Schede pervenute	Profughi censiti	%
Bagnaria Arsa	3114	114	354	11,36
Bicinicco	1624	15	28	1,72
Carlino	1057	31	90	8,51
Castions di Strada	2927	42	124	4,23
Gonars	3578	72	199	5,56
Marano Lagunare	1568	263	963	61,41
Palmanova	5522	701	2164	39,18
Porpetto	2135	127	512	23,98
S. Giorgio di Nogaro	5411	790	2749	50,80
S. Maria La Longa	2301	89	266	11,56
Trivignano Udinese	2586	52	171	6,61
Totale	31823	2297	7620	23,94

Distretto di Pordenone

Comune	Censimento 1911	Schede pervenute	Profughi censiti	%
Aviano	8143	470	841	10,32
Azzano Decimo	8971	117	254	2,83
Cordenons	7961	112	327	4,10
Fiume	6181	48	141	2,28
Fontanafredda	5261	201	394	7,48
Montereale Cellina	4973	186	382	7,68
Pasiano	7706	218	379	4,91
Porcia	5382	117	227	4,21
Pordenone	16265	1425	4350	26,74
Prata di Pordenone	4582	121	216	4,71
Roveredo in Piano	1542	107	242	15,69
San Quirino	2959	176	311	10,51
Vallenoncello	1531	6	19	1,24
Zoppola	5595	72	210	3,75
Totale	87052	3376	8293	9,52

Distretto di Sacile

Comune	**Censimento 1911**	**Schede pervenute**	**Profughi censiti**	**%**
Brugnera	4404	59	129	2,92
Budoia	3123	214	323	10,34
Caneva	6543	105	213	3,25
Polcenigo	4650	279	491	10,55
Sacile	8331	883	2508	30,10
Totale	27051	1540	3664	13,54

Distretto di S. Daniele del Friuli

Comune	**Censimento 1911**	**Schede pervenute**	**Profughi censiti**	**%**
Colloredo di Montalbano	2685	21	52	1,93
Coseano	2769	60	91	3,28
Dignano	2699	49	122	4,52
Fagagna	5206	185	492	9,45
Majano	5940	216	523	8,80
Moruzzo	2240	28	70	3,12
Ragogna	3813	653	2377	62,33
Rive d'Arcano	2930	45	100	3,41
S. Daniele del Friuli	6905	614	1828	26,47
Sant'Odorico	1687	32	42	2,48
S. Vito di Fagagna	1690	31	63	3,72
Totale	38564	1934	5760	14,93

Distretto di S. Pietro al Natisone

Comune	**Censimento 1911**	**Schede pervenute**	**Profughi censiti**	**%**
Drenchia	1309	59	237	18,10
Grimacco	1494	66	251	16,80
Rodda	1456	88	263	18,06
S. Leonardo	2350	93	278	11,82
S. Pietro al Natisone	3310	418	1204	36,37
Savogna	1926	82	315	16,35
Stregna	1748	25	91	5,20

Tarcetta	2015	39	121	6,00
Totale	15608	870	2760	17,68

Distretto di S. Vito al Tagliamento

Comune	**Censimento 1911**	**Schede pervenute**	**Profughi censiti**	**%**
Arzene	1774	37	93	5,24
Casarsa della Delizia	4915	297	992	20,18
Chions	4278	66	131	3,06
Cordovado	2260	78	247	10,92
Morsano al Tagliamento	3652	138	497	13,60
Pravisdomini	2694	47	124	4,60
S. Martino al Tagliamento	1728	137	383	22,16
S. Vito	10803	857	2558	23,67
Sesto al Reghena	5641	122	403	7,14
Valvasone	2202	108	311	14,12
Totale	29947	1887	5739	19,16

Distretto di Spilimbergo

Comune	**Censimento 1911**	**Schede pervenute**	**Profughi censiti**	**%**
Castelnuovo del Friuli	2956	50	118	3,99
Clauzetto	2133	36	101	4,73
Forgaria	3058	76	182	5,95
Meduno	3466	76	177	5,10
Pinzano al Tagliamento	2813	281	839	29,82
S. Giorgio della Richinvelda	4358	207	575	13,19
Sequals	2685	164	406	15,12
Spilimbergo	7329	735	2228	30,39
Tramonti di Sopra	1806	7	10	0,55
Tramonti di Sotto	2367	42	54	2,28
Travesio	1550	73	168	10,83
Vito d'Asio	3182	47	101	3,17
Totale	37653	1794	4959	13,17

Distretto di Tarcento

Comune	Censimento 1911	Schede pervenute	Profughi censiti	%
Cassacco	2529	67	132	5,21
Ciseriis	3540	136	425	12,00
Lusevera	2327	114	345	14,82
Magnano in Riviera	2225	89	178	8,00
Nimis	4798	268	723	15,06
Platischis	3084	156	483	15,66
Segnacco	1951	92	241	12,35
Tarcento	5617	750	2121	37,76
Treppo Grande	2211	77	181	8,18
Tricesimo	5022	354	1052	20,94
Totale	33304	2103	5881	17,65

Distretto di Tolmezzo

Comune	Censimento 1911	Schede pervenute	Profughi censiti	%
Amaro	1187	89	301	25,35
Arta	2493	424	1504	60,32
Cavazzo Carnico	1539	134	304	19,75
Cercivento	965	52	167	17,30
Comeglians	1864	134	410	21,99
Forni Avoltri	1242	23	51	4,10
Lauco	2352	100	262	11,13
Ligosullo	404	3	4	0,99
Ovaro	2991	131	324	10,83
Paluzza	3276	407	1256	38,33
Paularo	2708	127	473	17,46
Prato Carnico	2298	62	124	5,39
Ravascletto	1245	104	387	31,08
Rigolato	1913	50	151	7,89
Sutrio	1529	114	456	29,82
Tolmezzo	5521	884	2959	53,59
Treppo Carnico	1118	12	21	1,87
Verzegnis	1570	52	151	9,61
Villa Santina	1481	241	778	52,53
Zuglio	1009	85	247	24,47
Totale	38705	4028	10330	26,68

Distretto di Udine

Comune	**Censimento 1911**	**Schede pervenute**	**Profughi censiti**	**%**
Campoformido	2980	117	365	12,24
Feletto Umberto	2846	159	454	15,95
Lestizza	4221	36	60	1,42
Martignacco	4297	59	421	9,79
Mereto di Tomba	3384	29	93	2,74
Mortegliano	4601	82	210	4,56
Pagnacco	2571	92	252	9,80
Pasian di Prato	3077	136	385	12,51
Pasian Schiavonesco	5194	195	565	10,87
Pavia di Udine	4932	118	264	5,35
Pozzuolo del Friuli	5055	149	381	7,53
Pradamano	2084	42	103	4,94
Reana del Roiale	4378	170	519	11,85
Tavagnacco	2103	128	425	20,20
Udine	47617	9763	28836	60,55
Totale	99340	11375	33333	33,55

Provincia di Belluno

Distretto di Agordo

Comune	**Censimento 1911**	**Schede pervenute**	**Profughi censiti**	**%**
Agordo	3498	132	357	10,20
Alleghe	1376	49	148	10,75
Cencenighe	1469	46	102	6,94
Falcade	2377	47	146	6,14
Forno di Canale	1454	16	51	3,50
Gosaldo	2579	22	35	1,35
La Valle	1774	10	16	0,90
Rivamonte	1796	30	45	2,50
Rocca Pietore	2091	37	83	3,96
San Tommaso	1396	16	31	2,22
Taibon	1691	36	63	3,72
Vallada	941	9	21	2,23
Voltago	1138	6	6	0,52
Totale	23580	456	1104	4,68

Distretto di Auronzo

Comune	Censimento 1911	Schede pervenute	Profughi censiti	%
Auronzo	4064	284	975	23,99
Comelico Superiore	3273	177	599	18,30
Danta	506	6	15	2,96
Lorenzago	1102	54	110	9,98
Lozzo Cadore	1891	35	73	3,86
S. Nicolò di Comelico	547	29	118	21,57
S. Pietro Cadore	2350	109	434	18,46
S. Stefano di Comelico	2738	139	505	18,44
Sappada	1131	236	835	73,82
Vigo	1972	51	123	6,23
Totale	19574	1120	3787	19,34

Distretto di Belluno

Comune	Censimento 1911	Schede pervenute	Profughi censiti	%
Belluno	20687	1428	3773	18,23
Chies d'Alpago	1632	7	8	0,49
Farra d'Alpago	2476	6	7	0,28
Limana	2305	19	42	1,82
Mel	6810	77	188	2,76
Pieve d'Alpago	2085	14	25	1,19
Ponte nelle Alpi	4495	60	136	3,02
Puos d'Alpago	1928	26	52	2,69
Sedico	4585	74	168	3,66
Sospirolo	3112	44	83	2,66
Tambre d'Alpago	2002	16	24	1,19
Trichiana	2992	31	40	1,33
Totale	55109	1802	4546	8,24

Distretto di Feltre

Comune	Censimento 1911	Schede pervenute	Profughi censiti	%
Alano di Piave	3068	185	617	20,11
Cesiomaggiore	4588	32	60	1,30

Feltre	15465	784	1862	12,04
Lentiai	2891	21	42	1,45
Pedavena	3315	49	113	3,40
Quero	2486	70	202	8,12
S. Gregorio nelle Alpi	1759	10	20	1,13
Santa Giustina	4568	72	168	3,67
Seren	4175	38	55	1,31
Vas	1184	37	92	7,77
Totale	43499	1298	3231	7,42

Distretto di Fonzaso

Comune	**Censimento 1911**	**Schede pervenute**	**Profughi censiti**	**%**
Arsiè	7117	223	682	9,58
Fonzaso	5476	131	334	6,09
Lamon	6052	192	643	10,62
Sovramonte	3286	36	70	2,13
Totale	21913	582	1729	7,88

Distretto di Longarone

Comune	**Censimento 1911**	**Schede pervenute**	**Profughi censiti**	**%**
Castellavazzo	2022	31	78	3,85
Forno di Zoldo	3746	94	236	6,30
Longarone	4379	159	472	10,77
Soverzene	220	-	-	-
Zoldo Alto	2197	53	124	5,64
Totale	12564	337	910	7,24

Distretto di Pieve di Cadore

Comune	**Censimento 1911**	**Schede pervenute**	**Profughi censiti**	**%**
Borca	716	22	72	10,05
Calalzo	1208	141	455	37,66
Cibiana	1159	27	61	5,26
Domegge	2099	121	379	18,05
Ospitale	729	70	223	30,58
Perarolo	1182	68	220	18,61

Pieve di Cadore	3153	464	1599	50,71
S. Vito del Cadore	1241	11	29	2,33
Selva Bellunese	914	20	38	4,15
Valle di Cadore	2390	119	342	14,30
Vodo	1217	20	67	5,50
Zoppè	528	7	15	2,84
Totale	16536	1090	3500	21,16

Provincia di Treviso

Distretto di Conegliano

Comune	**Censimento 1911**	**Schede pervenute**	**Profughi censiti**	**%**
Codognè	4250	67	97	2,28
Conegliano	13033	1283	3860	29,61
Gaiarine	4874	100	196	4,02
Godega di Sant'Urbano	4184	119	295	7,05
Mareno di Piave	4676	87	227	4,85
Orsago	1951	128	336	17,22
Pieve di Soligo	4299	151	431	10,02
Refrontolo	2463	20	47	1,90
San Fior	3504	89	290	8,27
S. Pietro di Felletto	3492	41	91	2,60
S. Lucia di Piave	3104	110	339	10,92
San Vendemiano	4089	102	320	7,82
Susegana	5313	187	647	12,17
Vazzola	5178	149	493	9,52
Totale	64411	2633	7669	11,90

Distretto di Oderzo

Comune	**Censimento 1911**	**Schede pervenute**	**Profughi censiti**	**%**
Cessalto	4604	73	241	5,23
Chiarano	3800	88	270	7,10
Cimadolmo	2483	72	294	11,84
Fontanelle	5085	52	102	2,00
Gorgo al Monticano	4210	44	143	3,39

Mansuè	4239	55	122	2,87
Meduna di Livenza	2581	67	166	6,43
Motta di Livenza	7250	322	1015	14,00
Oderzo	8726	531	1575	18,04
Ormelle	3660	77	303	8,27
Piavon	1939	54	142	7,32
Ponte di Piave	6065	182	645	10,63
Portobuffolè	884	61	160	18,09
Salgareda	4833	88	287	5,93
S. Polo di Piave	3905	92	315	8,06
Totale	64201	1858	5780	9,00

Distretto di Valdobbiadene

Comune	**Censimento 1911**	**Schede pervenute**	**Profughi censiti**	**%**
Farra di Soligo	5990	85	194	3,23
Miane	4046	49	101	2,49
Moriago	2430	34	83	3,41
S. Pietro di Barbozza	3160	20	50	1,58
Segusino	2035	30	70	3,43
Sernaglia	3660	44	171	4,67
Valdobbiadene	6395	165	418	6,53
Vidor	2280	191	767	33,64
Totale	29996	618	1854	6,18

Distretto di Vittorio

Comune	**Censimento 1911**	**Schede pervenute**	**Profughi censiti**	**%**
Cappella Maggiore	2567	72	192	7,47
Cison di Valmarino	3853	48	107	2,77
Colle Umberto	3085	88	196	6,35
Cordignano	5206	108	267	5,12
Follina	3280	59	122	3,71
Fregona	3636	50	83	2,28
Revine Lago	2440	55	90	3,68
Sarmede	3231	38	54	1,67
Tarzo	4870	62	122	2,50

Vittorio	21421	1141	3061	14,28
Totale	53089	1721	4290	8,08

Provincia di Venezia

Distretto di Portogruaro

Comune	**Censimento 1911**	**Schede pervenute**	**Profughi censiti**	**%**
Annone Veneto	3438	101	270	7,85
Caorle	4921	475	1668	33,89
Cinto Caomaggiore	2783	37	110	3,95
Concordia Sagittaria	4173	69	244	5,84
Fossalta di Portogruaro	4417	109	477	10,79
Gruaro	2678	27	101	3,77
Portogruaro	12394	921	2560	20,65
Pramaggiore	3161	52	119	3,76
S. Michele al Tagliamento	6885	370	1378	20,01
S. Stino di Livenza	5927	135	768	12,95
Taglio Veneto	1745	40	108	6,18
Totale	52522	2336	7803	14,85

Distretto di S. Donà di Piave

Comune	**Censimento 1911**	**Schede pervenute**	**Profughi censiti**	**%**
Ceggia	3255	120	428	13,14
Grisolera	3269	35	141	4,31
Noventa di Piave	4929	205	664	13,47
S. Donà di Piave	13231	811	3004	22,70
Torre di Mosto	2767	112	475	17,16
Totale	27451	1282	5112	18,62

Provincia di Vicenza

Distretto di Asiago[52]

Comune	**Censimento 1911**	**Schede pervenute**	**Profughi censiti**	**%**
Asiago	6534	1071	4438	67,92
Enego	3802	1034	4352	114,46
Foza	1395	258	1313	94,12
Gallio	2789	431	2105	75,47
Roana	4030	702	2620	65,01
Rotzo	2867	509	2260	78,82
Treschè Conca	795	164	731	91,94
Totale	22212	4169	17819	80,22

Distretto di Schio

Comune	**Censimento 1911**	**Schede pervenute**	**Profughi censiti**	**%**
Arsiero	4999	570	2037	40,74
Forni	1908	309	1435	75,20
Laghi	790	101	495	62,65
Lastebasse	610	145	605	99,18
Posina	2795	476	1682	60,17
Velo d'Astico	2890	399	1637	56,64
Totale	13992	2000	7891	56,39

Distretto di Bassano

Comune	**Censimento 1911**	**Schede pervenute**	**Profughi censiti**	**%**
Cismon	2755	737	2583	93,75

[52] Nota dei curatori del censimento: «I comuni di questo distretto, ad eccezione di quello di Enego, vennero sgombrati nel maggio 1916. Enego venne sgombrata nel novembre 1917. Tra il 1916 e il 1917 profughi dell'altipiano di Asiago dimorarono a Enego e vennero erroneamente indicati nelle schede di censimento, come residenti a Enego. Da qui l'apparente anomalia di un comune che avrebbe più profughi che non abitanti. La rettificazione delle schede venne resa impossibile dopo troncati i lavori del censimento in seguito alla menzionata disposizione dell'Alto Commissariato dei Profughi».

Riassunto dei profughi censiti appartenenti alla zona invasa del Veneto

Province	**Numero dei comuni già invasi**	**Popolazione complessiva di questi comuni al 10 giugno 1911**	**Numero delle schede avute**	**Numero dei profughi censiti**	**%**
Udine	179	628081	44226	128605	20,47
Belluno	66	192793	6685	18807	9,75
Treviso	47	211697	6830	19593	9,25
Venezia	16	79973	3618	12915	16,14
Vicenza	14	38959	6896	28293	72,62
Totale	322	1151503	68255	208213	18,08

ZONA SGOMBRATA

Provincia di Treviso

Distretto di Asolo

Comune	**Censimento 1911**	**Schede pervenute**	**Profughi censiti**	**%**
Borso	3733	86	348	9,32
Castelcucco	1729	17	58	3,35
Cavaso	3258	643	2324	71,33
Crespano Veneto	3316	309	1027	30,97
Fonte	3319	19	87	2,62
Monfumo	1661	59	346	20,83
Paderno d'Asolo	2233	52	168	7,52
Possagno	2180	522	1869	85,73
S. Zenone degli Ezzelini	4263	17	66	1,54
Totale	25692	1724	6293	24,49

Distretto di Montebelluna

Comune	**Censimento 1911**	**Schede pervenute**	**Profughi censiti**	**%**
Arcade	4930	509	2373	48,13
Caerano S. Marco	2785	82	250	8,97

Cornuda	2901	505	2074	71,49
Crocetta Trevigiana	5477	932	3942	71,97
Nervesa	5050	1036	4782	94,69
Pederobba	5585	1164	4695	84,06
Volpago	6994	265	1152	16,47
Totale	33722	4543	19268	57,13

Distretto di Treviso

Comune	**Censimento 1911**	**Schede pervenute**	**Profughi censiti**	**%**
Breda di Piave	4908	401	2096	42,70
Carbonera	4079	173	756	18,53
Maserada	4307	281	1462	33,94
Monastier	3476	385	2056	59,14
Ponzano Veneto	3085	68	225	7,29
Povegliano	2406	119	534	22,19
Roncade	8858	278	1071	12,09
S. Biagio di Callalta	8241	781	3663	44,44
Spresiano	6459	1074	4301	66,58
Villorba	6440	374	1493	23,18
Zenson di Piave	1995	367	1813	90,87
Totale	54254	4301	19470	35,88

Provincia di Venezia

Distretto di S. Donà di Piave

Comune	**Censimento 1911**	**Schede pervenute**	**Profughi censiti**	**%**
Cavazuccherina	5949	683	3300	55,47
Fossalta di Piave	2956	552	2433	82,30
Meolo	4148	484	2212	53,32
Musile	4434	848	3340	75,32
Totale	17487	2567	11285	64,53

Provincia di Vicenza

Distretto di Bassano

Comune	Censimento 1911	Schede pervenute	Profughi censiti	%
Bassano	17161	2381	7985	46,52
Campolongo	943	239	870	92,25
Pove	1856	84	360	19,39
S. Nazario	2347	747	2759	117,55
Solagna	1251	525	2059	164,58
Valstagna[53]	3770	1012	3927	104,16
Totale	27328	4988	17960	65,72

Distretto di Schio

Comune	Censimento 1911	Schede pervenute	Profughi censiti	%
Piovene	4126	698	2507	60,76
Torrebelvicino	4794	188	937	19,54
Tretto	3084	110	483	15,66
Valli dei Signori	5917	1294	5231	88,40
Totale	17921	2290	9158	51,10

Distretto di Thiene

Comune	Censimento 1911	Schede pervenute	Profughi censiti	%
Caltrano	2475	415	1436	58,02
Chiuppano	2023	298	1168	57,73
Cogollo	3100	362	1514	48,83
Totale	7598	1075	4118	54,19

[53] Nota dei curatori del censimento: «Valstagna fu sgombrata il 5 novembre 1917. Tra il 1916 e il 1917 fu dimora di un certo numero di profughi del distretto di Asiago parzialmente sgombrato nel maggio 1916. Si ripete perciò la stessa apparente anomalia già osservata per il comune di Enego».

Riassunto dei profughi censiti appartenenti alla zona sgombrata del Veneto

Province	Numero dei comuni già sgombrati	Popolazione complessiva di questi comuni al 10 giugno 1911	Numero delle schede avute	Numero dei profughi censiti	%
Treviso	27	113668	10568	45031	39,61
Venezia	4	17487	2567	11285	64,53
Vicenza	13	52847	8353	31236	59,10
Totale	44	184002	21488	87552	47,58

COMUNI CONSIDERATI SOTTO LA LETTERA C, DELLA CIRCOLARE DELL'ALTO COMMISSARIATO DEI PROFUGHI IN DATA 10 GENNAIO 1918, N. 3

Provincia di Padova

Comune	Censimento 1911	Schede pervenute	Profughi censiti	%
Padova	96230	5131	15637	16,24

Provincia di Treviso

Comune	Censimento 1911	Schede pervenute	Profughi censiti	%
Castelfranco Veneto	14434	552	1726	11,95
Montebelluna	11970	1003	3801	31,75
Treviso	41022	6840	21722	52,95
Totale	67426	8395	27249	40,41

Provincia di Venezia

Comune	Censimento 1911	Schede pervenute	Profughi censiti	%
Burano	8671	468	2219	25,59
Chirignano	4194	90	402	9,58
Favaro Veneto	4401	69	292	6,63
Mestre	17306	1846	6508	37,60

Murano	5805	508	1887	32,50
S. Michele del Quarto	2229	37	158	7,08
Spinea	3223	-	-	-
Venezia	160719	24723	75421	46,92
Totale	206548	27741	86887	42,06

Provincia di Vicenza

Comune	**Censimento 1911**	**Schede pervenute**	**Profughi censiti**	**%**
Romano d'Ezzelino	3673	37	142	3,86
Schio	15032	348	1085	7,21
Totale	18705	385	1227	6,55

Riassunto generale dei profughi censiti appartenenti al territorio del Regno

	Numero dei comuni	**Popolazione complessiva al 10 giugno 1911**	**Numero delle schede avute**	**Numero dei profughi censiti**	**%**
Zona invasa	322	1151503	68255	208213	18,08
Zona sgombrata	44	184002	21488	87552	47,58
Comuni compresi alla lettera c della circolare 10 gennaio 1918 dell'Alto commissariato profughi	14	378909	41652	131000	34,57
Totale	380	1714414	131395	426765	24,89

TABELLE INDICANTI IL NUMERO DEI PROFUGHI CENSITI APPARTENENTI A COMUNI SITUATI NELLA REGIONE TRIDENTINA, NELLA VENEZIA GIULIA E NELLA DALMAZIA

Provincia di Gorizia e Gradisca

I. Distretto politico (circondario) di Gorizia

1. Distretto giudiziario (mandamento) di Canale

Comune	**Censimento 1911**	**Schede pervenute**	**Profughi censiti**	**%**
Alba	1398	97	417	29,82
Anicova	1854	128	507	27,34
Auzza	609	3	10	1,64
Canale	2279	112	286	12,54
Descla	956	3	12	1,25
Cal di Canale	2707	4	11	0,40
Ronzina	822	110	419	50,97

2. Distretto giudiziario (mandamento) di Gorizia

Comune	**Censimento 1911**	**Schede pervenute**	**Profughi censiti**	**%**
Gorizia	30995	1257	3032	9,78
Lucinico	2760	89	267	9,67
Merna	1755	6	20	1,13
Oppacchiasella	1591	2	2	0,12
Podgora	4249	31	131	3,08
Sant'Andrea	1743	30	90	5,16
San Floreano	2362	140	550	23,28
San Martino di Quisca	4609	263	988	21,43
San Pietro	1731	13	28	1,61
Salcano	3875	21	51	1,31
Savogna	1400	5	8	0,57
Vertoiba	2637	12	23	0,87
Totale del circondario di Gorizia	70332	2326	6852	9,74

II. Distretto politico (circondario) di Gradisca

1. Distretto giudiziario (mandamento) di Cormons

Comune	**Censimento 1911**	**Schede pervenute**	**Profughi censiti**	**%**
Bigliana	1317	48	178	13,51
Brazzano	966	19	39	4,03
Capriva	1336	25	74	5,53
Chiopris-Viscone	1016	13	21	2,06
Cormons	6792	288	764	11,24
Cosbana	1300	8	26	2,00
Dolegna	1498	21	55	3,67
Medea	1194	33	57	4,77
Moraro	738	34	90	12,19
Mossa	1389	175	582	41,90
San Lorenzo di Mossa	1278	12	30	2,34

2. Distretto giudiziario (mandamento) di Gradisca

Comune	**Censimento 1911**	**Schede pervenute**	**Profughi censiti**	**%**
Corona	477	1	3	0,62
Farra	1905	213	828	43,46
Gradisca-Bruma	4420	504	1815	41,06
Mariano	1468	80	316	21,52
Romans	2106	59	129	6,12
Sagrado	2044	24	66	3,22
Versa	660	4	8	1,21
Villesse	1285	27	77	5,99
Totale del Circondario di Gradisca	33189	1588	5158	15,54

III. Distretto politico (circondario) di Monfalcone

1. Distretto giudiziario (mandamento) di Cervignano

Comune	**Censimento 1911**	**Schede pervenute**	**Profughi censiti**	**%**
Aiello	1797	56	114	6,34
Aquileia	2634	65	116	4,40
Campolongo	1181	32	73	6,18
Cervignano	3078	203	610	19,81
Fiumicello	3941	77	194	4,92
Grado	4721	371	1189	25,18
Joannis[54]	756	23	36	4,76
Muscoli-Strassoldo	1660	36	156	9,39
Perteole	1767	29	72	4,07
Ruda	1624	21	48	2,95
San Vito al Torre	1767	29	58	3,28
Scodovacca	1002	15	34	3,39
Tapogliano	627	7	9	1,43
Terzo	1940	18	52	2,68
Villa Vicentina	1148	18	81	7,05
Visco	834	15	40	4,79

2. Distretto giudiziario (mandamento) di Monfalcone

Comune	**Censimento 1911**	**Schede pervenute**	**Profughi censiti**	**%**
Duino	1035	3	14	1,35
Fogliano	2108	19	66	3,13
Monfalcone	8133	572	1947	23,93
Ronchi	4269	127	506	11,85
San Canciano	2458	25	68	2,76
San Pietro d'Isonzo	1288	40	95	7,37
Staranzano	1106	54	236	21,33
Turriaco	1491	27	80	5,36
Totale del circondario di Monfalcone	52365	1882	5894	11,25

[54] Si riporta, in questa sede, la dicitura esatta della località che nel censimento ministeriale compare come *Joannz.*

IV. Distretto politico (circondario) di Tolmino

1. Distretto giudiziario (mandamento) di Caporetto

Comune	Censimento 1911	Schede pervenute	Profughi censiti	%
Bergogna	1404	10	30	2,13
Caporetto	1262	6	11	0,87
Creda	1446	3	8	0,55
Dresenza	1044	35	132	12,64
Idresca d'Isonzo	569	26	112	19,68
Libussina	1543	116	496	32,14
Luico	585	8	23	3,93
Ternova	303	27	80	26,40

2. Distretto giudiziario (mandamento) di Plezzo

Comune	Censimento 1911	Schede pervenute	Profughi censiti	%
Cersocia	699	32	84	12,01
Serpenizza	452	117	382	84,51
Saga	717	172	570	79,49

3. Distretto giudiziario (mandamento) di Tolmino

Comune	Censimento 1911	Schede pervenute	Profughi censiti	%
Tolmino	4693	8	19	0,40
Volzana	1713	11	35	2,04
Totale	16430	571	1982	12,06

Riepilogo

Distretti	Censimento 1911	Schede pervenute	Profughi censiti	%
Gorizia	70332	2326	6852	9,74
Gradisca	33189	1588	5158	15,54
Monfalcone	52365	1882	5894	11,25
Tolmino	16430	571	1982	12,06
Totale della provincia di Gorizia	172316	6367	19886	11,54

Trentino ed Ampezzano
(parte occupata dalle nostre truppe nel 1915)

Distretto politico (circondario) di Ampezzo

1. Distretto giudiziario (mandamento) di Ampezzo

Comune	Censimento 1911	Schede pervenute	Profughi censiti	%
Ampezzo	3691	98	152	4,11
Cortina d'Ampezzo	-	1	1	-

2. Distretto giudiziario (mandamento) di Livinallongo

Comune	Censimento 1911	Schede pervenute	Profughi censiti	%
Livinallongo	2348	59	186	7,92
Totale del circondario di Ampezzo	6039	138	339	5,61

III. Distretto politico (circondario) di Borgo Valsugana

1. Distretto giudiziario (mandamento) di Borgo Valsugana

Comune	Censimento 1911	Schede pervenute	Profughi censiti	%
Borgo	5020	781	2990	59,56
Carzano	401	44	130	32,41
Castelnuovo	931	5	18	1,93
Ronchi (Valsugana)	641	46	152	23,71
Telve	1703	156	477	28,00
Telve di Sopra	601	70	277	46,08
Torcegno	969	178	687	70,89

2. Distretto giudiziario (mandamento) di Strigno

Comune	Censimento 1911	Schede pervenute	Profughi censiti	%
Bieno	888	131	502	56,53
Castel Tesino	2525	601	1916	75,88
Cinte Tesino	836	184	595	71,17
Grigno	2922	406	1758	60,16
Ivano-Fracena[55]	452	71	306	67,69
Ospedaletto	877	149	562	64,08
Pieve Tesino	1337	236	787	58,86
Samone	604	97	414	68,54
Scurelle	1127	201	708	62,82
Spera	564	102	421	74,64
Strigno	2270	340	1279	56,34
Villa Agnedo	804	152	612	76,11
Totale del circondario di Borgo Valsugana	25472	3949	14591	57,28

III. Distretto politico (circondario) di Primiero

Distretto giudiziario (mandamento) di Primiero

Comune	Censimento 1911	Schede pervenute	Profughi censiti	%
Canal San Bovo	3833	166	631	16,46
Fiera di Primiero	786	64	152	19,33
Imèr	997	6	7	0,70
Mezzano	1430	11	31	2,16
Transacqua	1548	12	27	1,74
Sagron-Mis	470	1	1	0,21
Siror	1091	4	6	0,54
Totale del circondario di Primiero	10155	264	855	8,41

[55] Si riporta, in questa sede, la dicitura esatta della località che nel censimento ministeriale compare come *Ivan-Tracenia*.

IV. Distretto politico (circondario) di Riva

Distretto giudiziario (mandamento) di Val di Ledro

Comune	**Censimento 1911**	**Schede pervenute**	**Profughi censiti**	**%**
Tiarno di Sopra	649	14	34	5,23
Tiarno di Sotto	761	9	25	3,28
Totale	1410	23	59	4,18

V. Distretto politico (circondario) di Rovereto

1. Distretto giudiziario (mandamento) di Ala

Comune	**Censimento 1911**	**Schede pervenute**	**Profughi censiti**	**%**
Ala	5300	247	754	14,22
Avio	3425	39	77	2,24
Borghetto	418	10	16	3,82
Chizzola	653	93	398	60,94
Pilcante	875	25	71	8,11
Santa Margherita	455	46	188	41,31
Serravalle	481	49	176	36,59

2. Distretto giudiziario (mandamento) di Mori

Comune	**Censimento 1911**	**Schede pervenute**	**Profughi censiti**	**%**
Brentonico	4333	847	3404	78,55
Mori	4581	39	87	1,89
Valle San Felice	446	29	113	25,33

3. Distretto giudiziario (mandamento) di Rovereto

Comune	**Censimento 1911**	**Schede pervenute**	**Profughi censiti**	**%**
Calliano	921	10	25	2,71
Lizzana	2106	3	10	0,47
Marco	958	27	59	6,15
Terragnolo	2799	2	9	0,32
Vallarsa	3753	487	1491	39,72

Totale del Circondario di Rovereto	31504	1953	6924	21,97

VI. Distretto politico (circondario) di Tione

Comune	**Censimento 1911**	**Schede pervenute**	**Profughi censiti**	**%**
Brione	266	25	77	28,94
Cimego	759	5	5	0,65
Condino	1437	291	893	62,14
Totale del Circondario di Tione	2462	321	975	39,60

Riepilogo

Distretto	**Censimento 1911**	**Schede pervenute**	**Profughi censiti**	**%**
Ampezzo	6039	138	339	5,61
Borgo Valsugana	25472	3949	14591	57,28
Primiero	10155	264	855	8,41
Riva	1410	23	59	4,18
Rovereto	31504	1953	6924	21,97
Tione	2462	321	975	39,60
Totale del Trentino occupato nel 1915	77042	6648	23743	30,81
Trentino non occupato	-	1936	4209	-
Totale generale	-	8584	27952	-

Trieste – Fiume – Istria – Dalmazia

I. Trieste e comuni contermini

Comune	**Schede pervenute**	**Profughi censiti**
Trieste	3576	9962
Nabresina	9	38
Chiapovano	3	7
Totale	3588	10007

II. Città di Fiume

Comune	Schede pervenute	Profughi censiti
Fiume	230	625

III. Istria

Comune	Schede pervenute	Profughi censiti
Istria	571	1707

IV. Dalmazia

Comune	Schede pervenute	Profughi censiti
Dalmazia	130	369
Totale Trieste - Fiume - Istria - Dalmazia	4519	12708

Riepilogo generale dei profughi censiti appartenenti alle province irredente

Comune	Schede pervenute	Profughi censiti
Gorizia e Gradisca	6397	19886
Trentino	8584	27952
Trieste - Fiume - Istria - Dalmazia	4519	12708
Totale	19470	60546

Riepilogo generale dei profughi censiti

Comune	Schede pervenute	Profughi censiti
Profughi provenienti da comuni del Regno	131395	426765
Profughi appartenenti alla regione irredenta	19470	60546
Totale	150865	487311

Alba Lazzaretto

«VIVERE E MORIRE COL POVERO POPOLO»[1]. VESCOVI, CLERO, RELIGIOSE NELLE ZONE OCCUPATE DOPO CAPORETTO

1. *Vescovi clero e popolo*

«La parola d'ordine per tutti i parrochi sia quella di stare al loro posto», scriveva il vescovo di Treviso Andrea Giacinto Longhin ai suoi sacerdoti, dopo il disastro di Caporetto, quando parte della sua diocesi, a est del Piave, rimase nel territorio occupato dal nemico. In caso di sgombero della popolazione, i parroci avrebbero dovuto seguire i loro parrocchiani e partecipare «alla loro dura sorte»[2]. Così Longhin, un padre Cappuccino divenuto vescovo nel 1904, dava ordini ai suoi parroci. Si augurava che seguissero queste direttive anche gli altri preti, mentre dal territorio occupato erano scappate quasi tutte le autorità civili, spes-

[1] «Convocati i due capitoli e i sacerdoti delle vicinanze di Belluno, abbiamo concordemente stabilito di vivere e morire col povero popolo»: così il vescovo di Feltre e Belluno, mons. Giosuè Cattarossi, scriveva al papa Benedetto XV in data 6 novembre 1917, dopo che la sua diocesi era stata totalmente invasa dal nemico in seguito alla rotta di Caporetto (cfr. A. Scottà, *I vescovi veneti e la Santa Sede nella guerra 1915-1918*, 3 voll., Roma 1991, II, p. 397).

[2] L'ordine del Longhin è pubblicato il 5 novembre 1917 in una lettera solenne del vescovo «Al venerando clero della città e della diocesi» (cfr. «Bollettino ecclesiastico della diocesi di Treviso», VII, 1918, pp. 6-7). Scrive il vescovo al papa, il 18 novembre 1917: «La mia parola d'ordine fu per tutti quella di rimanere dentro i limiti della parrocchia o almeno entro i confini della diocesi [...]. Inoltre io penso che, ove per somma disgrazia tutta la diocesi fosse invasa dallo straniero, i parroci farebbero molto male a non trovarsi al loro posto, tutori e difensori non solo delle chiese, ma anche degli averi del povero popolo sbandato» (*ibid.*, p. 273). Su Andrea Giacinto Longhin, frate cappuccino, vescovo di Treviso dal 1904 al 1936, esiste una vasta bibliografia; tra le opere più recenti: L. Urettini, *Andrea Giacinto Longhin: il vescovo di Pio X*, Sommacampagna (Verona) 2002; un breve profilo biografico, che precede la pubblicazione delle sue lettere al papa durante la Grande guerra in Scottà, *I vescovi veneti e la Santa Sede*, II, pp. 223-243.

so portando con sé i soldi delle istituzioni cui erano preposte. «Qui sono fuggiti già per tempo tutti», scriveva il Longhin al vescovo di Padova, Luigi Pellizzo:

> Le Opere pie sono completamente in abbandono. Quasi quattrocento vecchi ricoverati sarebbero domani sotto le bombe se non li avessi io da solo, aiutato dall'autorità militare, portati in campagna nei luoghi presumibilmente sicuri, affidati al cuore generoso dei parroci. Un istituto di 20 vecchie, che ha due milioni di capitale, dovette andarsene a Roma in cerca della carità, perché i preposti le avevano lasciate sul lastrico. Sono vere ignominie, che illustrano la beneficienza laica[3].

Anche a Padova, riferiva al papa il vescovo Luigi Pellizzo, «presidente e direttore della casa di ricovero, con 600 ricoverati, se ne sono partiti portando con sé valori e cassa»[4]. Questo dunque il comportamento delle autorità civili, terrorizzate ovviamente dalla violenza dell'invasione. Certamente anche i sacerdoti lo erano, ma la gran parte di essi rimase al proprio posto, obbedendo al vescovo, al papa e al loro senso del dovere civico e religioso[5].

Di fronte all'immane disastro dell'invasione nemica che distrusse tutto quanto poteva essere distrutto nei territori conquistati – dai viveri, ai beni materiali, all'onore delle donne – tanto da indurre il vescovo di Padova a parlare, con toni apocalittici, di «evidente castigo di Dio»[6], il clero mostrò di essere pronto al sacrificio e di avere capacità organizzative. I preti rimasero con i più poveri, con coloro che non avevano potuto o non se l'erano sentita di fuggire. Erano in fondo tra i pochi che sapevano leggere e scrivere, che sapevano parlare alla gente, e fu a loro che gli stessi occupanti affidarono compiti amministrativi, nominandoli spesso come sindaci dei loro paesi.

---

[3] *Ibid.*, II, p. 231.

[4] *Ibid.*, I, pp. 198-199.

[5] Dalla Segreteria di Stato, il 14 novembre 1017, il card. Gasparri aveva scritto ai vescovi: «tutti gli ecclesiastici, vescovi e sacerdoti, rimangano al loro posto, per compiere con la dovuta abnegazione il proprio dovere ed infondere negli altri la calma tanto necessaria in sì dolorose circostanze» (*ibid.*, II, p. 342).

[6] Le lettere del Pellizzo a papa Benedetto XV trasudano di questi accenti apocalittici, cfr. ad esempio la lettera del 31 ottobre 1917 (*ibid.*, I, p. 178).

2. *Diocesi, territori occupati, vescovi*

Nei territori occupati vennero a trovarsi – completamente – le diocesi di Udine, Gorizia (che precedentemente era stata sottratta agli austro-ungarici dagli italiani), Ceneda (Vittorio), Concordia (Portogruaro), Belluno-Feltre. Quelle di Treviso, di Padova e di Venezia ebbero i loro territori smembrati, perché una parte rimase a est del Piave, sotto il governo nemico, mentre le zone a ovest della linea del fronte, dopo Caporetto, erano sotto il controllo dell'esercito italiano[7] (Fig. 1).

Tutti i vescovi – tranne quello di Udine, Anastasio Rossi – stettero al loro posto: Giosuè Cattarossi a Belluno, Eugenio Beccegato a Ceneda-Vittorio, Francesco Isola a Concordia-Portogruaro. I vescovi di Treviso, Giacinto Longhin, di Padova, Luigi Pellizzo, e il patriarca di Venezia Pietro La Fontaine, rimasero nelle loro città, anche se pesantemente bombardate, e organizzarono gli aiuti per le folle di esuli che giungevano da oltre Piave[8].

Il caso di Anastasio Rossi, che proprio nei giorni della rotta di Caporetto si trovava in visita pastorale nella sua diocesi e che decise di non fare ritorno a Udine, nella sua sede episcopale, fece scalpore. Piovvero su di lui pesanti giudizi negativi che forse meritano di essere rivisti e collocati nel clima dell'epoca. Uomo intelligente e preparato, laureato in filosofia, in diritto canonico, in teologia, Anastasio Rossi si era formato nell'ambiente colto del seminario pavese[9], aveva appoggiato quando era giovane prete il movimento cattolico cristiano-sociale, di orientamento progressista, e si era molto impegnato anche in ambito civile come consigliere comunale e provinciale a Pavia. Era stato nominato vescovo

---

[7] I confini delle diocesi, come è noto, non corrispondono a quelli provinciali; ad esempio la diocesi di Ceneda comprendeva territori delle province di Treviso, Belluno Venezia e Udine (*ibid.*, II, p. 336).

[8] Note biografiche su questi vescovi, che precedono la pubblicazione delle loro lettere al papa, nei tre volumi di Scottà, *I vescovi veneti e la Santa Sede*, I, pp. 3-25 (Pellizzo); II: pp. 3-20 (La Fontaine), pp. 317-336 (Isola), pp. 383-392 (Beccegato), pp. 441-457 (Rossi).

[9] Da Pavia provengono, nei primi anni del Novecento, ben otto vescovi: Francesco Magani, Pietro Maffi, Giovanni Cazzani, Anastasio Rossi, Ferdinando Rodolfi, Francesco Ciceri, Giuseppe Ballerini, Noè Giuseppe Tacconi, vescovo missionario; cfr. C. Angelini, *Ritratto di un vescovo (Mons. Giovanni Cazzani)*, Pavia 1969, p. 8.

di Udine da Pio X, nel 1910[10]. Nell'ambiente udinese, «politicamente piuttosto acceso», vi era una parte del clero che non nascondeva le sue simpatie per l'Austria-Ungheria, mentre Rossi aveva pubblicamente manifestato i suoi forti sentimenti filo-italiani e non erano dunque mancati contrasti nella sua diocesi.

Vescovo di un territorio di frontiera, mons. Rossi, dopo che gli italiani avevano conquistato Gorizia, aveva visto cosa era successo ai sacerdoti che erano ritenuti troppo legati all'Austria: nel 1915 molti parroci sloveni erano stati prelevati dalle loro parrocchie, in molti casi ammanettati e trattati «come vili malfattori». Come denunciarono alcuni di questi sacerdoti, poi internati a Cremona, non si trattò di «semplice arresto» perché, accusati di essere spie del governo asburgico, furono «scortati dai carabinieri e da soldati colla baionetta inastata, esposti al ludibrio, agli scherni, alle grida di 'morte ai preti', ai lazzi e qualcuno anche alle percosse ed agli sputi della plebaglia di Palmanova e di Udine, finalmente rinchiusi per alcuni giorni nelle carceri mandamentali e cellulari». Oltre ad essere stati internati, questi sacerdoti erano stati anche privati dei proventi dei loro benefici parrocchiali e si erano rivolti al papa, con lettera di supplica e di protesta, per avere giustizia[11]. Il vescovo di Gorizia, Francesco Borgia Sedej, aveva deciso di fuggire dalla città rifugiandosi in territorio austro-ungarico.

In simile frangente mons. Rossi – le cui azioni erano seguite attentamente dalla stampa italiana che «identificava nei suoi atteggiamenti un comportamento patriottico della chiesa stessa» – aveva mandato dei sacerdoti militari come reggenti nelle parrocchie goriziane rimaste vacanti e non aveva speso, nelle sue missive al papa, alcuna parola di commiserazione per la sorte del clero goriziano maltrattato[12].

Caduta la sua diocesi in mano alle truppe di occupazione, aveva fondati motivi per temere pesanti ritorsioni e molti ritenevano che, se fosse

---

[10] Su Rossi vd. A. Robbiati, *Dizionario storico del movimento cattolico in Italia (1860-1980)*, III/2, a cura di F. Traniello - G. Campanini, Casale Monferrato 1982-1984, *ad vocem*.

[11] Lettera del 1° settembre 1915, firmata da 21 sacerdoti goriziani internati a Cremona, cfr. Scottà, *I vescovi veneti e la Santa Sede*, III, pp. 280-283.

[12] Sulla difficile questione del clero goriziano si vedano le osservazioni di Scottà, *ibid.*, II, pp. 451-454.

tornato nella sua sede, «l'avrebbero impiccato, o almeno internato»[13]. Aveva anche ben presente quanto era accaduto al vescovo di Trento, mons. Celestino Endrici che, dopo l'inizio del conflitto – quando si era scatenata «una onda furiosa e bestiale di odio, di vendetta del tedeschismo» contro gli italiani, come riferiva lo stesso Endrici al papa – era stato costretto a vivere prigioniero, in un'abbazia nei pressi di Vienna[14].

Per tutti questi motivi mons. Rossi, nella confusione collettiva, con la popolazione di Udine che «sgomenta e terrorizzata» aveva cominciato in massa a fuggire verso Codroipo, consigliato da alcuni suoi sacerdoti, decise di partire «non per viltà d'animo né per capriccio»[15]– come scriveva a sua discolpa – ma «coll'agonia nel cuore»[16].

La fuga di Rossi fu condannata da molti, e dispiacque anche al papa[17], ma non fu un facile esilio: peregrinò per la penisola alla ricerca dei suoi profughi, cercando in tutti i modi di aiutarli, mandando al papa resoconti esatti di quanto spendeva, e rifiutando per sé i sussidi della Santa Sede perché, scrisse, non voleva essere «affatto di carico» al pontefice[18]. Fu insomma molto più utile ai suoi fedeli da vescovo libero che da martire prigioniero.

Gli altri vescovi, rimasti nelle loro sedi, cercarono di porsi come mediatori tra le autorità occupanti e il loro popolo, e mandarono missive al papa che ora costituiscono una testimonianza preziosa della situazione.

Diedero conto, in primo luogo, delle violenze perpetrate dall'esercito italiano in fuga che si era abbandonato a saccheggi, furti e stupri, compiuti soprattutto dagli arditi. Il vescovo di Belluno, mons. Cattarossi, uno dei prelati che appare tra i più pacati ed equilibrati nel riferire la situazione al papa, denunciò che «l'esercito italiano in ritirata fece quei saccheggi, che erano permessi da una fuga. Ciò nondimeno – scri-

---

[13] *Ibid.*, p. 556, nota 31.

[14] Sulla vicenda di mons. Endrici *ibid.*, III, pp. 13-14.

[15] Lettera di Rossi del 15 novembre 1917 (*ibid.*, II, p. 549).

[16] *Ibid.*, p. 455, nota 77.

[17] Il Santo Padre voleva, in un primo momento, rimandarlo a Udine, ma Rossi – pur manifestando la sua disponibilità – gli prospettò la possibilità di un suo internamento (*ibid.*, p. 455).

[18] *Ibid.*, p. 455; lettera di Rossi a mons. Tedeschini, 10 dicembre 1917 (*ibid.*, pp. 558-559).

veva – non regge neppure il confronto con quello che fecero le truppe austro-germaniche»[19]. Il Pellizzo, vescovo di Padova, carattere di fuoco e personalità di *leader*[20], aveva stigmatizzato l'operato dei soldati italiani, scrivendo che in quasi tutti i paesi, fino al Piave, «*tutti gli incendi* e i saccheggi furono compiuti *gloriosamente* dai nostri»[21], e che i soldati italiani erano giunti a tal punto di «aberrazione che giustificano questi barbari saccheggi dicendo che già lo faranno gli invasori: quindi tanto vale farlo prima». E questo valeva anche per gli stupri sulle donne[22]. Nel fervore del suo atteggiamento di protesta, che si fondava anche su radicati sentimenti di «opposizione alle classi dirigenti laico-liberali»[23], aveva persino paragonato i soldati italiani alle «*orde luterane*» che scendevano in Italia, «insatanassate di odio contro la chiesa». E poi dicono di combattere «per la civiltà e per la libertà contro la barbarie teutonica», asseriva con amara ironia[24].

Sugli arditi, il giudizio del vescovo di Padova è netto, poiché li definisce come una «delinquenza legale e organizzata»[25]. Il Pellizzo aveva anche stigmatizzato gli atteggiamenti delle autorità italiane durante la ritirata come «vere ignominie», in quanto avevano fatto saltare un ponte sul Tagliamento «con tutta la gente nostra da un capo all'altro»[26]. Ma

---

[19] *Ibid.*, p. 400.

[20] Sul Pellizzo, e in particolare sulla sua posizione di fronte alla guerra e a Caporetto, vd. L. Billanovich, *Luigi Pellizzo vescovo di Padova (1907-1923)*, Padova 2014, pp. 101-120; G. Romanato, *La Chiesa padovana durante la prima guerra mondiale. Il messaggio, l'assistenza, la presenza*, in *Padova capitale al fronte. Da Caporetto a Villa Giusti. Ciclo di conferenze,* a cura di M. Isnenghi, Padova 1990, pp. 179-197, 185-187.

[21] I corsivi, qui come nelle citazioni successive, sono nel testo: cfr. Scottà, *I vescovi veneti e la Santa Sede*, I, p. 208.

[22] Gli atti di violenza, soprattutto sulle donne, vengono compiuti in particolare dagli arditi in ritirata. Pellizzo racconta la testimonianza di un suo nipote che aveva «veduto un soldato [italiano] che intendeva violare una onesta ragazza, dicendo che già l'avrebbero violata i tedeschi, ed avendo preso le difese della giovane e svergognato il soldatino con parole di sdegno, ebbe rimprovero da un ufficiale presente, e corse il rischio di una revolverata. Ė questa la civiltà per la quale si combatte!», commentava il vescovo di Padova (*ibid.*, p. 213).

[23] Cfr. Billanovich, *Luigi Pellizzo vescovo di Padova*, p. 112.

[24] Scottà, *I vescovi veneti e la Santa Sede*, I, pp. 231-232; Billanovich, *Luigi Pellizzo vescovo di Padova*, p. 109.

[25] Lettera del 17 luglio 1918, Scottà, *I vescovi veneti e la Santa Sede*, I, p. 398.

[26] *Ibid.*, p. 224.

c'erano molti altri motivi per protestare: molte chiese erano state requisite, erano state mosse accuse di austriacantismo al clero ed inoltre la Croce Rossa si era insediata nel Seminario di Padova senza pagare una lira di affitto, misconoscendo il contratto che era stato stipulato con il vescovo[27].

Ma anche Pellizzo si era dovuto ricredere quando, finito il conflitto, era tornato nel suo paese in Friuli, a Faedis, e aveva trovato la sua casa «*vuota, coi soli muri*»[28], ed era venuto a sapere tutto quello che avevano fatto gli occupanti:

> fu un anno di oppressione la più barbara, di spogliazione la più completa per parte di orde, per non dire eserciti, una peggio dell'altra che si scambiavano: germanici, ungari, austriaci, *polacchi: questi ultimi hanno serbato buon contegno*: gli altri invadevano notte tempo le case, cacciavano fuori dal letto il marito, se c'era, s'impossessavano delle donne che indarno chiamavano aiuto: senza contare quelle che conducevano seco che si calcolano 40 mila in tutta la zona. Solo a Faedis erano circa 25 o trenta collocate forzatamente nelle case, persino nella canonica del parroco: e non potevano rifiutarsi ad accettarle. Poveri paesi! Che uragano[29].

I vescovi dunque, se avevano avuto motivi di protesta contro l'esercito e le autorità italiane, soprattutto per come era stata gestita la ritirata, dovettero presto constatare cosa significava stare sotto il nemico.

Nelle zona di Belluno e Feltre il vescovo Cattarossi, pur con libertà di movimento limitata e occhiutamente sorvegliato, andava incessantemente tra la sua gente di montagna, a piedi o con mezzi di fortuna, incoraggiava e organizzava i parroci e i preti che, per la grande maggioranza, erano restati.

Fu per iniziativa di Cattarossi che si decise anche un'azione comune, insieme con il vescovo di Ceneda e il reggente di Udine, per intercedere presso le autorità occupanti in favore della popolazione depredata

---

[27] Sulle proteste del Pellizzo nei confronti delle autorità civili: BILLANOVICH, *Luigi Pellizzo vescovo di Padova*, pp. 101-120; sui problemi con le autorità civili e con la Croce rossa: SCOTTÀ, *I vescovi veneti e la Santa Sede*, I, pp. 239-242.

[28] *Ibid.*, p. 439.

[29] *Ibid.*, pp. 438-439.

e ridotta allo stremo. Venne inviata una lettera, a firme congiunte, in primo luogo al papa, per denunziare la situazione e chiedere soccorso, ma anche al feldmaresciallo Svetozar Boroevič, comandante del gruppo dell'esercito del Piave e responsabile dell'amministrazione dei territori italiani occupati, lamentando la requisizione dei viveri, l'asporto delle campane (una privazione che colpiva nel profondo le popolazioni, che si sentivano private di un elemento identitario), il furto dei beni artistici, il sequestro di tutti i mezzi di sussistenza – anche delle barche da pesca – dei bovini e degli attrezzi rurali, del sale, della farina, del mais, insomma di tutto quanto serviva per vivere[30].

A Ceneda il vescovo Eugenio Beccegato «con il Capitolo della cattedrale andò coraggiosamente incontro ai tedeschi alla loro entrata in Vittorio Veneto, pregandoli di non commettere violenze sulla popolazione»[31]. Tuttavia egli stesso fu rapinato, gli presero perfino «l'ultimo pollo», gli confiscarono l'abitazione e, insieme al suo popolo, anche il vescovo soffrì la fame, «non avendo più nulla da mangiare»[32]. Mons. Beccegato scriveva al papa di non saper più cosa fare: «mi porto tutto il giorno per le vie della città, per le parrocchie del suburbio, a piedi, perché mancano tutti i mezzi di trasporto, entro nelle case dei poveri, dei contadini, e non vedo che lacrime, non odo che gemiti e sospiri. I granai, le stalle, i fienili … vuoti e spogliati di tutto, non c'è più nulla! E che sarà domani? Mio Dio!». I suoi preti erano in gran parte rimasti, mentre alcuni avevano dovuto «sgomberare e fuggire con la loro popolazione per la caduta delle granate sulla linea del Piave»[33].

I comandanti militari che si succedevano nel suo territorio, narra mons. Beccegato, tennero atteggiamenti diversi: alcuni lo ricevettero con «cortesia»[34], ma altri ebbero atteggiamenti ostili e il vescovo fu anche

[30] Lettera congiunta al papa, firmata da Francesco Isola vescovo di Concordia, Giosué Cattarossi vescovo di Belluno-Ceneda, anche a nome e per incarico di mons. Vescovo di Vittorio, canonico Eugenio Bortoli vicario generale dell'arcidiocesi di Udine, in data 6 marzo 1918 (Scottà, *I vescovi veneti e la Santa Sede*, II, pp. 347-348). Si veda anche la lettera dei medesimi vescovi a Boroevič, con allegati dei «Postulati» che descrivevano la situazione del territorio (*ibid.*, pp. 358-362).

[31] I. Tomasin, *L'anno di Vittorio Veneto 1917-1918*, Padova 1966, p. 36.

[32] Scottà, *I vescovi veneti e la Santa Sede*, II, p. 429.

[33] *Ibid.*, p. 430.

[34] *Ibid.*, p. 429.

sospettato di spionaggio, e in pericolo di essere trasferito a Lubiana per essere processato. Il procedimento però fu sospeso per l'interessamento dell'Arciduca Giuseppe d'Ungheria che all'epoca aveva preso dimora a Vittorio Veneto con le sue truppe e che testimoniò successivamente, nel suo diario, «il patriottismo del vescovo»[35].

Diverso fu invece l'atteggiamento di mons. Francesco Isola, vescovo di Concordia-Portogruaro, soprattutto nei confronti degli occupanti.

Sotto il profilo pastorale mons. Isola si era mostrato un vescovo zelante, ligio ai suoi doveri episcopali. Aveva di recente visitato tutte le parrocchie della diocesi malgrado «la costituzione non forte» e l'età non più giovanile: nel 1917 aveva 67 anni, ma ne mostrava di più per un «invecchiamento precoce»[36].

La sua diocesi, dopo l'invasione, si era praticamente svuotata: i nove decimi della sua popolazione erano fuggiti, ma la maggior parte dei sacerdoti era rimasta[37]. Anche mons. Isola era rimasto nel suo palazzo vescovile e, grazie ad alcuni contatti con importanti dame austriache della Croce Rossa, aveva ottenuto di non subire ispezioni e requisizioni nella sua sede episcopale. Per questo motivo molti benestanti del luogo gli avevano affidato masserizie e viveri. Gli era al fianco il nipote, mons. Isaia Isola, che egli aveva nominato suo segretario e che non era benvisto «per atteggiamenti arroganti soprattutto nei confronti della povera gente»[38].

---

[35] L'accusatore di Beccegato, che voleva trasportarlo a Lubiana per processarlo, era il feldmaresciallo austro-ungarico Svetozar Boroević; in favore del vescovo, tuttavia, si adoperò l'arciduca Giuseppe d'Ungheria che all'epoca aveva preso dimora a Vittorio Veneto con le sue truppe (cfr. TOMASIN, *L'anno di Vittorio Veneto*, p. 39). Beccegato era impossibilitato ad uscire dalla città di Vittorio, non poteva comunicare col papa, ma sul posto fece tutto quello che poté, compresa la difesa di alcune operaie della bacologia Costantini, che avevano fatto sciopero per avere come remunerazione qualche cosa in più della solita «pagnotta giornaliera»: per questo tre operaie «erano state arrestate e tenute in carcere per tredici giorni», e solo per l'intervento del vescovo furono liberate (*ibid.*).

[36] SCOTTÀ, *I vescovi veneti e la Santa Sede*, II, p. 331.

[37] Si hanno scarsi dati sul clero diocesano della diocesi di Ceneda: Scottà, riferendosi ad una statistica dell'epoca, rileva che vi erano in diocesi 178 sacerdoti per 131 unità parrocchiali e per una popolazione di 272.060 abitanti (*ibid.*, p. 336). Se coloro che erano fuggiti erano «circa una trentina», significa che solo il 16,8% del clero diocesano aveva abbandonato il proprio posto (*ibid.*, pp. 325 e 349).

[38] *Ibid.*, p. 332.

Alla fine del conflitto il popolo fece irruzione nell'episcopio, guidato, secondo il vescovo, da «dei giovinastri della teppa cittadina accompagnati dagli arditi di un battaglione del 1° granatieri»[39]. Trovarono masserizie e soprattutto viveri, e lo scandalo fu grande. Al grido di «affamatori del popolo», il vescovo, assieme al nipote, fu «cacciato a calci e spintoni dal palazzo, esposto a insulti, sputi, al pubblico ludibrio e trascinato in carcere»[40].

Il suo caso destò scalpore e, certo, l'atteggiamento di questo vescovo, dal carattere spigoloso e autoritario, appare ambiguo. Aveva anche cercato di assumere i poteri sulla diocesi di Udine, mentre il collega era fuggitivo, e non aveva esitato ad accusare mons. Rossi di viltà. In particolare aveva criticato il fatto che mons. Rossi avesse lasciato tutti i suoi poteri a un prete – il cancelliere di curia – di costituzione gracile e di poca personalità, non adatto a quella carica. Probabilmente mons. Isola pensava che sarebbe stato più giusto lasciare a lui la giurisdizione sulla diocesi udinese e non nascondeva il rimprovero verso il collega. Il papa, tuttavia, che pure non aveva gradito la decisione del vescovo di Udine di abbandonare la diocesi, non diede retta a Isola, e lasciò a Udine il vicario suggerito da Rossi.

Certo, il vescovo Isola si differenziava nettamente dagli altri anche per alcune sue uscite che avevano il chiaro intento di una *captatio benevolentiae* verso il nemico: ad esempio, nell'omelia del Natale 1917, aveva definito l'esercito occupante austro-ungarico «valoroso», un aggettivo che certo non piacque agli italiani[41]. Mons. Isola si difese da queste accuse scrivendo al papa con un linguaggio piuttosto inusuale nello stile dei prelati: «*Ho benedetto le armi austriache e le acque del Piave?* Ma chi può credermi tanto imbecille (passi il termine) da invocare l'aiuto del Cielo su di un esercito che andava continuamente spogliando e affamando il mio popolo, che depredava le mie chiese, che toglieva le mie campane, che internava e imprigionava i miei preti, che voleva perfino intralciare il mio regime spirituale, come potrò provare con un

[39] *Ibid.*, p. 370.

[40] L'episodio è narrato dallo stesso Isola, in un «Memoriale» del 4 novembre 1918 (*ibid.*).

[41] *Ibid.*, p. 375.

documento che conservo?»[42]. Secondo Isola erano dunque tutte dicerie, quelle che si erano sparse contro di lui, e probabilmente vi erano delle esagerazioni, ma certo non vi doveva essere troppa sintonia tra questo vescovo e il suo popolo.

Un documento – che mons. Isola si guardò bene dal citare, quando inviò al papa il suo memoriale per discolparsi – mostra come la sua collaborazione col nemico superasse largamente i limiti di una *captatio benevolentiae*. Da una lettera scritta da mons. Isola ai comandi militari, nel marzo 1918, si apprende infatti come questo vescovo suggerisse agli occupanti di impossessarsi dei raccolti spettanti ai padroni fuggiti, consigliando anche – e questo appare davvero grave – di requisire «ancor più» la parte di beni dei mezzadri, perché «la parte spettante all'agricoltore eccede di solito lo strettamente necessario al mantenimento della sua famiglia»[43]. Il vescovo, insomma, consigliava all'occupante di impossessarsi 'ancor di più' dei mezzi di sostentamento della sua gente e questo, in quel tempo di fame, appare veramente ingiustificabile.

In un altro caso mons. Isola si mostrò fin troppo ligio agli ordini degli occupanti: quando il generale italiano Francesco Rocca, che stava fuggendo dalla cattura, si presentò al suo palazzo vescovile travestito da contadino, chiedendo aiuto soprattutto per mettersi in contatto con la sua famiglia, il vescovo glielo rifiutò. Mons. Isola «si mostrò tutt'altro che lieto della mia visita» – testimonia il generale – «non aderì alla domanda» e «mi diede consiglio di andarmi a costituire, non essendo possibile che riuscissi a pormi in salvo»[44]. Pochi giorni dopo mons. Isola, chiamato d'urgenza dalle autorità militari perché si era saputo che «alcuni sacerdoti avevano favorito la fuga di ufficiali italiani», mandò una circolare in cui avvisava che il comando della 1° armata dell'Isonzo avrebbe punito con la fucilazione immediata il sacerdote che si fosse macchiato di questo 'crimine', e che sarebbe stato internato anche tutto il clero della diocesi[45]. Pochi giorni dopo il generale Rocca fu catturato.

Alla fine del conflitto fu mons. Isola stesso ad invocare un'inchie-

---

[42] *Ibid.*, p. 372.

[43] SCOTTÀ, *I vescovi veneti e la Santa Sede*, II, p. 353.

[44] F. ROCCA, *Vicende di guerra. (Cronaca - Aneddoti - Insegnamenti)*, Firenze 1926, p. 99.

[45] «Memoriale suppletivo» scritto da mons. Isola, in SCOTTÀ, *I vescovi veneti e la Santa Sede*, II, p. 373.

sta, ma l'azione giudiziaria gli si rivolse contro, perché fu accusato di tradimento davanti alla corte d'appello di Venezia. Tuttavia la sentenza della corte «derubricava l'accusa di tradimento», e il caso si risolse con un'amnistia, nel 1920: un'amara conclusione per mons. Isola che, già nell'anno precedente, si era dimesso dall'episcopato concordiense anche per dissidi con il clero locale[46].
Come scrisse al papa il patriarca di Venezia card. La Fontaine, una persona notoriamente equilibrata, tra tutte le accuse mosse a Isola, «qualcosa di vero» doveva pur esserci[47].

3. *Treviso, Padova e Venezia, diocesi di confine*

Dall'altra parte del confine, i vescovi di Treviso, di Padova e il patriarca di Venezia operarono con tutti i mezzi per aiutare i profughi. Nel dicembre del 1917 mons. Longhin scriveva al papa: «undici parrocchie sono già invase, tagliate fuori dal resto della diocesi», e «oltre a ciò più di quarantasei parrocchie lungo il confine sono già sgomberate»[48].

> I parroci e altri sacerdoti compiono atti di eroismo. Sono essi che vivono accanto ai poveretti, sono essi che distribuiscono indumenti e alimenti, essi sfidano le granate, vivono in qualche casa di contadini con altri confratelli per poter correre prontamente dove vi fosse un bisogno. [...] Dio voglia che il nostro popolo a suo tempo riconosca questo bene

---

[46] Isola si difese dalle accuse di aver affamato il popolo scrivendo al papa che i viveri gli erano stati affidati dai suoi fedeli più benestanti, e che egli aveva il dovere di custodirli: «Dal trovarsi in vescovado, oltre che ad una certa quantità di vittuario, una gran quantità di robe appartenenti a privati, diede a qualche maligno pretesto di spargere la voce fra il popolino che in vescovado c'era ogni ben di Dio mentre al popolo si lasciava patire la fame» (*ibid.*, p. 376). Lo stesso patriarca La Fontaine, in una lettera al papa dell'8 novembre 1918, elencando le cause che avrebbero scatenato l'ira popolare contro mons. Isola, scrisse: «il popolo è entrato in episcopio, ha trovato viveri in quantità, mentre esso stentava la vita; l'ira ha esploso. Tutto è stato portato via: mobili, oggetti preziosi, cartelle delle quali alcune sono state recuperate. Una somma piuttosto vistosa appartenente alla chiesa è in salvo, perché stava nascosta» (*ibid.*, p. 74).

[47] *Ibid.*

[48] Lettera di mons. Longhin al papa, 25 dicembre 1917 (*ibid.*, p. 279).

ricevuto dai suoi preti e dai *soli* preti [...]. Intanto due poveri parroci, accusati dalle solite voci anonime, furono internati[49].

Longhin avvertiva anche che il comportamento del clero, pur benemerito, suscitava sospetti e rivalità tra gli anticlericali e scriveva al papa: «La massoneria, Padre Santo, non ci perdonerà mai l'ora di benemerenze acquisite dinanzi al popolo»[50].

L'ombra di rapporti difficili tra clero e autorità politiche italiane si allungava insomma anche in quest'ora drammatica e, solo negli ultimi mesi del conflitto, avveniva un cambiamento di condotta sia dall'una come dall'altra parte, con vantaggio reciproco. Stanchi di vedere i loro preti imprigionati per accuse di spionaggio, disfattismo o austriacantismo, dopo giudizi emessi dai soli tribunali militari, mons. Longhin e mons. Pellizzo ottennero che fossero *in primis* i tribunali ecclesiastici a giudicare i preti e che fosse seguita la procedura canonica in luogo della procedura militare: una richiesta che mons. Pellizzo aveva formulato al gen. Diaz fin dal maggio 1918 per aderire alla sua istanza di «*cooperazione concorde* del clero per la *resistenza*». Accettata la sua richiesta, il vescovo di Padova «aderì convinto all'azione congiunta e svolse un ruolo di prim'ordine, risultando fra i vescovi che meglio corrisposero all'appello di *sacra unione* lanciato dal generale Diaz»[51].

4. *La lotta del basso clero*

Senza bisogno di appelli, fu soprattutto il basso clero a lottare spontaneamente tra la gente e con la gente, per aiutarla a sopravvivere, materialmente e moralmente, e per dare una mano alla patria facendo spionaggio in favore degli italiani, stampando documenti clandestini per i militari sbandati che erano rimasti al di là del Piave e aiutandoli a nascondersi[52].

---

49 *Ibid.*

50 Lettera di Longhin al papa, 12 dicembre 1917 (*ibid.*, pp. 276-277).

51 Billanovich, *Luigi Pellizzo vescovo di Padova*, pp. 116-117. Sui processi ai preti, con l'elenco degli internati, vd. «Promemoria» di Pellizzo a Diaz del 5 aprile 1918 (Scottà, *I vescovi veneti e la Santa Sede*, I, pp. 347-349, 365-369).

52 Sull'opera dei sacerdoti vd. C. Trabucco, *Preti d'oltre Piave. Pagine eroiche del Veneto invaso*, Torino 1958[3].

Avevano ragione austriaci e tedeschi a sospettare del clero delle zone occupate e ad accusarlo di spionaggio a favore degli italiani. Infatti, tra coloro che maggiormente cooperarono alle imprese della «Giovane Italia» – l'organizzazione di spionaggio che aveva il compito di mandare soldati in abiti civili, oltre le linee avversarie, e inviava piccioni viaggiatori per trasmettere messaggi di qua e di là del Piave – vi furono parecchi preti: don Francesco Frasantin di Mior, don Marcello Gardin di Portogruaro, don Michele Martina parroco di S. Stino di Livenza, don Giovanni Trombetta parroco di Ronchis (Latisana)[53], don Giuseppe Bortoluzzi parroco di Lago, don Beniamino Tonon parroco di Cappella Maggiore[54].

Particolarmente coraggioso fu don Apollonio Piazza, un prete cadorino che era stato cappellano degli alpini, poi dei bersaglieri. Fatto prigioniero dopo Caporetto, riuscì ad evitare la deportazione per i buoni uffici del sindaco di Portogruaro Francesco Troyer[55] e divenne curato di Santa Giustina di Serravalle. Si prodigò per sfamare la popolazione ottenendo dagli occupanti, dopo varie insistenze, gli scarti del macello militare con i quali faceva preparare razioni di brodo e carne per i bambini. Lo scomodo prete, che si intrometteva troppo nei rapporti tra le autorità occupanti e la popolazione, venne nuovamente incarcerato dai tedeschi, ma poi liberato per intercessione del vescovo. Egli tuttavia non demorse: non esitò infatti ad aiutare nella sua coraggiosa missione di spionaggio – a mezzo di colombigrammi – il tenente degli arditi Alessandro Tandura che si era paracadutato oltre Piave da 1600 metri di altezza nell'agosto del 1918[56]. Si trasmettevano informazioni

---

[53] G. Manacorda, *La Giovane Italia. Breve storia di una nostra gesta di guerra. Maggio-novembre 1918 (con documenti, estratti, e fac-simili)*, Brescia 1936, pp. 129-130.

[54] Cfr. Tomasin, *L'anno di Vittorio Veneto*, p. 80.

[55] Su Francesco Troyer, sindaco di Vittorio durante l'invasione e presidente dell'ospedale, che aiutò don Piazza, cfr. G. Casagrande, *Resistenza e resilienza di una città invasa: il caso Troyer, Vittorio 1917-18*, in *Contesti veneti. Città, industrie, colli*, «Venetica. Rivista degli Istituti per la storia della Resistenza di Belluno, Treviso, Venezia, Verona e Vicenza», 34 (2016), pp. 83-85.

[56] Si veda il doc. «Divieto di tenere piccioni» in Manacorda, *La Giovane Italia*, pp. 135-136. Sulla vicenda cfr. C. Trabucco, *Gente d'oltre Piave e d'oltre Grappa 1917-1918*, Roma 1941, pp. 187-194. Anche i superiori del tenente Tandura, preparando la sua missione, gli consigliarono che, una volta arrivato nel territorio occupato, si rivolgesse ai

sulle manovre austriache, sull'entità delle forze che confluivano verso il fronte ed ogni altra notizia utile agli italiani che erano attestati oltre il Piave. Assai difficile era anche nascondere i colombi agli occupanti e convincere i contadini a non mangiarseli. A don Piazza fu conferita la croce di guerra, e il ten. Tandura rilasciò una dichiarazione scritta in cui attestava l'eroismo del sacerdote che lo aiutò nella missione di spionaggio, «sfidando la collera nemica e la tremenda punizione qualora fosse stato scoperto»[57].

Numerose sono le testimonianze sull'azione dei sacerdoti sia nello spionaggio sia nell'aiuto ai soldati italiani per evitare loro l'internamento nei campi di prigionia, dove si moriva di fame[58]. Anche il tenente Max di Montegnacco, paracadutato per attività di spionaggio, venne aiutato da un prete che gli preparò documenti falsi: l'unica persona di cui poteva fidarsi infatti – gli disse una donna che il tenente aveva incontrato per strada – era proprio «el capelan», don Leonardo Rossi[59].

Qualche sacerdote partecipò alle azioni di spionaggio in veste militare, come il capitano di fanteria don Tarcisio Martina, che si fece destinare alla zona di San Stino di Livenza perché poteva contare su suo fratello parroco e podestà di quel borgo[60]. Un altro sacerdote, don Marcello Pio Gardin, che aveva perso l'occhio sinistro in battaglia sul Podgora, aiutò nello spionaggio il tenente Guido Manacorda della «Giovane Italia», meritandosi la medaglia di bronzo al valore[61].

Sono molte le vicende che coinvolsero sacerdoti in azioni di sup-

---

sacerdoti (A. Tandura, *Tre mesi di spionaggio oltre Piave. Agosto-ottobre 1918,* Treviso 1934, p. 11).

[57] Dichiarazione del ten. degli arditi Alessandro Tandura, pubblicata in C. Trabucco, *Preti d'oltre Piave. Pagine eroiche del Veneto invaso*, Torino 1958^3, p. 91. Un profilo di don Piazza, *ibid.*, pp. 73-91.

[58] Ad esempio il chierico Costantino Stella aiutò e fece passare il confine a soldati italiani che avrebbe dovuto denunciare, e di conseguenza fu accusato di spionaggio insieme al parroco mons. Martin (*ibid.*, pp. 196-197).

[59] G.B. Luzzatti, *Missioni speciali di guerra segreta*, IV, *La missione speciale tenente Arbeno d'Attimis e tenente Max di Montegnacco*, Udine 1939, pp. 16 e 20. Un altro prete, don Ugo Zani, procurò documenti al ten. d'Attimis che gli permisero di arrivare a Udine (*ibid.*, p. 31). Arrivati ad Udine, la prima persona a cui si rivolsero i 'Missionari' d'Attimis e di Montegnacco fu mons. Pietro Dell'Oste, nella chiesa delle Grazie (*ibid.*, pp. 37-39).

[60] *Ibid.*, p. XIV.

[61] Trabucco, *Preti d'oltre Piave*, p. 272.

porto ai soldati italiani o di aiuto alla popolazione, e spesso sono essi stessi a documentarle perché, comprendendo la tragicità e l'eccezionalità della situazione, tennero dei diari a volte anche molto minuziosi che ci consegnano preziosi documenti sulla vita delle popolazioni nelle terre invase durante l'anno della fame[62].

La loro opera più importante fu quella quotidiana di aiuto alla popolazione per sopravvivere. Molti, come si è già accennato, furono nominati sindaci dalle stesse autorità occupanti, come ad esempio don Tita Trombetta a Ronchis[63], mons. Valentino Liva a Cividale, don Colautti a Manzano, don Eugenio Zuliani a Corno di Rosazzo, don Luigi Vicario a Ipplis e don Pietro Dordolo a Buttrio[64].

Questi sacerdoti dovevano provvedere a tutto, dai bisogni spirituali all'amministrazione pubblica, per giunta in stato di calamità, con le casse dei Comuni vuote, perché qualche amministratore se ne era scappato senza consegnare i proventi delle tasse.

Tra tutti questi sacerdoti che operarono in simbiosi con il loro popolo, appare eccezionale l'opera di don Valentino Liva, arciprete di Cividale e Decano del capitolo del Duomo.

In primo luogo egli si mise a studiare il tedesco per poter comunicare con gli occupanti[65]. Tenne nota di tutti i carteggi, raccogliendo 1728 documenti da lui inviati a diversi comandi militari e altri uffici ecclesiastici e civili e 562 documenti ricevuti. Scrisse un diario di mille pagine, registrando tutti gli avvenimenti dal 18 ottobre 1917 al 4 novembre 1918[66].

---

[62] Tenne un diario molto puntuale, ad esempio, don Emilio De Ceva, docente di teologia nel seminario vescovile di Vittorio, che segnalò la morte per fame di molte pazze dell'ospedale civile (Cfr. S. Tazzer, *Grande guerra grande fame*, Vittorio Veneto (Treviso) 2014, p. 171. Tra i diari di sacerdoti: *Diari dell'invasione. Godega Bribano, Pianzano*, a cura di I. Azzalini - G. Visentin, Godega di Sant'Urbano (Treviso) 2002; I. Azzalini - G. Visentin, *Conegliano. Un anno di dominazione straniera. Collalbrigo Campolongo Scomigo Ogliano. 9 novembre 1917-30 ottobre 1918,* Vittorio Veneto 2007; in particolare si veda il diario di don Antonio Da Ros, parroco di Collalbrigo, *Annotazioni del parroco* (*ibid.*, pp. 261-273).

[63] Su don Trombetta v. Trabucco, *Preti d'oltre Piave*, pp. 125-166. Trombetta venne nominato «cavaliere ufficiale della Corona d'Italia» (*ibid.*, p. 166).

[64] *Ibid.*, p. 172.

[65] *Ibid.*, p. 171.

[66] *Ibid.*, p. 167.

Si occupò di tutti i problemi civili: seppellì i morti abbandonati per le vie e negli ospedali, cercò cibo per la popolazione depredata di tutto dal nemico affamato; si adoperò per salvare i soldati italiani rinchiusi in un campo di concentramento alle porte della città, inserendoli – con falsa documentazione – in categorie inabili al servizio militare. In altri casi faceva passare i soldati fuggitivi come inviati in licenza, ammalati o convalescenti, o come agricoltori necessari alla terra[67]. Oppure, sempre fabbricando documenti falsi, li faceva figurare come mugnai, custodi del cimitero, ispettori dell'acquedotto, utili quindi alla vita del paese. Cercò anche di sottrarre i contadini alle richieste incessanti di mano d'opera da parte dell'esercito occupante che li obbligava a onerosi lavori per costruire la linea ferroviaria, impedendo loro di coltivare i campi. Cercò di trovare il sale, preziosissimo, perché la pellagra tornava a riaffacciarsi tra la popolazione. Rimise in funzione i servizi pubblici come l'ospedale e la casa di riposo. Si occupò della pulizia delle strade, riordinò le case saccheggiate, cercando anche materiale sanitario tra le macerie. Si adoperò per calmierare i prezzi dei viveri, costituendo un magazzino comunale per evitare furti e devastazioni, stabilendo anche le razioni. Fissò i prezzi dei prodotti, affiggendoli all'albo pretorio di Cividale, in qualità di sindaco. Organizzò scambi con i preti dei paesi vicini (burro in cambio di grano, uova in cambio di zucchero), cercando di far 'sparire' i viveri dai controlli delle autorità militari.

Con astuzia e fantasia, don Liva insegnò anche ai contadini il modo per nascondere il grano sottraendolo alle requisizioni: lo si poteva sotterrare mettendolo in una pentola di rame vuota, riscaldandola prima per bene, e rimescolando il grano per farlo restare asciutto. Un altro modo era quello di riporlo in damigiane, sigillate con ceralacca e catrame, che potevano poi essere sotterrate. Insegnò anche come fare il pane senza fare rumore mettendo il grano in acqua calda la sera e cuocendolo poi al mattino, rammollito.

Si preoccupò anche di censire il bestiame, elencò i danni fatti con le requisizioni e i furti. Operando su tutti i fronti della vita civile, don Liva si fece anche postino, distribuendo personalmente e gratuitamente la corrispondenza, a piedi. Mandò viveri ai prigionieri italiani in Germania e cercò di salvare dall'internamento gli uomini tra i 16 e i

---

[67] *Ibid.*, pp. 173-174.

60 anni perché, si sapeva, il 50% moriva di fame nei lager tedeschi e austriaci.

In quest'opera di aiuto straordinaria, don Liva cercò anche di risparmiare alla popolazione alcune vessazioni degli occupanti veramente gratuite e perciò tanto più odiose. Avvertendo che la misura era troppo colma, don Liva prese carta e penna e scrisse direttamente a Boroevič, elencando tutte le stupide attività a cui la popolazione era costretta, come raccogliere foglie e gramigna, usare l'unica macchina disponibile per andare a «svuotare le latrine», «riferire ogni settimana sullo sfalcio dei fieni», «provvedere un pennello da imbianchino per il comando di tappa» e altre sciocchezze simili. I comandi locali sapevano bene che non mancava ai friulani la buona volontà, ma le priorità erano ben altre, in quei tempi calamitosi, sottolineava don Liva. Bisognava cercare di vincere in primo luogo la terribile fame, e dunque era indispensabile usare le braccia per lavorare i campi, invece che sprecare il tempo per obbedire ai capricci dei vari comandanti che davano ordini da caserma completamente assurdi, per non dire inumani, in tempi simili[68].

Oltre ad aiutare il popolo nelle terre occupate, il clero fornì assistenza preziosa anche ai profughi, seguendo i propri fedeli costretti ad emigrare in varie località italiane. Il vescovo di Padova mons. Pellizzo testimoniava che, su suo ordine, tutti i parroci avevano dato aiuto ai profughi, andando dove erano sfollate le comunità, nel caso fossero riunite, o visitando i fedeli ad uno ad uno, se sparsi. Era stato il vescovo stesso a sostenere le spese dei suoi preti, usando le sue risorse economiche. «L'esperienza fatta da me in questi tre anni – scriveva mons. Pellizzo al vescovo di Treviso, il 29 gennaio 1918 – m'assicura quanto bene ho speso le migliaia e migliaia di lire, con cui ho provveduto e provvedo ai loro viaggi, quanto sono apprezzate queste visite dai profughi: quanto conforto portano a essi che tutto hanno perduto nello sgombero, anche per il modo in cui fu fatto. Ricordo il solo parroco di Campolongo d'Oliero (don Attilio Beccegato) che non poté nemmeno prendersi il cappello. Ne partì senza, e seguì i suoi profughi a Gallipoli»[69].

---

[68] La lettera di mons. Liva, *ibid.*, pp. 181-183. Mons. Liva sarà nominato, a guerra finita, «Cavaliere Ufficiale della Corona» (*ibid.*, p. 209).

[69] *Mons. Luigi Pellizzo nello studio di don Giuseppe Rocco*, a cura di G. Rigoni - P. Gios, con un saggio introduttivo di L. Billanovich, Padova 2007, pp. 288-289, nota 3.

Era evidente, in Pellizzo, anche la volontà di sottolineare la forza e la capacità organizzativa dell'istituzione ecclesiastica che suppliva così alle carenze dello Stato[70].

Anche gli anticlericali dovettero riconoscere l'importanza dell'opera del clero, e una testimonianza significativa ci viene da Guido Podrecca che dirigeva il giornale satirico «L'asino» e che, alla fine della guerra, scrisse su «Il popolo d'Italia» del 19 novembre 1918 un articolo intitolato «*Sacerdoti benemeriti*»:

> Su informazioni sino ad oggi non controllabili la stampa italiana ebbe a esprimere giudizi assai severi sul clero cividalese e particolarmente sul decano mons. Liva. Ho fatto la più accurata delle inchieste, interrogando dozzine di persone e soprattutto fra i liberi pensatori. L'elogio per il Clero e specialmente sul decano Liva e sul sacerdote Zuliani è stato unanime. Non solo essi hanno accudito ai bisogni materiali e morali dei cittadini (tennero lo Stato civile, fecero miracoli per approvvigionare i poveri), ma si frapposero coraggiosamente fra le popolazioni e l'autorità militare rischiando più volte l'internamento e la fucilazione. Ho raccolto innumerevoli particolari su questa loro opera meritoria e non c'è in me spirito settario che mi consigli di tacerla. [...] Le convinzioni che mi fanno combattere il clericalismo domani come ieri, sono ben più profonde delle considerazioni sui meriti o demeriti dei sacerdoti, ma appunto per questo, come ho reso omaggio a tutti coloro che in un modo o nell'altro hanno difeso la patria di fronte all'invasore, giustizia vuole che lo renda anche a coloro che appartengono ad una fede da me non condivisa[71].

Il Podrecca sottolineava però, nello stesso giornale, come ci fossero stati anche «preti indegni», come il vescovo di Portogruaro mons. Isola, sul quale «il popolo fece giustizia», perché «il loro servilismo e la loro influenza misero al servizio del nemico»[72]. Citò anche il comportamento

---

[70] Si vedano in proposito le osservazioni di BILLANOVICH, *Luigi Pellizzo vescovo di Padova*, p. 117.

[71] G. PODRECCA, *L'opera dei preti dove passarono i barbari (Dal nostro inviato speciale)*, «Il popolo d'Italia», 19 novembre 1918; la prima parte dell'articolo, con qualche variante, è riportata in TRABUCCO, *Preti d'oltre Piave*, p. 209.

[72] PODRECCA, *L'opera dei preti*.

anti italiano di un sacerdote «rinnegato» che, avendo riconosciuto a San Giorgio di Nogaro il conte d'Attimis e il conte di Montegnacco – i due tenenti italiani che si erano paracadutati per fare spionaggio, travestititi da contadini – li denunciò all'autorità militare austriaca[73].

Ci furono certo preti austriacanti perché, in fondo, l'Austria era un paese cattolicissimo che aveva governato quelle terre fino a non molti decenni prima. Il vescovo Pellizzo, ad esempio, ne aveva sorpresi cinque «che brindavano sottovoce, al lume di candela, vecchietti tenaci» nostalgici dell'Austria: «Ma non potevano più far paura», scriveva Pellizzo, e proseguiva: «La realtà era divenuta più grande di loro; e li accantonava nell'ombra. C'era posto soltanto per chi sapeva compiere fino in fondo il proprio dovere»[74].

La maggior parte dei sacerdoti, infatti – rilevava questo vescovo che pure aveva avuto parole dure per le autorità italiane – era per l'Italia, e il sentimento patrio era forte anche in lui che, fin dal novembre del 1917, aveva comandato ai sacerdoti che si fossero trovati nelle zone occupate, di «restare al loro posto»[75].

«È incredibile – aveva scritto il vescovo di Treviso Longhin al collega Pellizzo – quanto sia apprezzato questo nostro eroismo. Gli stessi increduli e socialisti si sentono costretti ad ammirarlo»[76].

5. *Le suore*

Anche le suore e i religiosi contribuirono ad aiutare la popolazione a prezzo di rischi personali e di sacrifici enormi. Emblematico l'esempio di alcune Suore Maestre di S. Dorotea di Giovanni Antonio Farina che operavano a Valdobbiadene e si occupavano dell'ospedale, delle pazze del manicomio e di alcune orfane loro affidate. La superiora, suor Geltrude Bisson, tenne il diario delle loro vicissitudini. Vi si narra del coraggio e della determinazione di queste donne che non abbandonarono nessuno, tanto meno le trecento pazze ricoverate, ritenute dalle autorità

---

[73] *Ibid.*

[74] *Mons. Luigi Pellizzo nello studio di don Giuseppe Rocco*, pp. 289-290.

[75] *Ibid.*, p. 288.

[76] *Ibid.*

inutili bocche da sfamare. Il filo narrativo del racconto si snoda lungo il calvario dei profughi, fotografa la miseria delle genti friulane, segue il lungo e penosissimo peregrinare di queste suore per salvare le orfanelle loro affidate dalle sgrinfie di tedeschi e austriaci, e dalla morte per fame. Un padre camilliano, don Innocente Bortoluzzi, ospitò infine suore e orfane, raminghe e senza tetto, a Revine, (un paesino poco lontano da Vittorio Veneto), dove era diventato parroco. Tra i miracoli fatti per cercare cibo, le suore trovavano anche il tempo e la forza di fare scuola per i bambini del posto, usavano i davanzali delle finestre come banchi, dal momento che gli occupanti li avevano bruciati tutti per scaldarsi. La gente del posto apprezzava, mandava alle suore qualche patata per tirare a campare[77].

Anche una suora della Misericordia, Maria Pia Mastena, seppe tener testa ai tentativi di soperchieria e di violenza delle truppe occupanti a Miane, un paesino in provincia di Treviso. Con alcune consorelle trasformò l'asilo infantile in ricovero, aiutando in un primo tempo i soldati italiani fuggiaschi. Per nasconderli, escogitò il trucco della scritta «Clausura» sulla porta d'entrata, contando sul fatto che molti soldati austriaci erano di religione cattolica. Fondò poi, sempre a Miane, un orfanotrofio, una scuola di recupero, un circolo ricreativo[78].

Fu una lotta, o una resilienza corale, quella del popolo, delle suore, dei sacerdoti, una lotta per salvarsi ma anche per salvare la propria identità, sfregiata dalla disgregazione delle comunità locali, dove i ricchi se ne erano andati ed erano arrivati altri poveri, dove le campane non suo-

---

[77] L'epopea di queste suore Dorotee è stata ricostruita e pubblicata da A.I. Bassani, *L'altra Caporetto. Suore, orfanelle e pazze di Valdobbiadene profughe nei territori occupati. 1917-1918*, Udine 2017.

[78] Questa suora coraggiosa fondò poi l'Istituto delle Suore del Sacro Volto, a San Fior, sempre nel Trevigiano. È stata beatificata da papa Benedetto XVI nel 2005 (Cfr. S. Tazzer, *Piave e dintorni. Fanti, Jäge, Alpini, Honvéd … e altri poveracci*, Lavis (Trento), 2011, pp. 233-234). Ci sono altri esempi di suore rimaste nei paesi occupati dal nemico, come quello delle Suore della carità (di 'Maria Bambina'), che operavano all'ospedale di San Donà di Piave, e che si trasferirono con il parroco don Luigi Saretta al Conventino di Grisolera (oggi Eraclea), divenendo punto di riferimento per la comunità sandonatese sfollata (cfr. *Una guerra dimenticata. Caporetto, profughi, occupazione, fame*, Lavis (Trento) 2016, pp. 90-91). Un'altra suora, della stessa congregazione, suor Elettra Veronesi, aiutò la popolazione a Revine Lago, tenendo anche un diario; ne traccia un profilo Trabucco, *Gente d'oltre Piave*, pp. 11-46.

navano più, divelte dai loro campanili, dove le opere d'arte, che costituivano parte del paesaggio familiare, erano depredate, le chiese distrutte.

L'azione del clero e delle religiose, in definitiva, fornì aiuto non solo materiale, ma anche morale alle popolazioni delle terre invase. Si cercò infatti di salvare anche quei beni che erano 'immateriali', ma ugualmente importanti, come il principio di non abbandonare i più deboli, gli infermi, i feriti, i matti, un principio che sembrava disperdersi nel clima di emergenza generale, e che non era particolarmente sentito dalle autorità militari e civili. L'azione di supplenza alle carenze assistenziali dello Stato, che i cattolici avevano svolto fin dall'Unità, veniva continuata ora più che mai. Dopo Caporetto, scriveva Ernesto Ragionieri, la Chiesa mostrava allo Stato che questa sua forza «se ben gestita, poteva dar ricchi frutti, perché in grado di divenire un punto di riferimento per i più diversi ceti sociali»[79].

Come si sa, i cattolici entrarono in massa nella vita politica italiana dopo la guerra: la vicinanza del clero ai più deboli fu uno dei punti di forza del nuovo partito cattolico, radicato nelle parrocchie[80]. Il consenso al Partito popolare, che rapidamente conquistò le masse cattoliche nel primo dopoguerra, aveva senza dubbio radici profonde nella storia delle parrocchie, ma può essere letto anche come un seguito di quanto successe durante il conflitto. Dalla *Strafexpedition* a Caporetto si vide infatti chiaramente che la gente ascoltava molto più volentieri il prete, piuttosto che il carabiniere, e aveva fiducia nel suo parroco, più che nel sindaco, nella Chiesa quindi, più che nello Stato.

---

[79] E. Ragionieri, *La grande guerra e l'agonia dello Stato liberale*, in *Storia d'Italia*, IV/3, Torino 1976, p. 1985 (cit. in G. De Rosa, *Introduzione* a Scottà, *I vescovi veneti e la Santa Sede* , I, p. LXIX).

[80] Anche dopo la Strafexpedition la gente ascoltava i preti, piuttosto che i carabinieri, quando si davano gli ordini di sgomberare. A Montegalda, in provincia di Vicenza, ad esempio, le autorità avevano dato l'ordine di far partire i profughi che erano fuggiti dall'Altopiano dei Sette Comuni bombardato dagli austriaci, ma «la folla tumultuava, non voleva partire»; solo i sacerdoti, giunti sul posto, riuscirono a far calmare gli animi e, più che la forza, fu necessaria «la parola che convince, persuade, conforta» (*Pro memoria*, firmato da don Giuseppe Costa, s.d., ma nel testo si fa riferimento a «12 giugno», probabilmente 1916: il documento è conservato nell'Archivio Storico Diocesano di Vicenza, *Fondo Rodolfi*, b. 20, fasc. «Atti vescovili 1916 -1917»).

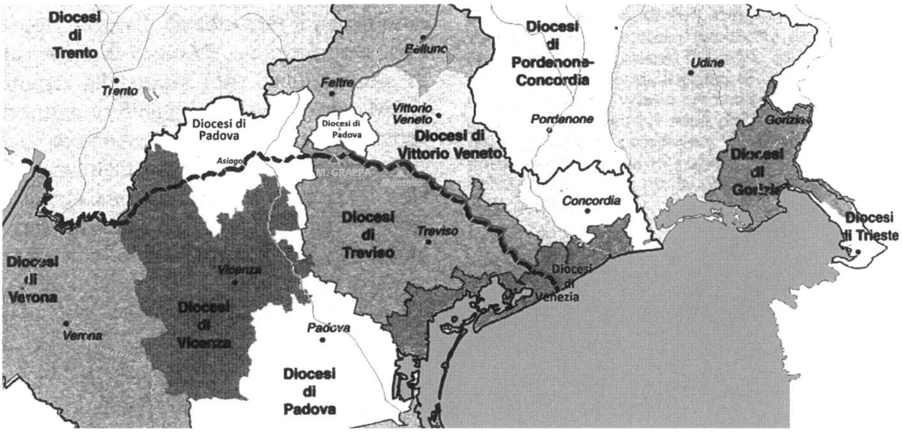

Fig. 1 - Nella cartina sono evidenziati i confini delle diocesi, che non corrispondono a quelli provinciali e, a tratteggio, la linea del fronte dopo Caporetto.

Donato Nitti

ASPETTI MEDICO-CHIRURGICI DELLA CONTINGENZA BELLICA

1. *Le problematiche della sanità militare durante la Prima Guerra Mondiale*

La Prima Guerra Mondiale costò all'Italia oltre 650.000 morti e circa un milione di feriti, dei quali quasi la metà resa completamente invalida. Per far fronte a questo massacro, il compito del Corpo di Sanità Militare fu gravoso per le conseguenze devastanti delle moderne artiglierie che richiesero la messa a punto di trattamenti particolarmente complessi in diverse zone corporee (cranio, torace, arti e addome) e per gli effetti dell'uso di armi come gas asfissianti e lacrimogeni. Il gran numero di mutilati richiese inoltre l'individuazione di strategie di recupero e reintegrazioni con nuove tecnologie. La guerra di posizione condotta nelle trincee produsse patologie correlate con l'ambiente malsano in cui i combattenti erano costretti a vivere per lunghi periodi: piede da trincea, bocca da trincea (stomatite di Vincent), febbre da trincea[1]. Si dovettero organizzare misure profilattiche e terapie per fronteggiare le malattie epidemiche (colera, tifo, vaiolo tubercolosi, ecc.), rese più acute dalla grande concentrazione di combattenti nei luoghi di mobilitazione e smistamento. Infine la frequenza, l'intensità e le caratteristiche inedite dei disturbi psichiatrici richiesero nuovi approcci diagnostici e terapeutici, da una lato per recuperare la salute mentale dei militari, dall'altro per individuare i simulatori di malattie (organiche e men-

[1] L. Fabi, *Le ferite della guerra. Guerra di trincea e strutture sanitarie nell'Esercito Italiano del 1915-1918*, in *Malattie e medicina durante la Grande Guerra: 1915-1919*, atti del convegno, *Malattia e medicina di guerra nel Veneto alla fine del primo conflitto mondiale* (Vittorio Veneto, 18 ottobre 2008), a cura di E. Grando, Udine 2009, pp. 28-37.

tali) e gli autolesionisti, con lo scopo ultimo di garantire le massime energie dei combattenti[2].

In sintesi i compiti del corpo di Sanità Militare durante il primo conflitto mondiale furono[3]:

1. la raccolta, il primo soccorso, lo sgombero, il ricovero e la cura dei malati, dei feriti e dei gassati;
2. l'organizzazione di igiene e profilassi per la salute della truppa e la prevenzione delle epidemie;
3. il riconoscimento dei morti, la sorveglianza della tumulazione ed il risanamento del campo di battaglia;
4. il rifornimento ed il recupero del materiale sanitario.

L'organico del corpo sanitario militare all'inizio del conflitto (1915) era composto da 773 ufficiali medici effettivi (prevalentemente esperti di medicina legale) e da 300 circa ufficiali di complemento appartenenti alle classi 1886-1889. Con l'ordine di mobilitazione generale furono chiamati alle armi tutti i medici aventi obblighi di leva, fino alla classe 1876 inclusa. Questi ufficiali medici furono distribuiti tra le varie unità in base al rispettivo precetto di mobilitazione, prescindendo da qualsiasi attitudine professionale e specializzazione[4]. Nel secondo anno di guerra (1916) il numero degli ufficiali medici era già salito a 14.050, di cui 8.050 in zona di guerra (1.050 in servizio permanente effettivo e 7.000 di complemento) e 6.000 in zona territoriale[5].

In seguito all'entrata in guerra dell'Italia, la Scuola per la formazione degli ufficiali di Sanità militare, aperta a Firenze nel 1883, fu chiusa. Nel 1916 la scuola si trasferì a San Giorgio di Nogaro (Università Ca-

[2] S. Delaporte, *Medicina e Guerra*, in *La Prima Guerra Mondiale,* a cura di S. Audoin-Rouzeau - J.-J. Becker, edizione italiana a cura di A. Gibelli, I, Torino 2007, pp. 312-313.

[3] P.M. Spagli - R. Tempestini, *L'assistenza specialistica durante la Grande Guerra: Organizzazione e strutture,* atti del Convegno Nazionale di Storia, *La Sanità militare e la Croce Rossa Italiana nella Grande Guerra,* I parte (Abbazia di Vallombrosa, Firenze, 16-18 giugno 2017), in c.s.

[4] D. De Napoli, *La Sanità militare in Italia durante la I Guerra Mondiale,* Roma 1989, pp. 56-57.

[5] http:www.secolnovo.it/2015/08/30/medicina-sanitàmilitare-grande-guerra-18 biagio-ferrante /archives 3581.

strense). A Firenze il servizio sanitario militare si specializzò nella difesa contro le malattie infettive, tanto da creare «un mirabile congegno profilattico». Furono pertanto costituiti speciali ospedali di isolamento, contumaciali. L'attività dei laboratori annessi agli ospedali di isolamento fu fondamentale nell'azione di prevenzione di epidemie: solo nei primi due anni di guerra furono eseguiti nella zona di primo sgombero oltre un milione e trecentomila esami batteriologici. Su indicazione della scuola di Firenze furono organizzate campagne di vaccinazione per i militari, ma anche per la popolazione civile, contro il vaiolo, il colera, la febbre tifoide[6].

2. *L'università castrense ed il battaglione universitario*

Per far fronte alla necessità di un numero sempre maggiore di ufficiali medici, soprattutto lungo la prima linea, si pensò di formare in pochi mesi ufficiali del Servizio di Sanità senza attendere la conclusione dei regolari corsi delle Facoltà di Medicina e Chirurgia. L'obbiettivo principale fu di generare sul campo una nuova classe di medici da restituire al fronte a supporto di quelli già impegnati e di riempire i vuoti creatisi per la lunga durata, non prevista, del conflitto. Nel gennaio 1916, presso l'intendenza della terza Armata, il Comando Supremo istituì a S. Giorgio di Nogaro una Sezione Universitaria Militare, riservata a studenti di Medicina del V e VI anno, in grado di tenere corsi e conferire la laurea in modo autonomo. Questa iniziativa non riscosse il pieno consenso del Ministero dell'Istruzione e del mondo accademico. Gli ideatori di questa iniziativa furono il Ten. Col. Giuseppe Tusini, capo dell'Ufficio sanitario della III Armata e responsabile degli Ospedali della Croce Rossa di San Giorgio di Nogaro, ed Elena D'Aosta, Ispettrice Generale della Croce Rossa Italiana e moglie di Emanuele Filiberto di Savoia Aosta, comandante della III Armata. In questa scuola, chiamata «Università Castrense», si tenne il primo campus dal febbraio al maggio del 1916 a cui si iscrissero 366 studenti del V e VI anno provenienti delle Facoltà mediche prevalentemente del Nord Italia. Oltre alle strutture logistiche

---

[6] A. Casarini, *La medicina militare nella leggenda e nella storia,* «Giornale di Medicina Militare», 1929.

create per questa iniziativa ed ai numerosi ospedali vicini, strategica ai fini di una efficace formazione 'accelerata' fu la vicinanza al fronte, dove si produceva un numero elevatissimo di diverse patologie di guerra[7].

Il Decreto Luogotenenziale del 26 XI 1916 stabilì che l'Università Castrense divenisse una sezione della Facoltà di Medicina di Padova e che ai corsi della Scuola di San Giorgio fossero ammessi tassativamente solo studenti con 4 anni di frequenza ed 'in pari' con gli esami. Questi 'aspiranti medici' potevano essere laureati soltanto dall'Università di Padova. Afferirono al secondo campus di San Giorgio 812 studenti militari (191 del V e 621 del VI anno). Gli altri studenti del V e VI anno e quelli iscritti al III e IV anno furono obbligatoriamente concentrati a Padova. 1332 studenti degli ultimi 4 anni di Medicina, provenienti da tutte le Università del Regno, giunsero a Padova, mentre gli studenti padovani, esenti o non mobilitati, furono trasferiti a Bologna[8]. Il Rettore dell'Ateneo Padovano, Prof. Lori, propose al Ministro della PI il Preside di Medicina Luigi Lucatello al rango di Maggiore Generale e 24 professori ordinari e 5 professori incaricati al rango di ufficiali medici. I corsi del secondo campus terminarono il 30 marzo 1917, dopo 4 mesi di lezioni, con una solenne cerimonia in Aula Magna. Gli esami speciali si tennero fino al 4 Aprile 1917 (6215 a Padova e 2336 a San Giorgio). Nella I sessione ci furono 534 lauree, senza discussione della tesi. Molti neolaureati trovarono la morte a Caporetto e nella ritirata. In una recente pubblicazione sono stati ricordati gli aspiranti medici e gli ufficiali medici, formati presso la Università Castrense e morti durante il conflitto[9]. Il corso non fu rinnovato, ma trasferito a Bologna. Il

---

[7] *Studenti al fronte. L'esperienza della Scuola Medica da campo di San Giorgio di Nogaro*, a cura di D. Baldo - M. Galasso - D. Vianello, coordinatore M. Zanon, Gorizia 2010, pp. 230-252; Biblioteca Comunale Villa Dora Di San Giorgio Di Nogaro, *La Scuola Medica da Campo di San Giorgio di Nogaro,* in *Accanto agli eroi*, I, *Diario della Duchessa d'Aosta, maggio 1915 - giugno 1916*, a cura di A. Gradenigo - P. Gaspari, Udine 2016, pp. 230-252.

[8] Biblioteca Comunale Villa Dora Di San Giorgio Di Nogaro, *La scuola medica*, pp. 230-252; A. Fassina, *Il ruolo dell'Università di Padova durante la Grande Guerra e l'Università Castrense di San Giorgio di Nogaro*, in *Malattia e Medicina*, pp. 9-14; *Studenti al fronte*, pp. 244-246; D. Baldo - E. Ponte, *Gli Eroi dell'Università Castrense. Gli aspiranti medici caduti nella Grande Guerra*, Padova 2017, pp. 37-172.

[9] Baldo-Ponte, *Gli Eroi dell'Università Castrense*, pp. 37-172.

13 ottobre 1917 il Generale Carlo Porro, sottocapo di Stato Maggiore dell'Esercito, d'accordo con il Ministro della PI, annunciò la rinuncia ai 'Corsi Accelerati', consentendo agli studenti di terminare i corsi presso le proprie Università. Sui cartigli del Portale dell'Università di Padova, su volontà dal Rettore Lucatello, sono incisi i nomi di tutti gli Universitari deceduti in Guerra[10].

3. *L'organizzazione del servizio sanitario*

All'inizio del conflitto fu disegnata una organizzazione delle strutture sanitarie e furono redatti regolamenti molto dettagliati che tuttavia non tenevano in debito conto le caratteristiche del tutto inedite della guerra di posizione che si stava combattendo. La guerra di trincea rendeva difficilmente realizzabili le operazioni di sgombero dei feriti e il loro trattamento, che invece era stato possibile realizzare con meno difficoltà nelle precedenti classiche guerre di manovra. Lo schema dei presidi sanitari prevedeva una netta distinzione tra strutture avanzate e quelle di seconda linea con funzioni differenziate in base alla loro sede rispetto alla linea di fuoco e alle 'specializzazioni' degli operatori a disposizione.

3.1. *Strutture avanzate (prima linea)*

Queste strutture comprendevano: posti di medicazione con la presenza di ufficiali medici di grado inferiore, aiutanti di sanità e portaferiti; piccole infermerie avanzate provviste di 15-50 letti per malati leggeri o non trasportabili; sezioni di sanità definite come «Unità sanitarie mobili con 50-200 letti, atte a prestare tutti i sevizi per i quali sono insufficienti il personale e il materiale del Corpo di truppa». Durante la guerra furono mobilitate 89 sezioni di sanità che, senza dubbio, rappresentarono le unità di maggior importanza in cui venivano eseguiti interventi con carattere d'urgenza per tutti i tipi di lesione, escluse quelle su feriti settici. La sezione di sanità rappresentava l'anello di congiunzione tra i corpi e gli ospedali da campo. All'inizio della guerra si contavano 443 di questi ospedali utilizzati per ricovero, cura e sgombero di feriti e malati provenienti dalle sezioni di sanità. Il numero di letti variava da 50 a 1000

---

[10] Fassina, *Il ruolo dell'Università di Padova*, pp. 14-15.

letti. Col tempo si differenziarono per specializzazione (occhio, faccia, malattie veneree o epidemico contagiose, malarici, ecc[11]).

Nei posti di medicazione si faceva la prima selezione sulla gravità dei feriti e dei malati, che venivano distinti in base alla loro gravità dal colore del tagliando – verde o rosso – della tabellina diagnostica mod. 905, assegnata a tutti i soldati. I pazienti venivano così definiti: 1. *leggerissimi e leggeri*: si rimuovevano entrambi i tagliandi della tabellina ed erano rinviati al proprio Corpo dopo la visita e le minime cure dovute (si usava di norma il pacchetto di medicazione in uso al singolo militare che poi veniva rifornito di uno nuovo) o inviati alle sezioni di sanità per cure più specifiche; 2. *gravi trasportabili*, con tagliando di colore verde (si strappava il tagliando rosso): i trasportabili a breve distanza erano inviati alla sezione di sanità o all'ospedaletto da campo (se prossimo al posto di medicazione), quelli a lunga distanza verso gli ospedali da campo d'armata in retrovia. 3. *gravi non trasportabili*, con tagliando di colore rosso (si strappava il tagliando verde). Venivano inviati a mezzo di autoambulanze o altri mezzi utili, anche requisiti, presso le prime strutture riparate (case, tende, baracche) per tentare interventi salvavita (nuclei chirurgici). 4. *gravi cavitari intrasportabili e gravissimi morenti*: per quest'ultimi, l'ufficiale medico doveva ricevere in consegna gli effetti personali e gli oggetti di valore, trascriverne le ultime volontà e convocare un cappellano militare. I feriti dalla linea di fuoco potevano altresì essere direttamente inviati alle sezioni di sanità o agli ospedali di retrovia, senza necessariamente passare dal posto di medicazione[12]. Il regolamento delle strutture avanzate di prima linea prevedeva:

> Quando il combattimento è incominciato, gli ufficiali medici dei Corpi, ricevute le necessarie istruzioni dai rispettivi comandanti, stabiliscono i posti di medicazione alle spalle delle truppe…; e dovranno essere collocati a così breve distanza dalle file combattenti, che i feriti vi si possano trasportare in barella con la maggior facilità e prontezza.

Sistema realizzabile in un combattimento di guerra manovrata, ma

[11] http://www.sanitagrandeguerra.it/index.php/servizio-sanitario-militare/sezione-di-sanita. De Napoli, *La sanità militare in Italia*, pp. 127-137.

[12] M. Lambert, *Ricordi Logistici*, Firenze 1915, cit. in http://www.sanitagrandeguerra.it/index.php/servizio-sanitario-militare/sezione-di-sanita.

non in una guerra di posizione in cui le truppe cercavano ripari naturali nel terreno o nelle trincee marciando spesso carponi. I posti di medicazione furono realizzati nelle stesse trincee, rifugi alpini, gallerie ferroviarie, baracche e caverne[13].

3.2. *Strutture di seconda linea e territoriali*

Dagli ospedali da campo o direttamente dalle sezioni di sanità i pazienti venivano indirizzati verso i posti di smistamento dove avveniva la selezione dei feriti e malati con distribuzione nei vari ospedali specializzati (ad esempio nel territorio della III armata oltre a posti minori di corpo d'armata ne funzionavano altri maggiori specialistici, dipendenti dall'armata e localizzati a S. Giorgio di Nogaro, Palmanova, Cervignano, Versa e Villa Vicentina). Gli ospedali di tappa avevano la funzione di accogliere malati e feriti trasportati per via ordinaria mentre i posti di soccorso furono organizzati nelle stazioni per gli infermi trasportati per ferrovia, entrambe per fornire le opportune cure prima del trasporto verso l'interno. Infine in tutto il territorio nazionale si allestirono 950 ospedali di riserva utilizzando gli ospedali militari territoriali, i convalescenziari, gli ospedali civili messi a disposizione delle autorità militari e furono costruiti nuovi ospedali[14].

Allo scopo di decongestionare le strutture ospedaliere nelle zone di guerra, i feriti vennero ricoverati anche nelle Navi Ospedale o nei Treni Ospedale e trasportati nelle retrovie. Nel maggio del 1917 furono sgomberati, solo della Terza Armata, 36.000 malati e feriti, di cui 24.000 in barella. I trasporti ferroviari furono gravati da una carenza continua di informazioni sull'arrivo dei treni e dalle condizioni sanitarie dei malati, rese più gravi dalla mancanza di precauzioni igieniche sia nei treni delle Ferrovie dello Stato che nei mezzi adibiti allo scarico dei malati.

In realtà erano più curati i treni della Croce Rossa Italiana e dell'Ordine di Malta rispetto a quelli del Regio Esercito. Tra il 1915 e il 1918 furono utilizzati, per trasporto in mare di malati e feriti, 10 piroscafi, 8 italiani e 2 catturati al nemico, requisiti per esigenze della guerra e che in precedenza erano stati adibiti al trasporto di emigranti, quindi scarsamente adattabili alle esigenze di una nave ospedale. I Pazienti trasportati

---

[13] De Napoli, *La Sanità Militare In Italia*, p. 127.

[14] *Ibid.*, pp. 137-156.

via nave furono nel 1915 4.579, nel 1916 34.897, nel 1917 31.529 e nel 1918 23.595[15].

4. *I feriti*

Spesso chi giungeva in ospedale ferito dalla prima linea era già portatore di un'infezione o di un inizio di cancrena. In base ad un principio generale di sanità militare, in presenza di due feriti da trattare chirurgicamente, di cui uno più grave dell'altro, si operava prima il meno grave per 'massimizzare' le probabilità di salvare almeno uno dei due soldati. Infatti, se si fossero impiegate forze e tempo per tentare un intervento sul ferito più grave, il meno grave avrebbe avuto il tempo per aggravarsi a sua volta e si sarebbe rischiato di perderli entrambi[16]. I risultati migliori si ottennero quando si ridussero i tempi di trasporto dei pazienti dal fronte alle sezioni si sanità e/o agli ospedali da campo, consentendo il primo soccorso chirurgico ed un adeguato trattamento sterilizzante delle ferite. Quando le strutture sanitarie di prima linea si dimostrarono insufficienti per far fronte al continuo aumento del numero di feriti da soccorrere, furono istituiti i Nuclei Chirurgici Mobili chiamati anche Ambulanze Chirurgiche. Questi Nuclei, 7 del Regio Esercito Italiano e 3 della Croce Rossa Italiana, furono dislocati in vicinanza di ospedaletti da campo avanzati o presso le sezioni di sanità più impegnate. Le loro dotazioni comprendevano diverse tende per le varie attività (sterilizzazione materiali, sale operatorie, magazzini, alloggi per ufficiali/truppa/infermieri, impianti radiologici ecc.) oltre che mezzi di trasporto (furgoni, automobili). L'organico era composto da 1 ufficiale medico superiore, 9 ufficiali medici, 6 aspiranti ufficiali, 1 ufficiale farmacista, 1 cappellano, 10 soldati infermieri, 4 infermiere volontarie, 38 soldati per servizi vari, 15 autisti-meccanici. Le Ambulanze chirurgiche si dimostrarono molto efficaci per le loro agilità di movimento nel risolvere tempestivamente problemi chirurgici anche complessi[17].

I medici dovettero affrontare nuove problematiche di interesse

---

[15] *Ibid.*, pp. 156-179.

[16] Lambert, *Ricordi Logistici.*

[17] Spagli-Tempestini, *L'assistenza specialistica durante la Grande Guerra*, II parte.

chirurgico: i medici del fronte, per lo più giovani (neochirurghi) e per nulla competenti, ebbero difficoltà ad applicare il sapere acquisito sui libri mentre i medici più esperti rimasero nelle retrovie. Il problema che quotidianamente si pose fu: intervenire o astenersi? Di fronte a ferite del cranio, addome, torace era più opportuno astenersi o intervenire? In Francia l'atteggiamento astensionista fu fortemente sostenuto da un famoso chirurgo dell'epoca, il Prof. Edmond Delorme, che in un documento, pubblicato nel 1914, raccomandò «per i chirurghi che sanno e per quelli che non sanno» una condotta astensionista. Questo atteggiamento fu accettato volentieri dai chirurghi militari per la loro mancanza di esperienza del campo di battaglia e di preparazione alla guerra moderna. Non tutti condivisero questo approccio astensionista e fu evidenziato un paradosso difficilmente giustificabile: «interventismo in pace, astensionismo in guerra». Nel 1916 si cambiò indirizzo: strutture più equipaggiate e vicine al campo di battaglia autorizzarono i giovani chirurghi a realizzare interventi più audaci su cranio, addome e torace. I risultati ottenuti convinsero la comunità medica e il principio dell'astensionismo fu abbandonato per le numerose complicazioni. Purtroppo non sono disponibili i risultati ottenuti a distanza degli interventi eseguiti su cranio, torace e addome[18]. Una idea dei risultati, ottenuti in pazienti con ferite addominali sottoposti ad intervento chirurgico rispetto a quelli ottenuti in pazienti non operati, si può avere leggendo il rapporto dell'ospedale di smistamento di Villa Vicentina riferito al periodo agosto-settembre 2017: un esito favorevole si osservò nel 31% dei casi operati e nel 21% di quelli non operati considerando che tra gli operati deceduti erano compresi feriti in condizioni disperate per importanti emorragie sui quali l'intervento era stato realizzato come ultima soluzione[19].

5. *I malati*

«In tempo di guerra il numero di malati supera di molto quello dei feriti»[20]. La differenza numerica tra feriti e malati durante la Gran-

---

[18] Delaporte, *Medicina e guerra*, I, pp. 317-319.

[19] De Napoli, *La Sanità Militare In Italia*, pp. 125-126.

[20] G. Calligaris, *Un medico e la guerra*, Ferrara 1922, cit. in D. Ceschin, *"I fratelli minori dei feriti" militari e malattie nella grade guerra*, in *Malattia e Medicina*, pp. 16-27.

de Guerra fu importante, se si considera che tra il 1915 e il 1918 il numero complessivo di feriti fu di circa 950.000 mentre quello degli ammalati di 2.500.000 [21]. La Sanità militare dovette affrontare il problema delle malattie infettive e cercò di attuare tutti i provvedimenti utili per la prevenzione della loro diffusione. Furono costituite in territorio di guerra le 'Zone' (comprendenti più comuni) in cui un ufficiale medico era responsabile di denuncia, profilassi e sorveglianza igienica. Vennero istituite sezioni di: disinfestazioni, bonifica, disinfezione, depurazione delle acque potabili. Si allestirono laboratori batteriologici, ospedali di isolamento, convalescenziari per infettivi, campi contumaciali e, nelle aree di primo sgombero, zone contumaciali. Tutti i militari ed i civili abitanti in zona di guerra furono vaccinati dal 1915 per vaiolo, colera, tifo e paratifo. La lotta alla malaria fu condotta con il trattamento preventivo dei sani con chinino, con la bonifica delle zone malariche e con l'allestimento di infermerie e ospedali speciali per malarici[22]. Malgrado gli interventi preventivi, il numero di casi di malattie infettive registrati fu altissimo. A esempio nel 1915 i casi denunciati di colera nell'esercito e nei civili furono 16.475, gli accertamenti batteriologici 7.818 ed i decessi 4.553; il numero di casi di tifo denunciati in alcune principali città del nord fu nel 1914 di 4.230, nel 1915 di 8.832, nel 1916 di 14.724; i casi registrati di meningite cerebro-spinale tra i militari ed i civili furono in totale nel 1915 2.767, nel 1916 5.963, nel 1917 3.897 e nel 1918 1.600[23]. I casi di tubercolosi registrati durante il conflitto furono meno numerosi di quello che ci si poteva aspettare: i soldati affetti da tubercolosi furono circa 100.000, ma se si escludono quelli che contrassero la malattia durante la prigionia, il numero scende a circa 50.000[24].

Per la diffusione delle malattie veneree sia nella truppa che nella popolazione si adottarono provvedimenti di diverso ordine per controllare la prostituzione e contenere il contagio. Nelle zone delle operazioni militari furono preparati locali speciali con disinfettanti, irrigatori e po-

---

[21] G. Mortara, *La salute pubblica in Italia durante e dopo la guerra*, Bari 1925, p. 32, cit. in Ceschin, *"I fratelli minori dei feriti"*, pp. 16-27.

[22] Spagli-Tempestini, *L'assistenza specialistica durante la Grande Guerra*, II parte.

[23] De Napoli, *La sanità militare in Italia*, pp. 80-101.

[24] Mortara, *La salute pubblica in Italia*, pp. 16-27.

mate ed i malati furono concentrati in 'unità specializzate' in presenza di specialisti. Nelle retrovie si organizzò un controllo delle case di tolleranza e delle prostitute, furono aperte case di tolleranza per militari controllate da ufficiali medici e individuate e sottoposte a controlli sanitari le prostitute clandestine. Il censimento delle malattie veneree fu difficile: in un'armata di 300.000 uomini i malati non furono più di 400 nella truppa e 35 negli ufficiali[25].

Nel corso della Grande Guerra, in tutti gli eserciti dei paesi impegnati nel conflitto, si dovettero affrontare malattie psichiatriche, in gran parte sconosciute nelle guerre del secolo precedente. Migliaia di soldati soffrirono di uno sconosciuto insieme di sintomi dovuto a una serie di traumi psicologici, che poteva portare a un completo collasso nervoso o mentale. Si trattava di vere e proprie malattie psichiche conseguenza dei lunghi periodi passati al fronte, con la minaccia costante della morte, proveniente dal nemico, ma anche dai reparti addetti alla «dissuasione dal cedere». Nella zona di guerra si calcolarono 40.000 ricoveri per motivi psichiatrici, probabilmente valore sottostimato. Le manifestazioni delle patologie psichiche e mentali furono interpretate in maniera diversa e spesso originale. Il medico militare incaricato del resoconto ufficiale dei servizi medici dell'esercito canadese scriveva che il trauma era una forma di isteria e che non c'era alcun rimedio all'effeminatezza. Gli inglesi e i francesi consideravano i feriti a livello psicologico come degli effeminati, dei rammolliti: il soldato traumatizzato poteva dimostrare di essere guarito solo facendo il suo dovere al fronte. I tedeschi, invece, consideravano i traumi psicologici in termini economici, come se il comportamento rinunciatario dei militari al fronte producesse gli stessi effetti di quelli provocati dagli operai di una fabbrica in sciopero. I medici tedeschi erano soddisfatti quando riabilitavano i pazienti traumatizzati negli arsenali delle retrovie. Non combattevano più sul campo, ma davano il loro contributo lavorando. Le sofferenze erano terribili al fronte, ma in patria non erano da meno. In Italia nacque l'espressione 'scemo di guerra' per indicare tutti quelli che, durante o subito dopo la Grande Guerra, mostravano segni di patologia men-

[25] De Napoli, *La sanità militare in Italia*, pp. 227-240; Ceschin, *"I fratelli minori dei feriti"*, pp. 16-27.

tale. Le dottrine e la mentalità della sanità militare italiana si ispiravano al concetto di «predisposizione e degenerazione». Se i soldati della truppa, che manifestavano squilibri psichici, erano considerati «congenitamente degenerati» gli ufficiali più frequentemente erano considerati dei «nevrastenici». Poiché, più che malati veri, parevano astuti simulatori, i nevrotici erano trattati alla stregua di chi sfuggiva ai doveri di cittadino. Lo scopo della cura era costringere il malato ad abbandonare l'infermità, che gli aveva garantito l'allontanamento dal fronte, inducendogli una paura ancora peggiore: «l'elettricità dell'elettroshock»[26].

6. *La ritirata di Caporetto ed il fronte italiano nel 1918*

> Le giornate di Caporetto ebbero una ripercussione gravissima sulla sanità militare in quanto fu lasciata in mano al nemico quasi tutta l'organizzazione sanitaria del fronte e si rovesciò sulle retrovie una moltitudine di popolo e di armati in gravissimo disordine materiale e morale e si creò sul fronte improvvisato del Piave un cumulo di esigenze profilattiche[27].

Il bilancio della ritirata di Caporetto, iniziato il 27 ottobre 1917, tre giorni dopo l'inizio del bombardamento delle posizioni italiane da parte delle artiglierie austro-ungariche, fu molto pesante se si considera che i morti/feriti furono 40.000, i prigionieri 280.000 e gli sbandati circa 350.000. Per effetto del ripiegamento sul Tagliamento il servizio logistico sanitario perse circa 60.000 posti negli ospedali da campo e 14.800 posti negli ospedali di tappa. In seguito al ripiegamento sul Piave si persero altri 3500 posti. Fu necessario aumentare di 10.000 posti i 20.000 disponibili negli ospedali di riserva e furono dichiarati contumaciali alcuni ospedali di riserva per un totale di 18.000 posti. Si

---

[26] B. Bianchi, *Psichiatria e Guerra,* in *La Prima Guerra Mondiale,* I, pp. 323-340; N. Bettiol, *Uomini accerchiati. La follia della guerra raccontata attraverso le lettere dei soldati ricoverati nell'Ospedale Psichiatrico S. Artemio di Treviso,* in *Malattia e Medicina*, pp. 16-27.

[27] Ministero Dell'interno, relazione al Consiglio Superiore della Sanità sull'igiene e sanità pubblica 1915-1920, Roma 1921, cit. in De Napoli, *La Sanità militare in Italia,* pp. 181-219.

iniziarono lunghe e laboriose pratiche per ottenere l'ampliamento della zona di guerra[28].

Gli effetti della ritirata di Caporetto sulla Sanità Militare furono diversi per le 4 armate, dislocate su un fronte, con caratteristiche diverse, che dai confini con la Svizzera giungeva sino a Trieste. La precisa conoscenza di quanto accadde è difficile da riprodurre fedelmente per la mancanza di una omogenea documentazione. Il Ripiegamento della Prima Armata (Altipiano di Asiago e Val Brenta), sotto il comando del gen. G. Pecori Giraldi, avvenne regolarmente senza perdite di materiali. Il servizio sanitario non subì gravi conseguenze né furono lasciati feriti e malati intrasportabili. Il problema più grave fu lo sgombero per l'inadeguatezza dei mezzi di trasporto e le difficoltà logistiche. Furono realizzati numerosi interventi per i feriti cranici, toracici e oculari con ottimi risultati. Furono dichiarati dispersi 22 ufficiali medici e 2 aspiranti medici appartenenti alla 29° divisione. La Seconda Armata, comandata dal Gen. L. Capello, che insieme alla Terza Armata subì l'attacco più diretto dell'esercito Austro-Ungarico, era composta da circa 1 milione di uomini e disponeva di migliaia di posti letto. La direzione di sanità si trasferì da Udine a Conegliano e gli sgomberi vennero effettuati con treni sanitari e ordinari che però si dimostrarono subito insufficienti per il trasporto dei numerosi feriti e malati ricoverati presso gli ospedali del Friuli. È certo che, se non fossero mancati i treni sanitari, sarebbero stati sgomberati in tempo utile tutti i malati e feriti più gravi che invece rimasero in mano al nemico. Lo sgombero dei feriti dagli ospedali di Udine fu più difficile per il tentativo anche della popolazione civile di abbandonare la città ed i dintorni. Dalle relazioni di molti ufficiali medici, in accompagnamento di ammalati e feriti, emersero le gravi difficoltà durante la marcia per piogge torrenziali e oscurità[29]. La documentazione degli eventi che caratterizzarono la ritirata della Terza Armata, comandata dal Gen. E.F. D'Aosta, è più ampia e testimonia con più attendibilità la tragicità di quella disfatta. All'inizio dello sgombero i militari ricoverati erano 5.000 negli ospedali di corpo d'armata e 17.000 in quelli di intendenza. Gli ospedali di accoglienza furono quelli di Mestre, Padova, Abano, Rovigo, Ferrara, Bologna. Si affrontò il pro-

---

[28] *Ibid.*, pp. 218-219.

[29] *Ibid.*, pp. 181-193.

blema pressante del trasferimento dei militari con malattie infettive, il che richiese l'organizzazione, in località adatte dal punto di vista logistico, di ospedali mobili per malattie infettive gravi (colera, vaiolo, meningite, dissenterie, tubercolosi) e per malattie infettive comuni (scabbia, erisipela parotite, malattie veneree, ecc.). I militari del XIII corpo di armata deceduti nel trimestre ottobre-dicembre 2017 furono 878, di cui in combattimento 629, in sezioni di sanità 51, negli ospedali 198, corrispondente al 32% dei feriti. Dei feriti il 20% presentava ferite da armi portatili, l'80% da proiettili di artiglieria. Il 56% delle ferite erano a carico degli arti, il 26% della testa, il 17% del tronco[30]. Il ripiegamento dell'armata del Cadore, la Quarta Armata, sotto il comando del Gen. G. Giardino, avvenne con più calma al di fuori della pressione diretta del nemico. All'inizio della ritirata erano degenti nelle Unità sanitarie 9789 infermi di cui 6805 nella seconda zona delle retrovie. Tutti gli infermi furono giudicati trasportabili e quindi trasferiti, a differenza di quanto avvenne in Friuli per la II e III Armata. Si interruppe il funzionamento degli ospedali di 100-200 letti del fronte e anche gli ospedali delle prime zone delle retrovie trasferirono i malati e feriti nell'interno del paese. Si riuscì a recuperare gran parte del materiale sanitario utilizzato successivamente per le necessità della difesa del Grappa[31].

Dai primi di novembre 1917 furono organizzati e distribuiti in Polesine i 'Centri di Riordinamento', per accogliere ciascuno 1.000 sbandati. A Rovigo giunsero 175.000 uomini di fanteria con indumenti inadeguati, in condizione igieniche precarie, portatori spesso di malattie infettive. Altro centro fu istituito a Copparo. Ad ogni sezione fu assegnato un ufficiale medico subalterno con funzione di medico di battaglione. Le larghe disinfezioni riuscirono a contenere la diffusione di epidemie. A metà novembre il centro di Rovigo fu traferito a Castelfranco Emilia dove si impiantarono 33 infermerie (1.016 letti) e affluirono 25.000 militari non inquadrati, 43.000 soldati della II armata e 22.000 soldati della III armata. Il campo per il genio fu organizzato a Guastalla: 12 infermerie per 24.000 uomini, quello per l'artiglieria per 100.000 militari fu organizzato a Mirandola[32].

---

[30] *Ibid.*, pp. 193-207.

[31] *Ibid.*, pp. 208-211.

[32] *Ibid.*, pp. 211-219.

Nel 1918, anno successivo alla Ritirata di Caporetto, il compito principale del corpo sanitario fu quello di riorganizzare le strutture avanzate e di garantire l'acceso dei malati alle strutture territoriali. La mancanza di medici militari rese più difficile questa riorganizzazione. La malaria, già presente nell'esercito nel 1917, dopo Caporetto ebbe una maggiore diffusione anche per i cambiamenti insorti nel regime delle acque superficiali nelle zone di operazione e nelle retrovie. Tra dicembre 1917 e aprile 1918 nella III e VIII armata vennero accertati 11.645 casi di malaria e, tra aprile e agosto 1918, altri 22.671 casi. Particolarmente elevate furono le morbilità e mortalità da malaria nelle truppe operanti (soprattutto della Marina) in Albania. Nella primavera del 1918 scoppiò la prima fase epidemica dell'influenza Spagnola che in luglio-ottobre assunse caratteristiche di particolare gravità e coinvolse tutte le unità militari nella zona di guerra e nell'intero Paese: in Italia venne colpito 1 abitante su 7 e furono registrati 500.000 morti da Spagnola[33].

7. *Innovazioni mediche e chirurgiche durante la prima guerra mondiale*

> Pur nella diversità delle guerre nazionali che tutte insieme compongono la «grande guerra» del 1914-1918 e nella differenza tra le rispettive organizzazioni e operazioni sanitarie, tuttavia la sanità e la scienza medica traggono dalle esperienze belliche -come già visto più volte in passato- utili insegnamenti e avanzamenti tecnici e pratici[34].

Nel 2014, la NATO ha pubblicato, in occasione delle celebrazioni del centenario della Grande guerra, i risultati di una indagine condotta sulle attività della sanità militare durante il conflitto. Questa indagine ha confermato come l'enorme numero di vittime durante la Prima Guerra Mondiale sia stato causato essenzialmente dalla guerra di trincea durata diversi anni.

---

33 *Ibid.*, pp. 281-297.

34 G. Cosmacini, *Guerra e medicina dall'antichità ad oggi,* Bari 2011, p. 167; D.C Bennett, *Medical advances consequent to the Great War 1914-1918*, «Journal of the Royal Society of Medicine», 83 (1990), pp. 738-742.

> Allo scoppio della Prima Guerra Mondiale, non si pensava alla sanità o alle cure mediche. Sia i medici che gran parte del personale sanitario non erano qualificati: subito dopo la laurea bisognava partire e talvolta anche senza la laurea. Le norme igieniche erano scarse e le cure riservate ai pazienti erano piuttosto antiquate.

Secondo questa indagine nel corso della guerra i campi di battaglia diventarono un enorme laboratorio medico, dove i migliori nel loro settore sperimentarono nuove tecniche. Si definirono l'organizzazione delle evacuazioni e la pianificazione degli sgomberi. La prontezza nel curare i soldati diventò una questione cardine: quattro soldati feriti su cinque morivano entro la prima ora dal momento del ferimento. I veri progressi nell'evacuazione cominciarono allora: si definì come l'«ora d'oro» il tempo fondamentale per il recupero dei feriti. I progressi medici iniziati durante la Grande Guerra si incrementarono nei conflitti successivi (Seconda guerra mondiale, Corea, Vietnam, Afghanistan). L'indagine NATO concludeva che «da un punto di vista militare, i risultati della sanità militare furono ottimi: senza la medicina e l'assistenza sanitaria, il numero di uomini in battaglia sarebbe stato di gran lunga inferiore e forse la guerra sarebbe finita prima del novembre 1918»[35].
Cento anni dopo l'inizio della Prima Guerra Mondiale, il Prof. Harold Ellis, Professore emerito di Chirurgia a Londra, ha scritto:

> «There is an old saying that the only thing to benefit from war is Surgery» [...]; [...] By 1915 the technique of «delayed primary suture» was established. Extensive excision of all devitalized tissues, the wound then left open, lightly covered with a sterile dressing, immobilized in a suitable splint and delayed closure carried out about 5 days later if the wound appeared healthy on inspection[36].

Durante la guerra, quando ancora non erano disponibili gli antibiotici, furono pubblicati su riviste prestigiose diversi articoli di ufficiali medici che raccomandavano un nuovo tipo di *trattamento delle ferite*

---

[35] https://www.nato.int/docu/review/2014/war-medicine/WWI-WW1-Health-care-medicine/IT/index.htm.

[36] H. Ellis, *War Surgery 100 Years Ago*, «British Journal of Hospital Medicine», 76 (2015), pp. 423.

che assicurava un miglior risultato rispetto a quanto era stato realizzato nei precedenti conflitti[37]. Di recente è stato descritto magistralmente il risultato di una collaborazione, nata durante la guerra, tra un chirurgo francese, premio Nobel, ed un chimico inglese, i quali idearono un disinfettante a base di ipoclorito di sodio, ancora oggi utilizzato per la detersione delle ferite infette:

> During the Great War in 1914, *Alexis Carrel*, Nobel Prize (1912) in medicine and physiology for his contributions to vascular surgery, had volunteered for the French Medical Corps... In December that year he spent several days on the front...and regretful about the formidable problems of military surgery inadequate treatment of war... Most unsettling for Carrel was the inadequate treatment of war wounds, which led to 'the frequent occurrence of gangrene suppuration and infections of all kinds'. He noted with regret that 'medical and surgical science then has done very little ...for the treatment of the infected wounds of war' [...]. The French surgeon, in collaboration with the English chemist *Henry Dakin*, devised an antiseptic treatment for infected wounds [...]. The experimental establishment in 1915 of hypochlorite of soda as the most appropriate antiseptic was therefore an important step not only in the development of the Carrel-Dakin method, but also in the broader defense of antisepsis[38].

Nel 1895 Wilhelm Conrad Roentgen scoprì i Raggi X. La loro prima utilizzazione in campo militare è attribuita ad un italiano, il Ten. Col. Giuseppe Alvaro, che nel 1896 pubblicò un articolo, riportando la sua esperienza dell'uso dei Raggi X durante la guerra di Abissinia[39].

Venti anni dopo la Radiologia nel conflitto mondiale risultò indispensabile per la diagnosi ed il trattamento delle ferite di guerra e la localizzazione di proiettili. L'evoluzione della tecnologia e la necessità di disporre di apparecchi mobili quanto più vicino ai campi di battaglia

---

37 A. Bowlby, *Wounds in War*, «Lancet», 186 (Dec. 25, 1915), pp. 915-916; E.G. Kennedy, *The Treatment of Wounds in War*, «Lancet», 186 (Sept. 25, 1915), pp. 465-466.

38 N. Whitfield, *Surgical Skills Beyond Scientific Management*, «Medical History», 59 (2015), pp. 421-442.

39 G.I. Alvaro, *Vantaggi pratici della scoperta di Rontgen in chirurgia*, «Giornale medico del Regio Esercito», 44 (1896), pp. 385-394.

indusse la sanità militare ad allestire delle unità mobili di radiologia sia in autoambulanze che negli ospedali da campo. Tra le prime ad eseguire sul fronte numerosissimi esami radiologici fu Marie Curie che, insieme alla figlia, creò in Francia una scuola per tecnici radiologi e che nel 1921 pubblicò un manuale su *La Radiologie et la Guerre*[40].

Durante la Prima Guerra Mondiale la Neurochirurgia si sviluppò notevolmente ed acquisì la dignità di disciplina autonoma grazie anche a Sir H. Cushing, ufficiale medico degli USA, in servizio in Francia dal 1917 al 1918. Sir H. Cushing applicò, in parte modificandole, le tecniche di trattamento delle ferite cerebrali già proposte dai chirurghi europei ottenendo una riduzione della mortalità post operatoria dal 50% al 29%[41].

Dieci mesi dopo la fine della guerra, al meeting annuale della American College of Surgeons, fu annunciata la nascita della neurochirurgia come disciplina autonoma[42]. Nell'ambito della neurochirurgia si misero a punto anche trattamenti per le lesioni dei nervi periferici e negli ospedali delle retrovie si condussero studi sui pazienti portatori di lesioni del midollo spinale. In questi ultimi si studiarono le funzioni motorie e sensoriali venute meno e misurarono i tempi e le modalità delle eventuali riprese, totali o parziali, delle funzioni perse[43].

Anche l'Ortopedia moderna deve la sua nascita agli ufficiali medici che svilupparono questa disciplina grazie ai numerosissimi militari che richiesero trattamenti innovativi per le più varie lesioni ossee. In particolare Sir Robert Jones, ortopedico delle Forze Armate Inglesi che collaborò anche con gli specialisti dell'Istituto Rizzoli di Bologna, sviluppò nuovi sistemi di immobilizzazione degli arti fratturati e tra i primi utilizzò trapianti ossei per riparare perdite di sostanza[44].

---

[40] E. Magiorkinis - L. Vladimiros - A. Diamantis, *The Early History of Military Radiology (1896-1916): from Wilhelm Conrad Röntgen to the First World War*, «Balkan Military Medical Review», 13 (2010), pp. 163-169.

[41] M.E. Carrey, *Cushing and the Treatment of Brain Wounds During World War I*, «Journal of Neurosurgery», 114 (2011), pp. 1495-1501.

[42] J. Dowdy - T.G. Pait, *The Influence of War on the Development of Neurosurgery*, «Journal of Neurosurgery», 120 (2014), pp. 237-243.

[43] W. Hanigan, *The Development of Military Medical Care for Peripheral Nerve Injuries During World War I*, «Neurosurgery Focus», 28 (2010), pp. 1-12.

[44] B. Di Matteo - V. Tarabella - G. Filardo *et alii*, *Sir Robert Jones: Orthopaedic*

Tra le ferite più devastanti cui andarono incontro i militari nel primo conflitto mondiale, sicuramente quelle a carico della faccia furono le più complesse da trattare chirurgicamente. Anche la Chirurgia ricostruttiva, come l'ortopedia, vide i suoi albori in questa guerra ed i risultati ottenuti convinsero i più scettici a tentare comunque una ricostruzione dei tessuti anche in presenza di lesioni estese [45].

8. *Considerazioni conclusive*

La Prima Guerra Mondiale, considerando gli eserciti sia delle potenze alleate (Russia, Francia, UK, Italia, USA, Giappone, Romania, Serbia, Belgio, Grecia, Portogallo, Montenegro) che di quelle centroeuropee (Germania, Austria-Ungheria, Turchia, Bulgaria), mobilitò più di 73 milioni di militari e provocò più di 9 milioni tra morti e dispersi e più di 21 milioni di feriti[46]. Il Servizio di Sanità del Regio Esercito Italiano, malgrado le molteplici criticità segnalate più volte sulla carenza di personale qualificato, sulla mancanza di attrezzature e suppellettili, sulla frequente mancanza di informazioni tra prima linea e strutture territoriali, seppe garantire ai feriti ed ai malati una buona assistenza. In accordo con quanto scritto da Giorgio Cosmacini si può affermare che:

> Nonostante l'inadeguatezza, le insufficienze ed i ritardi della sua sanità militare, l'Italia è nazione che siede dalla parte dei vincitori al tavolo della pace, il 28 giugno 1919, a Versailles. La Germania nonostante la superiorità del suo servizio sanitario di guerra, ereditato dalla Prussia e perfezionato dall'organizzazione imperiale e dall'avanzata scienza medica tedesca, siede allo stesso tavolo, ma come nazione che ha perso. Una buona sanità non le ha giovato per vincere la guerra.

Surgeon and War Hero, «International orthopaedics», 39 (2015), pp. 1021-1025; A. Ramasamy - W.G. Eardley - D.S. Edwards *et alii*, *Surgical Advances During the First World War: the Birth of Modern Orthopaedics,* «Journal of the Royal Army Medical Corps», 162 (2016), pp. 12-17.

[45] B. Pichel, *Broken Faces Reconstructive Surgery During and after the Great War,* «Endeavour», 34 (2010), pp. 25-29.

[46] J. Winter, *The Great War and the British People*, Londra 1985.

La buona sanità non assicura la vittoria, né una sanità meno buona espone necessariamente alla sconfitta. La sanità, militare o civile, ha tutt'altri più nobili scopi[47].

[47] COSMACINI, *Guerra e medicina*, pp. 170-171.

Adriana Vignazia

CAPORETTO NELLA STAMPA AUSTRIACA

Nella complessa storia dei rapporti tra l'Italia e la monarchia austro-ungarica l'episodio di Caporetto assume un rilievo non solo militare e strategico, ma anche storico-culturale che si riflette nella stampa del tempo. Per ovvi motivi di spazio mi limito in questo saggio ad analizzare gli articoli di tre quotidiani viennesi rappresentanti le maggiori correnti politiche: la «Neue Freie Presse», la «Reichspost» e la «Arbeiterzeitung»; nonché la rivista illustrata «Das interessante Blatt» e le riviste satiriche «Muskete» e «Kikeriki»[1]. Tra gli articoli ho preso in considerazione sia le corrispondenze e i bollettini di guerra sia i testi considerati più genericamente letterari, corredati o meno da materiale visivo, perché, sottoposti tutti alla stessa severa censura, i loro messaggi erano finalizzati alla sollecitazione del consenso e al mantenimento della fiducia nelle istituzioni dello stato e nelle gerarchie militari. L'analisi del materiale visivo s'impone in quanto tra la fine dell'Ottocento e l'inizio del Novecento si affermano sul mercato giornali e riviste illustrate che favoriscono la nascita di una «fotografische Öffentlichkeit»[2], una realtà visiva particolare creata dalla fotografia riprodotta in massa da tali pubblicazioni. Avendo in comune con l'immagine l'esser recepita senza i molteplici filtri critici cui è sottoposto il linguaggio verbale, la fotografia per la sua pretesa di autenticità si presta particolarmente ai fini propagandistici. E proprio nel 1917, dopo l'insediamento del colonnello Wilhelm Eisner-Bubna alla direzione del Kriegspressequartier[3], si intensifica la richiesta di materiale

---

[1] Giornali e riviste sono leggibili online nel catalogo ANNO della Nationalbibliothek di Vienna. http://anno.onb.ac.at/

[2] A. Holzer, *Rasende Reporter. Eine Kulturgeschichte des Fotojournalismus*, Darmstadt 2014, p. 11.

[3] Istituito allo scoppio della guerra e posto sotto il controllo degli organi militari, il Kriegspressequartier (KPQ) esercitava una censura propositiva ed era composto da giornalisti e fotografi accreditati. I primi, lontani dal fronte, elaboravano le informazioni

visivo per diffondere all'estero, nei paesi neutrali, un'immagine dell'Austria e della guerra da lei condotta alternativa a quella presentata dai paesi dell'Intesa e diversa anche dalla Germania cui veniva accomunata. Un secondo fattore merita ancora di essere ricordato: i progressi nella tecnologia degli apparecchi per la fotografia a distanza, usati a complemento della cartografia, nel 1917 permettevano fotografie dinamiche e coinvolgenti degli eventi bellici, sempre più richieste e ormai preferite a quelle statiche tradizionali[4], anche se le foto delle battaglie erano normalmente montaggi o riprese alla fine dei combattimenti[5].

1. *Metodo d'analisi e struttura dell'informazione*

Poiché a inizio Novecento i giornali erano il canale privilegiato per la diffusione delle notizie e per la formazione dell'opinione pubblica, nell'analisi degli articoli ho tenuto conto di alcuni spunti derivanti dalle teorie della comunicazione di massa[6]. Secondo la teoria della scelta delle notizie, dell'*Agenda setting* e del *framing*, la stampa sceglie, costruisce la gerarchia d'importanza delle notizie e le contestualizza in modo da poter giustificare o condannare l'agire di particolari gruppi a seconda degli interessi politici o economici dell'emittente. La prima considerazione è andata quindi alla griglia tipografica e alla posizione delle notizie dal fronte, quali indicatori della rilevanza loro data dalla redazione del giornale. L'analisi dei commenti si è focalizzata sulle giustificazioni dell'attacco, sulla presa di possesso del territorio veneto e sulla presentazione di sé e del nemico. Sebbene la censura unificasse i messaggi e riducesse la

---

ufficiali che ricevevano dagli organi militari e seguivano la stampa straniera; i secondi potevano avvicinarsi ai campi di battaglia, le loro fotografie erano poi selezionate e rielaborate nella Lichtbildstelle, istituita nel 1917 da Eisner-Bubna. Il 30% di queste foto era messo gratuitamente a disposizione della stampa – interna e estera – e degli organi militari. Cfr. K. Paupié, *Handbuch der österreichischen Pressegeschichte*, II, *Die zentralen pressepolitischen Einrichtungen des Staates*, Vienna-Stoccarda 1966, pp.148-153, 157 e 162.

[4] Cfr. A. Holzer, *Österreichische Kriegsfotografie im Ersten Weltkrieg (1914-1918)*, Vienna 2005, pp. 63, 86-88.

[5] Cfr. Holzer, *Rasende Reporter*, p.109.

[6] Cfr. B. Rosenberger, *Zeitungen als Kriegstreiber? Die Rolle der Presse im Vorfeld des Ersten Weltkrieges*, Colonia-Weimar-Vienna 1998, pp. 98-105.

stampa alla funzione di sostegno degli organi militari, è tuttavia interessante vedere come i quotidiani riuscissero ad adattare le direttive ufficiali ai propri orientamenti politici e culturali.

Nei quotidiani «Neue Freie Presse» e «Reichspost» le notizie dell'offensiva occupano fin verso fine novembre le prime pagine. Sulla colonna di sinistra[7], e spesso in neretto, si leggono in genere i bollettini di guerra austriaci e tedeschi, con le scarne informazioni sulle località conquistate, il numero dei prigionieri, dei pezzi di artiglieria e dei depositi o magazzini presi; i bollettini dovevano essere stampati parola per parola, senza aggiunte o tagli[8]. Sempre in prima pagina si legge il primo commento degli ultimi avvenimenti, in cui il redattore doveva però astenersi dal fare supposizioni circa lo svolgimento o le intenzioni dei militari austriaci, mentre lo stesso non valeva per le mosse del nemico. Seguono, creando l'apparenza di un'informazione molteplice ed oggettiva, le notizie da varie agenzie straniere: il Wolff - Bureau di Berlino, l'agenzia Stefani, Reuters o altre, scelte, riassunte e tradotte nel KPQ; a queste si rifanno molti commenti che tendono a discreditare il nemico o a mostrarlo in difficoltà, una forma di disinformazione 'funzionale' all'orientamento della pubblica opinione. Gli articoli, raramente firmati, dovevano mostrare la dicitura «autorizzato dal Kriegspressequartier». Anche nel feuilleton si può ritrovare la guerra con narrazioni di battaglie recenti o antiche[9]. La «Neue Freie Presse» in terza pagina pubblica minuziose cartine delle zone del conflitto.

La «Neue Freie Presse» e la «Reichspost» condividono la tesi dell'ingratitudine e tradimento dell'Italia che costringe la monarchia a difendere la propria integrità territoriale come durante le guerre del Risorgimento[10]. Anche se il loro discorso tende a distinguere le responsabilità

---

[7] La maggior parte dei quotidiani aveva allora una griglia tipografica a tre colonne con un eventuale articolo di taglio basso, il *feuilleton*. Le messe in rilievo erano fatte con elementi tipografici: stampa in neretto, in caratteri spaziati o di dimensioni maggiori. Normalmente erano senza immagini.

[8] J. PERWANGER, *Die Haltung der Wiener Presse zu Italien im Ersten Weltkrieg 1914-1918*, Vienna 1987, p. 16.

[9] «Neue Freie Presse», 25 ottobre 1917, pp. 1-3 si pubblica un racconto sull'undicesima battaglia dell'Isonzo; invece nella «Reichspost», 17 novembre 1917, p. 10 se ne legge uno ambientato ai tempi delle crociate.

[10] È la tesi ufficiale del manifesto *Ai miei popoli* di Francesco Giuseppe del 1915.

delle gerarchie politiche e militari da quelle del popolo, inevitabile è il ricorso a una serie di stereotipi che segnano l'inferiorità morale e militare dell'italiano e che vanno dalla vigliaccheria e scarsa propensione militare fino alla disonestà, vanità, ingratitudine e inconcludenza. Nel testo letterario (racconto o satira)[11], che vive di concisione e stringatezza, la stilizzazione dell'italiano, soldato e non, è ancor più accentuata; il corrispettivo grafico nella satira mostra il soldato italiano con il cappello da bersagliere (le penne sono qui un simbolo un po' tribale di orgoglio e vanità), le mani lunghe (allungare le mani = rubare) e i denti da coniglio, animale pronto a scappare di fronte al pericolo[12].

Dal punto di vista formale i testi mostrano una struttura basata sull'antitesi con frequente ricorso a stereotipi[13], il linguaggio è spesso astratto, eufemistico e reticente. Quando si parla di battaglie si tende a nascondere la verità delle sofferenze umane: si parla infatti di 'accanita resistenza', 'aspri combattimenti', di 'respingere il nemico' o di 'ripulire (*säubern*) un territorio'[14]; i morti diventano 'perdite' e riguardano il ne-

---

Dacrema riporta un illuminante messaggio di Conrad von Hötzendorf all'aiutante di campo dell'imperatore in cui scrive: «L'infedeltà italiana dev'essere messa alla gogna in modo annientante, e il contegno dell'Italia dev'essere bollato non come fatto di guerra, ma come un ordinario attacco di vili, di briganti, di ladri». N. Dacrema, *Il volto del nemico: scrittori e propaganda bellica (1915-1918) nell'Austria di Francesco Giuseppe*, Firenze 1998, p. 74.

[11] Cito come esempio il racconto *Petar Stegu und sein Brief* di R. von la Croix, «Österreichs deutsche Jugend», 34 (1917), pp. 295-300; e il racconto di R. Bryk, *Gottfried Melzer. Ein altwiener Dosenstück aus jüngster Zeit*, «Sport& Salon. Illustrierte Zeitschrift für die vornehme Welt», 18 novembre 1917, pp. 19-27.

[12] Per una trattazione più completa rimando a A. Vignazia, *Der Erbfeind: l'immagine dell'Italia e degli Italiani nelle riviste satiriche e umoristiche viennesi durante la Grande Guerra*, «Römische Historische Mitteilungen», 59 (2017), pp. 167-188, e al sopracitato libro di Dacrema, *Il volto del nemico*.

[13] Un elenco degli stereotipi più frequenti nelle corrispondenze di guerra in G. Boaglio, *Quassù la vita e la lotta assumono forme fantastiche*, in *Karl I. (IV.), der Erste Weltkrieg und das Ende der Donaumonarchie*, a cura di A. Gottsmann, Vienna 2007, p. 68. Ciò che vale qui per gli articoli italiani è estendibile a quelli austriaci.

[14] Una critica mordace di questo linguaggio è stata esercitata da Karl Kraus, p.es. l'uso traslato del verbo *säubern* ha offerto lo spunto per la scena XVI del V atto de *Gli Ultimi giorni dell'umanità* in cui Alice Schalek insiste sul *putzen* e *ausputzen* – sinonimi di *säubern* – delle trincee nemiche e, fraintesa dal collega in quanto donna, lo redarguisce bruscamente: «Dilettante! Ripulire vuol dire massacrare». K. Kraus, *Gli ultimi giorni dell'umanità*, Milano 1980, p. 531

mico; la morte in massa, nelle trincee, è trasfigurata in *Heldentod*, 'morte eroica', i cimiteri di guerra sono *Heldenfriedhöfe*, i cimiteri degli eroi.

2. *La «Neue Freie Presse»*

Fondata nel 1864, la «Neue Freie Presse» era il giornale di maggior prestigio della monarchia e rappresentava la corrente liberale tedesca. I suoi articoli sono accurati, ricchi d'informazioni storiche e geografiche, di tono un po' professorale. Allo scoppio del conflitto la redazione aveva assunto un atteggiamento aperto nei confronti dell'Italia e accettato la sua dichiarazione di neutralità, mettendola in relazione all'opposizione parlamentare e alla richiesta di pace di ampi strati della popolazione. A fine 1914, quando le voci interventiste si erano fatte più forti e aggressive, il giornale aveva adottato una strategia suasiva[15], tendente a dimostrare la convenienza della neutralità per l'Italia e il suo obbligo morale in quanto alleata. Alla sua entrata in guerra l'aveva accusata di alto tradimento[16].

Durante l'offensiva negli articoli prevale un tono emozionale che varia dal retorico-patetico all'ironia: «Con i Serbi si sono giocati ai dadi i panni che noi avevamo ancora addosso [...] il fantasma dell'Alleanza, colpita a morte, è apparso alla tavola del re Vittorio Emanuele». Oppure: «Sui campi di battaglia la terza Roma voleva trovare ad ogni costo corone d'alloro [...] Non poteva certo mancare che di fronte all'arco di Tito se ne elevasse uno nuovo, in cui fossero scolpite le vittorie sul Carso, nel Tirolo meridionale e la conquista di Trento e Trieste»[17].

Tuttavia, al di là della soddisfazione di vedere il nemico sconfitto e punito, nei primi articoli sull'offensiva si percepisce imbarazzo per la presenza tedesca, giustificata dalla notizia di truppe e munizioni ingle-

---

[15] Per la definizione di alcune categorie del discorso mi riferisco a CH. SCHWENDINGER, *Kriegspropaganda in der Habsburgermonarchie zur Zeit des Ersten Weltkrieges*, Amburgo 2011, p. 77.

[16] Cfr. M. KISLINGER, *Österreich-Italien 1914-1915. Die gegenseitige Wahrnehmung in der Berichterstattung der ‚Neuen Freien Presse' und des ‚Corriere della Sera'*, Vienna 2011, pp. 140-155.

[17] «Neue Freie Presse», 25 ottobre 1917, p.1 e 27 ottobre 1917, p. 1.

si e francesi tra le fila nemiche e dalla tardiva dichiarazione di guerra dell'Italia alla Germania[18]. Forse si sentiva la contraddizione tra l'aiuto tedesco e l'aver sempre presentato l'esercito italiano come inferiore nel combattere, sebbene superiore di numero e di armamenti. Un imbarazzo sublimato nell'idealizzazione del rapporto di fedeltà, pregio e caratteristica del mondo germanico, contro l'inaffidabilità e il calcolo, che invece caratterizzano i rapporti tra i membri dell'Intesa. Infatti il 28 ottobre il corrispondente Fabius si chiede dove fossero rimasti gli aiuti promessi dagli alleati. Un'altra frequente antinomia è quella di razionalità e organizzazione *vs* spreco e disorganizzazione: dell'offensiva si lodano la geniale pianificazione, la tattica di combattimento e l'uso razionale di artiglieria, lanciafiamme e bombe a gas[19], la perfetta coordinazione delle azioni e la sintonia tra comandanti e truppe in antitesi con lo spreco di risorse, la mancanza di piani per la difesa e la fuga disordinata delle unità italiane.

Molto spazio viene dato al possibile effetto psicologico della rottura del fronte per cui la supposizione di una prossima uscita dell'Italia dalla guerra, rafforzata da stereotipi nazionali, sembrava giustificata: lo scacco subìto susciterebbe in un francese o inglese orgoglio e determinazione a resistere, l'italiano invece, contrario alla guerra fin dall'inizio, non avrebbe la forza di resistere a lungo[20]. Uno stereotipo simile ricompare nella descrizione dei prigionieri italiani che, contrariamente agli altri, sarebbero «teatrali, chiassosi, vivaci come sempre, quasi allegri [...]; le loro espressioni sembrano dire: A noi la cosa non importa più niente, per noi la guerra è finita!»[21].

Commentando la fuga precipitosa della popolazione civile di fronte all'avanzata nemica, il quotidiano ne indica i responsabili. E lo fa

[18] Il quotidiano riprende il discorso sulla convenienza della Triplice Alleanza per l'Italia e l'accusa di calcolo politico: con la mancata dichiarazione di guerra alla Germania, richiesta invece da Londra, l'Italia avrebbe inteso garantirsi una possibile alleanza futura. «Neue Freie Presse», 25 ottobre 1917, p. 1.

[19] Generalmente il riferimento all'uso del gas è tabuizzato, ma nella «Neue Freie Presse» del 29 ottobre 1917, p. 3, si cita un «enorme attacco con i gas», confermato dalle notizie italiane da cui si viene a sapere che si trattava di un nuovo tipo di gas di cui però si tacciono i letali effetti: «grossi proiettili contenenti un gas particolare»; *ibid.*

[20] «Neue Freie Presse», 28 ottobre 1917, p. 1.

[21] Ivi, 1 novembre 1917, p. 2.

riprendendo le parole dell'infervorato discorso del ministro Giardino in parlamento il 25 ottobre: «il patrio suolo italiano è invulnerabile [...] Nessuno voleva vulnerare l'Italia, il suo governo però ha colpito gli alleati con la guerra per derubarli di antichi possedimenti legittimamente ereditati»[22]. La critica va poi al re Vittorio Emanuele, considerato un debole che aveva ceduto alle richieste della strada[23]; ai ministri Sonnino, portavoce della volontà di Londra, e Salandra a cui non si risparmia l'ironia d'essersi votato al santo sbagliato[24]; e poi a Gabriele d'Annunzio e agli intellettuali interventisti[25], riconoscendo a Giolitti il merito di essersi opposto alla guerra. Ma la motivazione profonda dell'entrata in guerra dell'Italia a fianco dell'Intesa la «Neue Freie Presse» la vede nel bisogno di rivalsa degli italiani che scelgono un momento a loro propizio per far dimenticare la sconfitta di Custoza del 1866 e i numerosi scacchi militari subìti in Africa[26]. Il commento del 26 ottobre al sopracitato discorso mette invece in luce una grande differenza di mentalità e di educazione sanzionando il comportamento emotivo dei deputati italiani:

> Se lo spassionato lettore cerca nelle singole frasi la spiegazione di tale sfogo emotivo, non troverà altro che un susseguirsi di frasi trite, di parole logore che non possono spinger nessuno a baciare un altro. Il fronte italiano è stato sfondato per un tratto di diversi chilometri, le perdite umane sono serie e il ministro della guerra viene abbracciato e baciato[27].

Altrettanto incomprensibili risultano le accuse di vigliaccheria rivolte dal generale Cadorna alle truppe della seconda Armata, un atto che viene interpretato come mossa politica, come l'unico modo per rendere plausibile al fronte interno la disfatta[28]. Alla notizia della sua destituzione da Capo di Stato Maggiore dell'Esercito, la «Neue Freie

---

[22] Nel tedesco la ripresa del verbo *verletzen*, ferire: «Das italienische Vaterland ist unverletzlich. Niemand wollte Italien verletzen», «Neue Freie Presse», 26 ottobre 1917, p. 1.

[23] In tedesco l'espressione «von der Gasse» è indice di disprezzo antidemocratico; *ibid.*

[24] Il riferimento è al discorso del 'sacro egoismo di una nazione' pronunciato da Salandra tre anni prima, il gioco di parole si basa sul doppio significato di «sacro» e di «santo» del vocabolo tedesco *heilig*; «Neue Freie Presse», 27 ottobre 1917, p. 1.

[25] Ivi, 28 ottobre 1917, p. 1.

[26] Ivi, 27 ottobre 1917, p. 1.

[27] Ivi, 26 ottobre 1917, p. 1.

[28] Ivi, 31 ottobre 1917, p. 1.

Presse» – che lo chiama sempre 'conte Cadorna' – gli rende un ambiguo onore delle armi lodandone la metodicità, pur criticandone la strategia:

> Si è accanito sul fronte dell'Isonzo come se i soldati non fossero di carne viva, ma masse prive di sensi. Il conte Cadorna non voleva vincere all'italiana. All'inizio della guerra voleva mostrare che lui non la conduceva ciecamente seguendo il temperamento, bensì con seria logicità e saggia previsione [...] cercava il metodo e ha trovato l'errore[29].

L'inatteso avanzare delle truppe austro-tedesche nella pianura veneta è paragonato alle campagne vittoriose di Radetzky e del Granduca Albrecht, un ricorso all'antico[30] sancito dall'accoglienza presentata come benevola da parte della popolazione rimasta. Il tempestivo accorrere del giovane imperatore nelle zone 'liberate' assume la valenza di un ritorno alla legittimità che evidenzia l'antitetica concezione dello stato: da una parte la nazione intesa come un popolo unito da una lingua che vuole riunire in un unico stato il territorio dove questa lingua viene parlata; dall'altra lo stato multinazionale che ritrova la sua unità nella persona del monarca, a cui sono legati per diritto ereditario i territori e per un rapporto di lealtà personale i popoli, anche se di lingue diverse.

Con il rallentare dell'avanzata il discorso della «Neue Freie Presse» diventa sempre più manipolativo: se all'inizio si parlava di *Friedensoffensive*, offensiva per la pace, da concludersi solo a vittoria definitiva[31], in seguito si tiene viva la speranza di una pace separata dell'Italia con notizie che suggeriscono un progressivo sfaldamento del fronte interno e dell'unità tra i membri dell'Intesa, ma soprattutto con il sottolineare la difficoltà di ricostituire l'esercito ormai dimezzato, di reintegrare il materiale bellico perduto e di resistere sul Piave per «mancanza di una preparazione adeguata»[32].

---

[29] Ivi, 1 novembre 1917, p. 1.

[30] Il ricorso al passato in funzione legittimante si ritrova anche nei *feuilleton* dove p. es. si sottolineano i legami di Udine o di Gorizia con il mondo tedesco e asburgico. «Neue Freie Presse», 4 novembre, pp. 1-3.

[31] Ivi, 26 ottobre 1917, p. 1.

[32] Ivi, 19 novembre 1917, p. 3.

3. *La «Reichspost»*

Fondata nel 1894, la «Reichspost» era l'organo ufficioso del partito cristiano-sociale[33] con un programma conservatore e monarchico. Sempre diffidente nei confronti dell'Italia, il quotidiano ne accentua il tradimento alla sua entrata in guerra:

> Un traditore ci ha lasciato, un Giuda è uscito di soppiatto dalla sala, la pancia ancora piena dei cibi goduti alla nostra tavola e tuttavia non ancora sazio, alla ricerca famelica del di più, avido della nostra vita, di noi che per trent'anni siamo stati i suoi disinteressati amici, pronti ad aiutarlo[34].

Gli articoli e i commenti sull'offensiva di Caporetto sono più stringati e pragmatici di quelli della «Neue Freie Presse», ma più polarizzati e tendenti a personalizzare in senso moralistico le accuse; il tono generale è sarcastico e vendicativo. Delle tecniche usate per 'esecrare il nemico', una consiste nello smascherare i suoi discorsi idealistici: per esempio nell'articolo *Se Trento e Trieste fossero liberate. Il destino dei redenti* si riportano i calcoli che il deputato Graziadei avrebbe fatto sulle tasse introdotte per far fronte all'enorme debito di guerra: secondo il sistema di tassazione allora vigente in Italia il 63% era supportato dai proletari e solo il 37% dai benestanti; il gettito di Trento e Trieste avrebbe pareggiato il debito di guerra se questa fosse durata solo tre mesi come previsto. Tali informazioni avrebbero dovuto dimostrare le vere bieche intenzioni del governo del «Paese d'Abruzzo»[35]. Un'altra tecnica consiste nel ridicolizzare l'avversario:

---

[33] P. Ehrenpreis, *Die ‚reichsweite' Presse in der Habsburgermonarchie 1715-1918*, in *Die Habsburgermonarchie 1848-1918*, a cura di H. Rumpler - P. Urbanitsch, VIII/2, *Politische Öffentlichkeit und Zivilgesellschaft*, Vienna 2006, p. 1790.

[34] «Reichspost», 23 maggio 1915, p. 1. Da fine luglio 1914 la «Reichspost» pubblica, senza commento, le dichiarazioni di neutralità dell'Italia mettendo però in evidenza tramite spaziatura l'intenzione di perseguire quanto considerato interesse dello stato italiano. Il 5 dicembre 1914, p. 4, si riporta il discorso del 'sacro egoismo' di Salandra, ma lo si interpreta come dettato da problemi interni, mentre la «Neue Freie Presse» alla stessa data, p. 8, ne sminuisce la portata.

[35] «Reichspost», 26 ottobre 1917, p. 1 edizione della sera. La denominazione «Abruzzenland», frequente in tempo di guerra, suscita un'associazione un po' volgare:

il già citato discorso del ministro Giardino porta nella «Neue Freie Presse» il titolo *Le spiegazioni del ministro della guerra Giardino alla Camera*[36], nella «Reichspost» invece *I presentimenti del ministro della guerra italiano*. Nel testo sono messe in evidenza con caratteri spaziati (qui sottolineate) parole che assicurino l'effetto senza ulteriore commento: «Il patrio suolo italiano è invulnerabile [...] la guerra può essere decisa da un quarto d'ora di mancata resistenza»[37]. Una funzione simile assume il titolo «Orlando furioso»[38] riferito ad un messaggio dell'omonimo ministro a Cadorna sulla ferma volontà del popolo italiano di resistere alla dura prova. Più diretto e astioso l'attacco a Sonnino a cui si disconoscono i titoli nobiliari: «Il signor Sonnino [...] non canta un'allegra canzone. Continua a ripetere come un pappagallo il suo vecchio motivo irredentista del completamento e messa in sicurezza dei confini italiani»[39].

Pur ritrovando lo stesso imbarazzo per la presenza tedesca sull'Isonzo e le stesse antitesi di fedeltà, razionalità nell'uso delle risorse[40] e organizzazione *vs* inaffidabilità, spreco e disorganizzazione, il quotidiano le accentua con il racconto della lunga e accurata preparazione notturna dell'offensiva, avvenuta senza che il nemico se ne accorgesse[41] e insinuando quasi che la tardiva dichiarazione di guerra italiana alla Germania fosse dovuta al timore di affrontare l'esercito degli ex-alleati uniti[42]. Nonostante la scarsa stima nell'organizzazione militare italiana anche la «Reichspost» prima fraintende il senso delle accuse di Cadorna alle truppe, poi lo difende trasformando la sua cautela in pregio in quanto egli avrebbe riconosciuto i limiti dell'esercito ai suoi comandi e la bravura delle truppe nemiche. Tuttavia il giudizio su

---

Anbrunzenland, dove *Land* significa «Paese» e *anbrunzen* «pisciare addosso a qualcosa o qualcuno» nel senso di offendere o truffare, una denominazione poco elegante per l'Italia.

[36] «Neue Freie Presse», 26 ottobre 1917, p. 3.

[37] «Reichspost», 26 ottobre 1917, p. 2.

[38] Ivi, 2 novembre 1917, p. 3.

[39] Ivi, 27 ottobre 1917, p. 1 edizione della sera. Ovviamente manca qui l'aggettivo «naturali».

[40] La «Reichspost» non nomina però mai esplicitamente l'uso del gas, vi allude solo con la perifrasi: «gli odierni mezzi per l'attacco»; «Reichspost», 25 ottobre 1917, p. 1.

[41] Ivi, 27 ottobre 1917, p. 2.

[42] «Reichspost», 25ottobre 1917, p. 2.

Caporetto è stroncante: «Si può dire che le truppe italiane siano state sacrificate per l'incapacità dei loro generali»[43].

Il parallelismo tra l'avanzata in territorio veneto e le offensive vittoriose di Radetzky e del Granduca Albrecht viene esteso fino a comprendere l'imperatore Massimiliano e Carlo Magno[44], a comprova del legame della monarchia asburgica con il Sacro Romano Impero. Il pensiero della sovranità legittimata dalla Chiesa e il rispetto per la dinastia trovano il loro apice in un articolo dello scrittore cattolico Richard von Kralik per l'onomastico dell'imperatore Carlo, in cui si ricordano diversi omonimi santi e imperatori, determinanti anche per la storia d'Italia. Al nazionalismo Kralik nega la possibilità di costituirsi come fondamento di uno stato, essendo «l'eresia politica più pericolosa del XIX secolo»; lo stato italiano, nato dal tradimento del trattato di Zurigo del 1859, non sarebbe uno stato di diritto e la sua classe politica legittima quanto «la mafia [...] o a una banda di banditi»[45]. Le richieste di pace da parte del partito socialdemocratico e i ripetuti inviti del Papa a deporre le armi offrono lo spunto per ribadire la tesi della guerra difensiva e dell' 'offensiva per la pace' da concludersi quando le «aspirazioni»[46] territoriali dei singoli stati nazionali a scapito della monarchia avessero cessato di esistere. Infatti, secondo la «Reichspost», sarebbero queste la causa del conflitto, e il suo perdurare sarebbe dovuto sia al rifiuto delle offerte di pace degli Imperi Centrali a fine 1916, considerati erroneamente prossimi al tracollo, sia al non volersi assumere le responsabilità del disastro, un ragionamento moralistico limitato alla sfera dell'individuo: «È fisiologicamente spiegabile che i colpevoli provando orrore al pensiero della fine cerchino di arrestare il tempo e di allontanare il più possibile l'aurora di pace che annuncia loro il *dies irae*»[47].

Alla delusione per l'arrestarsi dell'offensiva la «Reichspost» contrappone la sottovalutazione del nemico e le previsioni di una prossima uscita dell'Italia dalla guerra: l'esercito italiano sarebbe ormai «costituito

[43] Ivi, 31 ottobre, p. 3, e poi 3 novembre, p. 3. e 4 novembre 1917, pp. 2-3.
[44] Cfr. «Reichspost», 29 ottobre 1917, p. 1.
[45] Entrambe le citazioni in «Reichspost», 4 novembre 1917, p. 2.
[46] Ivi, 25 ottobre 1917, p. 1 edizione della sera.
[47] Ivi, 27 ottobre 1917, p. 1 edizione della sera.

da truppe raccogliticce»[48] e non in grado di difendere la linea del Piave. Anche la notizia dell'arrivo di truppe alleate è presentato in modo da non suscitare inquietudini: si tratterebbe di truppe coloniali francesi, composte da neri, senegalesi, o asiatici mandati a svernare in Italia per via del clima più mite[49], la popolazione locale ne sarebbe talmente infastidita da salutare gli austro-tedeschi come liberatori.

4. *La «Arbeiterzeitung»*

Diverse per prospettiva e analisi sono le corrispondenze dell'«Arbeiterzeitung», fondata nel 1889 e organo del partito socialdemocratico. Sostanzialmente pacifista, il partito con grandi conflitti interni aveva accettato la guerra considerandola un male inevitabile per la difesa della nazione tedesca nei confronti di quelle slave. Nell'ottica del pensiero nazionale aveva poi giudicato l'entrata in guerra dell'Italia, in una situazione di non necessità, un tradimento dell'ideale di umanità e della sua missione culturale perché, per i suoi molteplici rapporti con il mondo germanico e per il carattere della sua popolazione, essa avrebbe potuto svolgere il ruolo di mediatrice per la pace, suggerito dalla sua iniziale scelta per la neutralità[50]. Con il perdurare del conflitto tornano a prevalere nel partito le correnti pacifiste e il pensiero marxista. All'indomani dell'attacco il quotidiano, dopo il congresso del partito, si fa portavoce di una «*Verständigungsfriede*», pace di compromesso, senza annessioni o pagamento di riparazioni, considerando le problematiche sviluppatesi con il conflitto non più risolvibili con le armi[51]. Poco spazio è dato alla notizia dello sfondamento del fronte italiano che compare nella rubrica «I bollettini ufficiali» alle pagine 7 e 8, senza commento. Dal giorno successivo i bollettini passano in prima pagina, sempre senza commenti, perché il focus del quotidiano resta concentrato sui problemi dei lavoratori in Austria e all'estero, sui movimenti per la pace e sulla stanchezza dei ceti proletari per la

---

[48] «Reichspost», 14 novembre 1917, p. 1 edizione della sera.

[49] Cfr. Ivi, 18 novembre 1917, pp. 3-4.

[50] «Arbeiterzeitung», 25 maggio 1915, p. 1.

[51] Ivi, 25 ottobre 1917, p. 1.

guerra. A un'attenta lettura si ha però l'impressione che l'«Arbeiter-zeitung» attraverso la disposizione dei bollettini e dei comunicati del KPQ cerchi di fare della contro-informazione, di smussare i giudizi e placare gli animi: per esempio alle lodi ufficiali per il rapido avanzamento sull'altopiano della Biansizza segue un rapporto dell'Agenzia Stefani in cui si rende noto che le recenti postazioni sull'altopiano erano scarsamente fortificate[52]; oppure si criticano i corrispondenti che seguivano le indicazioni «dall'alto»[53] parlando entusiasticamente delle ultime conquiste. Il primo commento sull'offensiva è pubblicato il 30 ottobre, a pagina 3, e sorprende per il tono neutrale e controllato: il cronista, pur riconoscendo la genialità del piano e la tattica audace seguita dalle truppe austro-tedesche, individua la causa della disfatta nella sorpresa e poi nell'impossibilità di organizzare una ritirata ordinata dell'esercito per via della conformazione del territorio e della disposizione stessa delle truppe italiane, ormai circondate da più parti. Della presa di Gorizia si sottolinea l'importanza strategica e morale per via dei festeggiamenti trionfalistici da parte italiana all'agosto 1916, ma non ci si abbandona a fantasie di vittoria. Infatti pur riconoscendo la difficoltà di riorganizzare esercito e resistenza, viene considerata illusoria l'ipotesi di una pace separata dell'Italia contro il volere dell'Intesa, prevedendo piuttosto il ricostituirsi del fronte e il ritorno alla guerra di posizione[54]; un giudizio radicale che stupisce sia passato attraverso le maglie della censura.

Sostanzialmente privi di giustificazioni storiche, gli articoli sull'avanzata si focalizzano sulle descrizioni del territorio, sugli ostacoli costituiti dalle coltivazioni[55] e sui sentimenti della popolazione: si cita per esempio un gruppo di cittadini filo-austriaci di Cormons che, fuggiti gli interventisti, si sarebbero fatti incontro alle truppe austro-tedesche denunciando le angherie degli Arditi[56]. A Udine Hugo Schulz, corrispondente di guerra con esperienze militari, riflette sugli effetti della propaganda bellica italiana osservando i numerosi quadri e le immagini

[52] Ivi, 28 ottobre 1917, p. 5.
[53] Ivi, 4 novembre 1917, p. 5.
[54] Ivi, 7 novembre 1917, p. 1.
[55] Ivi, 1 novembre 1917, p. 4.
[56] Ivi, 6 novembre 1917, p. 3.

ritrovati nelle case della borghesia cittadina e, oltre alle accuse di aver inutilmente abbandonato la città e i concittadini più poveri, ne deduce che «si è lasciata nutrire di leggende che da noi farebbero ridere i polli!»[57]. E si presagisce un amaro risveglio quando anche la popolazione civile, e non solo il soldato, avrà capito il carattere imperialistico della guerra: «dietro a questa guerra sta il frasario nazionale, ma nessuna vera necessità nazionale, nessun bisogno di difendere la patria e il focolare domestico, una guerra di conquista della megalomania nazionale non è una guerra di popolo»[58].

Le accuse di Cadorna e la sua destituzione non vengono direttamente commentate, ma si dà voce alla rabbia dei soldati italiani prigionieri[59]; il suo operato trova però una valutazione poco lusinghiera in un ampio articolo di Schulz che, il 20 novembre, alle pagine 3 e 4, tenta una prima valutazione complessiva dell'inattesa disfatta italiana analizzandola sia dal punto di vista strategico-militare che psicologico. Le critiche maggiori vanno alle gerarchie politiche e militari che avevano scambiato per genio militare una persona senza intuito e elasticità mentale, preferendo credere nella debolezza delle truppe piuttosto che a un errore di valutazione dei capi; poi si criticano Cadorna e Capello per non aver saputo riconoscere la situazione nonostante le informazioni in loro possesso. Lo stereotipo del soldato italiano inferiore nel combattere viene messo in dubbio e poi confermato per via della sua scarsa motivazione e dopo una (breve) analisi del comportamento delle truppe durante gli attacchi.

All'arrestarsi dell'offensiva il quotidiano contrappone i bollettini ufficiali austro-tedeschi a quelli italiani evidenziando la tendenziosità di entrambi, e mostrando il perdurare della resistenza da parte del nemico. Il rafforzarsi del fronte interno sarebbe in parte dovuto al cambiamento di prospettiva dei deputati socialisti Treves e Turati che esortano la classe operaia alla difesa della patria[60].

---

57 Ivi, 9 novembre 1917, p. 3.

58 Ivi, 8 novembre 1917, p. 2.

59 Ivi, 6 novembre 1917, p. 2.

60 Ivi, 24 novembre 1917, p. 5.

5. *Le riviste*

«Das interessante Blatt», una rivista illustrata di grande diffusione fondata nel 1882 e rivolta a un pubblico piccolo-borghese, aveva un programma politico conservatore e monarchico; i suoi articoli sono sintetici, emozionali, corredati da un ampio repertorio fotografico per illustrare, documentare o suscitare emozioni in un pubblico in genere meno acculturato. Come nella «Reichspost» i commenti sull'offensiva sono polarizzati, animati da forte spirito di rivalsa nei confronti dell'Italia e dell'Intesa, in cui si prevedono rivoluzionari cambiamenti politici[61]. Ma pur dando voce a quello che viene presentato come «lo sdegno dell'uomo della strada per il tradimento»[62] dell'Italia si differenzia tra il popolo, ingannato e mandato a morire, e la «criminale ambizione di un esiguo gruppo di persone al potere»[63]. Analizzando ora articoli e repertorio fotografico del fascicolo del 1 novembre si nota l'uso simbolico e emozionale della fotografia: in prima pagina si vede un pezzo d'artiglieria di grosso calibro che secondo la didascalia sparerebbe su postazioni italiane. La foto non è chiara, ma normalmente non si mostravano le proprie armi, né si rendeva riconoscibile la loro collocazione; l'immagine vuole testimoniare la forza dell'offensiva in corso (Fig. 1). All'interno, all'articolo *Gli Imperi Centrali contro l'Italia*[64] in cui si ribadisce la soddisfazione per la punizione toccatale a causa del suo tradimento e del suo rifiuto di offerte territoriali in cambio della neutralità, si trova un'interessante disposizione fotografica 'narrativa': si inizia con una piccola foto dell'imperatore che batte un chiodo sul petto di un'aquila a Bressanone. Secondo un uso invalso durante la prima guerra mondiale si batteva un chiodo su un tronco d'albero o su altro per raccogliere fondi a sostegno delle truppe, quest'uso si legava ad un'antica credenza per cui il chiodo era una specie di offerta propiziatoria o un ringraziamento per grazia ricevuta (Fig. 2). Nella pagina seguente le foto mostrano gli eventi in successione: nella

---

[61] Cfr. *La catastrofe italiana – uno sconvolgimento politico*, «Das interessante Blatt», 22 novembre 1917, p. 5. L'articolo è corredato da fotografie che mostrano gli imperatori Carlo e Guglielmo al fronte intenti a consultare le carte, distribuire medaglie o fare colazione. Sono l'immagine degli eserciti vittoriosi.

[62] «Das interessante Blatt», 8 novembre 1917, p. 2.

[63] *Ibid.*

[64] «Das interessante Blatt», 1 novembre 1917, pp. 4-5.

prima l'imperatore, in quanto capo dell'esercito, ispeziona le truppe; la seconda mostra il vallone di Tolmino: il fotografo punta il suo obiettivo verso l'Italia, documentando la direzione di marcia; l'ultima vorrebbe mostrare il fuoco di martellamento prima dell'attacco (Fig. 3). A pagina 9 le foto fanno da contrappunto ai discorsi sulla pace e mostrano case «distrutte dal fuoco austriaco», il vallone di Plezzo ed infine i prigionieri italiani, fotografati dall'alto e da lontano in modo da metterne in rilievo il grande numero e l'atteggiamento sottomesso. Il messaggio è chiaro, l'Austria è in una posizione di forza e non deve accettare una pace di compromesso (Fig. 4). Considerando ora che alcune delle fotografie qui pubblicate appartengono a momenti precedenti l'offensiva – le prime due risalgono al viaggio dell'imperatore in Tirolo[65]; l'ultima ritrae i prigionieri al campo di Osek[66] nella valle di Vippaco il 29 agosto 1917 – risulta chiaro il carattere costruito del loro valore documentario.

Nel fascicolo dell'8 novembre una galleria di ritratti 'in antitesi': nella prima serie si rende omaggio ai fautori della vittoria, i generali austro-tedeschi sono ritratti singolarmente con lo sguardo fiero rivolto al lettore, le onorificenze bene in vista; nelle didascalie si ricordano i loro meriti[67] (Fig. 5). La seconda serie è invece denigratoria e mostra il Comando Supremo italiano ripreso in gruppo, rilassato e sorridente mentre il fronte si sfalda, la didascalia ne sottolinea sarcasticamente l'inadeguatezza: «Il Quartier Generale, detto dalla stampa di guerra italiana "gli organizzatori della vittoria"»[68]; accanto la foto di Gabriele d'Annunzio, il «poeta della vittoria italiana». Più sotto il generale Capello in una sobria divisa militare e una mano in tasca, accanto a lui il duca d'Aosta ricoperto di onorificenze e in una posa più dignitosa; la didascalia recita: «I comandanti della seconda e terza Armata che in 8 giorni sono state completamente annientate»[69] (Fig. 6).

L'avanzata nel territorio veneto è documentata nel fascicolo del 15

---

[65] «Sport& Salon. Illustrierte Zeitschrift für die vornehme Welt», 28 ottobre 1917, p. 3.

[66] Dall'albo n. 72, foto 20834 del Bildarchiv della Biblioteca Nazionale austriaca.

[67] Una cautela che corrisponde a quella dei bollettini ufficiali dove solo il 28 ottobre si cita l'imperatore quale capo supremo delle forze militari e il 30 ottobre il generale v. Below, stratega dell'offensiva; «Das interessante Blatt», 8 novembre 1917, p. 3

[68] «Das interessante Blatt», 8 novembre, p. 12

[69] *Ibid.*

novembre da numerose fotografie con diversa funzione e non strettamente legate al breve articolo con dati storiografici e dal tono vendicativo intitolato *Il Veneto*[70]. Hanno valore di trofeo le foto che mostrano monumenti integri e conosciuti, come la piazza principale di Udine con le auto militari austriache[71], oppure il bottino di guerra: dai baraccamenti e depositi di munizioni, ai singoli pezzi di moderna artiglieria[72], ai prigionieri e le immani distruzioni in città e campagna. Le foto delle distruzioni hanno una doppia valenza: sono manifestazioni di forza quando si legge che sono opera del proprio esercito, sono invece atti di deprecazione quando mostrerebbero danni causati dagli italiani, come per esempio a Gorizia[73]. Una parte di queste fotografie ha un fine propagandistico: riprendono infatti i soldati austriaci o anche l'imperatore, detto «Volkskaiser», imperatore del popolo[74], mentre distribuiscono pane a una piccola folla formata essenzialmente di donne e bambini, elementi meno sospetti e portatori di pace, a conferma dell'immagine del 'bravo soldato austriaco' e dei buoni rapporti tra esercito occupante e popolazione civile locale (Fig. 7). Nello stesso fascicolo si trova una delle scarse fotografie che riprendono animali o soldati morti, normalmente nemici (Fig. 8); la didascalia recita: «Lo sfondamento in val di Plezzo, postazione italiana conquistata»[75], nessun cenno ai poveri resti abbandonati tra i sassi. La sublimazione della morte di massa nelle trincee avviene pubblicando fotografie e progetti per i cimiteri di guerra, gli *Heldenfriedhöfe*, in occasione del giorno dei morti e come commento all'articolo *La situazione europea* sulla prossima conferenza di pace a Parigi. Il periodico accusa i membri dell'Intesa di ostacolare l'accettazione delle proposte di pace russe e si mostra impavido di fronte all'annuncio del prossimo arrivo di un numeroso esercito americano[76]. Qualche volta le fotografie sono slegate dagli articoli e trovano spiegazione solo nelle didascalie e nei discorsi di quei giorni: per esempio la fotografia della chiesa del castello di Gorizia è in risposta alla richiesta italiana e euro-

---

70 «Das interessante Blatt», 15 novembre, pp. 6-7.

71 Ivi, 15 novembre, p. 1.

72 Ivi, 15 novembre, p. 7 e 22 novembre, p. 1.

73 Ivi, 1 novembre, p. 12.

74 Ivi, 15 novembre, p. 4.

75 Ivi, p. 3 e anche 22 novembre, p. 3.

76 *La situazione europea*, «Das interessante Blatt», 1 novembre, pp. 2-3.

pea di risparmiare dai bombardamenti monumenti e città d'arte. Nella didascalia si legge: «Lo strepito italiano per la protezione di chiese e opere d'arte: la chiesa nel castello di Gorizia trasformata in deposito per munizioni dagli italiani»[77].

Un commento sintetico, seppur sarcastico, delle vicende belliche è rappresentato dalle immagini di numerose riviste satiriche che in tempo di guerra sono allineate in difesa della monarchia e costituiscono una valvola di sfogo allo scontento e alle tensioni sociali canalizzando l'aggressività sul nemico. Ho scelto tre immagini particolarmente espressive dei sentimenti e pensieri di quei giorni: una da «Muskete», elegante rivista di indirizzo monarchico e tedesco-nazionale per militari, impiegati e funzionari di Stato, e due da «Kikeriki», periodico più democratico per ceti borghesi, dal linguaggio più rude e la veste grafica meno elegante. La prima realizza visivamente lo spirito della riconquista del territorio veneto appartenuto alla monarchia (Fig. 9), il titolo è *Sulle orme di Radetzky*, e nella didascalia i versi della poesia di Grillparzer dedicata al feldmaresciallo a inizio giugno 1848: «Per stupidità e vanità/ ci siamo divisi;/ in quelli che tu guidi alla battaglia/ rivive un unico spirito»[78]. Sullo sfondo, appena tratteggiata, campeggia la figura di Radetzky a cavallo, con il braccio teso e l'indice puntato nella direzione di marcia; in primo e secondo piano un esercito esce dall'ombra e avanza festante. I corpi sono appena schizzati, in nero e in grigio, a evocare i soldati caduti durante le campagne risorgimentali e ora gioiosi perché la loro morte viene riscattata. La seconda immagine è del genere necrologio e sancisce caustica la morte dell'irredentismo. Il gioco di parole si basa sulla suddivisione del vocabolo Irredenta (= irredentisti) in Irre (= pazza) e Denta (che evoca un nome femminile italiano); il messaggio è ambientato in un manicomio in cui sono presenti tutti i partecipanti alla guerra, in ruoli diversi:

> A chi condivide gli stessi pensieri, a tutti gli amici della defunta, in particolare ai folli di ogni tipo dell'Intesa, ai sostenitori della Grande Serbia, della Grande Romania, ai furiosi panslavisti, agli inglesi germanofobi, ai revanscisti gallici da manicomio, agli strambi americani, comunichiamo per questa via che la nostra pluriennale degente, la po-

---

[77] Ivi, 29 novembre, p. 9.

[78] «Muskete», 15 novembre 1917, p. 1.

> vera PAZZA DENTA, dopo lunga malattia (paralisi progressiva) da noi sopportata con pazienza e proprio negli ultimi tempi con un evidente benessere (euforia), il 24 ottobre improvvisamente e in modo per lei inaspettato, colpita da un ictus ha ceduto alla sua follia. La sepoltura della defunta ha avuto luogo nel grande cimitero centrale italiano dell'Isonzo, in una fossa comune per mancanza di spazio. Il primo requiem è stato celebrato sul Monte Santo, il secondo in Gorizia, il terzo in Udine, se ne celebreranno altri, se desiderato, in Treviso, Vicenza e Venezia. Freiherr v. Arz, direttore della casa di cura Austria, v.Boroevic e v.Below, medici curanti. In nome dell'inconsolabile parente Vittorio di Savoia, pure lui in cura in quanto sofferente (di paranoia).

La terza immagine completa il necrologio precedente ed è pensata per spiriti meno sottili, animati da fantasie di vendetta e castrazione. La vignetta visualizza e gioca con il significato letterale e traslato delle parole «Katze» (gatta) e dei composti «Katzenjammer» (lamenti dei gatti) e «Katzelmacher». Quest'ultimo era l'appellativo degli italiani in Austria che allude forse allo stereotipo dell'Italiano con tanti figli; cruento e castrante risulta quindi il gesto del soldato austriaco che, compiaciuto, taglia la coda al gatto, ossia al soldato italiano scacciato da Gorizia e riconoscibile dal cappello da bersagliere. Un modo feroce per celebrare sia la riconquista della città, dalle cui mura sventolano le bandiere austriache, sia la sconfitta che si vorrebbe definitiva degli italiani e delle loro pretese territoriali. Titolo e didascalia sono sarcastici: «Lamenti italiani» e «Che villano, che maleducato, micino mio!»[79] (Fig.10).

---

[79] «Kikeriki», 4 novembre 1917, p. 2. *Katzelmacher* è un vocabolo di origine e significato incerto, mentre coda in tedesco è *Schwanz* e significa sia coda che pene. M. Schuster - H. Schikola, *Das alte Wienerisch. Ein kulturgeschichtliches Wörterbuch*, Wien 1996, p. 74.

Das interessante Blatt

Abonnementspreise mit wöchentlicher Postversendung: für Oesterreich-Ungarn: vierteljährig 5 Kronen, halbjährig 10 Kronen, ganzjährig 20 Kronen; für Deutschland: vierteljährig 4 M. 50 Pfg., halbjährig 9 M., ganzjährig 18 M.; für alle übrigen Länder des Weltpostvereines: vierteljährig 8 Francs, halbjährig 16 Francs, ganzjährig 32 Francs. — Einzelne Nummern 40 Heller.

Redaktion und Administration: Wien, III. Rüdengasse 11 (Telephone 4199, 9767 und 9540), Stadtbureau: Wien, I. Schulerstraße 18.

Nr. 44. Erscheint Jeden Donnerstag. Wien, 1. November 1917. Abonnements durch jede Buchhandlung und Postanstalt. XXXVI. Jahrg.

Unsere Offensive gegen Italien.

Der gewaltige Sieg der verbündeten österreichisch-ungarischen und deutschen Truppen.

Unsere schwere Artillerie eröffnet das Feuer auf die feindlichen Stellungen bei Flitsch.

Nach einer photographischen Aufnahme.

Kaiser Karl an der italienischen Front. — Kaiser Wilhelm in Konstantinopel. — Der Sieg bei Oesel.

Fig. 1 - «Das interessante Blatt», 1° novembre 1917.

Beim Besuch in Brixen schlägt unser Kaiser einen Nagel in den „Brixener Adler in Eisen" ein.

Fig. 2 - «Das interessante Blatt», 1° novembre 1917, p. 4.

Die siegreiche Offensive gegen Italien: Kaiser Karl, welcher den Oberbefehl über die verbündeten Armeen führt, inspiziert k. u. k. Sturmtruppen im Fleimstal.

Bildstelle des Kriegspressequartiers.

Mittelmächte durch ihre großangelegte Offensive gegen Italien, daß der Krieg noch immer nicht das Ende seiner Möglichkeiten ausgeschöpft hat und daß sie sehr wohl in der Lage sind, auch heute noch entscheidende Tatsachen auf den Kriegsschauplätzen zu schaffen. Ueber zwei Jahre konnte das wortbrüchige Italien sich rühmen, daß sein schändlicher Verrat sich gelohnt und ihm den Besitz, wenn auch vorläufig nur, eines kleinen Teiles der von ihm begehrten Gebiete gebracht habe. So jammervoll es im Innern des Landes zuging, wie sehr auch Not und Elend sich häuften, der Hinweis auf die magere Beute der Feldherrnkunst Cadornas genügte, um die Herrschaft der Kriegshetzer aufrechtzuerhalten. Jetzt aber ist mit einem Male das ganze von Selbsttäuschung und Volksbetrug schwindelhaft hochgefügte Gebäude ins Wanken geraten. Seit Wochen weiß Cadorna, daß die ehemaligen Verbündeten den Angriff gegen seine Front vorbereiten und er hat gewiß das Menschenmögliche getan, um den Stoß aufzufangen. Unterstützt wurde er von England und Frankreich, die ihm Geschütze und Flieger in Fülle gesandt und wohl auch Truppen, die freilich zunächst zur Unterdrückung der Volksaufstände in Oberitalien verwendet werden mußten. Traten Frankreich und England auf Italiens Seite um in der 12. Isonzoschlacht die Monarchie niederzuringen und den Weg nach Triest zu öffnen, so trat an die Seite Oesterreich-Ungarns das Deutsche Reich und es ward ein Verbündetenkrieg gegen den Verbündetenkrieg. Er ist der Entente schlecht genug bekommen. Schon im ersten Ansturm ist die italienische Isonzofront zerrissen und durchbrochen worden, an einem Kampftage der Gewinn aus drei Isonzoschlachten dem Feinde abgenommen, eine ungeheure Beute an Gefangenen und Geschützen gemacht worden! Noch kurz vor der Offensive hatte die italienische Presse geprahlt, Italien fürchte sich vor nichts, aber gleich nach den ersten Berichten von der Front war Heulen und Zähneklappern in Mailand und Rom, das Kabinett Bosellt fiel als erstes Opfer und wenn das arme, vielgetäuschte Volk die volle Wahrheit erfährt, wird es allen jenen schlecht ergehen, die Italien in das verruchte Abenteuer dieses Krieges gehetzt haben.

Seit dem Dezember 1916 folgt ein Friedensangebot der Mittelmächte dem anderen. Den Verständigungs- und Versöhnungsfrieden haben sie, die auf allen Schlachtfeldern Ueberlegenen den Feinden angetragen. Aber immer wieder war höhnische Zurückweisung, war die Verdächtigung, daß nur die Schwäche, das Gefühl des nahen Zusammenbruches uns friedlich mache, die Antwort. Jetzt haben die Staatsmänner der Mittelmächte das Wort wieder den Generalstäben überlassen. Und vernehmlich genug klingt dieses Wort in den Ohren der verbrecherischen Friedensverweigerer! Daß gerade Italien es ist, dem zu allererst die Strafe für die Ablehnung des Friedensangebotes zuteil wird, erfüllt uns mit besonderer Genugtuung. Nie ist in unserem Herzen die Empörung über den Treubruch Italiens, über den Hochmut, mit dem es unserer Bereitschaft, ihm wertvolle Gebiete kampflos zu überlassen, begegnete, schwächer geworden, sie hat sich bis zum heutigen Tage in voller Stärke erhalten. Und nicht nur in Oesterreich-Ungarn, überall in der Welt, wo man auf Ehre und Treue hält, wird man dem Italiener das Schicksal gönnen, das ihn nunmehr ereilt hat. Schon ist der Russe von dem Gebiete der Monarchie vertrieben, jetzt kommt Italien an die Reihe und bald wird nicht ein Zollbreit österreichisch-ungarischen Bodens sich mehr im Besitze des Feindes befinden!

Am dritten Tage der Offensive haben die verbündeten Truppen über 60.000 Gefangene eingebracht, 500 Geschütze erbeutet! Der Monte Santo, der Schlüssel zu Triest, und andere wichtige Höhen sind wieder in unserem Besitz. Damit ist ein weiterer **Grundpfeiler des italienischen Widerstandes** gefällt, ein neuer Markstein auf unserem siegreichen Vorwärtsschreiten erreicht! Den Oberbefehl über die verbündeten Armeen führt **Kaiser Karl**.

Zur Offensive gegen Italien: Blick nach Tolmein.

Bildstelle des Kriegspressequartiers.

Die Offensive gegen Italien: Trommelfeuer auf die feindlichen Linien am Isonzo vor dem Sturm.

Bildstelle des Kriegspressequartiers.

Fig. 3 - «Das interessante Blatt», 1° novembre 1917, p. 5.

rigkeiten zu bereiten. Nun hat aber Wekerle die nahe bevorstehende Einbringung der demokratischen Wahlrechtsvorlage angekündigt, und man darf annehmen, daß

Aeußern, Graf Czernin, im Ausschusse über den Stand der auswärtigen Politik Auskünfte erteile. Auf dem sozialdemokratischen Parteitag wurde eine energische

Propaganda für den Verständigungsfrieden durch Massenversammlungen, in der Parteipresse und durch eine entsprechende Haltung der parlamentarischen Vertretung beschlossen. Der Parteiführer, Dr. Viktor Adler, gab als Berichterstatter über die Friedensfrage zu, daß Graf Czernin von aufrichtiger Friedensliebe beseelt sei und in seiner Budapester Rede den Verzicht auf Annexionen ausgesprochen habe, verlangte aber, daß unser Verzicht auf Landerwerb noch deutlicher bekanntgegeben werden solle. In Budapest möchten einzelne Politiker

Die Offensive gegen Italien: Die Wirkung unseres schweren Artilleriefeuers in der 12. Isonzoschlacht.
Bildstelle des Kriegspressequartiers.

Panorama des Beckens von Flitsch.

der Friedenssache in anderer Weise dienen, so der Abgeordnete Ludwig Hollo von der Unabhängigkeitspartei, der in einer Interpellation die Regierung aufforderte, dahin zu wirken, daß die elsaß-lothringische Frage kein Hindernis für den Frieden mehr bilde! Wie die österreichisch-ungarische Regierung das machen soll, ist allerdings rätselhaft. Das elsässische Hindernis für den Frieden liegt doch nicht bei den Deutschen, sondern bei den Franzosen, und ob diese begeistert für den Verständigungsfrieden eintreten werden, wenn Graf Czernin sie auffordert, auf Elsaß-Lothringen zu verzichten, ist doch recht zweifelhaft. Das muß der neuernannte französische Minister des Aeußern, Barthou, mit seinen Franzosen selbst ausmachen!

Im österreichischen Herrenhause erklärte Ministerpräsident Dr. Seidler, wir bleiben bereit uns mit dem Gegner an den Verhandlungstisch zu setzen, wenn er uns nicht gewaltige Kriegsziele aufzwingen will.

die Beratungen über diese, das ganze politische und soziale Leben Ungarns bis auf den Grund aufwühlende Reform alle anderen Sorgen und Beschwerden in den Hintergrund drängen wird. Mit der Wahlreform allein ist es freilich nicht getan.

Auf dem in der Vorwoche abgehaltenen Parteitag der deutschen Sozialdemokratie Oesterreichs hat der Abgeordnete Renner mit Beweisgründen, die auch außerhalb der Sozialdemokratie auf Beachtung rechnen dürfen, auseinandergesetzt, daß die Demokratie und die als Heilmittel gegen die österreichischen Wirrnisse empfohlene nationale Autonomie leere Schlagworte bleiben müssen, wenn nicht eine wirklich moderne Verwaltungsreform die richtige Grundlage liefert. Eine Verwaltungsreform bei uns hat aber zur Voraussetzung die Kreiseinteilung, die bekanntlich auch vom Kabinett Seidler in den Vordergrund aller Pläne einer Verbesserung und Erneuerung der Verwaltung gerückt wird. In Oesterreich und in Ungarn hat der Krieg allen vernünftigen Leuten die Lehre beigebracht, daß für die Heilung der Kriegsschäden weniger die politischen Programme und Theorien entscheidend sind als die praktische Arbeit an der Staatsmaschine, die in allen ihren kleinsten wie größten Teilen in bessere Ordnung gebracht werden muß.

Die Friedensfrage in den Parlamenten.

In beiden Parlamenten der Monarchie spielt begreiflicherweise die Friedensfrage eine von Woche zu Woche größere Rolle. Im österreichischen Budgetausschuß beantragte der Abgeordnete Kraft, daß der Minister des

Die ersten Gefangenen aus der 12. Isonzoschlacht. — Das Bild zeigt einen von den endlosen Trupps gefangener Italiener, die zu den Sammelstationen gebracht werden.
Bildstelle des Kriegspressequartiers.

Fig. 4 - «Das interessante Blatt», 1° novembre 1917, p. 9.

Nummer 45. Das interessante Blatt. Seite 3.

G. d. J. Otto v. Below, der Führer der verbündeten deutschen und österreichisch-ungarischen Truppen, die im mittleren Isonzo die Gebirgsstellungen der Italiener durchbrachen und sich den Austritt aus den Julischen Alpen erzwangen.
Nach einer photographischen Aufnahme.

Leutnant Walter Schnieber des 63. oberschlesischen Infanterie-Regiments, der mit der 4. Kompagnie beim Durchbruch den Monte Matajur stürmte. — Er wurde mit dem Orden Pour le merite ausgezeichnet.
Nach einer photographischen Aufnahme.

G. d. J. Alfred Kraus, dessen Truppen siegreich gegen das Fort Gemona vorrückten und durch Handstreich das Panzerwerk auf dem Monte Lanza nahmen.
Nach einer photographischen Aufnahme.

sich bewährt habe. Das ist kein neuer Gedanke, er ist im Laufe dieses Krieges auf russischem, serbischem und rumänischem Boden tausendfältig bestätigt worden und es dünkt allen vernünftigen Leuten selbstverständlich, daß die von einem Ring von Feinden umgebenen Mittelmächte auf Tod und Leben zusammenhalten. Das laute und feierliche Bekenntnis zum Bündnis hat aber in

Der Oberbefehlshaber der Südwest-Armeen Feldmarschall Erzherzog Eugen.
Nach einer photographischen Aufnahme

diesem Augenblick seine besondere Bedeutung und Absicht. Einmal sollte auf diesem Höhepunkt des Krieges dem Vierverband die Aussichtslosigkeit gezeigt werden, sei es durch Lockungen, sei es durch Drohungen das mitteleuropäische Bündnis auseinander manöverieren zu können. Dann aber sollte auch den Politikern und Parteien in Oesterreich und Ungarn, die in der letzten Zeit aus den verschiedensten Beweggründen am Bündnis Kritik geübt oder gar dagegen Stellung genommen haben, bedeutet werden, daß trotz ihrer Treibereien

Generaloberst Freih. v. Krobatin, der Kommandant unserer Truppen an der karnischen Front, die die Gebirgsstellungen am oberen Tagliamento nahmen und mit ungeheuerer Stoßkraft, trotz des Gebirgswinters, vorrückten.
Nach einer photographischen Aufnahme

Der Befehlshaber der bereits in 11 Schlachten bewährten Isonzo-Armee, Generaloberst v. Boroevic, der in der 12. Schlacht die Italiener aus den unteren Isonzostellungen vertrieb und weiter ins italienische Gebiet unter großen Feindesverlusten verfolgte.
Nach einer photographischen Aufnahme.

der Kurs der alte bleibt. Im österreichischen Abgeordnetenhause ist von deutschen Abgeordneten wiederholt Klage geführt worden, daß die Regierung allzu geduldig die Angriffe auf Deutschland hinnehme, und in Budapest hat die nationale Arbeitspartei ähnliche Vorwürfe gegen das Kabinett Wekerle erhoben. Darum ist die Kundgebung Kaiser Karls gewiß auch erfolgt, um in unsere innere Politik Klarheit zu bringen und allen, die gegen das Bündnis hetzen, einen entscheidenden Wink zu geben. Die Delegationen, die nach mehr als dreijähriger Pause anfangs Dezember in Wien wieder zusammentreten sollen, werden unter dem starken Eindruck des klaren Kaiserwortes stehen. «

FML. Alfred Freih. v. Zeidler, der an der Spitze der 58. Infanterie-Division die Stadt Görz, sowie die beherrschenden Höhen mit der Podgora nahm.
Nach einer photographischen Aufnahme.

Fig. 5 - «Das interessante Blatt», 8 novembre 1917, p. 3.

Seite 12 Das interessante Blatt. Nummer 45.

Ich schwöre auf FLOR-BELMONTE ZIGARETTENPAPIER ZIGARETTENHÜLSEN Sie übertreffen selbst die höchsten Erwartungen des Rauchers ZU HABEN IN JEDER TABAKTRAFIK. EN GROS: WIEN IX TÜRKENSTR. 33

Das italienische Hauptquartier, von der italienischen Kriegspresse „die Organisatoren des Sieges“ genannt: (Von links nach rechts): General Cadorna, General Pecori-Giraldi und General Porro.
Nach einer photographischen Aufnahme.

General Capello, Kommandant der nördlichen II. Armee.

Herzog Em. Fil. v. Aosta, Kommandant der südlichen III. Armee.

Die Befehlshaber der II. und III. italienischen Armeen, welche innerhalb 8 Tagen fast vollständig aufgerieben wurden. Nach photographischen Aufnahmen.

Maßregel. Für verstorbene Kinder unter 12 Jahren durfte überhaupt keine Trauer angelegt werden, bei älteren Kindern war ein Vierteljahr als längste Trauerzeit vorgeschrieben, und allein bei Erwachsenen war es gestattet, sechs Monate lang in Trauerkleidung zu gehen. Nur wenn es sich um ganz nahe Verwandte handelte, durften die Karossen schwarze Draperien tragen und die

Der „Dichter der italienischen Siege“: Hauptmann Gabriele d'Annunzio, der bekannte Hetzapostel.
Nach einer photographischen Aufnahme.

Trauerräume schwarz ausgeschlagen werden. Auch der König selber wollte von diesem Trauerreglement nicht ausgenommen sein. Er bestimmte sogar ausdrücklich, daß die Diener und Lakaien nach seinem Tode keine neuen Trauersachen, sondern nur einen Flor um die Hüte tragen durften. Diese vom König selber gegebene Vorschrift wurde auch pietätvoll innegehalten.

Fig. 6 - «Das interessante Blatt», 8 novembre 1917, p. 12.

Unser Volkskaiser: Kaiser Karl verteilt auf der Fahrt zur Front in Parenzo sein Frühstück an die zu seiner Begrüßung erschienene Landbevölkerung.

Bildstelle des Kriegspressequartiers.

Der Durchstoß bei Flitsch: Gestürmte italienische Stellung hinter Flitsch.

Nach einer photographischen Aufnahme.

Fig. 7 - «Das interessante Blatt», 15 november 1917, p. 4.

Fig. 8 - «Das interessante Blatt», 15 novembre 1917, p. 3.

Band XXV. — Nr. 633 Wien, 15. November 1917. Preis 40 Heller, 40 Pf., 40 Cts.

DIE MUSKETE

Alle Rechte vorbehalten
Nachdruck verboten

Humoristische Wochenschrift

Bezugspreis vierteljährlich
K 5.—, Mk. 5.—, Frk. 5.—.

Auf Radetzkys Bahnen.

(Zeichnung von K. A. Wilke.)

Aus Torheit und aus Eitelkeit
Sind wir in uns zerfallen;
In Denen, die du führst zum Streit,
Lebt noch Ein Geist in Allen!

Fig. 9 - «Muskete», 15 novembre 1917, p. 1.

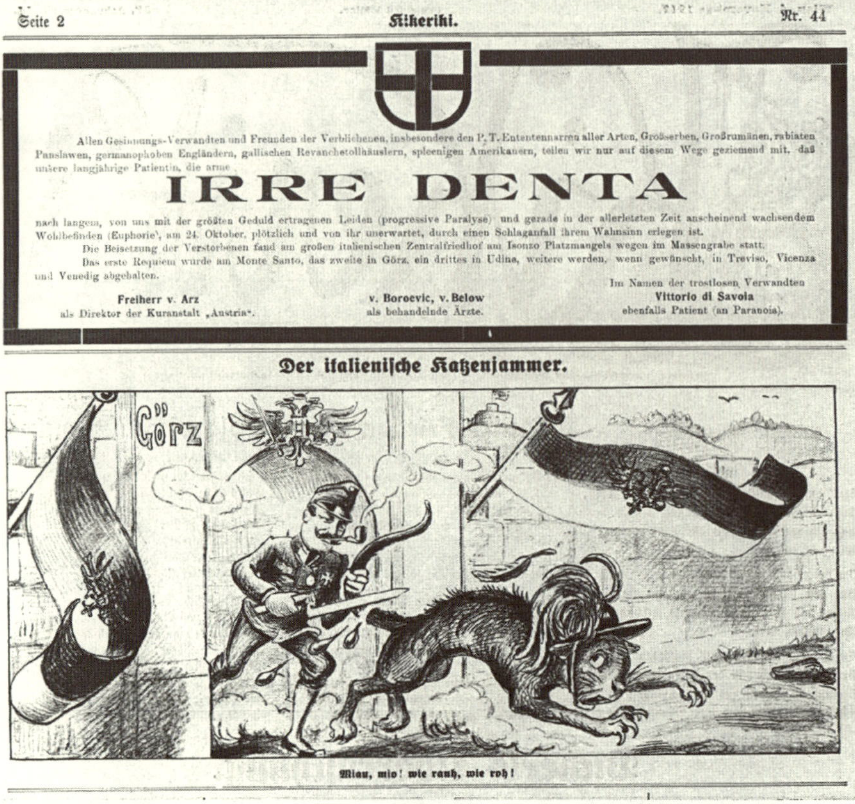

Seite 2 Kikeriki. Nr. 44

Allen Gesinnungs-Verwandten und Freunden der Verblichenen, insbesondere den P. T. Ententennarren aller Arten, Großserben, Großrumänen, rabiaten Panslawen, germanophoben Engländern, gallischen Revanchetollhäuslern, spleenigen Amerikanern, teilen wir nur auf diesem Wege geziemend mit, daß unsere langjährige Patientin, die arme

IRRE DENTA

nach langem, von uns mit der größten Geduld ertragenen Leiden (progressive Paralyse) und gerade in der allerletzten Zeit anscheinend wachsendem Wohlbefinden (Euphorie), am 24. Oktober, plötzlich und von ihr unerwartet, durch einen Schlaganfall ihrem Wahnsinn erlegen ist.

Die Beisetzung der Verstorbenen fand am großen italienischen Zentralfriedhof am Isonzo Platzmangels wegen im Massengrabe statt.

Das erste Requiem wurde am Monte Santo, das zweite in Görz, ein drittes in Udine, weitere werden, wenn gewünscht, in Treviso, Vicenza und Venedig abgehalten.

Im Namen der trostlosen Verwandten

Freiherr v. Arz
als Direktor der Kuranstalt „Austria".

v. Boroevic, v. Below
als behandelnde Ärzte.

Vittorio di Savoia
ebenfalls Patient (an Paranoia).

Der italienische Katzenjammer.

Miau, mio! wie rauh, wie roh!

Fig. 10 - «Kikeriki», 4 novembre 1917, p. 2.

Paolo Gaspari

IL RACCONTO DEGLI UFFICIALI DI PRIMA LINEA NELLA BATTAGLIA DI CAPORETTO TRA STORIOGRAFIA E VULGATA

1. *La battaglia più importante della storia italiana*

La battaglia di Caporetto è l'unica battaglia della Grande Guerra italiana conosciuta in Europa. Un paesino, Caporetto, ma pochi sanno che il fronte italiano era lungo 600 km, tanto quello francese, e che in tre anni vi caddero 680.000 italiani, tanti quanti gli inglesi ma, mentre gli Alleati in tre anni di guerra non poterono contare che cocenti e sanguinose sconfitte – nonché l'ammutinamento di 60 divisioni francesi (quasi metà dell'esercito) nell'aprile 1917 –, gli italiani avevano inanellato le 'uniche vittorie dell'Intesa': la presa di Gorizia nell'agosto 1916 e la conquista della Bainsizza nel settembre 1917, ottenuta con l'impiego di 5.300 cannoni e 578 battaglioni, una delle più grandi battaglie della guerra europea (a Verdun, l'anno prima, i tedeschi avevano iniziato l'attacco con 1.600 cannoni).

Se proprio si dovessero contare le battaglie perse nella Grande Guerra, ci si fermerebbe a tre: Flondar (9.000 prigionieri in una mattina, combattimento che nessuno conosce), Ortigara (la tomba degli alpini) e Caporetto; due di rilevanza tattica e una strategica.

Caporetto fu infatti l'unica grande battaglia perduta in tutta la guerra. Tale è stato il peso dell'immagine delle sconfitte precedenti – Novara, Custoza, Lissa, Adua – e dei pregiudizi ideologico-politici che sono stati caricati sulle spalle di Caporetto, che questa battaglia è diventata il sinonimo della pochezza morale, dell'inaffidabilità e della viltà degli italiani.

E lo è tuttora. La storiografia del secondo dopoguerra, non utilizzando le fonti degli archivi militari, non ha infatti ricostruito le varie fasi della battaglia e della ritirata, ma nella sostanza ha legittimato i giudizi del 1919 della *Relazione* della Commissione d'inchiesta, anno in cui ancora non si conosceva l'esatto svolgimento dei fatti e, soprattutto, non si menzionava la battaglia a Flondar[1], a est di Monfalcone, sulla strada per Trieste, dove gli austro ungarici, facendo 9.000 prigionieri, generarono negli alti comandi italiani la perfetta convinzione che le truppe si fossero arrese – unica spiegazione di una simile cocente sconfitta e canovaccio che fu ripreso per 'spiegare' Caporetto.

Una sola battaglia persa in una guerra, vinta, che distrusse l'impero contro il quale gli italiani avevano combattuto per 70 anni per raggiungere l'indipendenza e l'unità nazionale. Una battaglia che ancor oggi (come lo fu negli anni Sessanta del secolo scorso), viene utilizzata dagli storici di professione come dimostrazione che la guerra non era voluta dalle masse (*sic*), che fu diretta da generali incapaci e sprezzanti delle vite dei soldati, che fucilavano e «mandavano inutilmente al massacro». Ora, per vincere una guerra di massa e di materiali come fu la Grande Guerra, ci vogliono generali capaci, truppe addestrate, ben armate, comandate da ufficiali coraggiosi e, soprattutto, con il supporto tenace di tutto il resto della popolazione civile, perché quella non fu solo una guerra di eserciti come quelle del passato, ma «una guerra di popoli», e, se fosse mancata una sola di queste componenti, la si sarebbe persa. E gli italiani l'hanno vinta, da soli; l'unica delle guerre per l'unità nazionale vinta da soli.

Viene quindi da chiedersi come mai alla storiografia accademica italiana manchi il racconto delle battaglie di quella guerra; come mai ancor oggi trovino spazio nell'accademia, sulla stampa e nel mass media una serie di pregiudizi e luoghi comuni che non hanno modificato la vulgata, così palesemente astratta e sentenziosa, risalente agli anni Sessanta del secolo scorso e, soprattutto, realizzata ignorando le fonti d'archivio.

---

[1] Relazione della Commissione d'inchiesta, *Dall'Isonzo al Piave 24 ottobre-9 novembre 1917*, II, *Le cause e le responsabilità degli avvenimenti*, Roma 1919; su Flondar si veda N. Persegati - M. Juren - P. Pizzamus, *Flondar il presagio di Caporetto*, Udine 2017. La mancata ricostruzione da parte di autorevoli storici italiani dei fatti militari inerenti a Caporetto e alle battaglie sul fronte italiano non ha permesso che la guerra combattuta dagli italiani entrasse nella storiografia europea in ambito accademico, per cui nel musei della Grande Guerra in Francia e Regno Unito – Imperial Wars Museum – lo spazio dedicato all'Italia è pari a quello della Romania.

2. *Una storiografia vecchia di mezzo secolo insegnata nelle scuole*

È il caso di fare solo tre esempi (oltre Flondar).

Della battaglia della Bainsizza[2], come causa scatenante l'offensiva austro tedesca dell'ottobre 1917, non c'è traccia in nessun testo uscito dagli storici e negli atti dei convegni.

La sera dell'8 giugno 1916, colpito da un siluro, affondò al largo di Valona la nave *Principe Umberto* e morirono 1.730 soldati; fu il maggiore disastro navale della guerra europea, con un numero di morti quasi doppio del *Lusitania*: non c'è traccia nella storiografia e, non essendoci, non c'è stato nel 2016 alcun giornale, annuncio televisivo o commemorazione di Stato che ricordasse quell'evento[3]!

Il 29 giugno 1916 gli austro ungarici dalla cima del monte San Michele, sul Carso, attaccarono facendo uso del cloro-fosgene; in una manciata di minuti morirono circa 2.900 italiani e altri 2.500 nei mesi e negli anni seguenti. Per dare una misura dell'ecatombe: in tutte le guerre risorgimentali gli italiani morti in battaglia furono circa 6.500, quel giorno di giugno fu segnata la vita di altrettanti giovani. Anche in questo caso né Stato né mass media ricordarono la tragedia nel 2016. Per la cronaca: i superstiti andarono al contrattacco e ripresero le trincee colme di asfissiati[4].

Come è stata possibile questa «perdita della memoria storica» in un paese civile, culturalmente non marginale e proprio nel Centenario?

La risposta è semplice: non avendo fatto ricerche negli archivi militari, gli storici 'contemporaneisti' non conoscono la storia militare e, scrivendo di Caporetto, si aggrappano ad altre 'fonti', che possono essere senz'altro utili, ma che non ricostruiscono gli avvenimenti. Non conoscendo gli avvenimenti, non sarebbe corretto avanzare alcun 'giudizio'.

In effetti la storia militare contemporanea è stata esclusa negli insegnamenti universitari e ghettizzata in ambiti di studiosi 'militari'. L'apertura nel 1990 degli archivi storici militari non ha quindi generato il

---

[2] R. Bencivenga, *La battaglia della Bainsizza e la crisi dell'autunno 1917*, Udine 2017; la prima ed. del libro uscì nel 1938 e fu recensito da Piero Pieri.

[3] E. Raffaelli, *La tragedia censurata. Albania, 8 giugno 1916, il siluramento del Principe Umberto*, Udine 2016.

[4] N. Persegati - M. Juren, *Il Quarto Cavaliere. L'apocalisse dell'attacco dei gas sul San Michele il 29 giugno 1916*, Udine 2016.

rinnovamento della storiografia sulla Grande Guerra, e così nelle università si formano i futuri insegnanti con conoscenze di storia sociale, di storia economica, di storia culturale e di storia politica della Grande Guerra, ma non di storia militare. Non essendo tuttavia pensabile che nella formazione culturale dei cittadini venisse annullata la conoscenza delle battaglie che hanno portato all'unità nazionale, si è ovviato nell'unico modo che gli storici potevano praticare senza fare ricerche d'archivio in ambito militare: utilizzando 'le fonti' dei letterati e dei giornalisti in guerra, estendendole poi, doverosamente, alle fonti 'popolari' – diari, lettere, memoriali, ecc. – promuovendo queste fonti a una visione 'dal basso' della guerra, facendole apparire 'attendibili' soprattutto quando denunciavano le 'colpe' degli alti comandi o le inefficienze dell'esercito, risultando così conformi alla 'visione democratica' dell'Italia repubblicana in cui 'militare' è quasi sempre sinonimo di 'militarista'. Se in un memoriale c'era scritto che la ritirata era stata caotica, che i soldati gettavano i fucili e gridavano viva la pace, la guerra è finita, quella era la prova che Caporetto era frutto delle insensate battaglie dell'Isonzo, della stanchezza delle truppe, dell'insipienza dei generali, e così via.

Si considerò storiograficamente superata l'*histoire bataille* e la si sostituì con la 'storia sociale' della guerra. Si è anteposto alla ricostruzione dei combattimenti il 'giudizio' sulla battaglia con il risultato che ancor oggi, come mezzo secolo fa, Caporetto viene vista come frutto della «stanchezza dei soldati» e del «malgoverno delle truppe», per cui è unanimemente condiviso il 'giudizio' di una «crisi morale» che avrebbe colpito la bellezza di un milione di uomini, ma che durò solo due settimane, perché dopo viene 'superata' non si sa bene come e grazie a cosa. Una sorprendente follia storiografica che non ha confronti in Europa.

Dal momento che nessuna popolazione può progredire nella conoscenza della sua storia se non conosce il proprio comportamento in battaglia o se, peggio, sostituisce la conoscenza dell'accaduto con dei 'giudizi' avulsi dalla ricerca storica, l'Italia si trova oggi priva di una forza identitaria, di una piena consapevolezza di sé, perché quelli che combattevano allora altro non erano che cittadini-soldati che ci hanno preceduto nel cammino della storia. Questi 'giudizi' e il voler 'riscrivere la storia da parte delle vittime' hanno generato una 'dissociazione' nefasta perché ingnorando l'accaduto sono in contraddizione culturale, e di religione civile, con il simbolo identitario laico rappresentato dal contadino-milite ignoto, con le lapidi murate sulle facciate dei municipi o nei monumenti con cui ogni comunità ha voluto attestare con fierezza il prezzo pagato per esercitare i diritti di cittadinanza: sono i nomi dei caduti di ogni Comune e, come tali, 'tutti valorosi'. Conoscere i combattimenti in cui caddero avrebbe significato farli entrare nella Grande Storia assieme ai generali e alle medaglie d'oro, avrebbe dato ai discendenti e consanguinei motivo di fierezza, di senso civico e magari di obbligo morale di non tralignare da tanto valore famigliare.

I libri di testo, usati dagli insegnanti che ancora considerano la storia una scienza fondamentale per la formazione culturale ed etica dei futuri beneficiari dei diritti di cittadinanza ottenuti con la Grande Guerra italiana, sono l'estrema sintesi della scienza storica elaborata in ambito accademico. Sono il 'precipitato', in significato chimico, del processo storiografico, vale a dire quello che alla fine 'rimane nel piatto' e che dovrebbe dare ai giovani il bene più prezioso per un popolo: la coscienza storica che rafforza sia la propria immagine positiva, sia il senso di un divenire cittadini nel momento fondativo della nostra identità che, nella veste di memoria culturale, oggi si potrebbe opporre al dato di fatto, angosciante, della continua caducità dei valori e delle certezze, avendo però ben chiaro ciò che resta vincolante, che va ricordato e che permette alla collettività e ai suoi membri di percepirsi come unità: il senso di sé, che passa al setaccio il passato per trovare elementi di stabilità.

Altro che: Caporetto=stanchezza-crisi morale.

Siccome il racconto di Caporetto nei libri di testo è il 'risultato ultimo' della storiografia è utile confrontare i contenuti con la realtà dei fatti.

Il primo testo scolastico dice:

> Dopo alcune sanguinose ma inefficaci offensive sull'Isonzo [vittorie del Vodice e della Bainsizza che mandano i crisi le linee difensive austriache] ordinate da Cadorna tra maggio e settembre, il 24 ottobre 1917 gli austro-tedeschi sfondarono il fronte presso Caporetto, scatenando una controffensiva [e l'offensiva qual era?] che disintegrò il dispositivo difensivo italiano. [...] Anche i socialisti compresero la gravità del momento e sostennero il nuovo governo di solidarietà nazionale [*sic*, in grassetto nel testo] presieduto da Vittorio Emanuele Orlando nell'opera

> di ricostruzione dei reggimenti e di riorganizzazione degli sbandati sotto il nuovo capo di Stato Maggiore Diaz. Per ottenere fiducia e facilitare l'arruolamento di altri uomini nell'esercito [c'era la coscrizione obbligatoria] il nuovo governo, con la parola d'ordine «la terra ai contadini», promise la distribuzione di appezzamenti di terra dopo il conflitto [*sic*]. Questa iniziativa politica, insieme alla chiamata alle armi dei diciottenni della classe 1899, riuscì ad arginare la rotta delle truppe italiane.

Mancando qualsiasi conoscenza della storia militare, lo studente non saprà mai che il motivo dell'offensiva fu la vittoria italiana che in settembre aveva portato alla conquista dell'altopiano della Bainsizza con una penetrazione di 10 chilometri. Da lì, alla successiva offensiva, gli italiani avrebbero scardinato il fronte dell'Isonzo perché ormai avevano una dotazione di cannoni e tecniche d'assalto che gli austro ungarici non riuscivano più a contrastare. *Obtorto collo*, l'imperatore Carlo mandò il capo del suo *staff* a chiedere al Quartier generale tedesco aiuto perché non sarebbero più stati in grado di sostenere l'urto e il fronte sarebbe crollato. Questa richiesta all'arrogante e sprezzante alleato era una chiara ammissione d'impotenza che testimoniava come la strategia di Cadorna, in una guerra di logoramento, avesse alla fin fine logorato l'esercito austro ungarico che vantava un'organizzazione ben più antica e accurata di quello italiano. Ludendorff accondiscese purché il comando dell'armata fosse esclusivamente tedesco. L'armata fu composta da 7 divisioni d'assalto (delle 11 di questa valenza delle 250 divisioni dell'esercito) e da 5 austro ungariche composte dai migliori reggimenti – 59° Rainer, 14° Hessen, 1° e 2° Kaiserschützen, numerosi reggimenti Jäger bosniaci.

Dal punto di vista della storia politica della guerra: gli 'unici' partiti socialisti europei a non entrare in governi di *Union Sacrée* furono l'italiano e il russo! La connessione temporale tra un'inesistente promessa di terre e la riorganizzazione dell'esercito al Piave è frutto di una storia sociale applicata alla storia militare in modo ridicolo: la ricostruzione dei reparti fu opera dei militari, non certo dei politici.

Secondo testo scolastico:

> Oggi la storiografia sembra essere pervenuta a un giudizio unanime: la tragedia [*sic*] di Caporetto fu il risultato di molteplici concause fra cui emergono tanto la demotivazione delle truppe – non già per un disegno

sovversivo [spiegazione abbandonata fin dal dicembre 1917] – , ma perché logorati da mesi di duri combattimenti [lo sfondamento avvenne in un tratto di fronte che fin dal 1915 non aveva visto combattimenti cruenti, tranne uno[5]: era il luogo più tranquillo del fronte dell'Isonzo], quanto l'incapacità di organizzazione e di reazione delle gerarchie militari. [...] All'alba, secondo una tattica ormai collaudata, i soldati austro-tedeschi [era la prima volta e fu usata solo dai tedeschi] anziché assaltare in massa tutto il fronte delle trincee italiane [fu proprio quello che fecero da Tolmino fino a Plezzo su un fronte di 40 km] si divisero in piccoli gruppi con il compito di spezzare in punti diversi la prima linea italiana, infiltrandosi in profondità lungo le vallate [c'era solo la valle dell'Isonzo, il resto erano montagne] e prendendo alle spalle gli avversari [...], interi battaglioni e reggimenti si sfaldarono [un reggimento è composto da tre battaglioni di 700-1000 uomini ciascuno]. Furono fatti 300.000 prigionieri, altrettanti, una volta venuto meno ogni vincolo gerarchico, [*sic*] scesero disordinatamente a valle cercando salvezza nelle retrovie, [...] e così la ritirata si era trasformata in una rotta caotica. Di fronte alla stanchezza e allo scoramento delle truppe, già duramente provate da anni di battaglie senza esito [quasi tutte vinte], si temette che la disfatta di Caporetto avrebbe inferto all'esercito un colpo irreparabile. [...] Diaz abbandonò la tattica offensiva del suo predecessore.

La tattica di squadre d'assalto seguite da mitraglieri armati di mitragliatrici leggere individuali – il prototipo dei mitra della guerra seguente – e pesanti portate a spalla (erano 36 per battaglione contro le 14 italiane), fu praticata solo dalle divisioni tedesche che, mentre avanzavano, stendevano le linee telefoniche per comunicare alle proprie artiglierie i nidi di resistenza italiani da distruggere. Dopo il successo di questa tattica a Caporetto, Ludendorff fece addestrare durante l'inverno l'intero esercito a questo uso delle mitragliatrici leggere, per sferrare il 21 marzo 1918 un'offensiva in Piccardia che causò agli inglesi la perdita di 150.000 uomini e uno sfondamento di 70 km e che fu fermata perché, dopo gli ammutinamenti del 1917, metà esercito francese era tenuto esclusivamente sulla difensiva, aspettando l'arrivo degli ameri-

---

[5] G. Alliney, *Mrzli, la battaglia dimenticata. Il massacro dei fanti siciliani dell'agosto 1917*, Udine 2009.

cani, e aveva decine di corpi d'armata di riserva, con i quali il generale Foch bloccò i tedeschi che erano arrivati a 60 km da Parigi. I 300.000 prigionieri italiani furono catturati nelle due settimane del ripiegamento. Non conoscendo nulla di organica e di logistica, due branche della scienza militare, si compie in questo libro di testo un abbaglio cosmico: in una guerra di trincea in zone d'alta montagna, per ogni soldato «di linea», addestrato cioè a combattere, ce ne sono 'quattro' che, non addestrati a sparare e senza avere in dotazione armi, sono preposti ai «servizi»: portare «in linea» cibo, acqua, armi, munizioni di qualsiasi tipo, reticolati, stufe, materiali per fare baracche e per vivere in alta quota anche d'inverno. Furono costoro che i testimoni-letterati videro ritirarsi disordinatamente assieme agli artiglieri, e lo fecero perché, non avendo armi (e non sapendole usare), 'dovevano' ritirarsi. Dei reparti in linea 'nessuno' abbandonò il fronte per la semplice ragione che tutti erano sotto il controllo degli ufficiali e sottufficiali e che, comunque, ai ponti avrebbero trovato i carabinieri che facevano passare solo quelli che avevano un lasciapassare e, appunto, i soldati dei «servizi». Costoro furono i primi a ritirarsi e quasi tutti riuscirono a mettersi in salvo. Il gran numero di prigionieri non fu dato da costoro che i testimoni descrissero, ma dai soldati dei reparti «di linea» che durante tutta la ritirata si fermarono a combattere o per aprirsi la strada o perché si sacrificarono per consentire al grosso delle armate di mettersi in salvo! Esattamente il significato contrario che il pregiudizio ha attribuito, e attribuisce, al numero elevato di prigionieri. Chi scappa non viene fatto prigioniero. Lo è chi si ferma a combattere. Era così ovvio che non ci si è premurati negli ultimi sessant'anni di verificare chi si fosse fermato a combattere in un ripiegamento che fu possibile solo se c'era una retroguardia a proteggere il grosso dell'esercito. La resistenza sul Piave fu possibile proprio perché ci furono dei reparti che si sacrificarono per consentire ad altri di mettersi al sicuro dietro un fiume non guadabile, e da lì ridare battaglia, il tutto secondo precisi ordini e piani di ripiegamento, che se non si va a leggerli negli archivi, non si possono scientificamente sostituire con le testimonianze di seconda o terza mano di qualche ufficiale-letterato o qualche soldato appena alfabetizzato.

Caporetto fu una battaglia persa perché in quel giorno e in quel posto il nemico aveva ottenuto una sorpresa strategica piazzando senza farsi scoprire la bellezza di 1.200 cannoni, aveva un rapporto di uomini di 3 a 1, di artiglierie e di mitragliatrici di 5 a 1, una superiorità tattica e di comandanti esperti, e quando ciò accade, le battaglie si perdono, e non c'è nulla da vergognarsi. Semmai c'è da essere orgogliosi del fatto che, benché pesantemente sconfitti, ufficiali e soldati rimasero saldi e combatterono valorosamente ripiegando: comportamento raro nella storia militare.

È stata poi la lettura 'politica' della battaglia a caricarla di significati che non avevano nulla a che vedere con la realtà. L'attribuire la sconfitta alla stanchezza è incongruo dal momento che gli stessi che si erano ritirati per 15 giorni, fermarono sul Piave e sul Grappa l'avanzata nemica, infliggendo perdite tali che sul Grappa i comandi tedeschi ritirarono i loro reggimenti d'élite prima che perdessero qualsiasi capacità bellica.

Infine: Diaz non abbandonò per scelta la strategia offensiva di Cadorna, ma perché lui e i suoi sottocapi Giardino e Badoglio furono 'obbligati' alla strategia (la tattica non è sinonimo) difensiva perché l'esercito aveva avuto sì 265.000 prigionieri, 30.000 feriti, 10.000 morti e 350.000 sbandati, ma soprattutto aveva perso 3.152 pezzi di artiglieria, 1.732 bombarde, 3.000 mitragliatrici, 2.000 pistole mitragliatrici e 300.000 fucili, e in quella guerra le perdite tra chi attaccava e chi si difendeva erano in rapporto di 3 a 1 a favore della difensiva. Sul fronte francese per ogni soldato tedesco ucciso caddero 3 soldati francesi o inglesi attaccanti; quando nel marzo 1918 la Germania andò all'attacco dopo tre anni di difensiva su quel fronte, le sue perdite, nonostante gli sfondamenti generati dalla tattica dell'infiltrazione con mitraglieri, furono di 2,5 uomini caduti contro uno dell'Intesa: fu il colpo di grazia all'esercito tedesco[6].

Terzo testo:

> Cadorna ordinò una nuova serie di offensive sull'Isonzo con risultati modesti [la presa del Vodice, l'avanzata sul Carso, la Bainsizza] e costi ancora più pesanti che in passato [in alcune battaglie le perdite italiane e austro ungariche si equivalsero] [...]. Fatti come quello di Torino [l'unico episodio di sommossa per mancanza di pane, in agosto, finito nella

---

[6] J.C. Laparra, *Les "gladiateurs". Le formations offensives dans l'armèe allemand 1914-1918*, Louviers 2007; B.H. Liddell Hart, *La prima guerra mondiale 1914-1918*, Milano 1973[6], p. 476.

> repressione spietata] indicavano comunque che la situazione si stava avvicinando al punto di rottura [un solo episodio e già si arriva al punto di rottura?]. Fu in questa situazione che i comandi austro tedeschi decisero di profittare della disponibilità di truppe provenienti dal fronte russo [fino al trattato di pace di Brest-Litovsk del 3 marzo 1918 solo un paio di divisioni lasciarono quel fronte] per infliggere un colpo decisivo all'Italia. Il 24 ottobre un'armata austriaca rinforzata da 7 divisioni tedesche [invece era un'armata tedesca con 5 divisioni austriache] attaccò le linee italiane sull'Alto Isonzo e le sfondò nei pressi del villaggio di Caporetto [sfondò a Tolmino, Caporetto era una cittadina delle retrovie a 24 km]. Gli attaccanti avanzarono in profondità nel Friuli, mettendo in atto per la prima volta la nuova tattica dell'infiltrazione.

Orbene, la tattica dell'infiltrazione riguardò lo sfondamento del 24 e 25 ottobre in zone montane, non certo l'avanzata in Friuli fatta a plotoni affiancati e con tutti i carriaggi con le munizioni dietro.

Questa è dunque la rappresentazione finale di Caporetto, quella che s'insegna nelle scuole, sviluppatasi in Italia senza una storiografia basata sulle fonti d'archivio, ma solo su quelle a stampa (o sulla 'scrittura popolare') e, quindi, senza una reale conoscenza della storia militare.

Ben diversi sono stati i risultati della ricerca d'archivio.

3. *Caporetto nel racconto degli ufficiali di prima linea*

Come in ogni situazione di emergenza, o di evento inaspettato, anche a Caporetto ci furono ufficiali superiori che crollarono e altri che diedero prova di gran valore; ci furono ufficiali subalterni che stettero con le proprie compagnie fino all'estremo sacrificio e altri che preferirono mettersi al riparo; ufficiali che avevano un ascendente morale sui loro soldati per i quali provavano una cameratesca dedizione, e ufficiali che erano totalmente inesperti o che disprezzavano quella truppa plebea, venendone ricambiati.

Senza la ricostruzione dettagliata dei combattimenti era impossibile conoscere come si erano comportati i soldati e gli ufficiali (che erano 'cittadini' come lo siamo noi oggi).

«Il presente è una trama di memorie e la grandezza dei popoli sta spesso nel modo d'interpretare e onorare i valori del proprio passato» ha scritto Gastone Breccia quasi facendo da spalla al più lucido studioso della Grande Guerra, sir Basil Liddell Hart: «La forza di una nazione è quella che si manifesta nelle battaglie». Ora, è indubbio che le classi dirigenti iniziarono la guerra mondiale per completare l'unità nazionale, ma è altrettanto certo che è stata l'unica guerra che abbiamo vinto grazie all'immane sacrificio di studenti-ufficiali e di contadini-fanti e che fu da quell'esperienza che le masse rurali 'entrarono' finalmente nello Stato sviluppando il senso d'identità che prima non avevano.

Ippolito Nievo, dopo Villafranca, in *Venezia e la libertà d'Italia. Rivoluzione politica e rivoluzione nazionale*, propugnò la libertà dell'Italia per mezzo di un esercito di contadini. E, in effetti, così come a Curtatone e Montanara gli insegnanti toscani portarono al fuoco i loro studenti, nella Grande Guerra furono gli «studenti che portarono al fuoco i contadini» divenuti finalmente beneficiari del diritto di voto. Come ricostruire il comportamento in battaglia di questi studenti e di questi contadini quando tutti i *Diari* di reggimento e di brigata, che sono la fonte principale per ricostruire i fatti, erano andati persi nella battaglia?

Lo storico era privo di una delle fonti militari canoniche per la ricostruzione degli eventi. Privazione appena mitigata dagli interrogatori della Commissione d'inchiesta, ma essendo anch'essi fatti con ufficiali superiori – e sui pochi scampati che s'erano tenuti ai margini della lotta –, davano una ricostruzione a *puzzle* dove le parti indefinite erano il mare in cui galleggiavano le isolette dei testimoni[7].

La storia opera spesso in modo paradossale. I soldati e gli ufficiali dei reparti di linea erano il capitale umano, quello che in pace determina la saldezza e il merito di un popolo, ma che in guerra rappresenta la tenacia di una nazione. Siccome di costoro nessuno aveva parlato, si era generato un senso di nostra inadeguatezza, un macigno sinonimo di crisi morale, d'inaffidabilità e di fuga. Per cui Caporetto era, ed è, uno stato mentale.

In realtà gli italiani a Caporetto combatterono da valorosi – come avevano fatto prima e come faranno dopo – e non si ritirarono fino a

[7] Archivio Storico dello Stato Maggiore dell'Esercito (d'ora in poi AUSSME), *Commissione d'inchiesta*, H 4, buste dall'1 al 30, consultate per la testimonianza sia di tutti i generali, sia dei soldati e ufficiali scampati alla cattura.

quando avevano munizioni o fino a quando non furono circondati da forze superiori. È quello che emerge dal più grande giacimento italiano di memoriali (e forse europeo). Nell'Archivio dell'Ufficio Storico dello Stato Maggiore dell'Esercito sono infatti conservati i memoriali dei quasi 16.000 ufficiali fatti prigionieri nel corso della guerra, la metà dei quali nei quindici giorni di Caporetto[8]. Tutti gli ufficiali al ritorno dalla prigionia, nel novembre-dicembre 1918, dovettero presentarsi davanti a una Commissione interrogatrice per descrivere minuziosamente il combattimento o la situazione che li aveva portati alla cattura. Un esercito è innanzi tutto una struttura burocratica, deve esser ben certo della tempra degli ufficiali a cui affidare la responsabilità delle vite dei subordinati, assicurando la carriera ai meritevoli, perciò li fece scrivere, e poi li interrogò, e poi valutò.

Dal generale di divisione al diciannovenne aspirante ufficiale, dovettero raccontare quanto era accaduto e ciò che avevano visto dal 23 ottobre al giorno della cattura. In più dovevano precisare le vicende della prigionia. Solo poche centinaia di aspiranti e sottotenenti scrissero un paio di stringate paginuzze, la gran parte lasciò almeno una mezza dozzina di fogli protocollo e molti addirittura 40-50 pagine, con gli schizzi delle posizioni e delle fasi dei combattimenti, facendo i nomi dei sottufficiali e dei soldati coinvolti nella loro vicenda personale. Molti, essendo consapevoli delle imprese valorose che avevano fatto, si aspettavano riconoscenza e ricompense per il valore dimostrato e segnalavano anche i nomi dei combattenti della truppa meritevoli di medaglie.

Negli ultimi quindici anni ne ho consultati circa 7.000, ad essi vanno aggiunti circa 200 interrogatori della Commissione d'inchiesta[9] e una ventina di *Relazioni di combattimento* dei reggimenti tedeschi e austriaci. Tranne che per Gadda, questi memoriali non erano stati utilizzati da nessuno.

Nel 1921-22 il generale Adriano Alberti, capo dell'Ufficio storico dell'Esercito, aveva basato la ricostruzione degli avvenimenti del 24

---

[8] AUSSME, F 11, buste dall'1 alla 99, comprendenti le relazioni manoscritte dei quasi 16.000 ufficiali prigionieri divisi per arma e specializzazione.

[9] AUSSME, H 4, *Commissione d'Inchiesta*, buste dall'1 al 30; AUSSME, E 1, buste dall'80 all'89; A. Gionfrida, *Inventario del fondo H-4*, Roma 2015.

ottobre proprio su queste fonti, ma senza citarle nel suo *L'importanza dell'azione militare italiana. Le cause militari di Caporetto.* Il libro era poi rimasto inedito per volere dei vertici dell'esercito e probabilmente di Mussolini stesso, privando così la storiografia italiana di uno studio che, se pubblicato nel 1924, «non avrebbe permesso la genesi della leggenda nera di Caporetto». Fu pubblicato nel 2004, ma in Italia e all'estero è stato quasi ignorato[10].

Questa fonte è dunque la più imponente raccolta di memorialistica della storia italiana. Il fatto che sia legata alla storia militare è senz'altro una delle ragioni per cui la storiografia italiana non l'aveva presa in considerazione. La mia emozione nel leggere le testimonianze degli ufficiali di linea impegnati in altre battaglie ignorate dalla storiografia su Caporetto – la battaglia di Cividale, la battaglia di Udine, la battaglia di Codroipo, quella di Ragogna, solo per menzionare le maggiori – cresceva man mano che trovavo gli schizzi dei combattimenti, le testimonianze di personaggi storici poi diventati famosi – Piero Pieri, Gadda, Gino Damerini, Ardito Desio, Manlio Brosio, Ugo Luca, Giani Stuparich, ecc.: un oceano di racconti, veri, confrontabili. La storia militare raccontata dagli ufficiali di prima linea, da quelli di Stato Maggiore, di artiglieria e di fureria faceva sì che per la prima volta nella storia si potessero ricostruire quasi tutti i combattimenti della Grande Guerra con le parole e la visuale di chi era lì in quel preciso momento.

Questi combattenti-narranti parlano anche per quelli che sono morti vicino a loro e per i superstiti che non hanno lasciato alcuno scritto, cosicché viene dato onore ai prodi rimasti finora sconosciuti e merito a coloro che hanno fatto il proprio dovere e sopportato ferite e sacrifici per giovare a quelli che erano con loro, o per dar modo di mettersi in salvo a quelli che si ritiravano.

Una giovane repubblica parlamentare come la nostra doveva in qualche modo rendere merito a questi combattenti, e questo è uno dei modi in cui il sacrificio comunque compiuto da cittadini sconosciuti, dagli eroi comuni, poteva essere riconosciuto dando nome, provenienza e professione a molti di loro.

L'ironia della storia è pari solo alla sua potenza livellatrice.

---

[10] A. Alberti, *L'importanza dell'azione militare italiana. Le cause militari di Caporetto*, a cura di A. Ungari, Roma 2004.

Finora questi cittadini-soldati che avevano fatto il proprio dovere erano rimasti sconosciuti e muti nella presunzione che si fossero dati prigionieri senza combattere. Ora invece essi diventano le guide che ci portano per mano, raccontando quel momento straordinario della loro vita durante la battaglia più importante della storia italiana.

Caporetto fu esattamente l'opposto di quello che finora le classi dirigenti, le vere responsabili della sconfitta, hanno propagandato e storici falliti hanno 'giudicato'. A Caporetto i cittadini-soldati combatterono[11], alcuni generali e colonnelli, invece di condividere con gli uomini di cui erano responsabili il comune destino (essere uccisi, o feriti o fatti prigionieri), preferirono mettersi al sicuro. Loro al sicuro e gli altri ufficiali e i soldati a combattere fino all'ultima cartuccia. Ricostruire i fatti vuol dire quindi fare i nomi di quelli che si defilarono dalle loro responsabilità e di quelli che invece, vera classe dirigente, rimasero con i propri soldati fino alla fine.

«Lo scopo principale della storia è quello di conoscere se stessi», disse un grande storico, ma se si chiede oggi a un qualsiasi studente, e forse anche a un insegnante, di fare il nome di una medaglia d'oro della Grande Guerra, costui non vi risponderà.

Delle 360 medaglie d'oro, 38.355 d'argento, 59.399 di bronzo e 28.356 croci di guerra, la gran parte andò appunto ai neo-cittadini che si dimostrarono valorosi tanto quanto quelli di altri stati nazionali vecchi di 500 anni. A questi si potrebbero aggiungere altri 25-30.000 atti di valore compiuti durante la ritirata non testati da alcuna medaglia, per cui sarebbero circa 170.000 i cittadini-soldati che compirono di più del loro dovere. Non c'è stato nessun momento della storia italiana in cui gli italiani di tutte le classi e di tutte le regioni profusero tanto valore.

Questa narrativa autobiografica di guerra è la rivincita, nella coscienza storica, nella storia stessa, di quanti la guerra la fecero, in contrapposizione alle centinaia di migliaia di 'furbi', raccomandati e imboscati, che salvarono la vita evitando la fame, la sete, le ferite, le mutilazioni o la morte e la prigionia, ma senza lasciare di sé nessun contributo alla memoria nazionale, alcun sforzo narrativo, alcun segno dell'epica collettiva di una

[11] G. Alliney, *Caporetto sul Mrzli*, Udine 2013; P. Gaspari, *La bugie di Caporetto, la fine della memoria dannata*, Udine 2017[2]; P. Gaspari - P. Pozzato, *Generali nella nebbia. Le 36 ore di battaglia della 43ª divisione dal Monte Nero a Caporetto*, Udine 2007.

nazione, nessuna avventura che scaldasse l'animo dei posteri. Erano i più furbi, ma alla fin fine bisogna dire che sono i veri perdenti.

E così i «vinti di Caporetto» diventano di colpo coloro che ci svelano anche quello che altri hanno mascherato, o taciuto[12].

Oggi noi ci troviamo nella condizione di ridare agli italiani il senso di una identità. Ed è l'identità di una straordinaria impresa epica perché i soldati inquadrati con i loro ufficiali continuarono a combattere lungo tutta la ritirata in grandi battaglie.

La prima avvenne a Cividale – 80.000 uomini – il 27 ottobre. Fu la prima delle grandi battaglie di retroguardia, nessuna delle quali figura nei manuali scolastici e, di conseguenza, non fanno parte del patrimonio culturale dei cittadini[13].

Poi vi fu la battaglia di Udine del 28[14] che, rallentando l'avanzata, consentì l'arrivo a Pozzuolo (7 km a sud di Udine) della 2ª brigata di cavalleria del generale Emo che frenò l'attacco sul fianco della 3ª armata delle divisioni austro ungariche e tedesche il 30 ottobre.

Questa fu l'unica battaglia della ritirata entrata nella storiografia in quanto combattuta da reparti composti da nobili e alto borghesi il cui valore, come élite, si contrapponeva ideologicamente alla perfidia e alla viltà dei fanti che si erano «arresi senza combattere» perché soggiogati dal pacifismo e dal socialismo[15].

Quel giorno ci fu un'altra grandiosa battaglia per i ponti sul Tagliamento, o battaglia di Codroipo, in cui 4 divisioni d'assalto tedesche attaccarono sul fianco l'ala sinistra della 2ª armata che si stava ritirando per passare il fiume: una battaglia enorme che coinvolse circa 50.000 austro tedeschi contro circa 350.000 italiani che si aprirono la strada combattendo contro centinaia di mitragliatrici leggere. Una battaglia di movimento in cui i generali si trovarono di colpo in prima linea: molti rimasero con i loro soldati fino alla fine, altri si defilarono. Furono fatti prigionieri 15 generali e colonnelli, 50.000 soldati e 1.700 i cannoni

---

12 G. Bollini - P. Gaspari - M. Pascoli - P. Pozzato - N. Persegati, *La grande guerra italiana. Le battaglie*, Udine 2015; P. Gaspari, *Rommel a Caporetto, Le gesta degli italiani e dei tedeschi tra il Kolovrat e il Matajur dal 24 al 26 ottobre 1917*, Udine 2016.

13 Id., *La battaglia di Cividale il 27 ottobre 1917*, Udine 2017.

14 Id., *La battaglia dei capitani. Udine 28 ottobre 1917*, Udine 2014.

15 Id., *La battaglia dei gentiluomini. Pozzuolo e Mortegliano il 30 ottobre 1917*, Udine 2013.

(solo Bacchelli la descrisse nella *Città degli amanti* per la parte avuta dalla *Sassari* dentro Codroipo). Ma le 4 divisioni d'assalto non riuscirono a 'cadere' sul fianco della 3ª armata del duca d'Aosta e il grosso della 2ª armata riuscì ad attraversare il Tagliamento[16].

Una quinta battaglia fu quella combattuta il 27 ottobre da due divisioni austro tedesche contro una italiana in val di Resia che riuscì a trattenerle, consentendo il ripiegamento del Corpo d'armata della Carnia[17].

Una sesta fu quella a Ragogna-San Daniele il 31 ottobre-2 novembre dalla brigata *Bologna* (3.000 uomini) lasciata sulla riva sinistra del Tagliamento[18].

Una settima fu quella di Clauzetto dove il corpo d'armata della Carnia (10.000 uomini), circondato, cercò di aprirsi la strada verso la pianura il 5 novembre[19].

Un'ottava fu la battaglia sul Meduna il 6-7 novembre combattuta da reparti del corpo d'armata Di Giorgio per proteggere la ritirata nella pianura pordenonese.

Una nona fu quella combattuta a Longarone il 9 novembre in cui furono fatti prigionieri quasi 10.000 italiani[20].

Oltre a queste battaglie che coinvolsero non meno di 6-7.000 uomini ciascuna, ci furono poi decine di altri piccoli combattimenti di retroguardia.

Il maggiore storico militare italiano del secolo scorso, Piero Pieri, definì la Grande Guerra «la guerra vittoriosa del popolo in armi guidato dalla borghesia in armi», una guerra combattuta quindi da tutta la società; «la guerra ha veramente portato tutti gli italiani con una dedizione suprema per il trionfo di un'unica causa», scrisse Rosario Romeo.

Oggi essa è invece una pellicola strappata. Non c'è traccia di questa storia nella formazione scolastica. Gli storici non hanno continuato la lezione di Romeo, di Chabod, di Omodeo, ma anche di Adriano Al-

---

[16] Id., *La battaglia dei generali. Codroipo e Flambro il 30 ottobre 1917*, Udine 2013.

[17] M. Pascoli, *La battaglia dimenticata della Val Resia 25-29 ottobre 1917*, Udine 2014.

[18] P. Gaspari, *La battaglia del Tagliamento. Ragogna*, Udine 1998.

[19] Id. - G. Cescutti, *Generali senza manovra, la battaglia di Pradis di Clauzetto nel racconto degli ufficiali combattenti*, Udine 2007.

[20] M. Rech, *La battaglia di Longarone*, Feltre 2004.

berti, Emilio Faldella, Piero Pieri, Giorgio Rochat. Tuttavia nella storia vince chi ha più memoria, chi ha una cultura con più forza di durata dell'esperienza collettiva e individuale. La *damnatio memoriae* a cui furono soggetti i combattenti italiani a Caporetto viene annientata da questi 7-8.000 memoriali che riconducono alla memoria collettiva i fatti realmente accaduti in una guerra epocale.

Si ridisegna così sia lo spazio dell'esperienza collettiva, per uno dei punti nodali della storia, sia lo spessore dell'immagine positiva di Caporetto che, prova durissima da superare, può, da queste testimonianze di ufficiali – la grande riserva di capitale umano della guerra –, ridisegnarsi come capacità italiana di 'tenuta nelle avversità' in cui l'aspetto eroicizzante e identitario è indubbiamente positivo.

Se si deve attribuire alla memoria delle esperienze dei cittadini la base per la coscienza storica – da intendersi come forme mentali e contenuti in cui il passato viene attualizzato e interpretato –, si può ritenere che con il ricordo delle azioni di questi uomini si darà forza a quei fattori significativi e durevoli per la vita privata e collettiva, attribuendo loro, se non un valore di eternità, almeno un valore di durata, un futuro che attraversa la catena delle generazioni, superando la frattura identitaria tra la vulgata «Caporetto simbolo della guerra non voluta» e quel fante-contadino, simbolo dell'unità degli italiani, sepolto in un luogo, laico, che, assieme ai cippi o alle targhe in marmo cementate sulla facciata di ognuno dei Municipi italiani, è la sintesi narrativa della nostra identità.

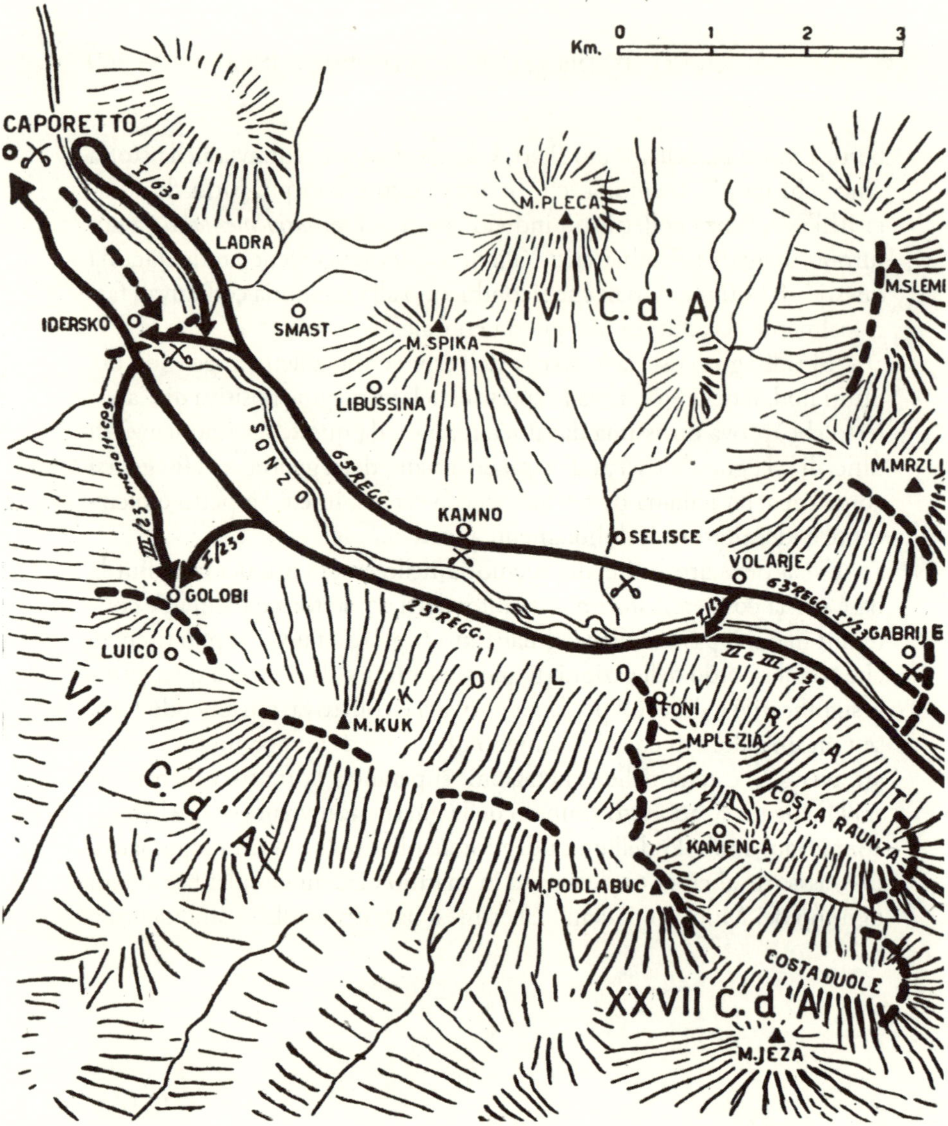

Fig. 1 - 24 ottobre 1917. Lo sfondamento della 12ª divisione tedesca del generale Arnold Lequis – 23° e 63° reggimento – in fondovalle Isonzo: partendo da Tolmino alle 7 raggiunsero Caporetto alle 15:30, proseguendo poi fino a Robic. Il fondovalle era completamente sguarnito di truppe e di cannoni; non essendo addestrati a una battaglia difensiva, perché per due anni erano sempre andati all'attacco, i comandi italiani non avevano fatto abbandonare la prima linea indifendibile, non avevano interrato le linee telefoniche e non avevano scaglionato in profondità le difese e i cannoni, il risultato fu lo sfondamento più profondo, 27 km in un sol giorno, di tutta la guerra europea. Lo sfondamento pianificato avrebbe dovuto avvenire da parte dell'Alpenkorps e dalla 200ª divisione sul fronte Costa Raunza-Costa Duole-Jeza (5 divisioni contro la 19ª italiana), dove invece gli italiani resistettero sul Podlabuc-Passo Zagradan fino a mezzogiorno del 25.

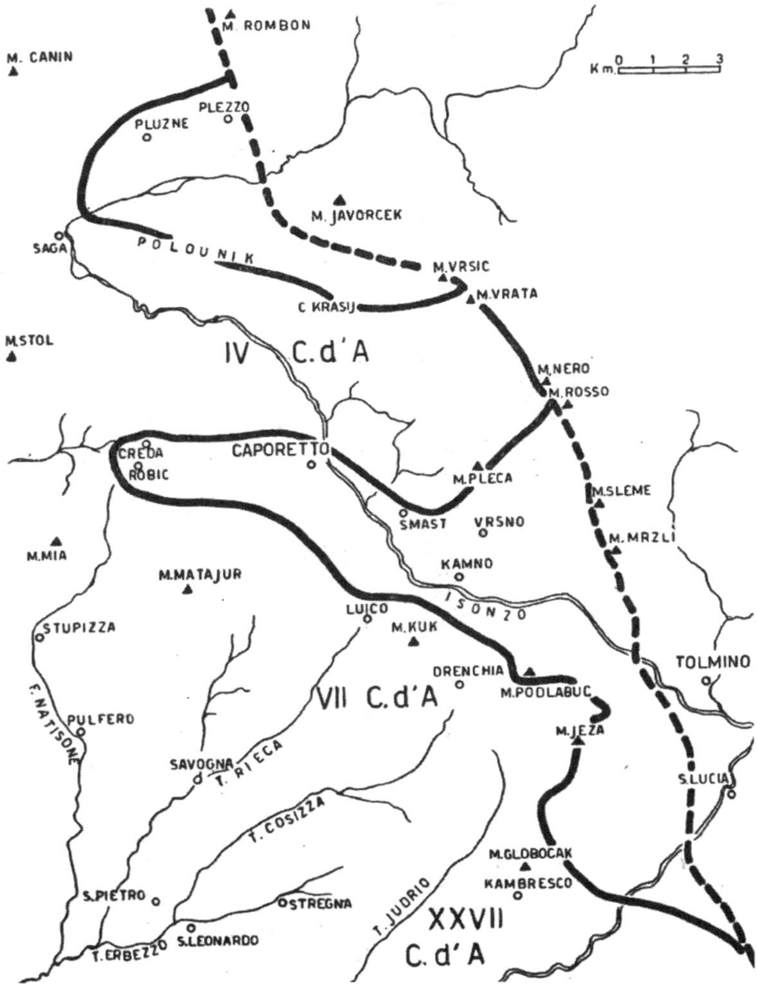

Limiti dello sfondamento alle ore 24 del 24 ottobre

Fig. 2 - Lo sfondamento del 24 ottobre: le brigate italiane e i battaglioni alpini resistono a ovest di Plezzo (dove addirittura contrattaccano), attaccato dai gas nella notte sul 24, tengono il Monte Nero (tra Krasij e il Pleca), dove la 43ª divisione fu circondata, e incredibilmente anche dal Globocak al Podlabuc che cadrà a mezzogiorno del 25 ottobre aprendo la strada all'obiettivo dei generali von Below e Krafft von Dellmensingen, comandanti della 14ª armata austro germanica per la gran parte concentrata a sud di Tolmino.

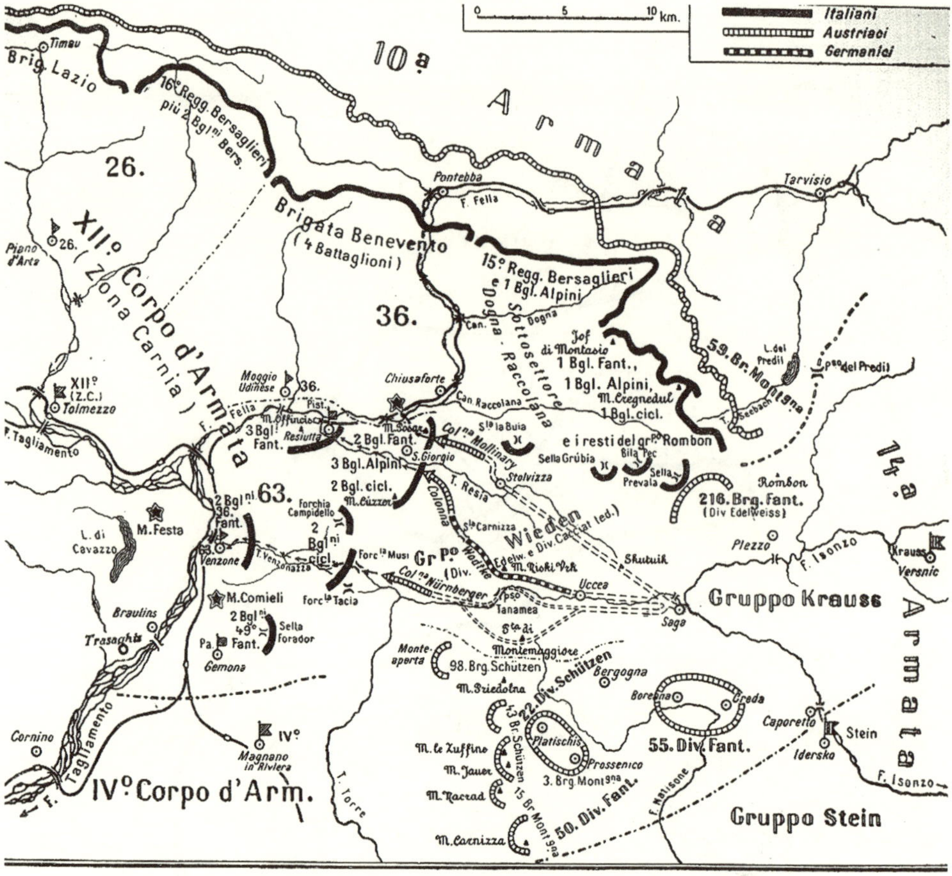

Zona Carnia. Situazione alla sera del 27 ottobre 1917.

Fig. 3 - 27 ottobre. La battaglia sostenuta dalla 63ª divisione del generale Francesco Rocca per rallentare l'avanzata delle divisioni Edelweiss e Jäger e consentire il ripiegamento della 36ª divisione che altrimenti, pressata a nord dalla 10ª armata del generale Krobatin, sarebbe stata tagliata fuori.

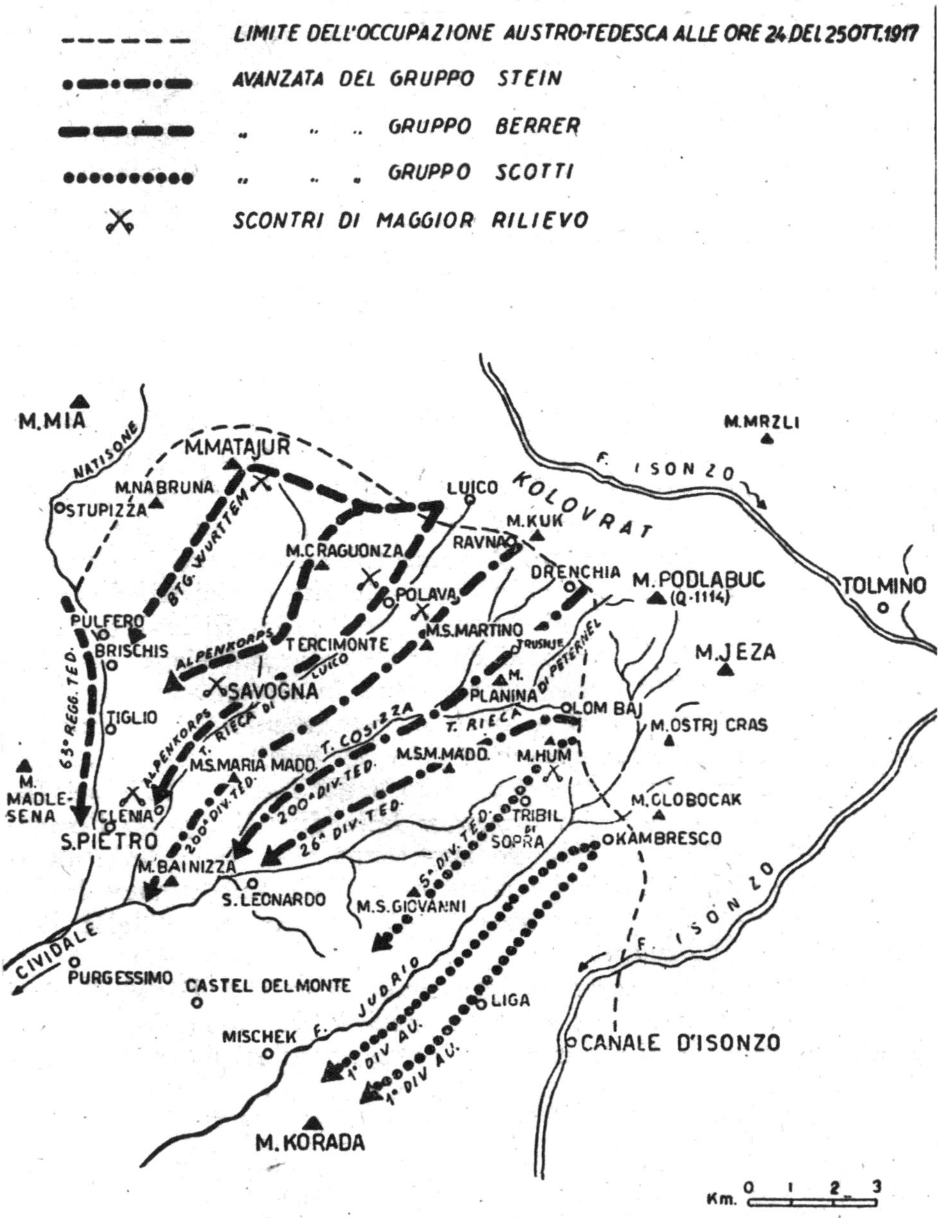

Fig. 4 - I combattimenti delle retroguardie del 26-27 ottobre per cercare di bloccare lo sfondamento nelle Prealpi Giulie e impedire lo sbocco in pianura delle divisioni, tutte tedesche tranne la 1ª austro ungarica, dell'ala sinistra della 14ª armata. A contrastare la 5ª divisione del Brandeburgo, la 26ª, la 200ª, l'Alpenkorps e la 12ª slesiana, tra Castelmonte e il monte Madlesena a est di Cividale, c'erano i resti delle brigate *Taro, Spezia, Elba*, battute il 24 e il 25, e le brigate della riserva del Comando Supremo, *Ferrara, Jonio, Milano* e *Avellino*, che, grazie a un buon appostamento delle mitragliatrici sul Purgessimo e a Castelmonte, riuscirono a rallentare per 8 ore l'avanzata delle cinque divisioni tedesche verso la pianura.

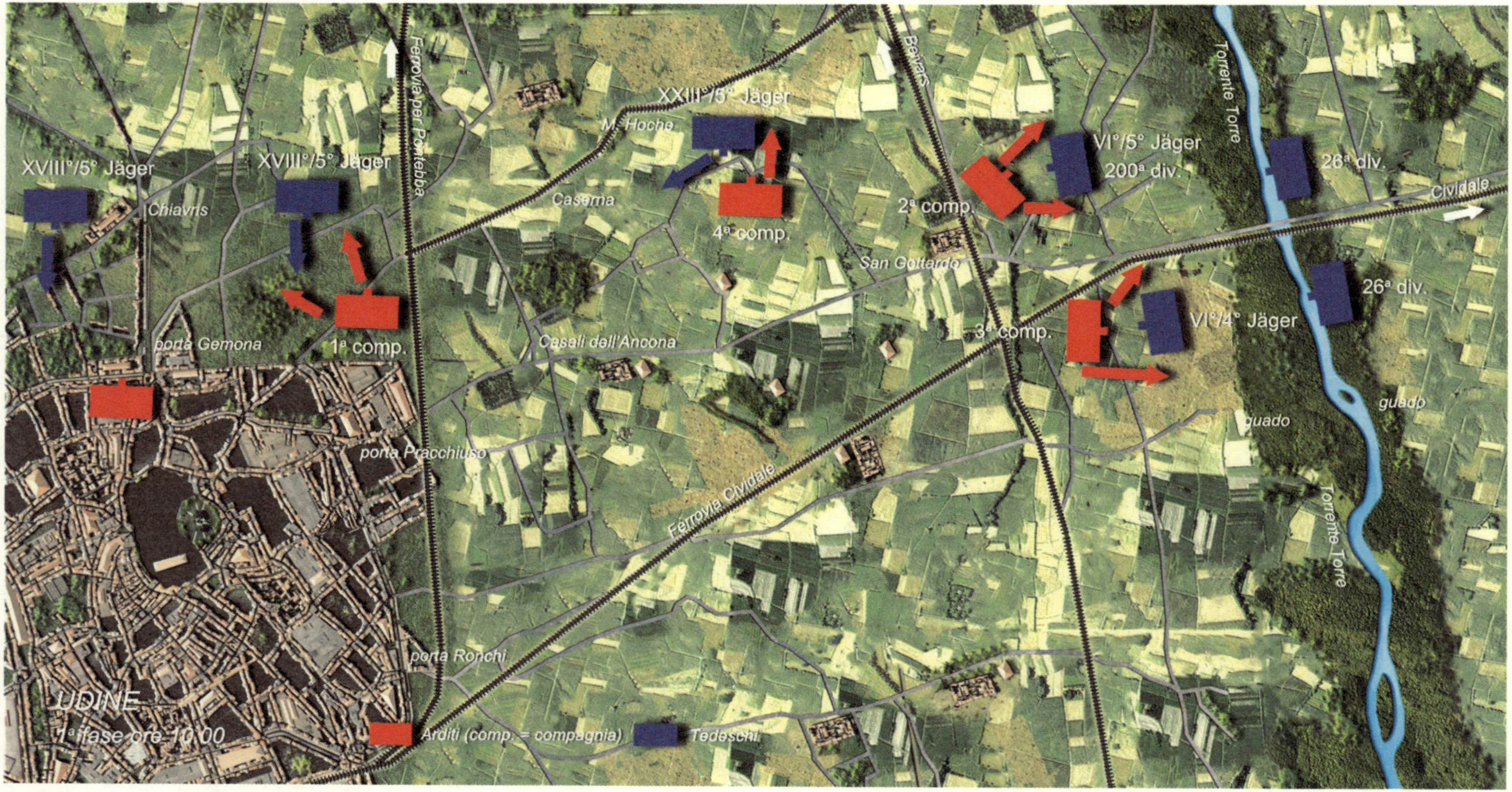

Fig. 5 - La battaglia di Udine il 28 ottobre 1917, ove cadde in un agguato il generale von Berrer, comandante del corpo d'armata incaricato di raggiungere il Tagliamento.

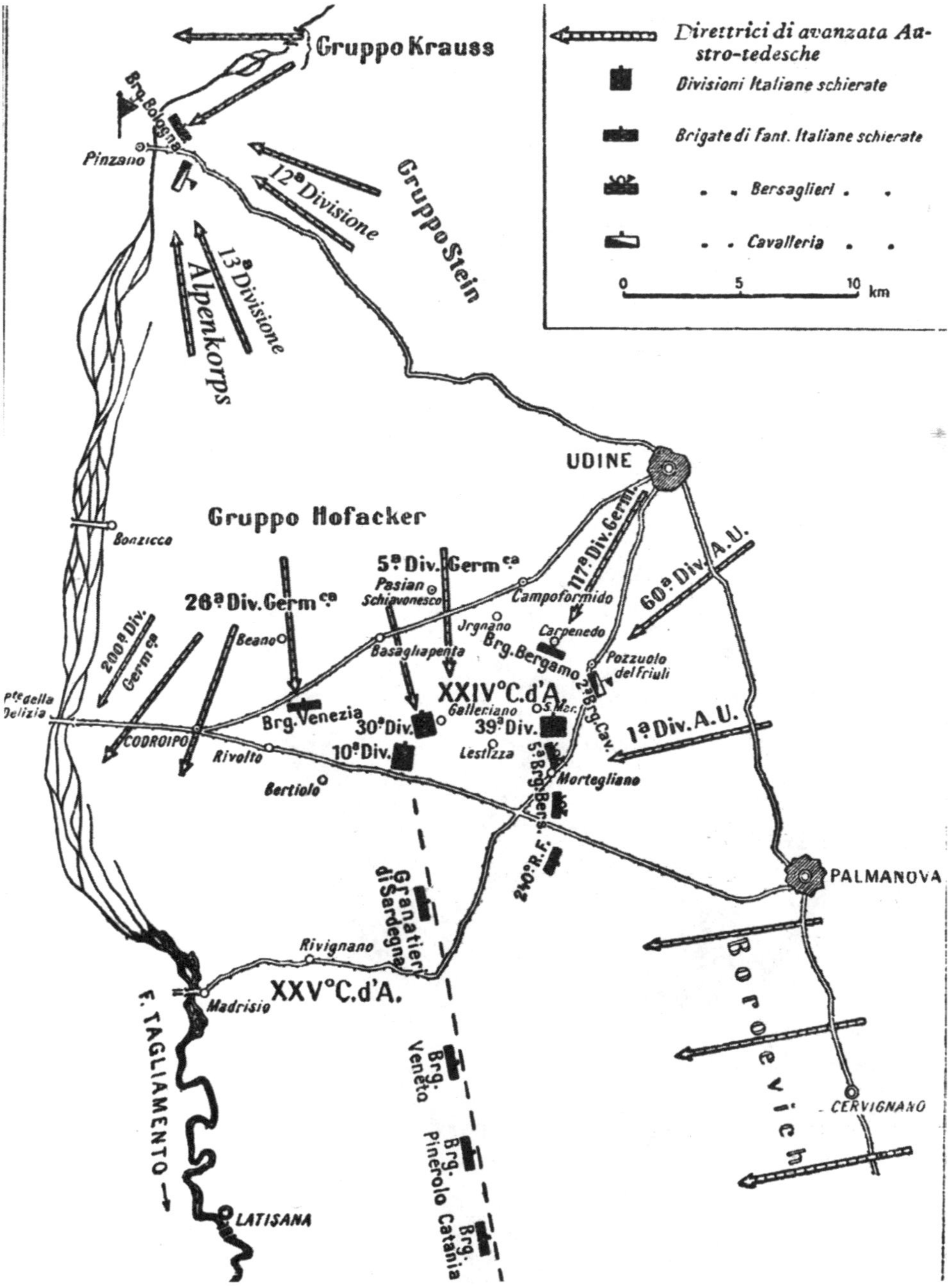

Fig. 6 - Le direttrici d'attacco tedesco e austro ungarico il 30 ottobre contro la 2ª armata con le battaglie di Codroipo e di Pozzuolo-Mortegliano e, a nord, di Ragogna, che coinvolsero circa 350.000 uomini.

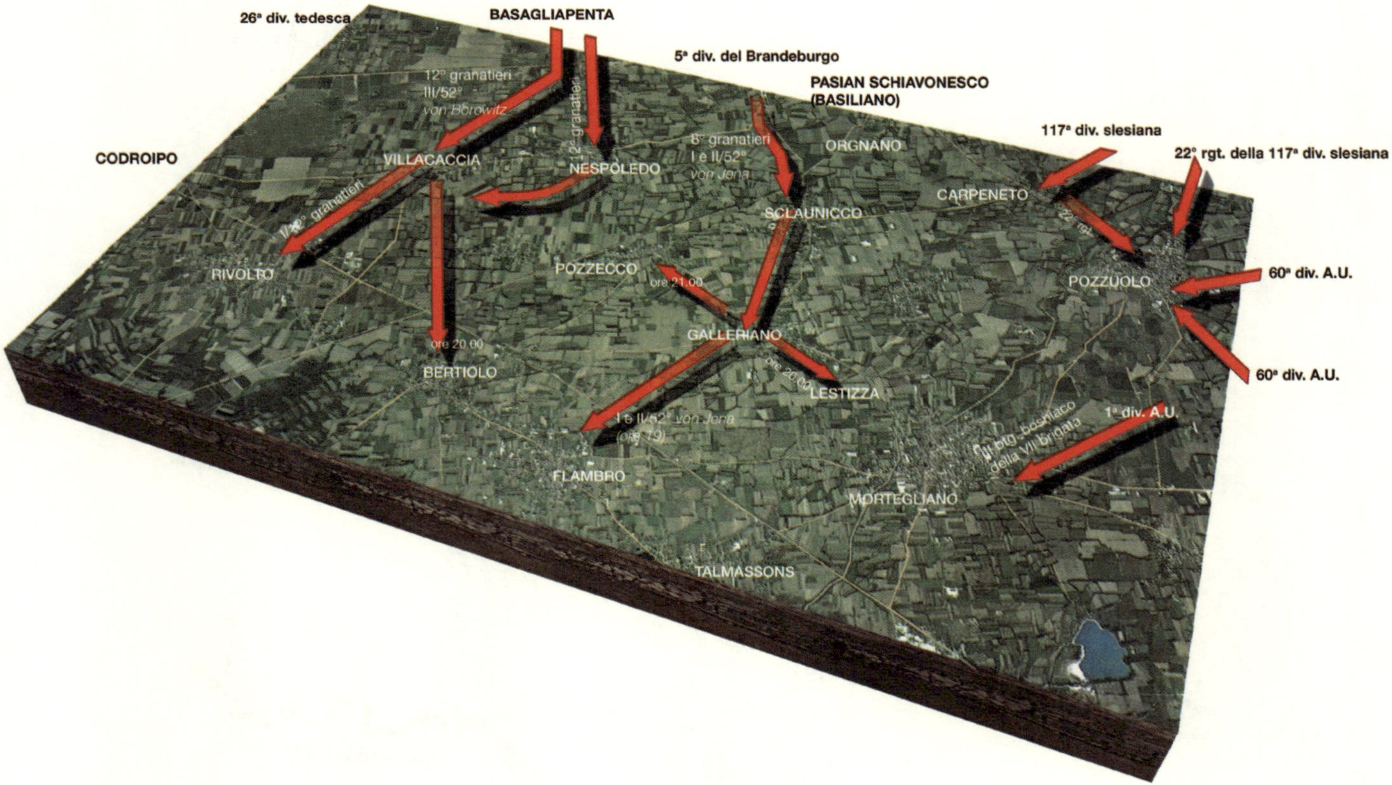

Fig. 7 - La battaglia di Pozzuolo e il tentativo della 5ª e 117ª divisione tedesca e 1ª austro ungarica di colpire sul fianco sinistro la 3ª armata del duca d'Aosta che si stava ritirando nelle Bassa Friulana, fermate dalla brigata *Bergamo* e dai reggimenti di cavalleria *Genova* e *Novara* a Pozzuolo e dalle brigate *Venezia* e *Livorno* a Galleriano e Villacaccia.

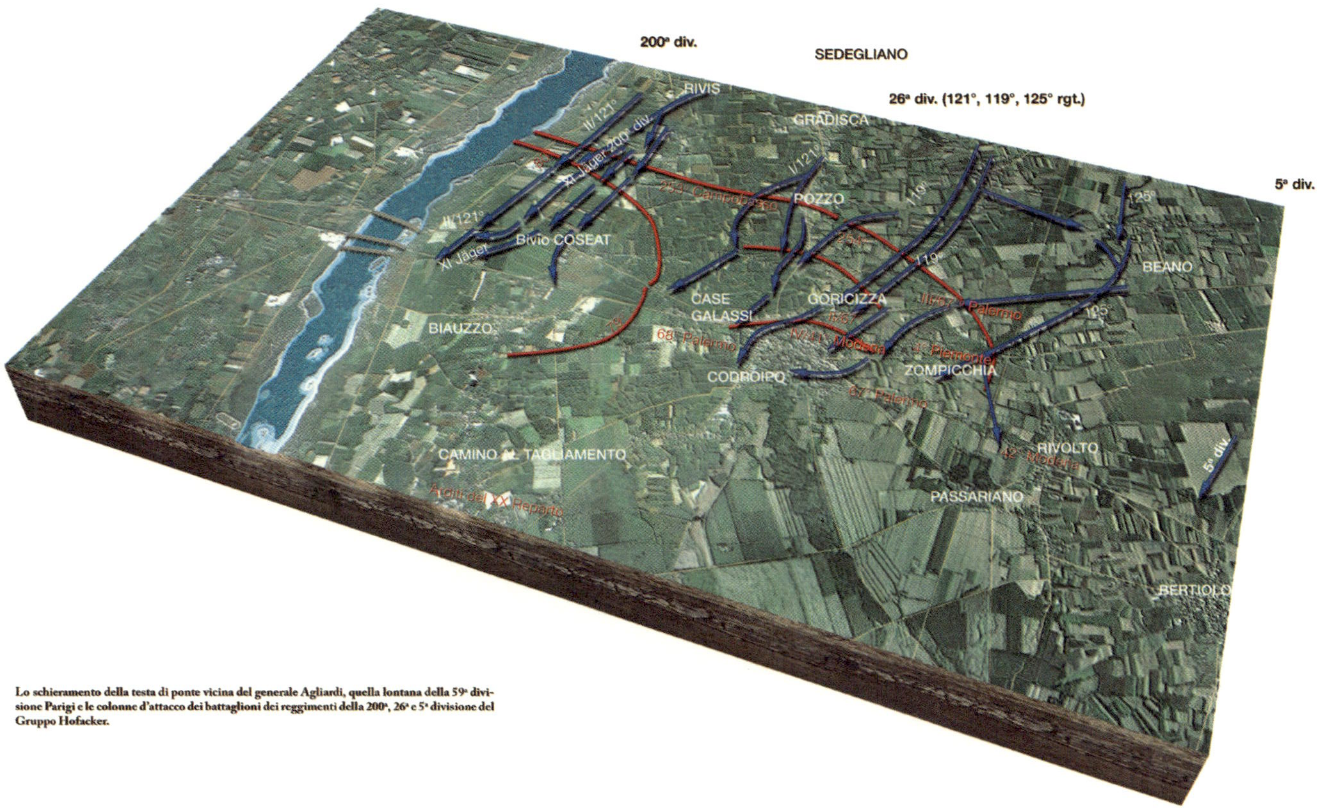

Fig. 8 - Lo schieramento della testa di ponte vicina del generale Agliardi, quella lontana della 59ª divisione Parigi e le colonne d'attacco dei battaglioni dei reggimenti della 200ª, 26ª e 5ª divisione del Gruppo Hofacker.

Lorenzo Renzi

I GIORNI DI CAPORETTO NELLE SCRITTURE DEI SOLDATI

1. *Scritture di soldati e* res gestae

Le lettere e le altre scritture dei soldati della Prima Guerra Mondiale sono state studiate prevalentemente come testimonianze dello stato d'animo della truppa, o, ancora più in generale, per caratterizzare il soldato italiano e, qualche volta, come aveva fatto l'iniziatore di questo filone di studi, Leo Spitzer, per ricavarne un ritratto dell'italiano in generale. Spesso si è messo in luce, non senza ragione, l'atteggiamento passivo del soldato, la cui attenzione restava molte volte inchiodata alle cose della casa e alla famiglia lontana, ignorando, almeno nella corrispondenza, la realtà incombente della guerra. Raramente, credo, almeno in Italia, si sono chiamate le scritture dei soldati a testimoniare di avvenimenti essenziali della Grande Guerra. In questa relazione provo a portare qualche documentazione in questo senso per quell'episodio cruciale per i combattenti e per tutta l'Italia che è stato la rotta di Caporetto.

Nelle loro lettere, di cui numerose ormai sono state date alle stampe o sono reperibili in rete, i soldati dialogano con le mogli, le fidanzate, i genitori, i fratelli e gli amici, qualche volta coi commilitoni[1]. Parlano soprattutto delle loro piccole cose quotidiane, dei loro bisogni, qualche volta anche dei loro sentimenti. Della guerra, o di quella che per molti è stata la sua triste appendice, la prigionia, in genere c'è poco[2].

---

[1] Vedi le principali raccolte di lettere di soldati da L. Spitzer, *Lettere di prigionieri di guerra italiani: 1915-1918*, Torino 1976 (ed. in ted. 1921; nuova ed. a cura di L. Renzi, Milano 2016), ad A. Gibelli, *L'officina della guerra: la grande guerra e le trasformazioni del mondo mentale*, Torino 1991; Id., *La Grande Guerra degli Italiani*, Milano 1998 (e edizioni successive); Id., *La guerra grande . Storia di gente comune. 1914-1919,* Bari 2015, alle altre numerose raccolte di altri autori.

[2] Dall'*Indice* di Spitzer, per es., si vede che il grosso delle lettere è dedicata non ai fatti

Una ragione fondamentale è che scrivere della guerra, come pure della fame ecc., era vietato, e la censura vegliava e operava perché il divieto fosse osservato[3]. Ma ci sono delle eccezioni (ne vedremo), e accanto alle lettere ci sono i diari, redatti all'istante, e le memorie, scritte al ritorno dalla guerra, dove le *res gestae*, anche nel più piccolo dei fanti, vengono in primo piano.

Questa documentazione, a cui si presta oggi molta attenzione in Italia come in altri paesi, non vuole certo sostituire le fonti storiche costituite dai documenti militari e ministeriali, né quelle letterarie, che danno di quei fatti raccontati anche un'interpretazione, e nemmeno, mettiamo, per Caporetto, un prezioso diario come quello dell'ufficiale di Stato Maggiore Angelo Gatti, che ci racconta giorno per giorno e quasi ora per ora dov'erano Cadorna e il re, chi incontravano, cosa pensavano e cosa dicevano. Ma può ugualmente portare un suo contributo alla storia con la S maiuscola, e darle forse un qualche spessore di umanità. Nella grande storia si potrà far sentire il palpito di quella che il grande storico della letteratura Erich Auerbach chiamava la «creaturalità», in cui l'uomo è misero, piccolo e solo nelle mani di Dio[4]. Ma qui lo serra nelle branchie inesorabili anche il terribile demiurgo che è il dio della guerra.

---

della guerra, o alla prigionia, ma alla mentalità, alla 'psicologia', ai sentimenti, alle 'piccole cose'. Trascrivo qui di seguito i titoli di alcuni capitoli nell'ordine in cui appaiono: 4. *La gioia di ricevere una lettera*, 5. *La lontananza*, 6. *Il ricordo*, 7. *L'attesa della pace*, 8. *Il sogno*, 9. *La fotografia*, 10. *I bambini e la moglie*, 11. *I genitori*, 12. *Le parole di conforto*, 13. *La rassegnazione*, 14. *La religiosità*, 18. *La fame e le altre sofferenze*, 19. *L'egoismo e il patriottismo*. 20. *Il rapporto con la censura*, 21. *L'umorismo*. 22. *L'amore, la sensualità, la brutalità*, 23. *L'ingenuità*; in GIBELLI, *La grande guerra degli Italiani*, l'indice raggruppa le testimonianze dei vari partecipanti alla guerra: *Combattenti, donne, fuggiaschi, prigionieri*; all'interno di queste categorie si ritrovano molti dei soggetti 'psicologici' di Spitzer: le *separazioni* (delle donne dai mariti, figli e fratelli arruolati), *l'amore coniugale, il patriottismo femminile, la fame, "scrivere per sopravvivere", l'attesa*, ecc. Si potrebbe confrontare il contenuto di questi libri italiani con uno dei libri, paralleli a quelli italiani, dedicati alle lettere della Grande Guerra dei Francesi, e si vedrebbe che per es. nei fanti (i «poilus») del Midi appaiono press'a poco gli stessi sentimenti e risentimenti (G. BACONNIER - A. MINET - L. SOLER, *La plume au fusil: les poilus du Midi à travers leur correspondance*, Tolosa 1985).

[3] L. RENZI, *Presentazione alla nuova edizione* a SPITZER, *Lettere di prigionieri di guerra*, 2016, pp.10-12.

[4] Vedi L. RENZI, *La linea Montaigne-Proust*, in *Mimesis 1946-2016. Atti delle Giornate di studio su Erich Auerbach*, collegio a cura di R. COLOMBO - F. FRANCUCCI - M. QUINTO, Pavia 2018, pp. 29-40.

Ma è possibile avvicinarsi anche all'altro polo storico, quello dei fatti (della storia 'evenemenziale', come si dice sull'esempio francese). È quello che ha già fatto Gibelli nel cap. IV della sua *Grande Guerra degli Italiani*, intitolato *Il "miracolo" di Caporetto*, e che ha ripreso nel più recente *Guerra Grande. Storia di gente comune*, nel Cap. *Fuggiaschi*, il cui primo paragrafo si intitola *Caporetto, l'evento e le sue memorie*. Per fare questo Gibelli, nei suoi libri del 1998 e del 2014, ha fatto ricorso soprattutto ai diari e alle memorie dei soldati, che servono in questo caso più delle lettere – alle quali, sull'esempio archetipico di Spitzer, si sono rivolti spesso con preferenza gli storici italiani – e che hanno peraltro reso più servigi alla storia di quanto si era creduto possibile: basti pensare alle lettere depositate al Tribunale Supremo Militare come altrettanti possibili corpi di reato, pubblicate da Giovanna Procacci[5].

Ricordiamo che invece nella tradizione storiografica francese la pubblicazione di scritture militari (di ufficiali, sottufficiali e soldati) prende il via proprio dal desiderio di documentare, attraverso le voci dei protagonisti presenti *sul campo* gli avvenimenti, i singoli fatti, della guerra: una linea prioritaria evenemenziale, dunque. È la linea che parte da John Norton Cru e dei suoi *Témoins* (1929), *Du témoignage* (1930), che tutti i raccoglitori e commentatori francesi successivi di scritture popolari riconoscono come capostipite dei loro studi[6].

Caporetto è certamente l'episodio della guerra che si presta di più a questa operazione storico-filologica. Forse solo un altro fatto della guerra potrebbe essere documentato altrettanto, e anche più, abbondantemente: lo scoppio della guerra. Gastone Breccia, che ha dedicato un intero libro, *1915: l'Italia va in trincea*, Bologna 2015, al «maggio radioso» e ai mesi del 1915 che sono seguiti, ha riportato una buona documentazione delle reazioni degli arruolati all'annuncio della guerra e ai primi fatti che erano seguiti, di cui solo una piccola parte, però, riguarda i soldati semplici. Nel suo studio pionieristico del 1982, Emilio Franzina aveva riportato una lettera ingenuamente entusiastica di un soldato di Poianella (Vicenza), di probabile origine contadina, ma

---

[5] G. Procacci, *Soldati e prigionieri italiani nella grande guerra, con una raccolta di lettere inedite*, Torino-Bari-Roma 1990, poi Torino 1993 e 2000.

[6] L. Renzi, *Lettere di soldati della Grande Guerra in Francia, Italia e Romania*, «Quaderni della Casa Romena di Venezia», XI (2016), pp. 19-37.

abbastanza colto[7]. Scrivendo alla famiglia nel terzo giorno di guerra (26 maggio 1915), il soldato Luigi Battistini inneggiava già alla futura vittoria («la nemica Austria fra poco tempo sarà sconfitta e annientata»). È un esempio di lettera di un soldato patriottico (e, al tempo stesso, a quanto scrive Franzina, fervente cattolico), che sarà da affiancare ad altre scritture di Caporetto che vedremo – ma del soldato Battistini possiamo chiederci se il suo patriottismo avrà retto alla prova di tre anni e più di guerra.

2. *Due soldati patriottici. Pagine di diario*

Venendo al nostro tema, Caporetto, do qui qualche saggio di scritture di soldati[8], che si riferiscono alla battaglia perduta e alla rotta seguita, cioè alla fuga di militari e di civili, con perdita gravissima di uomini e di beni. La rotta dà origine ai due grandi fenomeni della prigionia (circa 300.000 prigionieri italiani avviati in Austria e in Germania) e del profugato, e a tanti altri fenomeni connessi: le ruberie e i saccheggi compiuti dai due eserciti nella prima fase seguita alla battaglia, la requisizione di beni e case in Friuli e nel Veneto orientale da parte dell'Austria, ecc. Di tutte queste realtà le scritture popolari danno testimonianza. Tra le raccolte edite di lettere e di altre scritture di soldati, la più ricca, quella di Pier Vittorio Buffa con la collaborazione di Nicola Maranesi, riporta una sessantina di documenti che riguardano la battaglia di Caporetto e i giorni immediatamente seguenti, quasi tutti opera di soldati o graduati di truppa[9]. Prendendole in parte dal loro libro, presenterò e commenterò anch'io qui alcune testimonianze di soldati contenute nei loro diari.

---

[7] E. Franzina, *Lettere contadine e diari di parroci di fronte alla prima guerra mondiale*, in *Operai e contadini nella grande guerra*, a cura di M. Isnenghi, Bologna 1982, pp. 104-154; la lettera di Battistini è alle pp. 125-126.

[8] Escluderò gli ufficiali, dei quali si è occupato in questo volume Paolo Gaspari, ricorrendo alle testimonianze degli ufficiali di prima linea. Un'ampia rassegna di diari e memorie di ufficiali si trova nella prima parte del libro di D. Ceschin, *Gli esuli di Caporetto: i profughi in Italia durante la Grande Guerra*, Roma-Bari 2006.

[9] P. Buffa con la collaborazione di N. Maranesi, *La prima guerra mondiale in Italia. Cronache dal fronte. Le voci*, Roma 2015, 4 voll. (1915, 1916, 1917, 1918); qui III (1917), rispettivamente pp. 113 e 114.

I primi due passi che cito sono opera di partecipanti alla battaglia e documentano, proprio nel momento della massima crisi, i loro sentimenti di soldati italiani patriottici[10]. Sono documenti importanti, perché la lettura delle raccolte di lettere di soldati ha indotto spesso i lettori a pensare che ci fossero solo 'uomini contro'. Ma così non è, come mostrano le pagine di diario del soldato friulano Francesco Isola e del ligure Agostino Tambuscio[11]. Vediamo cosa ci dicono questi soldati nelle loro scritture, eseguite nei giorni che seguono immediatamente la battaglia e la rotta di Caporetto, nel momento in cui più era più facile gettare il fucile e cedere alla disperazione, come effettivamente tanti individui e interi reparti hanno fatto.

Francesco Isola (1897-1982), friulano di Artegna (Udine), italiano del Regno non d'Austria, era soldato semplice del 155° reggimento Fanteria. Ha lasciato le sue memorie in 49 pagine scritte al ritorno dalla guerra e dalla prigionia, alcune delle quali descrivono la battaglia di Caporetto e la propria cattura[12]. Il 24 ottobre 1917, giorno dell'attacco austro-tedesco, Isola si trova proprio a Caporetto:

> ...Il bombardamento nemico, circa verso le otto, lentamente cessò; già nei nostri cuori s'accese una speranza di conforto, già si sperò all'*infranta offensiva nemica.*

---

[10] Certamente sulla presenza di sentimenti patriottici può influire il fatto che le pagine siano state scritte verosimilmente a guerra finita e vinta. In realtà in ogni documento del nostro genere bisognerebbe, prima di farne una testimonianza, tener conto del momento e della situazione in cui è stata scritta, come pure del fatto se chi scrive sia, o sia stato, combattente, prigioniero, ecc. È sospetto l'entusiasmo nazionale del soldato dal nome – credo falso – di Cattafalso (in Spitzer, *Lettere di prigionieri di guerra*, pp. 284-285) che Gibelli nella sua *Guerra Grande,* pp. 149-150, porta (non senza qualche giustificato dubbio) ad esempio di entusiasmo patriottico, e che io credo invece vada interpretato come espressione di ironia: vedi L. Renzi, *Lettere di soldati, lettere di ufficiali*, in *Voci della Grande guerra*. Atti della giornata di studi di Firenze, a cura di M. Volpi, Firenze 2018, pp. 33-64, particolarmente 58-61.

[11] Ho già trattato, ma più in breve, dei diari di questi due soldati nel mio *Lettere di soldati, lettere di ufficiali* appena citato.

[12] Su Isola vedi Buffa-Maranesi, *La prima guerra mondiale*, I (1915), comprendente una breve biografia del soldato, p. 30; III (1917), pp. 113-114, da cui riprendiamo una parte qui; IV (1918), pp. 140-141, dalla prigionia in Germania. In questo testo e nel successivo abbiamo messo in corsivo alcune parti in cui lo stile si fa più enfatico e il sentimento nazionale più evidente.

Il mio comandante mi ordinò di andare al comando di brigata, distante circa 500 metri, ad assumere ordini e così, messo il tascapane a tracollo con le gallette e le scatole di carne, m'incamminai.

Ero appena uscito dal rifugio quando all'improvviso, fulmineamente, mi si pararono dinanzi delle figure di soldati nemici, che mi circondarono tenendo protese le baionette all'altezza del mio petto. Un brivido di raccapriccio m'agghiacciò il sangue, mi parve la fine: istintivamente indietreggiai cercando una possibile salvezza, ma un energumeno selvaggiamente m'afferrò al collo per la giubba. Voleva sapere dove si trovava il mio reparto; indicai non il rifugio da dove ero partito, ma il fronte su in alto sul Monte Smerli (*Mrzli, Ndr*).

Mi credettero e mi risparmiarono dall'uccidermi e così salvai i miei compagni che si trovano nel rifugio; mi divincolai, i bottoni della giubba saltarono, *il petto s'offerse alle baionette protese* e solo la clemenza del più forte risparmiò la mia *oscura morte* e sulla fodera della mia giubba scrissero in lapis delle parole.

E così ormai prigioniero di guerra, tutto quello che sino allora avevo fatto, *avevo sacrificato*, svaniva in un nulla, per una fatalità di colpa che pur non era mia.

Piansi amaro a trovarmi così!

Unitomi più innanzi agli altri miei compagni, sotto buona scorta il nemico ci fece proseguire verso Tolmino[13].

Il soldato Isola è un uomo indubbiamente istruito, ben al di sopra della media dei suoi commilitoni. La sua prosa è dettagliata e ben costruita. Tra le maglie della scrittura filtra qualche espressione enfatica, caratteristica dell'uso letterario del tempo e che riflette l'ideologia nazionale dominante tra gli ufficiali e nella borghesia da cui provenivano, ma certamente minoritaria nella truppa di cui Isola faceva parte.

Il suo non è un caso unico. Ci limitiamo a presentarne solo un altro, quello di Agostino Tambuscio (1887-1964), di Savona, soldato

---

[13] Buffa-Maranesi, *La prima guerra mondiale*, III (1917), p. 114.

del 275° Fanteria[14]. Come Isola, Tambuscio, tornato dalla prigionia, ha scritto le sue memorie di guerra e di prigionia, comprendenti la sua cattura sull'altopiano della Bainsizza, durante la battaglia di Caporetto, il 24 ottobre 1917. Il suo racconto, preciso, animato, ha caratteri molto simili a quelli di Isola, e contiene qualche sobria espressione di patriottismo e anche di ostilità per il nemico:

> Verso le ore due del mattino[15] del 24 ottobre 1917 un violentissimo fuoco d'artiglieria martellava quel tratto di trincea e la sottostante seconda linea. Si ode il tambureggiamento assordante di oltre 100 pezzi [di] cui dispongono in questo settore le forze avversarie. Il fuoco è particolarmente concentrato sulla Valle Berico e su quota 784 e nelle retrovie ove da pochi giorni è sorta la nostra seconda linea difensiva. Alle ore sette il bombardamento va sensibilmente diminuendo permettendo alle *truppe non terrorizzate (come cert'uni vogliono far credere)* di uscire dai ripari ed arginare in più punti la *sconvolta trincea*, per apprestarsi alla difesa prevedendosi imminente l'attacco nemico. È un lavoro febbrile, meccanico, che si svolge sotto la pioggia ghiacciata la quale sferza il viso di *quei valorosi* [...].
>
> Alle nove il bombardamento cessa improvviso, mentre alcuni reparti avversari escono dalla trincea per assalirci.
>
> *Ma qui si tiene duro.* Le mitragliatrici gracchiano e falciano ed il nucleo degli assalitori, che non è rilevante, in poco tempo viene decimato. Gli austriaci volevano stordirci col cannone, ma il terrore non ha avuto presa su di noi. Il nemico è ricacciato. Una mezz'ora dopo ritorna all'attacco con forze superiori il doppio di quelle di prima. La lotta non è di lunga durata. Trenta, forse quaranta minuti, pare gli assalitori non abbiano fortuna, sono incerti, *non credevano di trovare tanto furore in questi pochi italiani che obbligano gli austriaci a mordere la polvere*; ma, improvvisamente, giungono alle nostre spalle dalle retrovie i reparti nemici che riuscirono dopo una *cruenta lotta* a passare a col di Bainsizza e ci troviamo in trappola, accerchiati! Da truppe rifugiatesi in trincea

---

[14] *Ibid.*, pp. 114-116. Sul soldato Tambuscio, vedi sempre in *ibid.*, I (1915), la scheda biografica a p. 54; III (1917), pp. 114-115 e anche 87-88, 90-91.

[15] È l'ora esatta dell'inizio dell'offensiva austro-tedesca a Caporetto. Sulla successiva momentanea cessazione del fuoco dei cannoni austro-tedeschi, vedi la coincidenza con la lettera precedente.

dalla seconda linea, apprendiamo che tutti i nostri comandi sono già prigionieri del nemico...

Il nostro Tambuscio viene leggermente ferito.

L'artiglieria nostra, finalmente spara, è costretta a tirare a zero [«costretta»: perché? *Nota nostra*] e molti camerati cadono uccisi involontariamente dai *fratelli*. Non si può più resistere. Le retrovie sono invase dalla fiumana di austro-tedeschi. Scavalcano la nostra trincea, siamo costretti alla resa perché chiusi da tutte le parti. *Addio, Patria mia*!

Come bestie veniamo catturati ed avviati oltre la trincea nemica ove troviamo nascosti dietro a una piccola scarpata quattro ufficiali austrici! Coraggiosi, vero?[16] [...].

3. *Altre peripezie*

... Tutt'altra avventura e tutt'altro tono nella pagina di Leonida Anselmi, soldato del 117.o reggimento Fanteria, Brigata Padova, nato a Vignanello (Viterbo) 1896, che racconta il pericolo scampato davanti al nemico all'attacco, seguito però dalla cattura da parte dei carabinieri italiani, che lo intercettano a un certo punto della sua fuga. Anselmi scrive il 26 ottobre 1917, da Monfalcone (Gorizia), come riportato dai curatori, dopo essere fuggito davanti all'offensiva austro-tedesca e aver raggiunto successivamente il proprio reparto con le varie vicissitudini raccontate in modo tutt'altro che chiaro nel testo che segue:

Quando fu verso la mezzanotte, mi sento di arrivare delle bombe a mano, quando tutto in un momento vedo gli austriaci che mi circondano, e allora io mi rassegnai: sono prigioniero. Ma pensai, io [e] altri tre miei soldati, di fuggire nell'aqua, che sarebbe stata [la] palute di Monfalcone. Per tre ore mi disposi la mia vita per morto nell'aqua, ma invece mi riuscii, e il giorno dopo sono ragiunto il reggimento a Civita (*Cividale?*). Penserò io: appena siamo arrivati a posto di piazzarti [...?] e la medaglia d'argento della bravura, che fece (*feci*) [a]scappare.

Ma il padreterno non vole (*volle*), perché mentre si passava [il] Ponte

---

[16] Buffa-Maranesi, *La prima guerra mondiale*, III (1917), pp. 114-116.

di Livenza per dirre (*perché avevo detto*) due parole per rabbia, che si era stanghi morti, a mmomenti mi volevano [ammazzare?] sul posto per dire (*perché avevo detto)* così: «quando lo fate saltare questo ponte che ci sono gli austriaci»? chiese un (*chiesi a un*) Capitano dei Carabinieri. Mi prese col petto e mi mise la rivoltella nelle orechie per mazzarmi. «Un momenti», corse subito il magiore, il tenente, e anche il colonelo mi avesse (*avrebbe*) rilasciato, e lui (*il carabiniere*) non volle sentir gnente e ci disse [...] e allora mi misero le manette. La mattina del giorno dopo, e io tremando [e] penzanto (*pensando*), e [...] paura, mi consumavo come l'olio nellume, e così mi portarono di là del piano manettato come se fossi un assassino. Pazienza.

Perché Anselmi era stato arrestato dai carabinieri? Nel suo racconto non si capisce in particolare cosa sia successo sul ponte sulla Livenza, e perché Anselmi abbia rischiato la fucilazione sul posto. Deve essere stato così: arrivato al ponte con il suo reparto, Anselmi dice «due parole per rabbia» rivolto ai carabinieri, e cioè gli domanda sfrontatamente: «quando lo fate saltare questo ponte che ci sono gli austriaci?». I carabinieri, che lo presidiavano, non intendevano certo ascoltare i consigli di un soldato qualsiasi, e, con metodi spicciativi, un ufficiale lo vuole addirittura far fuori. Per sua fortuna tra carabinieri e esercito c'è sempre qualche differenza di vedute, e così gli ufficiali presenti salvano Anselmi. Ma non possono evitare che i carabinieri, che hanno funzione di polizia militare, se lo portino via ammanettato[17]. I curatori Buffa e Maranesi

[17] Quella che do qui sopra è una mia edizione interpretativa eseguita partendo dal testo che si trova in *ibid.*, p. 122. Mi è sembrata la via migliore per rimediare per quanto possibile alla problematicità della seconda parte del passo, che viene almeno in parte spiegata da questa operazione filologico-interpretativa. E cioè: separo alcune parole scritte unite, normalizzo la punteggiatura all'uso corrente, introduco le maiuscole secondo l'uso moderno. Ho aggiungo l'accento in *la* > *là*. Opero alcune integrazioni di parti mancanti, necessarie al senso, dando le integrazioni in corsivo e tra parentesi quadre []. Tra parentesi tonde ( ) e in corsivo do la traduzione di alcuni elementi dialettali in italiano e qualche spiegazione. L'esame linguistico che segue ci aiuta nell'interpretazione che diamo sopra, nella misura in cui rende possibile riferire queste parole in discorso diretto a Anselmi e non al capitano. Come abbiamo infatti *fece* per 'feci', così possiamo supporre che *chiese* stia per *chiesi.* In una zona che si estende dalle Marche (Arcevia, Fabriano) attraverso l'Umbria fino al Lazio settentrionale (da Acquapendente a Viterbo) la *i* finale del toscano compare come *-e* (G. Rohlfs, *Grammatica storica della lingua italiana e dei suoi dialetti*, I, *Fonetica*, Torino 1960, par. 142) o piuttosto come *schwa,* la cui resa grafica è generalmente *e* (F. Avolio, *Lingue e*

ci informano che Anselmi è stato processato dal Tribunale Militare nel novembre del '17, e assolto. Sapendo di altri casi che si erano conclusi con pene severissime, tiriamo un sospiro di sollievo.

---

dialetti d'Italia, Roma 2009, p. 55); vedi anche M. LOPORCARO, *Profilo linguistico dei dialetti italiani*, Roma-Bari 2013, p. 141). Questo fatto fonetico è fondamentale per ricostruire che «chiese un Capitano dei Carabinieri» vale in realtà: «(io) chiesi [a] un Capitano dei Carabinieri», domanda che provoca l'arresto di Anselmi (non si vede come questo potrebbe avvenire se «un capitano» fosse soggetto e «chiese» 3.a pers.) Dobbiamo inoltre integrare una *a*, che manca peraltro poco sopra nel testo anche in «che fece scappare» per «che fece (*feci*) [a] scappare». Forse lo scrivente la omette perché non la sente bene al contatto davanti a un'altra vocale, o, nel secondo caso, è possibile che «chiedere» sia trattato come 'transitivo'(«chiedere uno» per «chiedere a uno»). Anselmi scrive in «italiano popolare». Essendo originario di Vignanello, in Tuscia, a 17 km a Est di Viterbo (sezione marchigiano-umbro-romanesca: vedi C. TAGLIAVINI, *Origini delle lingue neolatine*, Bologna 1962^3, par. 68, p. 346), il suo italiano presenta caratteri centro-meridionali, come il primo che abbiamo già visto, abbastanza ben localizzato. Altri tratti sono più generici, qualcuno sembra più meridionale (ma non è facile studiare con precisione la lingua di Vignanello, che non ha un suo punto in un atlante linguistico o una propria monografia).

Ecco i principali tratti dialettali:

«*sono* ragiunto il reggimento»: l'uso di "essere" come ausiliare con verbo transitivo è comune in molte aree dell'Italia centrale; E. TUTTLE, *The Spread of ESSE as Universal Auxiliary*, in *Central Italo-Romance*, «Medioevo Romanzo», XI (1986), 2, pp. 229-287; M. LOPORCARO, *La selezione dell'ausiliare nei dialetti italiani: dati e teorie*, in *Dati empirici e teorie linguistiche*, Atti del XXXIII Congresso della Società di Linguistica Italiana (Napoli, 28-30 ottobre 1999), a cura di F. ALBANO LEONI *et alii*, Roma 2001, pp. 455-476; M. LOPORCARO, *On triple auxiliation in Romance*, «Linguistics», 45 (2007), pp. 173-227, particolarmente pp. 182-194; ID., *Profilo linguistico*, pp. 137-138.

Stanghi per "stanchi", lenizione postnasale, è comune nella fascia centrale che ci interessa (AVOLIO, *Lingue e dialetti*, p. 52); *palute*, *penzanto* (assordamento della *-d-* interna in diverse posizioni; *-nz-* per *-ns-* in *penzanto*. Questi sembrano in realtà tratti più meridionali).

Mi avesse, forse per 'mi avrebbe', vedi ROHLFS, *Grammatica storica*, III, par. 744, che però non lo attesta in Italia centrale, ma solo più a Sud, per es. nel Napoletano e in Sicilia (oltre che, più sporadicamente, al Nord).

Resa grafica del raddoppiamento fono-sintattico favorita dalla scrittura unita di preposizione e nome: *ammomenti*, *nellume* .

Solo grafiche l'assenza della consonante doppia in *ragiunto*. *vole* 'volle', *orechie*, *colonelo*, *aqua*, e al contrario *dirre* 'dire'. Comune, in vari parti d'Italia, la pronuncia *gnente*. Sarà un errore grafico *momenti* per 'momento', che non ha una spiegazione fonetica.

La sconnessione sintattica è forte, ma se si inserisce la punteggiatura, si separano le parole ecc. (operazioni ammesse in un'edizione interpretativa corrente), il testo migliora un po', anche se rimangono diversi punti di domanda. Vedi quanto sostengo a favore

Umanamente Leonida Anselmi rappresenta il tipo dell'uomo svelto, disinvolto, che cerca di cavarsela non badando ai mezzi, un po' ribaldo, dalla lingua lunga. Qui sfugge agli Austriaci, ma rischia il peggio e finisce per farsi arrestare dai carabinieri. Era probabilmente una testa calda. In realtà sappiamo poco di lui, ma forse, se ne sapessimo di più, potremmo avvicinarlo a Orlando P., uno dei membri della malavita lombarda (la «leggera»), le cui testimonianze, scritte, come qui, o qualche volta orali, sono state raccolte dal grande libro innovatore dell'antropologo Danilo Montaldi.

Orlando P. è stato artigliere della 2.a Artiglieria Campale, poi radiotelegrafista. Era di Cremona (o della provincia), nato nel 1897. Scrive la sua vita nel 1938 a Ponza, dov'è al confino, e la prosegue in libertà nel 1954-55 su invito di Montaldi[18].

A un certo punto scrive della sua guerra, e proprio di Caporetto, a cui ha preso parte:

> [...] si vociferava una grande offensiva tedesca si sapeva quante divisioni sarebbero venute incontro, e in questo frattempo tutti gl'ordini erano sbagliati.
>
> Si richiedeva al comando granate da 75 mandavano un'altro (sic) calibro si richiedeva cartuccie mandavano bombe a mano insomma lasciava vedere che eravamo venduti (?) anche dal modo che anno cominciato l'offensiva la notte del 24 ottobre 1917 gran bombardamento nelle retrovie con granate a gas asfissiante. Perché poi nel attraversare Caporetto si vedeva uomini e cavalli con la bava bianca alla bocca, segno evidente del gas asfisiante il ponte in legno in fiamme e un sacco di disastri, tutti i soldati e borghesi s'incaminavano per la strada che passa da Caporetto senza più comando da nessuno e proprio in quel parapiglia vidi il mio famoso tenente[19] che fu uno dei primi a scappare, non aveva più la

---

dell'edizione interpretativa di questo genere di testi in L. Renzi, *Philologica Militaria. In margine alle Lettere dei "Prigionieri di guerra" di Spitzer nella nuova edizione del 2016*, «Linguistica e filologia», 37 (2017), pp. 5-72.

[18] D. Montaldi, *Autobiografie della leggera,* Torino 1961, pp. 42-55 (presentazione di Orlando P.) e 77-207 (suo diario).

[19] Orlando P. odiava questo tenente quanto prima aveva amato e stimato il capitano che comandava prima di lui la compagnia, ma che, come racconta, era stato ucciso da un'esplosione con grande cordoglio del nostro Orlando.

cipria sulla faccia, ma era tutto spaurito smorto in faccia mi pareva un topolino mezzo annegato, allora mi misi ancora a ridere vedendo la sua immagine fotografia dal vero che fuggiva dei poveri soldati, e durante la nostra ritirata, si vedeva i poveri coscritti del 99 e 900 che andavano in bocca al lupo tutti vestiti di nuovo con batterie a traino da splendidi cavalli con lo scopo di frenare la ritirata e l'avanzata dei (sic) nemico troppo ben preparata, solo al pensare che al fiume del Tagliamento *v'erano gia ufficiali tedeschi vestiti da ufficiali italiani, che si scoprì mediante l'uccisione di uno di questi mascherati che a tutti i costi ci vietava di passare il ponte per farci prigionieri*[20], poi abbiamo avuto il nostro ingresso a Udine con manifestazioni di traditori della patria e sputi così terminai la ritirata di Caporetto.

Riuniti poi in seguito in campo di concentramento noi delle batterie someggiate da montagna ci concentrammo nel Mantovano nel paese di Pegognaga[21] e di la vi fu un corso di telegrafista dove partecipai[22] [...].

Orlando P. era stato in irregolare nella vita civile. Cosicché pare che si trovi bene in guerra, o almeno non se ne lamenta. Montaldi ha scritto di lui:

imbianchino, facchino, venditore ambulante di libri e di cappelli, protettore degli storpi sulle fiere e sui mercati, pittore di sfondi per fotografi, contrabbandiere di materiale bellico avariato, tribulato (!) politico, uomo di bosco e pescatore, Orlando P. incomincia a scrivere la propria autobiografia il 1° agosto 1938 nell'isola di Ponza, dove è stato confinato [...]

Riprende le sue memorie dopo 16 anni su invito di Montaldi per farla leggere, dice, agli amici.

---

[20] La parte che abbiamo riprodotto qui in corsivo è un caso evidente di leggenda metropolitana, alla cui circolazione la guerra, con la sua assenza di notizie, contribuiva particolarmente, fatto a cui a cui ho già accennato in Renzi, *Lettere di soldati della Grande Guerra*, pp. 19-37. Gli ufficiali italiani, assieme ai carabinieri, come abbiamo visto nella lettera di Anselmi, stazionavano sui ponti e in altri punti di passaggio obbligati per raccogliere i reparti residui e inquadrarli di nuovo in reparti.

[21] Prov. di Mantova. Evidentemente non era stato fatto prigioniero; ci deve essere una lacuna nella storia dopo l'arrivo a Udine, dove, se fosse rimasto, sarebbe stato fatto prigioniero.

[22] Montaldi, *Autobiografie*, p. 96.

> La sua scrittura – prosegue Montaldi – è intessuta di forme illustri e contratte, ibride e alterate, in un italiano dialettizzato dove le parole sono trascritte in un modo che è più aderente al suono che alla lingua insegnata. [...] il testo è ugualmente preciso nelle date, e scritto in un unico discorso senza cancellature, che qui [nell'edizione] si è voluto rispettare interamente, aggiungendo solo un minimo di punteggiatura dov'era strettamente necessaria – mai abusandone, affinché il testo fluisse di continuo nel parlato, come l'autore lo aveva espresso[23].

Dalla sua *Descrizione della mia vita*[24] risulta arruolato nell' ottobre del 1916 nell'artiglieria da campagna, poi inviato sulla linea del fuoco. Durante il suo servizio militare si rallegra ogni volta che tra i compagni trova dei compaesani cremonesi. Parla allora della sua «contentezza». Tanto più è felice quando riceve un encomio davanti alla batteria, composta da cremonesi.

Forse Orlando P. può essere avvicinato a sua volta a un confratello del Sud, il siciliano Vincenzo Rabito (1899-1981) di Chiaramonte Gulfi (Ragusa), che oggi la critica considera un grande scrittore popolare. Rabito scriveva di se stesso: «sono antato allavorare da 7 anne, che restaie completamente inalfabeto», e della sua vita in guerra diceva: «amme mi piaceva di fare la querra e magara sofrire assai, ma restare vivo, che poi quando si n'antava concerato (*congedato*) raccontava queste fatte di querra»; «mi piacesse (mi sarebbe piaciuto) essere ferito come Ciovanni, e così, alla fine, contasse (avrei raccontato) tante cose di querra»[25].

4. *Prima di Caporetto*

Il 22 ottobre 1917, due giorni prima della battaglia di Caporetto, il fante Agostino Tonetto del Cavallino (Venezia)[26], in servizio al

---

[23] Montaldi, *Autobiografie*, p. 42.

[24] *Ibid.*, La parte di Orlando P. dedicata alla guerra è alle pp. 92-97.

[25] cfr. Gibelli, *Guerra Grande*, pp. 43-44, in cui sono anche antologizzati alcuni suoi passi. Un'edizione parziale del diario di Rabito, intitolata *Terra matta*, è edita a cura di E. Santangelo - L. Ricci, Torino, 2007.

[26] Buffa-Maranesi, *La prima guerra mondiale*, I (1915), p. 55 (scheda biografica); II (1916), pp. 137, 142, 145, 149; III (1917), pp. 108-109 (ultima lettera prima della morte; cose di casa). Le sue lettere sono anche raccolte in un libro, *Carisima moglie; lettere dal fronte*

97.o fanteria, Brigata Genova, a Caporetto, scrive una lunga lettera alla moglie Cecilia. Ignaro di tutto, non dedica nemmeno una riga alla guerra, ma solo alle piccole cose della famiglia, con espressioni di grande affetto, e del raccolto. Il suo italiano, molto manchevole, fa trasparire il dialetto veneto:

> Carisima Moglie,
> [...] Intesi che mi disi de il luva (*dell'uva*) che neavete fato 40 di roseto e 12 di raboso mi pare che nesia (*ne sia*) venuto abastansa son proprio contento che al meno fate un po di vino per bere e anche guadagnar qualche cosa.
> Cara moglie, Intesi che mi disi dei pomi (*mele*) che ne avete ancora due o tre viagi e che i vendete abastansa mi disi anche che a sesanta speriamo di guadagnare qualche cosa [...]
> Adio tutti di famiglia e coragio sempre buondi ciao
> tanti [...] ai cari Bambini di tuto quore e a te adio Coragio sempre[27].

Ogni traccia di Tonetto scompare dopo la battaglia di Caporetto. Doveva essere morto il giorno 25. La moglie Cecilia non si rassegna alla sua perdita e aspetta ancora per molti anni che torni a casa, dice una nota redatta da uno dei familiari in margine a una pagina del diario.

5. *Dopo Caporetto: prigionieri, l'occupazione austriaca, la fuga, il profugato*

Nei giorni successivi ci sono soldati che dedicano pagine e pagine dei loro diari a Caporetto, alla battaglia e alle sue conseguenze. Non lettere, perché non ne avrebbero avuto il tempo, e poi nei giorni del disastro il servizio postale è interrotto, e, quando riprende, è di nuovo attiva la censura, ma pagine di diario e poi memorie. Dai diari di alcuni soldati conservati nell'Archivio di Pieve Santo Stefano prendiamo alcuni passi dal diario di Giuseppe (Beppe) Manetti e dalle memorie di Ubaldo Baldinotti, tutti e due toscani, soldato il primo, caporale il

---

della Grande Guerra da Cà Savio a Caporetto: 1916-1917, a cura di L. Bregatin, trascrizioni di C. e A. Stefanini, Padova 2007.

[27] Buffa-Maranesi, *La prima guerra mondiale*, III (1917), pp. 108-109.

secondo[28]. Per brevità, rinunciamo questa volta a riportare dei passi di questi due soldati, di cui diamo solo un breve riassunto[29]:

Manetti racconta, poveramente e senza tradire nessuna partecipazione emotiva, di aver incontrato a Redipuglia (non lontano da Monfalcone, attuale provincia di Gorizia), durante la ritirata, i militari del Genio che distruggevano materiale e infrastrutture, certamente perché non cadessero in mano al nemico in avanzata. Segue una scena di gozzoviglie di ufficiali italiani, sempre in ritirata, in un negozio di alimentari abbandonato. Insieme a loro ci sono numerosi soldati italiani, a cui restano le ultime gocce del vino e dei liquori scolati dai loro ufficiali. Deboli come sono per la fatica e il digiuno, quelle poche gocce sono abbastanza perché si ubriachino. Seguono alcune considerazioni, sgrammaticate ma sensate, del soldato e, purtroppo, altre scene desolanti di saccheggio e di sperpero.

Al caporale fiorentino Ubaldo Baldinotti del 49° Fanteria, Brigata Parma, tocca invece l'umiliazione cocente della prigionia. Catturato dagli Austriaci, sfila con i compagni a Klagenfurt tra il dileggio delle donne del luogo («facevano verso di noi dei gesti sconci, e ci mostravano la lingua[30] [...]»). Verrà poi avviato in Germania, dove lavorerà come contadino in Baviera.

Nel quadro della disastrosa ritirata si inseriscono molte testimonianze non solo di militari, ma anche della popolazione civile, sia fuggita, sia rimasta sul luogo. Gli esuli di Caporetto venivano ad aggiungersi a quelli che erano già stati trasferiti o erano fuggiti dopo l'inizio della guerra, essendosi trovati in zone di operazioni militari. L'occupazione militare italiana di zone del Friuli orientale, e poi anche slovene, aveva già comportato trasferimenti di popolazioni verso l'Italia, e anche, si sa, verso l'Austria, come capiterà di nuovo alla fine del 1917 dopo Capo-

---

[28] Su Manetti: BUFFA-MARANESI, *La prima guerra mondiale*, I (1915), p. 41 (scheda); (1917), pp. 133-134. Manetti è stato antologizzato e commentato da GIBELLI, *Guerra Grande,* pp. 187-191. Le sue memorie sono state pubblicate con il titolo *Maledetta Guerra*, Firenze 2008.

[29] Da BUFFA-MARANESI, *La prima guerra mondiale*, III (1917), pp. 133-134.

[30] Su Ubaldo Baldinotti, caporale: BUFFA-MARANESI, *La prima guerra mondiale*, I (1915), p. 22 (scheda biografica), pp. 93-94; II (1916), pp. 63, 68, 88; III (1917), pp. 160-161; IV (1918), pp. 23, 99, 144. L'episodio citato è alle pp. 160-161; anche in GIBELLI, *Guerra Grande*, p. 236.

retto. Ne viene un quadro molto complesso, che Daniele Ceschin ha magistralmente ricostruito nella sua opera del 2006[31].

Tra le vittime, spesso incomprese, se non addirittura vituperate dai patrioti, ci sono le popolazioni friulane e di una parte del Veneto, rimaste sul luogo durante l'occupazione austriaca. Gli esuli, al ritorno dopo la vittoria italiana, le ritennero spesso austriacanti o collaborazioniste. Ma molte persone non avevano certo avuto scelta tra restare e partire, e le condizioni in cui erano vissute sotto l'Austria non erano state certo piacevoli. Un contributo recente in questo campo è la storia dell'odissea di un gruppo di suore Dorotee che accompagnano un gruppo di orfanelle durante e dopo il bombardamento e l'occupazione austriaca di Valdobbiadene (Treviso). La storia è stata ricostruita da Suor Albarosa Ines Bassani[32]. Il primo gruppo rimane nella cittadina, diventata austriaca, riducendosi a chiedere l'elemosina per mangiare qualcosa. Con loro c'è inizialmente anche un gruppo di 300 pazze. Queste sono portate a Vittorio Veneto (allora Ceneda e Serravalle), ma un centinaio di loro muore nelle traversie. La storia è ricostruita attraverso una accurata riscrittura delle memorie di una delle suore, che era anche maestra elementare a Montebelluna, Geltrude Bisson, ed è annotata con precisione dalla curatrice Bassani.

Un caso speciale è quello degli Sloveni del medio corso dell'Isonzo, il cui territorio, con i paesi di Bovez (Plezzo), Kobarid (Caporetto) e Tolmin (Tolmino), è occupato dall'Italia fin dal 1915. L'area continua a far parte della linea di fuoco, ed è proprio lì che gli Austro-Tedeschi sfonderanno il fronte il 23 ottobre del '17. Gli abitanti erano stati in gran parte avviati in Italia già nel 1915, se non erano riparati in Austria, ma non tutti erano partiti, e alcuni erano partiti ma poi erano ritornati nelle loro case. Cosicché nell'ottobre

---

[31] Ceschin, *Gli esuli di Caporetto.*

[32] A. Bassani, *L' altra Caporetto, Suore, orfanelle e pazze di Valdobbiadene profughe nei territori occupati 1917-1918; dalle memorie di Suor Gertrude Bisson*, prefazione di A. Lazzaretto, Udine 2018. Recensioni: C. Stajano, *In cerca di cibo e di speranza. Suore e civili, l'altra Caporetto*, «Corriere della sera», 11 gennaio 2017; G. Pitton, *La Grande Guerra delle suore e delle orfane*, «Il Giornale di Vicenza», 16 gennaio 2018. È peccato, a mio parere, che l'autrice non abbia pubblicato una delle due versioni del diario di Gertrude Bisson. Ma ne ha fatto comunque una riscrittura molto felice, e provvista di utili note e commenti.

del 1917, al momento dell'offensiva austro-tedesca di Caporetto, i paesi sloveni che si trovano sulla linea di fuoco erano ancora in parte abitati[33]. Molti locali avevano assistito a queste vicende e anche alla battaglia di Caporetto. Quasi ottant'anni dopo, nel 1995 e nel '96, un intraprendente ricercatore, Camillo Pavan, assieme a tre collaboratori sloveni, Željko Cimprič (del Museo di Caporetto), Drago Sedmak (del Museo di Nova Gorica) e Petra Svoljšak (dell'Istituto di Storia dell'Accademia delle Scienze di Lubiana), si reca a Caporetto (ora in Slovenia) e nei paesi vicini per raccogliere con il registratore i ricordi ancora vivi della prima guerra mondiale[34]. Il piccolo gruppo interroga alcuni abitanti del luogo che nel 1917 erano dei ragazzi di una decina di anni o poco più e, al momento delle interviste, avevano passato gli ottanta e si avviavano ai novanta. Le conversazioni sono state tenute parte in italiano e parte in sloveno e poi tradotte. Dalle registrazioni Pavan ha tratto, sembra piuttosto liberamente, dei testi in genere abbastanza brevi, che riguardano principalmente i ricordi dell'esodo avvenuto già nel 1915, o nei due anni successivi, in Austria o in Italia. Molti ricordano bene anche la prima occupazione italiana nel 1915, con l'arrivo dei bersaglieri. Alcuni erano presenti anche al momento della battaglia di Caporetto. In genere, dato il tempo trascorso e, penso, anche l'età avanzata degli intervistati, le testimonianze non riflettono più niente, o quasi, della drammaticità e delle divisioni del tempo. La loro memoria è pacificata.

Riportiamo qui un passo dalla testimonianza forse più ricca, quello di Andrej (Slavko) Mašera, figlio di negozianti, che studierà a Lubiana e in Italia, diventando poi farmacista[35]:

> Quando ci fu l'offensiva noi eravamo a casa e io ricordo benissimo cosa successe.
>
> Quella notte andammo a dormire tranquilli, come tutte le altre notti, ma verso le due sentimmo dei rumori nella sala grande, e poco dopo un maggiore di artiglieria che era alloggiato lì da noi venne a bussare alla porta dove dormivamo e ci disse: «Presto, presto, andate via, andate

[33] C. Pavan, *Caporetto, storia, testimonianze, itinerari*, Treviso 1997, pp. 297-375.

[34] *Ibid.*, pp. 209-210 e *passim*.

[35] *Ibid.*, pp. 370-374 (l'intera intervista occupa le pp. 367-375).

via, perché comincia l'offensiva e Caporetto sarà bombardata». Noi gli chiedemmo «Ma dove possiamo andare?» e lui «Andate sulla riva sinistra». Attaccammo il carro e i cavalli e immediatamente ci recammo al di là dell'Isonzo, in un pianoro conosciuto col nome di Lazna [...] con noi a Lazna c'erano moltissimi abitanti di Caporetto quasi tutti avevano infatti lasciato il paese, anche se poi in realtà caddero solo un paio di granate, e solo all'inizio dell'offensiva.

Il giorno dopo, Andrej, con gli altri bambini, va a giocare nel bosco e vede passare i soldati italiani che gridano: Il gas, il gas. Gli austriaci, dice, avevano lanciato il gas in direzione degli Italiani (la cosa è veritiera, come le altre raccontate). Sente l'esplosione del ponte sull'Isonzo fatto saltare dagli artificieri italiani. Appare un ufficiale tedesco, riconoscibile dal caratteristico elmetto, che avvia le famiglie a Ladra, dove trovano rifugio nelle case in cui avevano alloggiato i militari italiani e che ora erano abbandonate.

Solo la mattina del giorno dopo, 25 ottobre, vedendo la strada piena di prigionieri italiani, abbiamo finalmente capito cosa era successo.

A questo punto, per un piccolo ponte militare ancora in piedi, le famiglie tornano a Caporetto.

A Caporetto era come non fosse successo niente. Erano cadute due sole granate, ma non avevano fatto danno. Nella case tutto era al suo posto, nessuno aveva portato via niente. Mia mamma mise qualcosa su per cena [...] Finita la battaglia, a Caporetto riprese la vita normale. Quando il fronte si spostò giù al Piave, non si parlava quasi più di guerra [...] poi arrivò la miseria.

Quando c'erano gli Italiani le botteghe erano ben fornite, c'era di tutto [...] con gli austriaci invece si viveva di patate [...] fame[36].

Quando torna l'Italia ritorna anche il «benessere», ma gli italiani «si comportavano da forza di occupazione e noi [sloveni] li consideravamo

---

[36] La fame! In quest'angolo conteso allora tra Austria e Italia, era solo un piccolo riflesso della grande fame che, facendo centinaia di migliaia di morti, attanaglierà gli Imperi centrali decidendo le sorti della guerra. PAVAN, *Caporetto,* pp. 370-374.

tali. Gli italiani sospettavano ancora che ogni abitante fosse una potenziale spia». Presto l'Italia chiuderà le scuole in sloveno. Ci fermiamo qui perché abbiamo già superato le soglie del dopo Caporetto e anche quelle di Vittorio Veneto.

Anche se, a confronto di altri intervistati, Andrej è un testimonio di eccezione, della battaglia di Caporetto, ha visto solo alcuni particolari e l'insieme, il fatto che ci fosse stata una grande e importante battaglia, che sarà ricordata nei secoli, gli era inizialmente sfuggito. Aveva fatto cioè la stessa esperienza che Stendhal attribuisce a Fabrizio del Dongo nella battaglia di Waterloo nella sua *Certosa di Parma.*

I materiali di Pavan ci ricordano che le testimonianze storiche dal basso non si limitano ai soli materiali scritti prodotti dai soldati o dalle loro famiglie, ma comprendono anche quelle orali, registrate e trascritte[37]. Se nella prima guerra mondiale queste fonti sono scarse, ma non per questo devono essere trascurate, nella seconda e nelle successive, come pure per molte altri fatti e situazioni storiche, offrono del materiale prezioso e potenzialmente più ricco.

6. *Di chi è la colpa?*

Anche le accese polemiche immediatamente successive a Caporetto, che sono poi proseguite così a lungo, sulla sconfitta italiana e la 'rotta', trovano testimonianza nelle scritture dei soldati[38]. Tra questi, che erano precedentemente tenuti del tutto all'oscuro delle questioni politiche, civili e militari, c'è chi prende parte alle recriminazioni, alle accuse reciproche, insomma alle polemiche infuocate che seguono a Caporetto. Se Cadorna, nel famoso Bollettino del 29 ottobre 1917, poi ritirato e modificato, aveva attribuito la sconfitta di Caporetto alla «mancata resistenza di reparti della II° Armata vilmente ritiratisi senza combattere, o ignominiosamente arresisi al nemico», molti rigettano

---

[37] Vedi qualche primo dato nel mio *Philologica militaria,* pp. 44-45.

[38] Leo Spitzer ha documentato inoltre un altro tema allora di attualità: la reazione dei prigionieri alle parole di disprezzo che aveva avuto per loro D'Annunzio (Spitzer *Lettere di prigionieri di guerra* (1976), cap. 19 e, con più dettagli e materiale, in «Saggezza dei prigionieri di guerra», nell'edizione del 2016 in Appendice a *Lettere di prigionieri*, pp. 387-91, con una *Nota* di L. Renzi).

l'accusa su di lui e sugli alti Comandi. Eccone un solo piccolo esempio, ricavato dalla raccolta di lettere che Giovanna Procacci riporta in appendice al suo prezioso libro *Soldati e prigionieri*. *La colpa di tutto questo di chi è...?:* si chiede un sergente scrivendo dalla zona di guerra ad Albiolo (Como) [39]

> 27.11.1917
> [...] La colpa di tutto questo di chi è? Tanti e tanti dicono che è del soldato, ma io però non lo credo, la ricerco altrove, il soldato italiano non ne ha colpa alcuna perché se è stato forte sul Podgora, combatté e morì sul Sabotino, sul Vodice, sul Santo e sul Gabriele – cui (*qui)* videro i tacchi degli austriaci, avrebbe saputo anche questa volta non solo trattenere il nemico ma anche sconfiggerlo. Invece questa volta, presero l'esempio dei suoi capi, non più oltre voglio proseguire, io ho visto, ho udito e conservo triste memoria [...][40].

Riportando questa lettera pervenuta al Tribunale Supremo Militare, Giovanna Procacci nota che il censore annota che «l'opinione dello scrivente si ripete con qualche frequenza nelle lettere dei soldati»[41].

Il diritto ad avere una propria opinione stava diffondendosi anche tra i soldati.

[39] Procacci, *Soldati e prigionieri* (1993), p. 445.
[40] *Ibid.*
[41] *Ibid.*

Carla Marcato

TOPONOMASTICA DELLA GRANDE GUERRA

1. In relazione alla Grande Guerra sono diversi gli aspetti della toponomastica che si possono considerare. Vi sono i nomi locali che rientrano nelle aree delle operazioni belliche, caratterizzati in alcune, come il fronte Isonzo-Carso (territori plurilingui), dalla polionimia nelle sue declinazioni che si rileva anche in varie fonti, come, per esempio, nelle memorie sulle operazioni nel territorio di Pal Piccolo (alta Carnia[1]) del generale Poggi nelle quali si legge «Il Cellon, chiamato anche Creta di Collinetta, Zellonkofel e, anticamente, Frischnkofel, cioè montagna delle pecore», «Cuelat (Freikofel)», «Creta delle Chianevate (Kellerspitze m. 2769)», «Creta delle Chianevate (Kellerwand)»[2].

Vari sono gli esempi di 'neotoponimi di guerra', per lo più nomi assegnati ex novo a un territorio la cui conoscenza è di necessità accurata, data la lunga ed estenuante guerra di posizione, il bisogno di definire linee, postazioni offensive e difensive, sfruttando le caratteristiche geomorfologiche dei luoghi.

Altra prospettiva è quella della 'toponomastica celebrativa' ovvero encomi e memorie di luoghi e vicende della Grande Guerra che si traducono in parziali modificazioni di nomi di luogo già esistenti, in nuovi nomi, in una nuova odonomastica che in parte già sorge durante il conflitto per ragioni propagandistiche. E, come appendice a questa toponomastica, si deve accennare all'influsso che nomi di luoghi signifi-

---

[1] Insiste nel territorio di Timau, isola alloglotta tedesca.

[2] G. Poggi, *Un anno di guerra a Pal Piccolo*, a cura dell'Associazione Amici Alpi Carniche, Tolmezzo 2009, p. 174, 196, 197; il generale Poggi (Albisola 1867-Genova 1955) comandava il Val Tagliamento nel 1915 partecipando a varie azioni nella zona Pal Piccolo - Freikofel - Pal Grande. In friulano *Cuelàt* (accrescitivo di 'colle'), in tedesco *Freikofel*, letteralmente 'cima libera' ovvero priva di vegetazione; *Chianevate* è friulano e viene interpretato in modo paretimologico come accrescitivo di *chiànive* 'cantina' ed è da questa voce che si traduce il nome in tedesco *Keller* e *Spitze* 'punta' o *Wand* 'parete'.

cativi hanno avuto sull'antroponimia personale, specialmente tra 1915 e 1918.

2. Dei diversi fronti di guerra, l'Isonzo e il Carso – in territori in parte ora appartenenti alla Slovenia – sono certamente di grande interesse per la polionimia in topononomastica dato il variegato plurilinguismo che li caratterizza: italiano, sloveno e tedesco, cui vanno aggiunti friulano e veneto[3]. Il tedesco è presente nel repertorio plurilingue del territorio nella Val Canale e nel Tarvisiano (nella variante dialettale carinziana), nel Goriziano, che dipende dalla Casa d'Austria fin dagli inizi del XVI secolo, e a Trieste che entra nell'orbita austriaca fin dal 1382.

Considerata questa situazione plurilingue, è certa l'utilità di un glossario di appellativi, specie geografici, della Venezia Giulia pubblicato nel 1916[4]. I vocaboli sono tratti da varie opere anche cartografiche che riguardano il cosiddetto Litorale austro-illirico, dalla Cime Cergnala (Hudi Vrsic, nel gruppo del Monte Canin), fino al mare, nel Vallone di Buccari. Prevalgono termini sloveni e friulani, ma sono compresi anche alcuni rumeni (istrorumeno) e veneti. Dati i tempi di guerra, tra le voci registrate, si segnalano per lo sloveno *bojšče* 'campo di battaglia', *bólnica, bolníšnica* 'ospedale', *prekóp* 'scavo, fosso, trincea', *némci* 'i tedeschi', *némški* 'tedesco (agg.)', *kraj, krája* 'località, regione', *na kráju* 'al confine', *kras* 'luogo sassoso ed arido; è il nome slavo che si dà al Carso'. Insomma vari termini che aiutano anche a comprendere certe formazioni come l'oronimo *Monte Kuk*[5] che rappresenta una tautologia dato che lo sloveno *kuk* significa 'cima' (riferito specialmente a 'cima arrotondata').

[3] Cfr. le denominazioni della Slavia, i confini orientali del Friuli: *Slavia Veneta*, in sloveno *Slovenska Benečija* o *Beneška Slovenija*, più di recente sono state introdotte anche *Slavia Friulana* e in friulano *Sclavanìe*.

[4] R. Commissione per la revisione toponomastica della Carta d'Italia - Istituto Geografico Militare, *Topolessigrafia della Venezia Giulia. Contributo alla topolessigrafia italiana*, Udine 1916; con l'indicazione «Bozze» sul frontespizio.

[5] Lungo il fronte Isonzo e Carso l'oronimo si ripete: c'è il *Kuk* (788 m.) della linea Monte Kuk - Monte Vodice - Monte Santo, ai bordi rilevati dell'altopiano della Bainsizza, un *Monte Kuk* (1204 m.) nella zona Drenchia - Anello del Colovrat/Kolovrat; *Kuk* (611 m.) / *Monte Cucco* presso Malborghetto; *Kuk* propriamente *Tolminski Kuk* (2086 m.) presso Tolmino, il *Gran Cucco* di Tolmino.

La polionimia toponomastica – vale a dire la variazione del toponimo a seconda dell'ambiente linguistico – è attestata in varia documentazione[6] anche cartografica della Grande Guerra, nelle redazioni in italiano e in tedesco. In queste fonti non sono rare le storpiature dei nomi[7] e non mancano testimonianze di 'toponimi di guerra', nomi di luogo che nascono proprio in questo periodo (v. 3). La variazione può risolversi in un adattamento fonetico da una lingua a un'altra, oppure in una traduzione – spesso incompleta o approssimativa o paretimologica – o ancora in una dissociazione, vale a dire la compresenza di più forme indipendenti fra loro. Una traduzione letterale e colta sorta proprio nel corso della Grande Guerra è il nome italiano *Boscomalo*/*Bosco Malo*, che rende il nome locale sloveno *Hudi Log* letteralmente 'cattivo bosco', situato tra Jamiano e Castagnevizza, un'area fortificata coinvolta in particolare nella decima battaglia dell'Isonzo. Varianti di nomi, risultato di adattamento o traduzione, hanno un'unica forma di base mentre i nomi che rientrano nella tipologia della dissociazione ne hanno diverse.

A un toponimo come l'italiano *Plezzo* (in friulano *Plez*), corrisponde in sloveno *Bovec* (precedentemente *Bolec* pronunciato *Bóuz*), tedesco *Flitsch* (che risente di pronunce popolari) con un'attestazione del 1072 *Pletium*[8], in tal caso si può notare che il nome italiano, friulano e tedesco rispondono a una stessa base (peraltro di etimo non accertato[9]), il tedesco risente di pronunce popolari; è a sé stante il nome sloveno che significa '(luogo) erto'.

Rispondono a un unico etimo (latino *capruletum* 'caprile') – con vari adattamenti fonetici – le diverse varianti di *Caporetto*, in sloveno *Kobarid*, tedesco *Karfreit*, friulano *Chiaurêt*, toponimo attestato già nel 1184 *Cauoretum*[10].

---

[6] Cfr. nota 2.

[7] Alcune sono segnalate anche da E. Cernigoi, *I tracciati delle trincee della Grande Guerra. I. La conquista del Carso di Comeno*, prefazione di M. Paesano, a cura di P. Pizzamus, Udine 2006, pp. 131-132.

[8] C.C. Desinan, *Problemi di toponomastica friulana. Contributo II*, Udine 1977, p. 210.

[9] Il toponimo si ripete: c'è anche *Plezzo di Tarvisio*, in friulano *Plezzùt*, in sloveno *Strmec*, in tedesco *Flitschl* (1521 *Kleinen Flitsch*), sia friulano sia tedesco presentano forme diminutive rispetto a *Plezzo*/*Flitsch*, si dissocia rispetto a questi lo sloveno (cfr. *Ibid.*, p. 160).

[10] *Ibid.*, p. 210.

Monte Nero, forma italiana con cui è più conosciuto il rilievo, in tedesco è tradotto alla lettera *Schwarzenberg* o *Schwarzer Berg*, così pure in sloveno *Črni vrh* che si affianca a *Krn*, il nome originario. Si può concludere che *Nero* risulta da erronea grafia *Crn* (correttamente *Črn*) per *Krn* che si interpreta come esito di *kurnu* 'mozzo', 'tronco'. In Friuli è chiamato anche *Cren*, adattamento dello sloveno, e *Lavadôr* nome friulano verosimilmente denominazione di origine metaforica dall'appellativo *lavadôr* 'piano d'assi che si inclina sull'orlo del mastello per lavare'[11], per il versante che appare liscio e piatto del monte che si vede dal Friuli.

Il *Monte Rombon* (2207 m.), oronimo di etimo incerto[12], in sloveno è denominato *Veliki Vrh* letteralmente 'grande cima'; durante la Grande Guerra era parte del sistema difensivo degli Austro-Ungarici da cui controllare la conca di Plezzo e le vie di comunicazione lungo la valle dell'Isonzo e la val Coritenza.

L'oronimo *Monte Santo*, un'altura alle spalle di Gorizia, che doveva essere conquistata durante la decima battaglia dell'Isonzo (l'impresa riuscì invece per i monti Kuk e Vodice), è tradotto letteralmente sia in tedesco *Heiliger Berg* sia in sloveno *Sveta Gora*, nonché in friulano *Mont Santa*[13]; in sloveno è chiamato anche *Skalnica* da *skala* 'roccia'. L'oronimo *Monte Santo* è motivato dalla tradizione che vuole l'apparizione dalla Madonna a una pastorella nel 1539, ma sulla sommità esisteva una chiesa documentata fin dal 1352 *ecclesia Sante Marie*[14].

Il toponimo *Sambasso*, località in comune di Nova Gorica, in sloveno *Šempas*, in tedesco *Schönpass*, è in origine un agiotoponimo 'San Basso' (confermato dalla forma medievale *Sancto Passo*), nella tradizio-

---

[11] G.A. Pirona - E. Carletti - G.B. Corgnali, *Il Nuovo Pirona. Vocabolario friulano*, Udine 1992.

[12] Potrebbe avere origine romanza e corrispondere a 'grande scroscio' se non slovena da una base **robu* 'ciglio', ipotesi quest'ultima suggerita dalla presenza in area prossima (nel gruppo del Monte Canin) di un monte *Robon Alto* in sloveno *Velika Bavha* 'grande Bahva' (cfr. Desinan, *Problemi*, p. 160).

[13] In friulano *mont* 'monte' è femminile.

[14] Attestazione in *ibid.*, p. 217. La basilica intitolata all'Assunzione della Vergine del Monte Santo (sede del convento dei francescani) è stata più volte distrutta e ricostruita ed è meta di pellegrinaggi delle genti italiane e slovene del Goriziano.

ne linguistica tedesca è intervenuta una paretimologia *Schön Pass* 'bel passo', e da questa deriva la forma slovena.

Il nome dell'*Hermada/Ermada*, l'«indomabile bestia» di Weber[15], modesto rilievo nel territorio comunale di Duino Aurisina ma fondamentale per l'accesso a Trieste, è italianizzazione recente dello sloveno *Hrmada*, *Grmada* dall'appellativo *grmada* 'catasta (di legna)'[16]; il rilievo è chiamato agli inizi del XX secolo anche – con una traduzione arbitraria – *Monte Querceto*, nome caduto in disuso.

Toponimi formati con lo sloveno *selo* (<**sedlo* 'villaggio') sono resi in friulano con *Sele*, italianizzato con *Sella*, confusione favorita dalla somiglianza fonetica con lo sloveno *sedlo* (<**sedulo*) 'sella', che induce a pensare a un referente geografico designato dall'italiano *sella*, come in *Sella di Caporetto* in friulano *Sele*, in sloveno *Staro Selo* letteralmente 'vecchio villaggio' (anche *Starosello* in talune fonti italiane del passato, per adattamento fonetico). In questa casistica rientrano anche località del Carso, teatro di battaglie dell'Isonzo, come *Opacchiasella* (anche *Oppacchiasella*, *Opachiasella*[17]), italianizzazione dello sloveno *Opatjeselo* cioè 'villaggio dell'abbazia (*opatija*)' di San Giovanni in Tuba (presso San Giovanni del Timavo), e *Sella* poi *Sella delle Trincee* (con R.D. 29-3-1923 n. 99) in sloveno *Sela na Krasu* già *Selo* (fine del XIX secolo). Entrambe annesse all'Italia, dal 1923 hanno fatto parte della provincia di Udine, ora sono frazioni di Merna-Castagnevizza (Slovenia).

---

[15] Weber, tedesco dell'Alta Austria, uno dei pochi superstiti di tutte le azioni su tutti i settori del fronte, dal Trentino all'Isonzo, dall'Hermada al Piave scrive: «Divenuta da lungo tempo una fortezza gigantesca, l'Hermada era la chiave di volta del fronte dell'Isonzo, l'"indomabile bestia", a cui i giornali italiani dedicavano colonne su colonne. A nord, il San Michele era stato perduto, come pure il Sei Busi ed il Podgora. Del Monte Santo si sapeva che non poteva resistere a lungo. Ma l'Hermada resisteva, doveva resistere a qualunque costo. La sua caduta ci avrebbe costato la perdita di Trieste [...]» F. Weber, *Le tappe della disfatta*, Milano 1965 (trad. it di *Das Ende einer Armee* 1933), pp. 107-108.

[16] A sua volta verosimilmente romanismo dal veneto e friulano *grum(o)* 'mucchio'. Per l'oronimo Ermada rinvio a P. Merkù, *La toponomastica del comune di Duino Aurisina*, Aurisina 1989, p. 128.

[17] *PACHI ASELA* in un piccolo cippo prebellico con la data del 1818 della «Comune Censuaria di Opachiasella» rintracciato sul fondo di una trincea «grotta dell'Artiglieria» (area del carso presso l'abitato di Bonetti), usato come parapetto nella trincea, A. Scrimali - F. Scrimali, *Il Carso della Grande Guerra. Le trincee raccontano*, Trieste 1992.

3. Nella categoria della 'neotoponomastica di guerra' rientrano formazioni come *Monte Rosso* (2165 m., di fianco al Monte Nero), che richiama gli aspri e sanguinosi scontri (il nome sloveno è *Batognica*). Il valico *Krnska škrbina* che permette il collegamento tra il versante settentrionale e quello meridionale della catena Monte Rosso - Monte Nero (tra la Val Lepena e la valle di Krn-Kobarid) ha preso in italiano il nome di *Colletta Sonza*, in onore del maggiore Cornelio Sonza che conquistò la quota 2.050 occidentale del Monte Rosso, e pochi giorni dopo morì sulla stessa forcella (21 luglio 1915).

Del gruppo di neoformazioni fanno parte i diversi nomi dati al territorio teatro di scontri per le postazioni; spesso diventa toponimo anche la quota altimetrica: «Lo spianato nord-est di Quota 1819 [...] Nei suoi fianchi a picco venne scavato, con la mina, un sentiero per accedervi [...] La posizione, situata a circa 400 metri a sud di Quota 1859, aveva dominio di vista e di tiro su tutta la conca e si prestava a sostenere le nostre posizioni, qualora l'avversario fosse riuscito a forzare le linee di sinistra Pal Piccolo. Venne denominata «Ridotto Castagna» dal nome dell'Ufficiale che la rafforzò e la presidiò per primo»[18]. Si ripetono modalità di denominazione che riprendono personali: «e un più saldo collegamento della difesa di M. Croce Carnico con la sinistra di Pal Piccolo. Questa posizione prese in seguito il nome di "Trincee Chapoz", dal Tenente Alpino mitragliere, che vi lasciò la vita difendendola»[19].

Come altrove, anche sul San Michele, un'estenuante guerra di posizione richiese precisa conoscenza dell'area e a ogni punto significativo è dato un nome[20]. Della trincea delle *Frasche* e della trincea delle *Celle* dà una descrizione il 13 ottobre 1915 un fante: «i nostri soldati aveva-

---

[18] Poggi, *Un anno di guerra*, p. 53.

[19] *Ibid.*, p. 63.

[20] «Costoni, canaloni, valloncelli, camminamenti, trincee del monte [...] vennero soprannominati con microtoponimi allusivi o personali (costone dei bersaglieri, costone Viola, canalone Gatti, canalone Tivoli, camminamento Sterio, trincea Cappella, trincea Caltanissetta, trincea Tulella, trincea superiore, ecc.)» Scrimali-Scrimali, *Il Carso*, p. 241. Cfr. anche L. Fabi, *Gente di trincea. La grande guerra sul Carso e sull'Isonzo*, Milano 1994, p. 20: «Dal monte San Michele si ha, ieri come oggi, l'esatta percezione del campo di battaglia del Carso e di Gorizia [...] La particolare orografia del terreno carsico (ciglioni rocciosi, salienti repentini, doline, forre, caverne, inghiottitoi, cavità), assicurava una serie di ripari naturali, certamente non formidabili e tuttavia numerosissimi e dissimulati».

no chiamato trincea delle Frasche per alcune frasche che i primi giorni coprivano lo sterro, e la trincea delle Celle per la speciale sagoma della trincea fatta di salienti e rientranti a sagoma di torrione che davano l'aspetto di tante celle una vicino all'altra»[21]. Sopra il *Valloncello di Cima 4*[22] si trova la trincea detta *(della) Lunetta*, «una breve trincea di circa un centinaio di metri, foggiata ad arco, antistante alla trincea di prima linea, con la quale comunicava mediante un camminamento» e poco lontano si trova il «bosco ferro di cavallo» e la trincea *Bosco ferro di cavallo*[23]. Percorrendo le aree del San Michele, varie segnalazioni permettono di ritrovare alcuni di quei nomi (*Dolina Bersaglieri* ecc.), boschi (come il *Bosco Cappuccio*[24], ma nel corso della guerra il San Michele è pressoché privo di vegetazione), trincee come quella *delle Frasche* interconnessa con quella chiamata *dei Razzi*.

4. La memoria di vicende della Grande Guerra è trasmessa anche da determinanti che alcuni toponimi hanno assunto in anni diversi e in qualche caso da nomi di nuovo conio.

Il Pasubio, massiccio situato tra le province di Vicenza e di Treviso, è ricordato nel nome del comune *Valli del Pasubio* che ha assunto questa denominazione dal 1926 (in precedenza *Valli dei Signori*, perché possedimento dei da Vivaro, feudatari del vescovo di Vicenza).

Nel Montello, altura di origine carsica che si estende al centro del Veneto ed è lambita dal corso del Medio Piave, area di cruenti combattimenti e di resistenza (battaglie di arresto e del Solstizio), decisiva dopo Caporetto e per la fine del conflitto, si trovano delle località il cui nome è specificato con l'indicazione commemorativa *della Battaglia*. Si tratta di *Nervesa della Battaglia* situata presso la riva destra del Piave, che prende il determinante nel 1923; *Sernaglia della Battaglia* dal 1924; *Moriago*

21 Scrimali-Scrimali, *Il Carso*, p. 321.

22 Presso il quale G. Ungaretti ha scritto due liriche (*Sono una creatura* e *In dormiveglia*); presso il *Valloncello dell'Albero Isolato* Ungaretti compone la lirica *Pellegrinaggio*; nei paraggi si trova la trincea *Casse da morto*.

23 Da una *Relazione Ufficiale italiana*, citazione ripresa da Scrimali-Scrimali, *Il Carso*, p. 252.

24 Alla Quota Centoquarantuno Ungaretti compone la lirica *C'era una volta* «Bosco Cappuccio / ha un declivio / di velluto verde...».

della Battaglia dal 1962, medaglia d'oro al merito civile per le vicende belliche. Il toponimo *Montello* è ripreso da *Crocetta del Montello* dal 1928 (in precedenza *Crocetta Trevigiana*), *Volpago del Montello* dal 1925.

Altro teatro di operazioni militari è il Massiccio del Grappa che dopo Caporetto diventa caposaldo della difesa italiana affidata ai resti della IV armata che aveva combattuto sulle Tofane e sul Col di Lana. Il monte viene ricordato da specificazioni di toponimi del territorio: *Bassano del Grappa* (Vicenza), riferimento assunto dal 1928 (in tal caso utile anche per evitare omonimie con altri luoghi italiani), *Crespano del Grappa* (Treviso), già *Crespano* e *Crespano Veneto* nel 1867 (pur non avendo omonimi), ha il nome attuale dal 1920, e in *Paderno del Grappa* (Vicenza), *Paderno* fino al 1867 quando si è chiamato *Paderno d'Asolo*, e dal 1920 ha preso il nome attuale, *Borso del Grappa* (Treviso) dal 1920, *Cismon del Grappa* dal 1927, *Pove del Grappa dal* 1950.

Corridonia, paese del Maceratese, si chiamava *Mont'Olmo*[25], il cambiamento avviene nel 1931 in onore del sindacalista Filippo Corridoni, nativo del luogo, caduto eroicamente sul Carso nel 1915.

In onore del Terzo Corpo d'Armata, impegnato in prima linea durante la Grande Guerra, viene coniato il toponimo *Poggio Terzarmata* (comune di Sagrado, Gorizia), adottato nel 1923 in sostituzione del locale *Sdraussina* (in sloveno *Zdravščine*, anche *Sdraučina*) che è ancora quello usato localmente. La località è situata tra il fiume Isonzo e il Monte San Michele, uno dei fronti della guerra, ed ha fornito appoggio al quartier generale della Terza Armata.

5. Già nel corso della guerra anche nell'odonomastica si registrano vari cambiamenti. L'esaltazione del conflitto ha inizio nel 1916 in chiave interventistica con l'intitolazione di strade a *Trento e Trieste*, *Gorizia*, *Luigi Cadorna*, *Antonio Salandra* e soprattutto *Cesare Battisti*, escogitando denominazioni che servano a coinvolgere il 'fronte interno'; nel complesso un afflusso improvviso nel repertorio di nomi che provoca,

[25] Rimane nella tradizione locale il vecchio nome Mont'Olmo, in dialetto *mundùrmu* o *mundillùrmu*, ma il paese dal 1851 si è chiamato *Pausula*, riprendendolo dall'antica città romana di *Pausulae* ricordata nelle fonti classiche, fu anche sede vescovile nel V sec., distrutta nel VI sec. dai Goti o dai Longobardi, cfr. *Dizionario di toponomastica*, Torino 2006, p. 271.

specialmente nei centri minori, un ulteriore sconvolgimento del vecchio assetto che già aveva conosciuto notevoli modificazioni per gli echi risorgimentali. D'altra parte ci si preoccupa di «eliminare richiami deprimenti, per cui ad esempio a Roma *Via Dogali*» diventa «con delibera del 18 febbraio 1916, *Via Romagna*»[26]. In questo uso politico della toponomastica va segnalato l'atteggiamento dell'Austria che almeno a Trieste provvede alla sostituzione di nomi italiani, applicati dal comune agli inizi del XX secolo (*Giuseppe Verdi*, *Niccolò Tommaseo*, *Carlo Goldoni* e simili), che potrebbero essere vicini a posizioni irredentiste, allo scoppio delle ostilità con l'Italia nel 1915 riprendendo nomi ottocenteschi, «anzi, nel giugno del 1916 la 'latina' *Via Ottaviano Augusto*, risalente al 1905» viene chiamata «*Via Custoza*, a monito dei patrioti triestini»[27]. I nomi celebrativi richiamanti località e persone connesse a vicende della guerra si moltiplicano al termine del conflitto e ogni comune d'Italia fa sue intitolazioni varie, da *Vittorio Veneto*[28] a *XXIV Maggio*, *IV Novembre*, *Monte Grappa*, *Cesare Battisti*, *Nazario Sauro*, *Guglielmo Oberdan*[29] ecc.; Trieste già nella riunione consiliare dell'11 novembre 1918 adotta, anche in sostituzione di nomi precedenti, *Piazza Guglielmo Oberdan*, *Riva Nazario Sauro* ecc. e altri nel 1919 come *Piazza Vittorio Veneto* e *Via Trento*.

Un'intitolazione sulla quale di recente si sono accesi dibattiti, a

---

[26] S. Raffaelli, *Storia dell'odonomastica e stradari storici*, in *Odonomastica*, Atti del convegno (Trento, 25 settembre 2002), a cura di C.A. Mastrelli, Trento 2005, pp. 105-116: 110.

[27] *Ibid.*, p. 101. Nell'attuale stradario del comune di Trieste si trova *Via Ottaviano Augusto* non *Via Custoza*. Sull'odomastica della città si veda F. De Vecchi, *Il luogo e la storia. La toponomastica storica di Trieste alla scoperta del sito quale bene culturale*, Trieste 1990-1992.

[28] A proposito del toponimo *Vittorio Veneto*, è utile ricordare che all'origine vi è la fusione di due centri di Ceneda e Serravalle con l'assunzione del nome celebrativo *Vittorio* in onore del re Vittorio Emanuele II con R.D. 22 novembre 1866 n. 3363, mentre la specificazione *Veneto* è assunta con R.D. 22 luglio 1923 n. 1765 (*Dizionario di toponomastica*, p. 839).

[29] Sulla base di dati del 1998 risultano le seguenti frequenze onomastiche considerati in 8.100 comuni d'Italia: Vittorio Veneto 2.451, XXIV Maggio 1.205, IV Novembre 3.004, Monte Grappa 1.544, Cesare Battisti 2.657, Nazario Sauro 1.256, Guglielmo Oberdan 847 (E. Caffarelli, *Frequenze onomastiche*, «Rivista Italiana di Onomastica», 4 (1998), pp. 625-661: 627-628).

Udine e altrove, è quella a Luigi Cadorna, che nel capoluogo friulano si risolve nel 2015 con la sostituzione di *Piazzale Cadorna* con *Piazzale Unità d'Italia.*

6. Nomi di luoghi coinvolti nelle offensive della Grande Guerra sono presenti nell'antroponimia, specialmente nel gruppo di nomi personali che hanno una particolare valenza commemorativa ma per lo più esprimono una particolare ideologia politica e patriottica del genitore o dei genitori, i quali, così, si assumono la responsabilità di trasferire sui figli le conseguenze della propria testimonianza ideologica. Sono nomi personali assai frequenti nell'Ottocento (clima risorgimentale, ideali di uguaglianza sociale ecc.) e poi nella prima metà del Novecento (imprese coloniali, prima guerra mondiale, fascismo). Si collegano a vicende della Grande Guerra – prevalgono toponimi teatro di guerra, delle linee lungo il corso dell'Isonzo – vari nomi imposti a partire dal 1915 o più utilizzati a partire da tale data. Considerando il patrimonio antroponimico italiano del XX secolo[30], il nome personale più diffuso risulta essere *Gorizia* (F 1190, M 14), *Gorizio* (M 105), seguono *Tolmino* (M 684), *Tolmina* (F 223)[31], *Oslavia* (F 149, M 61)[32], *Gradisca* (F 113)[33], *Plava*

[30] I dati provengono da A. Rossebastiano - E. Papa, *I nomi di persona in Italia. Dizionario storico ed etimologico*, Torino 2005. Si indicano le occorrenze M(aschili) e F(emminili).

[31] Il collegamento con il toponimo *Tolmino*, località della Slovenia, e con gli eventi bellici che interessano l'area è mostrato dal fatto che nel 1915 si registrano per il M 103 occorrenze, nel 1916 al F 39 (prima e unica occorrenza anteriore nel 1907), imposto per l'ultima volta nel 1993; nomi diffusi in particolare in Veneto, Emilia Romagna e nel Pesarese (*ibid.*, p. 1223).

[32] *Oslavia, Oslavio*, località nei pressi di Gorizia, sulla linea del fronte e sede di aspri combattimenti, a guerra conclusa meta di pellegrinaggio dei reduci, sede di un Sacrario Militare; il nome compare la prima volta nel 1915, apice l'anno seguente con 33 casi, ultima registrazione 1989; epicentro tra Lazio, Veneto, Toscana, diverse registrazioni a Macerata (*ibid.*, p. 990).

[33] *Gradisca*, dal 1923 *Gradisca d'Isonzo*, l'apice delle occorrenze (37) si registra nel 1915, anno in cui entra nell'onomastica italiana (anche nome di un personaggio di *Amarcord*, film del 1974), diffuso prevalentemente in Toscana, Emilia Romagna, Veneto (*ibid.*, pp. 612-613).

(F 90) e *Plavina* (F 7)[34], altri come *Ermada* (F 47)[35], *Isonzo* (M 40)[36], *Carso* (M 17)[37], *Sabotino* (M 11)[38], *Montello* (M 12)[39], *Podgora* (F 10)[40], *Sagrado* (M 7)[41] *Piave* (M 7)[42], sono meno frequenti. Le occorrenze si concentrano tra il 1915 e gli anni Venti per divenire poi antroponimi sempre più rari o uscire dall'uso; quanto alle aree di diffusione, prevalgono Veneto, Emilia Romagna, Toscana, Lazio.

Il nome più diffuso, *Gorizia*, è già presente nell'antroponimia nel 1905 con una occorrenza, lo stesso nel 1914, ma la connessione con la Grande Guerra, e quindi la valenza patriottica, ideologica, commemo-

---

[34] *Plava*, col derivato *Plavina*, riprende il nome di una località sull'Isonzo, nell'area di lunghe battaglie durate più di due anni combattute dalla brigata Forlì (composta da militari toscani e romani), ora in territorio sloveno (Plavé); al termine della guerra Plava viene assegnata all'Italia divenendo parte del comune di Salona di Isonzo, ma nel 1947 torna alla Jugoslavia. Il toponimo è utilizzato come nome di persona per lo più nel 1915 (27 occorrenze) e nel 1916 (29), poi assai meno numeroso fino al 1927, l'ultima registrazione per Plava nel 1966; è diffuso in Toscana (45), meno in Emilia Romagna (17) e Veneto (10) (*ibid.*, p. 1033).

[35] *Ermada*, dal monte Hermada dell'altopiano carsico, in uso prevalentemente in Toscana (31 occorrenze) tra 1917 e 1975 (*ibid.*, p. 425).

[36] *Isonzo*, le prime attestazioni del nome personale si riferiscono al 1915 con 16 presenze, seguite da 8 nel 1916, sporadiche attestazioni negli anni Venti-Trenta, fino all'ultima del 1973, interessa l'area centrale italiana, specie l'Emila Romagna (*ibid.*, p. 700).

[37] *Carso*, utilizzato come antroponimo soprattutto tra il 1915 e il 1918, è presente soprattutto in Emilia Romagna (9 occorrenze), Lombardia (4), Abruzzo (2) (*ibid.*, pp. 250-251).

[38] *Sabotino*, come antroponimo entra proprio nel 1915, l'ultima attestazione è del 1947, sparso ma specie nelle regioni centrali (*ibid.*, p. 1115). Dal monte Sabotino, sul confine tra Italia e Slovenia, da cui si domina la valle dell'Isonzo e la piana di Gorizia, uno dei monti teatro di battaglia, viene conquistato dall'esercito italiano il 6 agosto 1916 durante la sesta battaglia dell'Isonzo.

[39] *Montello,* la prima registrazione è del 1919, usato occasionalmente fino al 1972 (qualche insistenza nel Lazio, 3 casi) (*ibid.*, p. 902).

[40] Situato presso Gorizia, il luogo è coinvolto nella seconda battaglia dell'Isonzo (19 luglio 1915); come nome di persona ha 3 occorrenze nel 1915, 4 nel 1916, 1 nel 1917, 1 nel 1920 e nel 1921; prevale in Emilia Romagna con 6 attestazioni (*ibid.*, p. 1033).

[41] Centro in provincia di Gorizia, *Sagrado* è situato presso l'Isonzo e coinvolto nelle battaglie, è usato occasionalmente, dal 1918 al 1941 non si può del tutto escludere una connessione con il nome spagnolo Sagrado 'sacro' (*ibid.*, p. 902).

[42] Il Piave, teatro dell'arresto dell'avanzata austriaca nel 1918 (la vicenda ha ispirato anche la *Canzone del Piave* di A.E. Mario del 1918), come nome di persona presenta 3 attestazioni nel 1918 ed è vitale fino al 1938 (*ibid.*, p. 902).

rativa del nome, è evidente per il fatto che nel 1915 sono ben 337 le occorrenze che nel 1916 raggiungono l'apice con 381, evidentemente per le vicende belliche che si concludono con la presa di Gorizia da parte dell'esercito italiano il 9 agosto 1916. Il nome è frequente nelle zone centrali, maggiormente in Toscana, Lazio, Emilia Romagna, Campania. Anche il maschile *Gorizio* ha l'apice delle occorrenze nel 1915.

Luca Falsini

LA VERITÀ NEGOZIATA. I LAVORI DELLA COMMISSIONE D'INCHIESTA

1. *Le origini della Commissione*

Prima di entrare nel vivo dei lavori della Commissione d'inchiesta sul ripiegamento dall'Isonzo al Piave, istituita, come noto, col regio decreto n. 35 del 12 gennaio del 1918, vorrei soffermarmi brevemente sul dibattito parlamentare immediatamente successivo alla nascita della Commissione, svoltosi nelle aule parlamentari tra il 14 e il 23 febbraio del 1918, a soli quattro mesi dagli eventi. In particolare vorrei soffermarmi sull'intervento di Napoleone Colajanni del 21 febbraio, col quale il deputato siciliano invitò il Presidente del Consiglio Orlando a valutare l'opportunità di trasformare l'inchiesta da *amministrativa* a *parlamentare*[1].

Colajanni, che non aveva alcuna recriminazione circa «l'attitudine, la rettitudine, l'indipendenza e l'imparzialità» dei componenti la Commissione, criticò lo svilimento delle prerogative parlamentari (in particolare della Camera, che offriva alla Commissione solo due componenti), dato dal fatto che il governo aveva preferito una soluzione amministrativa a una politica, privando di conseguenza la Commissione di reali poteri di convocazione e di istruttoria e lasciandola senza alcuna libertà di pubblicazione dei propri lavori, la cui comunicazione al Parlamento e all'opinione pubblica era invece demandata al governo, che avrebbe potuto tranquillamente falsarla[2].

---

[1] Atti parlamentari (d'ora in poi AP), *Camera dei deputati*, legislatura XXIV, sessione I, *Discussioni*, tornata del 21 febbraio 1918, pp. 15958-15968. Da segnalare anche gli interventi di Gaetano Rossi e Michele Gortani, tesi ad estendere l'attività della Commissione anche agli sviluppi e agli esiti della spedizione punitiva austriaca nell'alto vicentino del maggio 1916 e quello dell'onorevole Marazzi, che voleva estendere l'inchiesta a tutta la guerra, non limitandola cioè a Caporetto e al ripiegamento sul Piave (*ibid.*, tornata del 14 febbraio, pp. 15660 e 15653).

[2] Come accaduto, ricorda Colajanni, con le falsificazioni prodotte sul finire del dician-

Per queste ragioni Colajanni chiese la nomina di una Commissione parlamentare su Caporetto[3], capace eventualmente di sovrapporsi al lavoro di quella amministrativa preesistente. Quest'ultima, infatti, avrebbe potuto compiere opera utilissima occupandosi della ricostruzione degli eventi e delle dirette responsabilità militari sulla condotta della guerra e sul governo degli uomini. Il compito della Commissione parlamentare, invece, sarebbe consistito nella valutazione delle responsabilità governative sugli esiti dell'*Ottobre* e più ampiamente sulla mancata condotta politica della guerra[4].

A sostegno di Colajanni giunsero le argomentazioni di Marazzi e di Padulli. Marazzi, in particolare, lamentò i limiti della Commissione che non avrebbe potuto convocare i testimoni e acquisire i documenti senza il tramite e l'assenso del Ministero e delle gerarchie militari. Ravvisava in sostanza un eccesso di potere nelle mani dei militari in una inchiesta che li vedeva direttamente coinvolti, nonché una preoccupante assenza della politica come soggetto e oggetto attivo dell'inchiesta, come se la disfatta non fosse da ricercare anche nei vuoti e negli errori di gestione politica della guerra[5].

Ecco quindi emergere, sin dai primi dibattiti parlamentari, uno degli elementi destinati a destare maggiori critiche attorno ai lavori della Commissione: il ruolo del governo nella nomina dei suoi componenti, nella definizione dei suoi poteri e nella pubblicità dei risultati. Fattori, questi, che forse ebbero un ruolo non secondario nel ridimensionare le accuse nei confronti del governo e nel *lasciare in ombra* e *falsare* – come ebbe modo di notare Giorgio Rochat 50 anni or sono – le responsabilità del governo e degli ambienti politici[6].

---

novesimo secolo attorno ai lavori relativi allo scandalo della Banca romana (*ibid.*, tornata del 21 febbraio 1918, pp. 15960-2).

[3] Su *Caporetto*, non *sul ripiegamento dell'esercito sul Piave*, «quasi che la parola Caporetto bruciasse la mano di colui che stendeva il decreto di nomina della Commissione».

[4] AP, *Camera dei deputati*, legislatura XXIV, sessione I, *Discussioni*, tornata del 21 febbraio 1918, pp. 15962.

[5] *Ibid.*, tornata del 14 febbraio 1918, pp. 15649 e tornata del 19 febbraio 1918, pp. 15870-1. Più politica la posizione di Treves, che auspicava la costituzione di una commissione parlamentare, *solenne* e *popolare* e che vedeva nel disconoscimento del ruolo del Parlamento in tale vicenda il tentativo, poi verificatosi inesatto, di attribuire ai socialisti e al disfattismo la causa della sconfitta (*ibid.*, tornata del 20 febbraio 1918, pp. 15914).

[6] G. ROCHAT, *L'esercito italiano da Vittorio Veneto a Mussolini (1919-1925)*, Bari 1967, p. 72.

La risposta del governo non si fece attendere. Misurate e di modesto rilievo le parole del ministro Alfieri, che si limitò a rassicurare il Parlamento della volontà del governo di garantire tutto il supporto possibile alla Commissione. Più interessante l'intervento di Orlando, che escluse categoricamente la possibilità di nominare una Commissione parlamentare perché riteneva inopportuno che un potere inquirente potesse agire nei confronti dell'esercito combattente scavalcando il suo referente politico, il ministro.

> Non è materia questa – disse Orlando – che si possa dimostrare; si può o non si può sentirla; per chi non avverte questa suprema necessità di disciplina, che impedisce l'esistenza di un potere capace di limitare il potere del Comando Supremo, non ho in mio potere né i mezzi né gli argomenti per riuscire a convincerlo.

La Commissione d'inchiesta, secondo Orlando, fu comunque nominata con rispettoso ossequio verso il Parlamento, visto che, dei sette componenti, tre rappresentavano la parte tecnica e quattro quella politica (due senatori e due deputati). I prescelti, peraltro, erano tutti uomini di grande statura morale, come dimostrato dal fatto che nessuno in Parlamento aveva mosso alcun rilievo verso di loro.

Quanto alla questione dei poteri, infine, Orlando volle rassicurare sia chi temeva che la Commissione potesse diventare «una specie di autocrate», con poteri giudiziari eccessivamente ampi e quindi contrari al diritto pubblico italiano e ai suoi principi essenziali, sia chi, all'opposto, temeva che la Commissione siffatta non avesse poteri sufficienti per giudicare in modo adeguato chi indagava[7].

Orlando sapeva bene che il vero obiettivo di Colajanni e di molti altri parlamentari era mettere a giudizio il governo e con esso almeno una parte dell'universo interventista che aveva contribuito a rafforzare il «partito della guerra».

Tali ragioni lo spinsero già nel maggio del '18 – e qui entriamo nel vivo dei lavori – a incaricare il ministro Zupelli di avviare i primi contatti col generale Caneva, presidente della Commissione, per capire gli iniziali orientamenti dei lavori. Zupelli, sfruttando le insistenze

[7] AP, *Camera dei deputati*, legislatura XXIV, sessione I, *Discussioni*, tornata del 23 febbraio 1918, pp. 16088-9.

dell'opinione pubblica, chiese notizie sui generali posti in *disponibilità*, per capire se fosse o meno il caso di considerarli subito come *inquisiti*. Così facendo, però, non solo limitava l'interesse di questi primi giudizi nell'ambito militare, mostrandosi impermeabile alle pressioni di chi riteneva opportuno estendere le indagini anche ad altri ufficiali, Badoglio in particolare[8], ma soprattutto trasmetteva implicitamente ai membri della Commissione la volontà di lasciar fuori il governo dalle responsabilità complessive della guerra. Un tema, chiariamolo subito, sul quale la Commissione raccolse molte testimonianze importanti, relative non solo alle continue ingerenze di Cadorna in ambiti di competenza politica ma anche, e forse soprattutto, alle deficienze di azione del governo sulla gestione complessiva della guerra.

I temi principali del contendere tra Comando e governo erano la lotta al disfattismo – sulla quale dovremo tornare – la mancata direzione politica della guerra, che lasciava nelle mani di Cadorna un potere pressoché totale, e alcune questioni riguardanti la gestione degli uomini al fronte.

Il generale Tassoni, già critico di Cadorna nel 1915, quando ricopriva il ruolo di sottosegretario di Stato al Ministero della Guerra, lamentò di fronte alla Commissione l'incredibile potere concesso al Comandante Supremo in tutta la zona di guerra, mai bilanciato adeguatamente né dall'esecutivo né dal Parlamento. Al fronte – disse – Cadorna aveva creato una «assoluta autocrazia di comando, non conforme ad un regime costituzionale»[9].

L'imbarazzo governativo nel gestire l'autorevolezza del *generalissimo* apparve evidente dopo la penetrazione austriaca del maggio del '16, che offrì a Salandra l'opportunità di un cambio al vertice che però non poté essere ottenuto, a detta dello stesso Salandra, per mancanza di alternative valide. Cadorna, infatti, nonostante le molte perplessità che suscitava negli ambienti politici e militari, era considerato da

[8] Coinvolgimento che i componenti della Commissione ritenevano peraltro opportuno e fondamentale (Archivio Zugaro – d'ora in poi AZ – *Comunicazioni col governo*).

[9] *Deposizione del Tenente Generale Tassoni, già Comandante del XIII Corpo d'Armata*, in AZ, *Comunicazioni col Governo*. La pensavano come lui molti altri generali e uomini politici: Viganò, Marazzi, Alessio e in parte persino Bissolati, nonostante si sia trovato a deporre di fronte alla Commissione dopo la sua 'conversione' al *cadornismo*. Su Cadorna durante la guerra, si veda ora M. Mondini, *Il Capo*, Bologna 2017.

molti – per dirla con le parole dell'On. Martini – «un indispensabile elemento di vittoria» e ogni tentativo di sostituirlo si concluse con un insuccesso[10]. L'imbarazzo di Salandra sembrò poi contagiare anche il suo successore, Paolo Boselli, che, dopo l'offensiva del Trentino, aveva duramente accusato Cadorna ma che, al momento della presa del potere, si affrettò a telegrafare al Comando per dargli piena approvazione di tutto quanto si era fatto[11].

2. *Il quadro generale*

La Relazione venne poi consegnata al governo nella primavera del 1919, 14 mesi dopo l'avvio dei lavori, e discussa in Parlamento a settembre.

I 2310 documenti prodotti dall'esame delle oltre 1000 deposizioni, verbali e scritte, raccolte dalla Commissione in 241 sedute di lavoro, restituirono un quadro di incredibile complessità dato non tanto dalle testimonianze spesso contrastanti dei protagonisti, quanto dalla necessità dei commissari di trovare e poi mantenere un equilibrio tra la ricerca delle cause della disfatta, quindi della verità, e l'esigenza di governare politicamente un giudizio formale sulla condotta della guerra da parte dei generali e della classe dirigente (esigenza confermata, tra l'altro, dal numero assai ridotto di soldati e di ufficiali subalterni chiamati a testimoniare la propria esperienza in quei giorni). L'esito di questi lavori non poteva che restituire una *verità negoziata*, che tenesse in piedi – limitando le accuse a pochi, pochissimi nomi – i molti conflitti: tra interventisti e neutralisti, tra cadorniani e anticadorniani, tra silurati e carrieristi, tra giovani e vecchi, tra prima linea e retrovie, tra fronte interno e trincea, tra offensivisti e difensivisti e così via…

---

[10] Nella seduta della Camera dei deputati del 22 dicembre 1917 l'On. Colajanni ammise di aver preparato assieme al collega Altobelli, dopo la spedizione punitiva austriaca, un'interrogazione parlamentare finalizzata alla rimozione di Cadorna, ma di essere stato sconsigliato a presentarla da «persone autorevoli» che gli fecero notare la necessità di proporre un sostituto (AP, *Camera dei deputati*, legislatura XXIV, sessione I, *Discussioni*, tornata del 22 dicembre 1917, p. 15439).

[11] Racconta la vicenda in modo molto critico *S.E. Alessio prof. Giulio, Presidente della Camera dei deputati, in AZ, 6A,* Questioni speciali. *Relazione fra Governo e Com.do Supremo.*

Mi sembra si possano individuare 5 temi principali che vorrei provare qui a sviluppare sinteticamente[12]: 1) le responsabilità individuali dei generali maggiormente coinvolti nello sfondamento austrotedesco; 2) la condizione degli ufficiali e dei soldati come prerequisito della disfatta; 3) il disfattismo, tema – come sappiamo – con forti ricadute sul piano politico; 4) le difficoltà connesse con la ritirata dell'esercito e la fuga dei civili, come fattori che amplificarono la portata della sconfitta; 5) infine, il delicato tema del tradimento.

Tutto ciò, come dicevo, dentro una cornice di grande complessità che i componenti della Commissione misero in luce sin dai primi contatti ufficiosi col governo e che emerge chiaramente nei lavori conclusivi. Caporetto, del resto, non può essere ricondotta alle responsabilità di due o tre generali o derubricata come battaglia fra le tante. Non solo per l'elevato numero di morti, feriti, prigionieri e civili in fuga ma anche perché si configura subito come evento periodizzante, di cesura, sul piano militare e politico e, più in là, anche sul piano identitario. Su quest'ultimo aspetto, infatti, la Commissione raccolse molte testimonianze di ufficiali che videro nella sconfitta il disvelamento delle tare millenarie del popolo italiano nei campi di battaglia; intravidero, cioè, i limiti di un popolo più propenso alla cultura della resa che a quella di guerra, incapace di odiare e di sentirsi parte di una comunità e combattere per essa[13].

> Il nostro soldato – si legge in una memoria consegnata da Capello alla Commissione – è, di massima, un pacifico cittadino, un paziente agricoltore, un ottimo operaio e porta nell'esercito le doti di razza, pazienza, arrendevolezza, intelligenza, ma ha un fondo tale di bontà, di generosità e di mitezza che male si accorda coll'implacabile e selvaggia energia caratteristica di questa guerra che non dà quartiere e non conosce pietà. In conseguenza egli per natura difetta di aggressività e di spirito bellico, non è capace di odio verso il nemico e la sensazione di

---

[12] Per un'analisi più ampia, rinvio a L. Falsini, *Processo a Caporetto. I documenti inediti della disfatta*, Roma 2017.

[13] Si espressero in tal senso, ad esempio, i generali Negri di Lamporo, Garrucccio e Bongiovanni. Le loro testimonianze in AZ, 5BC, Fattori psichici sociali e politici. *Fattori politici e sociali.*

questa deficienza lo rende oscuramente persuaso di una sua inferiorità di fronte al nemico[14].

In modo non dissimile da Capello la pensavano, ad esempio, i tenenti generale Garruccio e Bongiovanni. Dissentivano invece Cadorna e Badoglio, secondo i quali i soldati italiani avevano dimostrato prima e dopo Caporetto *slancio* e *dedizione*[15].

Ricondurre pertanto Caporetto alle ragioni militari è sicuramente necessario e di ciò sembrano consapevoli i componenti della Commissione, a patto però di non dimenticare tutti gli altri fattori (la stanchezza, il morale depresso, il distacco dalle ragioni della guerra, l'odio per gli imboscati...), senza i quali non sarebbe possibile comprendere a pieno le ragioni di un evento così traumatico.

3. *Il giudizio sugli uomini*

Il 12 maggio del 1918, come detto, il ministro della Guerra Zupelli scrisse a Caneva chiedendogli se la Commissione fosse già in grado di dare qualche primo giudizio parziale sui generali posti in *disponibilità*.

Data la ristrettezza dei tempi, però (la Commissione era al valoro da appena tre mesi), Caneva decise di dare carattere molto generico alla risposta che fece inviare al governo dal segretario estensore, Fulvio Zugaro, il 2 giugno. Vi si legge, tra le cose, che «la Commissione non può esaudire il desiderio del Governo e deve lasciare al Governo stesso la cura e la responsabilità di decidere se la posizione da lui creata a quei generali debba essere modificata prima che la inchiesta sia compiuta»[16].

Qualche elemento sui principali indiziati, però, Caneva si sentì di inviare. Si tratta di giudizi che non presentano particolari differenze

---

[14] *Generale Capello – Memoria*, in AZ, 4F, Governo degli uomini. *Scadimento dello spirito combattivo*.

[15] *S.E. Cadorna* e *Generale Badoglio, seduta pomeridiana*, ivi.

[16] AZ, [*Comunicazioni col governo*]. Meno sereno e diplomatico l'appunto dell'on. Raimondo che definì *deplorevole* l'atteggiamento del governo, sia perché aveva optato per quella decisione prima dell'esito dei lavori della Commissione e solo per pochi generali, sia perché aveva poi chiesto conto alla Commissione della scelta fatta, quasi a voler far cadere sulle sue spalle la responsabilità di quelle prime decisioni (*ibid.*).

con quanto poi formalmente pubblicato nella Relazione finale, eccezion fatta per quelli su Badoglio, che già in questa prima bozza preliminare di conclusioni – rinvenuta nell'archivio personale di Fulvio Zugaro – venne incolpato di aver gestito male le brigate al suo comando, in particolare disattendendo gli ordini relativi alla dislocazione della Brigata Napoli.

L'avanzamento dei lavori condusse poi la Commissione a stilare tre bozze di conclusioni prima di arrivare alla stesura definitiva contenuta nella Relazione. Un primo elemento di interesse è l'assenza in queste bozze di ogni riferimento al generale Montuori, comandante interinale della seconda armata, ritenuto colpevole invece negli atti ufficiali di aver manifestato eccessiva fiducia in quei giorni nelle capacità di ripresa della seconda armata, ritardando così il ricompattamento delle truppe. Sorte simile toccò a Di Robilant, alla guida della IV armata, accusato nella stesura finale di fatti inizialmente non contestagli[17].

Non mi soffermerò molto sulle accuse a Cadorna, Porro, Capello e Cavaciocchi innanzi tutto perché note, ma anche perché le loro responsabilità sono riconducibili non solo alla gestione strettamente militare dell'esercito ma anche al complesso contesto del «governo degli uomini», del quale mi occuperò a breve. È bene sottolineare però che l'accesso alla documentazione privata di Fulvio Zugaro ha permesso di ricostruire l'iter di queste accuse e i differenti equilibri e umori dei componenti della Commissione. Basterà fare qualche esempio di comparazione tra i documenti ufficiosi e la Relazione ufficiale: le tre bozze preliminari prevedono per il Sottocapo di Cadorna, Carlo Porro, solo accuse connesse alla gestione degli uomini, mentre nella Relazione sono messe in gran rilievo anche le responsabilità militari; sono poi completamente assenti nelle bozze riferimenti alla mancata preparazione di una strategia di ritirata, ripresi poi con forza, a danno di Cadorna, nella Relazione finale; infine, si attesta l'assenza nella Relazione di un'attenuante a favore di Cavaciocchi, ben rimarcata nelle bozze, connessa al reiterato rifiuto di Capello nel fornirgli i rinforzi richiesti.

---

[17] Nella fattispecie, venne accusato di aver guidato la ritirata della IV armata disobbedendo ad alcune direttive del Comando Supremo, sebbene ispirato in tale disubbidienza «dalla patriottica ripugnanza all'abbandono di una terra italianissima e ricca di suggestivi ricordi di resistenza allo straniero» (AZ, *Conclusioni*).

Merita invece attenzione la questione Badoglio, dato che l'Archivio Zugaro ci aiuta a ricostruire le accuse mosse nei suoi confronti nel corso dei lavori, poi cassate dalla Relazione.

La prima bozza mette in rilievo due aspetti poi scomparsi nelle due successive elaborazioni: l'errore di Badoglio che, comunicando la caduta del Globokak il 24 ottobre, che invece cadde successivamente, dimostrò «di non essere al corrente dello svolgimento dell'azione nemmeno sul tratto di fronte che gli era più prossimo» e l'aver trasmesso ai suoi superiori notizie circa rese in massa di truppe che poi non risultarono provate ma che, «propagatesi, poterono contribuire a scuotere gravemente il morale dei Comandi»[18].

Le altre accuse vengono poi riprese integralmente nella seconda e terza stesura: scarsa attenzione al collegamento col IV corpo d'Armata di Cavaciocchi, superficialità nella protezione della linea Monte Plezia-Foni-Isonzo e cattivo uso, come già ricordato, della Brigata Napoli.

Come detto, però, il lavoro della Commissione, sebbene individui con forza le responsabilità di alcuni generali al comando, restituisce la complessità di quei giorni e l'impossibilità di spiegare tutto con le sole responsabilità individuali. C'era un sistema di governo degli uomini e delle strutture ben ramificato, le cui distorsioni producevano effetti profondi tanto sugli ufficiali quanto sui soldati.

4. *Gli ufficiali*

La condizione degli ufficiali è dominata secondo la Commissione da due temi tra loro strettamente connessi: gli esoneri e gli avanzamenti.

La «politica degli esoneri» è direttamente riconducibile a Cadorna, che più volte ricordò come a lui fossero attribuibili non più di una decina di casi[19] ma che mai prese le distanze o provò a fermare il fenomeno, che anzi giustificava con la necessità di ringiovanire il comparto degli ufficiali, saliti in grado sfruttando la «soverchia indulgenza» del tempo

---

[18] *Ibid.*

[19] *Deposizione di S.E. Cadorna (seduta pomeridiana del 15 marzo 1918)*; dati confermati dalla *Deposizione di S.E. il Generale Porro*, entrambe in AZ, 4B, Governo degli uomini. *Avanzamenti e ricompense. Esonerazioni.*

di pace e ora poco propensi a far proprio l'offensivismo imposto all'esercito dalla strategia del nuovo Comando.

Dobbiamo precisare che nessuno dei molti detrattori di Cadorna mise mai in discussione il diritto del Comandante di circondarsi di uomini abili e fidati e procedere a tal fine a esonerare uomini ritenuti non adeguati alla grave situazione prodotta dal conflitto; tuttavia questo atteggiamento avrebbe avuto senso se le esonerazioni si fossero limitate a decine di casi, mentre i numeri complessivi – impietosi – palesavano un evidente abuso di quel diritto. Già nei primi mesi di guerra, infatti, si contavano 52 generali rimossi mentre nel solo 1917 vennero esonerati 2 comandanti d'armata, 15 di corpo d'armata, 21 di divisione, 39 di brigata e 60 di reggimento[20].

La lettura delle testimonianze raccolte dalla Commissione suggerisce di dividere una prima fase della guerra, fino almeno alla spedizione austriaca del maggio 1916, nella quale il ricorso agli esoneri rispose alla volontà di ringiovanire i vertici delle armate ponendo al comando ufficiali più vicini allo spirito offensivista del Capo, da una seconda nella quale prevalsero logiche 'clientelari', diffusesi anche grazie – è doveroso ammetterlo – alla correità di alcuni comandanti d'armata[21].

A trarre giovamento da questi abusi furono principalmente gli ufficiali più giovani, molti dei quali vicini al Comando Supremo, non sempre all'altezza della situazione perché forniti di una modesta esperienza di comando in trincea.

> Alcuni – si legge nel questionario del Colonnello Garbasso – non si erano mai mossi da Udine e ora si vedevano nominati ai vertici di una brigata; altri che avevano trascorso non più di mezz'ora al fronte erano insigniti di medaglie d'argento al valore[22].

I favoritismi, però, potevano spiegare solo una parte del fenomeno, ascrivibile a mio giudizio più alla necessità di governare le dure con-

---

[20] F. Minniti, *Carriere spezzate*, in *Militarizzazione e nazionalizzazione nella storia d'Italia*, a cura di P. Del Negro - N. Labanca - A. Staderini, Milano 2015, p. 114.

[21] *Contestazioni fatte a S.E. Cadorna (seduta pomeridiana del 31 maggio 1918)*, in AZ, 4B, Governo degli uomini. *Avanzamenti e ricompense. Esonerazioni.*

[22] *Questionario del Colonnello Garbasso Cav. Alberto – già comandante della Brigata Lucca*, in AZ, 4A, Governo degli uomini. *Sistemi disciplinari, giustizia militare.*

seguenze del sistema disciplinare. Molti ufficiali superiori, infatti, per paura di essere esonerati per una conquista mancata, finirono con lo scaricare le colpe sui propri subordinati oppure col costringere i soldati a combattere fino alla morte per la difesa di terreni e posizioni che sarebbe stato molto più coraggioso abbandonare.

> La preoccupazione del discarico delle responsabilità – scrisse Cavaciocchi nella sua *Relazione* – diventava così morbosa, che il dire la verità era pericoloso, sia che si trattasse di mettere in evidenza l'impossibilità di eseguire attacchi di posizioni formidabili senza mezzi sufficienti, sia di esprimere giudizi sulle persone o sullo spirito delle truppe[23].

La conseguenza più immediata fu il venir meno della fiducia tra ufficiali superiori e inferiori e tra comandi di armata e Comando Supremo. Quella di lungo periodo fu l'emergere di una lunga polemica tra gli ufficiali 'silurati', il governo e il nuovo Comando che sfociò nella nomina di una Commissione di revisione degli esoneri, presieduta dal senatore Mazza, che lavorò dal 4 dicembre del '17 sino al 15 febbraio del '19 esaminando circa 1000 richieste di riabilitazione con esiti favorevoli assai modesti[24] se pensiamo che solo 13 ufficiali superiori vennero reinseriti attivamente nell'esercito combattente.

Su queste decisioni, nel bene e nel male, gravarono le esigenze di guerra. Reinserire avrebbe generato problemi che nessuno – al Comando come in Parlamento – voleva affrontare: ad esempio la difficoltà di restituire alle truppe la fiducia in un comandante che era stato oggetto di esonero, come anche la gestione del rapporto tra reintegrati e coloro che nel frattempo erano avanzati. Problema non secondario, questo, se pensiamo che nel corso del conflitto non furono pochi gli ufficiali che videro migliorare la propria posizione gerarchica.

Cadorna tornò in più occasioni di fronte alla Commissione sul tema, ricordando come egli si fosse fatto più volte sostenitore della *ra-*

---

[23] *Relazione Cavaciocchi*, in AZ, 4B, Governo degli uomini. *Avanzamenti e ricompense. Esonerazioni.*

[24] Per i dati rinvio alla tabella contenuta in *Commissione consultiva di revisione (Lettera n. 501 del 30 gennaio 1919)*, conservata in AZ, 4B, Governo degli uomini. *Avanzamenti e ricompense. Esonerazioni*, riprodotta nell'*Appendice documentaria* del mio *Processo a Caporetto*, doc. n. 10, pp. 205-207.

tio dell'articolo 12 della legge sull'avanzamento – rimasta invece *lettera morta* coi suoi predecessori – che imponeva severe e ponderate valutazioni sulla qualità del soggetto proposto a un grado superiore.

Anche per gli uomini più vicini al *generalissimo*, però, fu difficile nelle valutazioni a posteriori spiegare certe distorsioni: innanzi tutto per il modesto rispetto del vincolo dell'*atto di valore*, previsto nell'ultimo decreto sugli avanzamenti, al quale si continuò a preferire il criterio della *libera scelta individuale*; poi per l'eccessiva attenzione riservata agli ufficiali provenienti dallo Stato maggiore, spesse volte neanche appartenenti alla fanteria, all'arma che più di tutte si riteneva stesse sostenendo il peso della guerra[25].

Cadorna e Porro giustificarono di fronte alla Commissione la particolare attenzione rivolta nei loro confronti perché, visto il ruolo, erano da intendersi «distinti tra i distinti» e per poter garantire al Comando un po' di stabilità, che altrimenti non si sarebbe ottenuta se quegli ufficiali avessero aspirato ad altre posizioni per poter fare carriera.

Forse, come dissero in molti, nessun ufficiale superiore avrebbe dovuto accedere a promozioni senza aver prima svolto ruoli di comando in battaglia; oppure, come disse alla Commissione Antonino Di Giorgio, se proprio Cadorna voleva modificare i vertici delle armate avrebbe dovuto attribuire dei gradi provvisori e rinviare a guerra finita la sistemazione delle carriere. Così avrebbe ottenuto l'obiettivo di modificare i comandi senza assecondare l'arrivismo di alcuni e senza creare pericolose sovrapposizioni di grado[26].

5. *Il governo degli uomini*

Ancor più complesso, se possibile, il tema del «governo degli uomini», che comprende il delicato mondo della vita di trincea e che spazia

[25] *G. Giardino*, in AZ, 4B, Governo degli uomini. *Avanzamenti e ricompense. Avanzamenti.* Simbolicamente anche Zugaro annotò a matita sul questionario del generale Brussi un appunto con scritto "verissimo, gli ufficiali di S.M. [Stato Maggiore] provenienti dalla Cavalleria fecero salti spaventosi" (*Dal questionario del generale Brussi*, AZ, 4B, Governo degli uomini. *Avanzamenti e ricompense. Esonerazioni, Ricompense*).

[26] *Dal Questionario del Generale Di Giorgio*, in AZ, 4B, Governo degli uomini. *Avanzamenti e ricompense. Esonerazioni.*

su fronti ampi e diversificati quali la giustizia militare, gli avvicendamenti in prima linea, la propaganda, gli imboscati e molto altro ancora.

Nel deporre di fronte alla Commissione circa i più immediati e importanti risultati ottenuti dalla nuova gestione Diaz, Badoglio indicò subito l'aver restituito maggior mobilità alle armate sui vari fronti di combattimento. Secondo il nuovo Sottocapo, infatti, non era più ammissibile che armate come la seconda e la terza fossero costrette senza soluzione di continuità nelle zone più aspre mentre altre se ne stavano fisse nelle Giudicarie o nel Cadore dove «si viveva quasi in riposo»[27]. Altro grande risultato che Badoglio attribuì al nuovo corso fu di aver migliorato le rotazioni in prima linea, ove nella gestione Cadorna si era assistito a scelte alquanto paradossali date dall'abitudine di molti comandanti di coprire di gloria le brigate migliori per poi condannarle al fuoco perpetuo[28].

Il tutto era poi aggravato dalle condizioni di vita imposte ai soldati nelle retrovie, costretti come erano a continue esercitazioni sotto il tiro dei colpi *amici*... e poi conferenze, marce, lavori stradali e di costruzione delle trincee...

Furono questi racconti a spingere molti uomini politici a parlare di fronte alla Commissione di «abuso nello sfruttamento fisico delle truppe» e di «sostanziale sabotaggio ufficiale della guerra», ma soprattutto a spingere la Commissione a dare un peso rilevante alla stanchezza nelle ragioni del disastro.

Oltre che di stanchezza, però, sarebbe il caso di parlare anche di *rabbia*, dato che cambiando prospettiva e mettendosi dalla parte dei soldati, tutte le scelte relative ai mancati avvicendamenti tra i fronti o tra prima linea e retrovie erano in gran parte riconducibili agli imboscamenti; non solo a quelli consumati sul fronte interno, imputabili principalmente al governo e alle autorità locali, quanto a quelli che si consumavano al fronte, o comunque nelle zone di guerra: l'elenco è molto lungo visto che imboscato era considerato chiunque avesse per qualsivoglia ragione schivato la divisa o la vita in prima linea e va dai borghesi, dislocati nelle fabbriche o a lavorare come meccanici o magaz-

---

[27] *Generale Badoglio (seduta pomeridiana)*, in AZ, 4D, Governo degli uomini. *Ripartizione dei pesi e dei sacrifici della guerra.*

[28] Molti esempi in tal senso nel fondo appena citato.

zinieri, fino a quelli finiti nella cavalleria (perché la guerra – ci raccontano queste testimonianze – la facevano solo i *poveri fanti contadini*), passando poi per chi era stato dislocato nelle cosiddette «armate della salute» o nei tanti *inutili* uffici appositamente creati nelle zone di guerra.

Il tema è così centrale nella quotidianità della vita di trincea che la sua assenza nella retorica propagandista dei conferenzieri è rivelatrice di quanto fossero distanti le parole dei comandanti, dei politici e dei cappellani dagli umori reali e quotidiani della truppa. Ma è un tema molto vasto che richiederebbe uno spazio qui non disponibile. Mi limiterò quindi a sottolineare lo sforzo della Commissione nel valutare l'inadeguatezza del supporto morale offerto ai soldati sino all'*Ottobre* (compreso quello pioneristico che riteneva di aver avviato Capello nella seconda armata), non affiancato però da una attenta valutazione da parte dei suoi componenti di quanto stava avvenendo con l'attività del Servizio P in alcune armate; una lacuna però comprensibile, vista la contemporaneità degli eventi e vista soprattutto la complessità della questione.

Complessità acuita, tra l'altro, dalle strette connessioni che la propaganda al fronte aveva con la giustizia militare. Altro tema, questo, che non posso affrontare in modo adeguato, per il quale mi accontenterò di sottolineare il principale limite dei lavori della Commissione, che a un meticoloso raffronto tra il prima il dopo, preferì fare una attenta valutazione della gestione Cadorna, funzionale come poche altre cose all'obiettivo – per molti pregiudiziale – di rimarcare la cattiva gestione degli uomini da parte del Comandante Supremo.

Le testimonianze, prevalentemente di alti ufficiali, si soffermano non tanto sulla ricezione delle ingiustizie sui soldati (eccezion fatta per il tema delle decimazioni, provvedimento che Di Giorgio definì *insensato* e «di cieca debolezza», che troppo spesso finì col colpire degli innocenti[29]), quanto sulla disarmonia tra sistema disciplinare e regime penale e tra questo e la giustizia militare. Le definizioni che ritornano con maggior frequenza nei questionari e negli interrogatori raccontano di «vecchie procedure», «giustizia bonaria», «tolleranza eccessiva» e attestano la netta differenza di percezione della durezza della disciplina militare tra le gerarchie militari, gli ufficiali di complemento e la truppa.

---

[29] Cfr. le deposizioni di Tittoni, Di Giorgio, Grandi, Bongiovanni, Graziani e Sachero, in AZ, 4A, Governo degli uomini. *Sistemi disciplinari. Giustizia militare.*

6. *Il disfattismo*

Il fattore decisivo nei rapporti tra governo e Comando Supremo e nelle argomentazioni di Cadorna sulla mancata tenuta di alcuni reparti durante lo sfondamento austrotedesco è però, senza alcun dubbio, il disfattismo. Cadorna, si legge nella deposizione di Padre Semeria, maturò ben presto l'impressione «che il Governo quasi lo tradisse, obbligandolo ad essere lui il carnefice dei soldati, con esecuzioni capitali al fronte»[30].

Non era la sua una battaglia isolata. Molti altri ufficiali definirono i componenti del governo *deboli* e *privi di fermezza*, «negazione dell'energia e della forza» e addirittura «fautori di uno sciopero della guerra e delle idealità politiche».

Forte di questo sentimento diffuso, Cadorna – come noto – decise di inviare tra il giugno e l'agosto del '17 quattro lettere al Presidente del Consiglio Boselli per chiedere interventi urgenti. «Il male – scrisse nella terza lettera – peggiora con un crescendo che è pieno di oscuri pericoli».

Al Comando si aspettavano quanto meno un'azione decisa contro la stampa neutralista e sovversiva e il divieto per ogni manifestazione pubblica pacifista. Si aspettavano poi interventi sul territorio finalizzati alla lotta contro i disertori, che troppo spesso riuscivano a evitare la guerra grazie alla complicità di famigliari e di burocrati locali[31].

Di fronte alla Commissione, però, la maggior parte degli ufficiali cercò di sminuire la portata dell'azione disfattista, preferendo ricondurre gli atti d'insubordinazione alla stanchezza dei soldati e al desiderio di ritornare a casa dopo mesi di aspri combattimenti. Una parte non irrilevante degli ufficiali, però, preferì assecondare le direttive del Comando e avviare indagini minuziose che il più delle volte portarono a spostamenti di uomini o battaglioni o all'arresto di soldati con l'accusa di attività sovversiva. Raramente, però, i risultati di queste indagini poterono rinviare a disegni più ampi di matrice socialista o pacifista, o ai grandi eventi politici degli ultimi mesi che avevano messo in allarme

---

[30] *Deposizione del Padre Giovanni Semeria*, in AZ, 6A, Questioni speciali. *Relazione fra Governo e Com.do Supremo*).

[31] Si rinvia su ciò almeno alle deposizioni del Vice Comandante Porro e del generale Barco, entrambe in AZ, 4A, Governo degli uomini. *Sistemi disciplinari. Giustizia militare.*

Cadorna: la rivoluzione russa, la frase di Treves, la Nota pontificia e la rivolta di Torino.

La Commissione non ritenne quindi di poter individuare alcuna prova concreta a supporto della tesi di Cadorna e di una parte cospicua dell'universo interventista che aveva accusato i neutralisti e i pacifisti di aver sabotato la guerra e aver facilitato l'invasione nemica; così facendo non solo tolse il principale supporto ideologico alle ragioni del *generalissimo* ma scagionò politicamente e moralmente i socialisti dall'accusa di disfattismo.

7. *La ritirata, la fuga, i civili*

Sin qui, dunque, i prerequisiti; i fattori di lunga durata che crearono le condizioni ideali per la disfatta. Fattori politici, strategici e organizzativi che, insieme ad alcune discutibili scelte individuali di qualche comandante sui campi di battaglia, contribuirono a rendere più efficace l'attacco austrotedesco.

Il decreto che aveva istituito la Commissione, però, aveva lasciato subito intendere la necessità di andare oltre i primi due giorni di battaglia e la rottura del fronte, per valutare anche le responsabilità politiche e militari di quanto avvenuto nella fase di ritirata, fino al definitivo riposizionamento sul Piave. Si trattava cioè di valutare al contempo, come ben sottolineato da Nicola Labanca, tanto la *rottura* (consumatasi nei primissimi giorni di combattimento) quanto la *rotta*, destinata a protrarsi fino all'8-9 novembre[32].

La documentazione conservata nelle carte personali di Fulvio Zugaro non offre molto più rispetto a quanto prodotto ufficialmente nella Relazione sulle ragioni strettamente militari connesse alle deficienze del riposizionamento di uomini e mezzi in quei giorni: le responsabilità del Comando Supremo nel non aver preparato adeguatamente una strategia di ritirata sono evidenti e solo parzialmente giustificabili con l'assetto offensivo dell'esercito (peraltro voluto e difeso troppo a lungo da Cadorna!), che rese più problematico l'arretramento dei rifornimenti. Responsabilità poi aggravate dalla tardiva e insufficiente costituzione dei

---

[32] Si veda *supra*, in questo volume, N. LABANCA, *Il passato e il futuro di Caporetto*.

corpi di riserva, dalla dimensione mastodontica della seconda armata e dal poco rispetto dell'organica.

Abbastanza note – seppur interessanti – ci sono sembrate le molte testimonianze relative allo sbandamento di soldati e ufficiali, ai saccheggi di case, negozi e magazzini e alla decisione di una parte consistente degli uomini in fuga di gettare le armi (una stima molto approssimativa calcola tra il 2 e il 5 per cento il numero dei soldati sbandati che si presentarono nei punti di raccolta con le armi in mano).

Più interessanti, invece, ci sembrano le conclusioni che rinviano ai rapporti tra militari e civili e ancora più tra i vertici militari e le autorità civili. Rapporti che si erano deteriorati ormai da tempo, col progressivo ampliamento dei poteri dei militari nelle zone di guerra e il conseguente ridimensionamento delle capacità di azione di prefetti e sindaci[33].

Udine, la «capitale della guerra», rappresentò per la Commissione un caso di studio emblematico. Il prefetto Errante, il Sindaco Pecile e i Commissari provinciali faticarono a lungo per avere informazioni precise sui tempi di arrivo del nemico, sui tempi di partenza del Comando e sulle ricadute che questi fattori avrebbero avuto sulla popolazione.

Quando l'avvio della ritirata dalla città fu formalizzato, le autorità civili si trovarono senza indicazioni precise sui movimenti dell'esercito, prive pertanto di elementi che consentissero il coordinamento della fuga dei civili su strade non battute da militari. L'esodo, a Udine come altrove, si svolse così «accanto ai soldati e a volte anche contro i soldati»[34].

Anche Agostino D'Adamo, capo dell'Ufficio del segretario generale per gli affari civili, che da tempo si spendeva per rendere più sereni i rapporti tra autorità militari e civili, dovette riconoscere di fronte alla Commissione come la popolazione civile avesse rallentato la ritirata e il riposizionamento dell'esercito, perché anche laddove erano stati impartiti ordini che imponevano alla popolazione di lasciar libere le strade a uso dell'esercito, prefigurando dure repressioni per i

---

[33] Temi sui quali rinvio a G. Procacci, *Warfare-welfare. Intervento dello Stato e diritti dei cittadini 1914-1918*, Roma 2013 e a N. Labanca, *Zone di guerra*, in *Gli italiani in guerra*, III/2, *La Grande Guerra: dall'intervento alla "vittoria mutilata"*, a cura di M. Isnenghi - D. Ceschin, Torino 2008, pp. 606-619.

[34] D. Ceschin, *La fuga parallela: militari e civili dopo Caporetto*, in *Maledetta l'ora e il momento*, Ronchi dei Legionari 2008, p. 115.

trasgressori, tali ordini raramente arrivarono alle autorità civili, mai alla popolazione[35].

8. *Il tradimento*

Il quadro, pertanto, restituisce a pieno la complessità dell'evento. Oggi gli storici sanno perfettamente che le cause che determinarono Caporetto sono da ricondurre prevalentemente a questioni di ambito militare: la brillante strategia d'infiltrazione austrotedesca, in primo luogo, e con essa le deficienze organizzative del Comando Supremo nella strategia di ritirata e nell'organizzazione dei corpi di riserva; sulla disfatta, però, incisero anche i molti fattori *esterni* che abbiamo sin qui visto e che la Commissione pose in rilievo con forza e puntualità.

Ciò che non vi fu, invece, in quei giorni tumultuosi, fu il tradimento dei soldati e degli ufficiali; o meglio, non vi fu nelle valutazioni della Commissione allora e degli storici oggi, a fronte di una opposta pervasività del tema nei ragionamenti dei contemporanei.

La sensazione, infatti, è che la Relazione, pur concedendo uno specifico spazio al tema, tenda a sminuirne la portata; non tanto – come era giusto fosse – per l'importanza effettiva che il tradimento ebbe nello spiegare la disfatta, quanto nella percezione di larga parte degli ufficiali interrogati che molto di quanto avvenuto al fronte tra il 24 e il 27 ottobre del 1917 fosse da spiegare proprio col tradimento di alcuni corpi.

Cadorna, spesse volte descritto come «uomo solo al comando», era in ciò tutt'altro che solo! Di Giorgio, ad esempio, parlò apertamente di *disfattismo colposo* di non pochi reparti. Tittoni accusò di tradimento gli operai scioperanti delle fabbriche torinesi che erano stati inviati al fronte per punizione. Badoglio e Padre Semeria accusarono di tradimento alcune specifiche armate… e come loro molti altri. Ma a conferma di quanto fosse sentito centrale il tema, basterebbe ripercorrere le vicende relative alla gestione dei prigionieri, prima durante e dopo l'*Ottobre*;

[35] *Comm. D'Adamo, Capo dell'uff. del Segretario Gen. per gli affari civili*, in AZ, 5F, Fattori psichici sociali e politici. *Autorità civili-popolazione.*

considerati dei «potenziali traditori», vennero abbandonati alle miserie della prigionia e al loro ritorno chiusi nei campi di concentramento come degli esuli in patria[36].

Ma questo, come detto, attiene al ridimensionamento delle percezioni. In fase valutativa, invece, la Commissione negò in modo netto l'esistenza di un complotto scientemente organizzato a favorire la buona riuscita dell'attacco del nemico, come negò rivolte di interi reparti in quelle giornate e si spinse a criticare apertamente tanto il Comunicato del Comando Supremo del 28 ottobre quanto il *Proclama* del generale Ferrero che gli aveva dato eco nei contenuti.

Il rifiuto della guerra e della disciplina, le armi gettate nei fossi, i saccheggi o la reticenza di alcuni soldati e ufficiali nel farsi reinquadrare dopo l'iniziale sbandamento, erano dettati da semplici, umane e comprensibili ragioni individuali, di ritrovare la propria vita, la propria famiglia e un po' di serenità e di lasciarsi alle spalle quella che ormai a molti, dopo trenta mesi di battaglie, sembrava una costrizione senza fine.

Ribellione e *insubordinazione* – è stato ben scritto – furono la conseguenza e non la causa della rotta[37].

---

[36] G. Procacci, *Soldati e prigionieri italiani nella Grande guerra*, Torino 2000.

[37] A. Gibelli, *La Guerra grande*, Roma-Bari 2015, p. 164.

Pier Luigi Ballini

IL DIBATTITO PARLAMENTARE SULL'INCHIESTA SU CAPORETTO

1. *La stampa e l'Inchiesta*

> È ormai tempo di vedere quale serie spaventosa di errori ci abbia spinti nel baratro ove siamo precipitati; [è] tempo di rimuovere tutti i veli, squarciare tutte le bende e mettere il popolo italiano in cospetto della verità[1].

Così «La Stampa», che alla fine del luglio 1919 avviava la pubblicazione di una propria inchiesta sulla guerra iniziando ad esaminare gli «errori militari» che «si riassum[evano], per così dire, in un uomo [che] in sé li compendia[va]; Luigi Cadorna»[2].

Il dibattito su Caporetto fu favorito, nell'ultima fase della XXIV legislatura, oltre che dalle conclusioni della Commissione d'inchiesta[3], rese note all'inizio di agosto, «dal fatto che per la prima volta e con

[1] *L'ora di parlare*, «La Stampa», 27 luglio 1919, poi in L. Frassati, *Un uomo, un giornale. Alfredo Frassati*, vol. II, parte II, Roma 1979, pp. 70-73. L'autore «ricevette da Giolitti – cosa insolita – un elogio: "Molto bello l'articolo"».

[2] *Come ci avviammo a Caporetto*, «La Stampa», 29 e 31 luglio 1919; 3,4,5 e 10 agosto 1919.

[3] L'Inchiesta parlamentare era stata approvata con R.D. n. 35 del 12 gennaio 1918. La Commissione aveva iniziato i suoi lavori nel febbraio successivo. Il Presidente del Consiglio, Orlando, l'aveva ritenuta pericolosa per l'esecutivo («Una ricerca di responsabilità che avrebbe fatto rinfocolare odii e passioni»), ma inevitabile. Giudicò poi «un successo» l'averla ritardata, riducendola a «possente sedativo delle passioni di parte, distratte da eventi successivi»: V.E. Orlando, *Memorie 1915-1919*, a cura di R. Mosca, Milano 1960. Per il dibattito fra il novembre 1917 e l'agosto 1919: N. Labanca, *La stampa e il silenzio su Caporetto dopo Caporetto*, in *Al di qua e al di là del Piave. L'ultimo anno della grande guerra*, Atti del Convegno Internazionale (Bassano del Grappa, 25-28 maggio 2000), Milano 2001, pp. 489-518.

grande clamore si rompeva il sacro e complice silenzio sulla condotta della guerra»[4].

«Noi non possiamo tacere – scriveva il quotidiano socialista –, noi che non per pochi mesi siamo stati fatti bersaglio della stupida accusa di caporettisti da parte della meschina borghesia italiana [...]. Oggi che è cessata la censura e che qualche vecchio nodo comincia a venire al pettine, noi gli accusati di ieri, iniziamo la nostra difesa, accusando a nostra volta»[5]. L'accusa non riguardava soltanto la decisione della guerra e la sua conduzione. Per i socialisti l'Inchiesta su Caporetto era «l'inchiesta su tutta la borghesia italiana, in tutte le sue manifestazioni [...]». «Tutti, tutti responsabili – scriveva ancora l'"Avanti!" – sebbene in modo diverso e in diverso grado, i dirigenti dell'Italia borghese, che hanno voluto o accettato la guerra»[6]. Considerava giusto, perciò, che «gli accusati di allora lev[assero] la testa, che i galeotti punt[assero] il dito verso i loro giudici e dic[essero] il loro atto di accusa»[7].

Ma se si faceva il processo alla guerra, annotava polemicamente Benito Mussolini, «noi che la volemmo e non ci pentiremo mai d'averla voluta, siamo trascinati in causa»[8]. «A noi soli compete il diritto di fare il processo alla guerra e agli uomini di guerra. Quelli che si mantennero assenti non possono interloquire. Giudici, meno ancora, possono diventare i disertori»[9]. L'accusa era rivolta contro «socialisti e giolittiani» che volevano «arrivare alla condanna della guerra, alla svalutazione della

---

[4] Relazione della Commissione d'inchiesta, *Dall'Isonzo al Piave. 24 ottobre-9 novembre 1917*, Roma 1919. Cfr. G. Rochat, *L'esercito italiano da Vittorio Veneto a Mussolini 1919-1925*, Roma-Bari 2006 (I edizione: 1967), p. 42.

[5] *Caporetto*, «Avanti!», 27 luglio 1919.

[6] *Responsabilità*, «Avanti!», 8 agosto 1919.

[7] *Accusati che accusano*, «Avanti!», 17 agosto 1919.

[8] [B.] Mussolini, *Noi e loro*, «Il Popolo d'Italia», 3 agosto 1919. Aggiungeva due settimane dopo: «Noi rivendichiamo altamente, fieramente la responsabilità di aver voluto l'intervento, di aver contribuito alla determinazione della guerra italiana, sbaragliando nelle famose giornate di maggio gran parte del bestiame vile che ripullulò trenta mesi più tardi; ma decliniamo, non meno altamente, la responsabilità circa il sistema di condotta della guerra, sia del punto di vista strategico, come da quello politico, come economico, come morale, come diplomatico. Non abbiamo atteso la pubblicazione dei tre volumi dell'inchiesta ufficiale per declinare tale responsabilità»: [B.] Mussolini, *Manovre e responsabilità*, ivi, 17 agosto 1919.

[9] *Ibid.*

vittoria, a creare uno stato d'animo che l'Italia [aveva conosciuto] già dopo Adua, e che più di allora sarebbe oggi esiziale all'avvenire della nazione»[10]. Considerava perciò gravissimo lo sciopero «pseudo-internazionale» del 20-21 luglio, specialmente in un periodo difficilissimo per il paese; si trattava di «Caporettismo»[11].

> Non è in questo momento, con una nazione che ha i viveri per dodici giorni, con una nazione che sta battendosi disperatamente a Parigi per farsi largo nel mondo fra le cupidigie della plutocrazia internazionale cui tengon bordone in atteggiamento di passiva e attiva complicità i proletari dei paesi più ricchi, non è in questo momento che si può tentare impunemente la corsa al caos[12].

«Il Secolo» era fiducioso che «l'assalto combinato del neutralismo borghese e del leninismo internazionale che, muovendo dal terreno di una immeritata sciagura attacca[va] i valori spirituali della guerra e delle vittoria», sarebbe stato «ribattuto e infranto»[13]. Caporetto non segnava «un termine, ma una sosta, meglio un cominciamento [...]. L'interventismo [aveva] il dovere di vigilare affinché la storia della guerra non [venisse] falsata»[14]. «Diffamare la guerra – annotava ancora il quotidiano di Giuseppe Pontremoli e Luigi Della Torre – equivale[va] a screditare la vittoria [...] che [era] veramente "irreparabile", mentre Caporetto [era] stata riparata [...]. Vittorio Veneto, e non Caporetto, [era] la parola definitiva della guerra italiana»[15].

Era «tempo che il leninismo cessasse di sputare sul poema di bellezza e di martirio della guerra nazionale»[16]. Anche per il «Corriere della

---

[10] *Ibid.*

[11] [B.] Mussolini, *Caporettismo*, «Il Popolo d'Italia», 17 luglio 1919. Mussolini sottolineava la scarsa adesione allo sciopero, l'«insurrezione di minoranze proletarie contro il Partito politico socialista, diventato leninista» (*Ancora*, ivi, 18 luglio 1919; *La seconda disfatta*, ivi, 22 luglio 1919), e denunciava pure la vigliaccheria dei «borghesi che in occasione dello scioperissimo avevano disertato la città»: *Vigliacconi*, ivi, 18 luglio 1919.

[12] [B.] Mussolini, *Aurora*, «Il Popolo d'Italia», 18 luglio 1919.

[13] *L'ombra di Caporetto*, «Il Secolo», 13 agosto 1919.

[14] *Caporetto: il valore della verità*, «Il Secolo», 15 agosto 1919.

[15] *La campagna disfattista*, «Il Secolo», 16 agosto 1919.

[16] *Caporetto: l'inchiesta socialista*, «Il Secolo», 17 agosto 1919.

Sera» – che difendeva in Cadorna[17] l'esercito «scuola della nazione» – era inaccettabile il tentativo di fare «un processo al passato con il solo fine di dimostrare che la guerra [era stata] un male, che da essa deriv[ava] al paese più danno che vantaggio […]. La storia veniva così asservita alle vendette del neutralismo italiano. La vittoria veniva dimenticata e negata nella sconfitta che riuscimmo ad evitare»[18]. Albertini considerava l'Inchiesta «un documento di malvagio disfattismo»; si preoccupava «di quella diffamazione della nostra guerra – scriveva a Nitti – che risalta[va] da ogni pagina del grosso volume stampato con solennità di forma quasi fosse il libro della vittoria»[19]. «L'Idea Nazionale» denunciava il tentativo dei neutralisti – «disfattisti durante tutta la guerra, prima, durante e dopo Caporetto» – di trasformarsi «da accusati in accusatori», di voler «cancellare il nome, la memoria, la gloria di Vittorio Veneto, in cui si riassume[va] e si defini[va] l'epopea nazionale […]. L'esercito di Cadorna e l'esercito di Diaz [erano] un unico esercito […]: l'unico esercito di un'unica Italia. Non dell'Italia giolittiana, dell'Italia bolscevica»[20].

---

[17] L. Albertini, *Epistolario 1911-1926*, III, *Il dopoguerra*, a cura di O. Barié, Milano 1968. Si vedano, in particolare, le ll. del 29 agosto 1919 di Albertini a Cadorna (*ibid.*, p. 1271); la l. del 1° settembre di Gallarati Scotti che scriveva ad Albertini: «anche gli anticadorniani si inchinano reverenti perché sentono che il suo giornale non difende un uomo, ma un principio e un'idea» (*ibid.*, pp. 1271-1272); le ll. scambiate da Albertini e Cadorna (*ibid.*, pp. 1275-1276); la l. di Amendola ad Albertini (*ibid.*, pp. 1278-1281); la l. di Albertini a Ruffini del 10 settembre (*ibid.*, p. 1283) e la l. di Cadorna ad Albertini del 14 settembre 1919 (*ibid.*, p. 1284). Si veda inoltre: *Il direttore e il generale. Carteggio Albertini-Cadorna 1915-1928*, a cura di A. Guiso, Prefazione di S. Colarizi, Milano 2014, pp. 131-154 (per il periodo agosto-ottobre 1919). Su Cadorna: M. Mondini, *Il Capo. La grande guerra del generale Cadorna*, Bologna 2017.

[18] *Fatti storici e passioni di parte*, «Corriere della Sera», 9 agosto 1919. «È vero invece – ribadiva alcuni giorni dopo – che l'Italia esce dalla guerra trionfante, con un patrimonio di gloria che nessuno le contende all'infuori di quei suoi figli che si sono messi fin dai giorni della neutralità contro la patria»: *Caporetto e l'inchiesta*, «Corriere della Sera», 14 agosto 1919.

[19] «Non credo che la cosa passerà liscia – continuava –: per salvare Orlando, Giolitti, i socialisti, il Papa ed il resto, quei valentuomini l'hanno fatta troppo grossa. Per fortuna è venuto Ludendorf a smentirli imponentemente. Ludendorf scrive che dopo la Bainsizza l'Austria era finita e, se gli Alleati l'avessero attaccata ancora, l'avrebbero disfatta nel 1917. Ecco gli sterili sacrifici di sangue anteriori a Caporetto!»: Albertini, *Epistolario 1911-1926*, III, p. 1270, l. del 28 agosto 1919.

[20] L'idea nazionale, *Viva la guerra*, «L'Idea Nazionale», 7 settembre 1919.

In questa logica, Cadorna «non era più il generale defenestrato dopo la rotta, ma un generale dell'esercito nazionale, e in quanto tale da difendere per partito preso»[21]. «L'esercito italiano» vedeva «grandeggiar[ne] la figura» – pur fra distinguo e riserve, in polemica con «La Stampa»[22] – «non soltanto sulla massa grigia dei mediocri che lo circondavano in tutti i gradi gerarchici, ma anche su tutti gli uomini politici che ciecamente lo seguivano e fiaccamente ne contrastavano l'azione»[23].

Il quotidiano di Sonnino – che poteva riprendere le pubblicazioni all'inizio di settembre, dopo 53 giorni di «involontaria sospensione», come gli altri giornali della capitale, per lo sciopero dei tipografi romani[24] – giudicava l'Inchiesta su Caporetto soltanto «il pretesto della sediziosa manovra socialista-giolittiana; il vero movente della parallela campagna dell'*Avanti!* e della *Stampa* [era] di creare nelle popolazioni lo stato d'animo della sconfitta e di favorire l'assalto alle urne elettorali dei disfattisti di ogni gradazione»[25].

Un giudizio condiviso dalla salveminiana «L'Unità» che considerava Caporetto «un episodio della guerra, in cui, come sotto una lente

---

[21] LABANCA, *La stampa e il silenzio*, p. 511.

[22] «La Stampa» aveva iniziato un'inchiesta sulla guerra, nel luglio 1919, ma l'aveva limitata, «per ragioni di opportunità», agli «errori militari e poiché si riassumevano, per così dire, in un uomo», aveva cominciato «dall'uomo appunto che in sé li compendia[va]: Luigi Cadorna»: *L'ora di parlare*, «La Stampa», 27 luglio 1919. Si vedano pure gli articoli *Come ci avviammo a Caporetto*, 29 e 31 luglio 1919; 3, 4, 5, 10 agosto 1919. In particolare: *Le vere condizioni dell'esercito dopo l'amministrazione Spingardi. L'opera disorganizzatrice di Cadorna*, ivi, 8 agosto 1919; *Le gravissime responsabilità del Comando Supremo e del governo accertate dalla Commissione d'inchiesta su Caporetto. Impreparazione e incapacità dei condottieri. Riconoscimento del valore del soldato italiano*, ivi, 12 agosto 1919.

[23] *La stampa e il silenzio su Caporetto dopo Caporetto*, «L'esercito italiano», 21 agosto 1919, in LABANCA, *La stampa e il silenzio*, p. 511.

[24] *Basta col fango*, «Il Giornale d'Italia», 5 settembre 1919. Il quotidiano diretto da Bergamini era stato critico della nomina di Nitti a Presidente del Consiglio e di Tittoni come ministro degli Esteri, «considerato avversario della precedente linea internazionale dell'Italia»: *E il Paese?*, ivi, 22 giugno 1919; *Discorso ingeneroso*, ivi, 26 giugno 1919. Cfr. E. DECLEVA, *«Il Giornale d'Italia» (1918-1926)*, in *1919-1925. Dopoguerra e fascismo. Politica e stampa in Italia*, a cura di B. VIGEZZI, Bari 1965, pp. 18-19. Sullo sciopero dei tipografi: A. VREDIANI, *Saluto ai tipografi*, «Critica sociale», XXIX, 17 (1°-15 settembre 1919), p. 236.

[25] Cfr. *Basta col fango*, «Il Giornale d'Italia», 5 settembre 1919.

di ingrandimento, si [erano] mostrate tutte le deficienze della nostra cultura e della nostra moralità nazionale»[26].

La pubblicazione dell'Inchiesta doveva servire a «chiarirle tutte» e, soprattutto, a fare un'analisi critica dell'organizzazione militare.

> Troppa gente discute su Caporetto con scopi che non possono essere i nostri: giolittiani e socialisti per preparare le elezioni; nazionalisti, a maschera più o meno mussoliniana, per salvare lo Stato Maggiore e tutto un regime che si sente minacciato [...][27].

La stampa cattolica non partecipava alle polemiche tra interventisti e neutralisti, dava uno scarso rilievo all'Inchiesta su Caporetto[28]; riconosceva che la Relazione della Commissione faceva «opera di pacificazione e di giustizia»:

> Non solo le brevi parole della relazione bastano a far giustizia della settaria calunnia che la Nota Pontificia [avesse] causato Caporetto, ma [erano] l'elogio vivo dello spirito che quella Nota animava[29].

Pur difendendo le posizioni pontificie e quelle tenute dai cattolici, la stampa cattolica – da «L'Italia»[30] a «L'Unità Cattolica» – tendeva a stare al di sopra degli schieramenti contrapposti, a dare giudizi equidistanti; non partecipava al «rinfocolarsi di passioni e di accuse per Caporetto»:

> La guerra europea era inevitabile [...]. L'impostare dunque oggi – scriveva «L'Unità Cattolica» – una polemica viva sui danni di guerra, sui benefizi delle neutralità, sulla preveggenza di chi deprecava il conflitto o sull'imprevidenza di chi lo volle, è un ozioso disputare *post-factum* [...]. L'odierno rinfocolarsi di passioni e di accuse per Caporetto, e di riverbero per l'intervento e il non intervento dell'Italia nel conflitto, offre un

[26] L'Unità, *La rotta di Caporetto. La guerra non è finita*, «L'Unità», 21 agosto 1919, p. 175 e, ivi, gli altri articoli su Caporetto.

[27] Gians, *Dopo l'inchiesta*, ivi., 4 settembre 1919, pp. 185-186.

[28] Rochat, *L'esercito italiano da Vittorio Veneto*, p. 48.

[29] Mikròs [E. Callegari], *Dopo l'inchiesta su Caporetto*, «L'Unità Cattolica», 14-15 agosto 1919.

[30] Alfa, *L'inchiesta e noi*, «L'Italia», 19 agosto 1919; *In tema di responsabilità*, ivi, 11 agosto 1919; Alfa, *Qualche osservazione*, ivi, 15 agosto 1919; Id., *Fuori dagli estremi*, ivi, 25 agosto 1919.

esempio di costumi politici che non tornano a onore del nostro paese, mentre vediamo che la Germania non s'attarda in queste accademie, che l'Inghilterra non polemizza sulla disfatta di San Quintino e la Francia sulle vicende sfortunate della sua guerra.

I cattolici, sottolineava Ernesto Callegari, davano «l'esempio di una saviezza civile che non ved[evano] sempre negli altri»[31]. «La recriminazione – aggiungeva Filippo Crispolti – [era] un pascolo vano e amaro, e di esso non si deve nutrire la nazione [...]. A questo male non [poteva] partecipare il partito cattolico. La pubblicazione dell'Inchiesta aveva comunque prodotto «un bene nell'imminenza del periodo elettorale: quello di dividere sempre più tra loro i rivoluzionari interventisti e quelli neutralisti»[32]. Molti dei temi proposti e dibattuti sulla stampa sulla Relazione della Commissione d'inchiesta vennero ripresi nel dibattito parlamentare.

2. *L'inizio del dibattito parlamentare*

L'inizio del dibattito parlamentare nell'Inchiesta (6-13 settembre) accennò «ad assumere un carattere più elevato e più "responsabile" di quel che [aveva] avuto fino [ad allora] nella stampa, causa d'ignobile faziosità di taluni giornali».

> Giacché è tempo di risalire finalmente – annotò Amendola – a quella considerazione seria ed equilibrata della realtà della guerra, e soprattutto della realtà della vittoria [...]. È tempo, dicevamo, di risalire da questo baccanale celebrato sulle tombe dei nostri caduti [...], di non isterilire e di non deturpare la coscienza nazionale con la gazzarra diffamatoria inscenata per bassi fini partigiani ed elettorali da qualche settimana a questa parte[33].

---

[31] Mikròs, *Disfattismo postumo*, «L'Unità Cattolica», 18-19 agosto 1919.

[32] F. Crispolti, *L'inchiesta e le elezioni*, «L'Unità Cattolica», 28-29 agosto 1919. Cfr. pure Miles Christi, *Pacificazione*, ivi, 29-30 agosto 1919 (riporta un articolo de «La Riscossa»).

[33] G. Amendola, *L'utile effetto*, «Corriere della Sera», 7 settembre 1919, ora in Id., *La crisi dello Stato liberale*, Roma 1974, pp. 291-293 (cit. da p. 291).

Nitti aveva sostenuto che l'Inchiesta era «un fatto d'ordine amministrativo» e che, «in via procedurale», non si poteva discuterla[34]. Acconsentì poi al dibattito dopo aver composto i «dispareri» fra lui e il ministro della Guerra con l'impegno che fosse «contenuto entro limiti determinati e condotto con obiettivi opposti a quelli ad esso assegnati dai socialisti»[35].

A creare un clima meno conflittuale per il dibattito parlamentare, ed una almeno parziale pacificazione, contribuirono i decreti emanati il 2 settembre. Il 'decreto Visocchi' – «recante provvedimenti per l'incremento della produzione granaria», che conferiva ai Prefetti il potere di autorizzare l'occupazione temporanea delle terre incolte o mal coltivate da parte di organizzazioni contadine – ridusse la tensione sociale nelle campagne[36].

Effetti ancora più importanti ebbe la «larghissima amnistia»[37], voluta da Nitti, predisposta dal ministro della Guerra, Albricci, e dal Guardasigilli Mortara (vennero liberati 40.000 dei 60.000 detenuti, furono cancellate le pene sospese ed estinti 110.000 processi su 160.000 in corso; 270.000 italiani all'estero chiesero il condono; circa 600.000 uomini, nel complesso, usufruirono dell'amnistia)[38], seppur

---

[34] Atti parlamentari (d'ora in poi AP), *Camera dei deputati*, legislatura XXIV, sessione I, *Discussioni*, tornata del 5 settembre 1919, p. 20868. In risposta ad una inchiesta di Giacomo Ferri di far iniziare la discussione il giorno successivo, Nitti accettò che fosse iscritto all'ordine del giorno «questo oggetto con la formula: comunicazione del Governo sull'inchiesta sul ripiegamento dall'Isonzo al Piave». Aver resa pubblica «la malaugurata inchiesta» fu considerato «un delitto di lesa patria» da G. Imperiali, *Diario 1915-19*, Soveria Mannelli 2006, pp. 678-679.

[35] *Prodromi di battaglia. I socialisti e l'inchiesta*, «La Stampa», 4 settembre 1919.

[36] R. De Felice, *Mussolini il rivoluzionario*, Torino 1995.

[37] Il giudizio è di Filippo Turati: F. Turati - A. Kuliscioff, *Carteggio*, V, *1919-1922*, Raccolto da A. Schiavi, a cura di F. Pedone, Torino 1977, p. 175 (l. del 2 settembre 1919). Un giudizio condiviso dalla Kuliscioff: *ibid.*, p. 178 (per la l. del 3 settembre 1919).

[38] Il R.D. 2 settembre 1919, n. 1502 era stato «stabilito di accordo con Diaz, che contribuì a preparare le singole disposizioni, e ciò sempre insieme al gen. Albricci»: F.S. Nitti, *Scritti politici*, VI, *Rivelazioni. Meditazioni e ricordi*, Bari 1963 (Edizione Nazionale delle opere di Francesco Saverio Nitti, XV), p. 408. Sul decreto: Rochat, *L'esercito italiano da Vittorio Veneto*, p. 73. Una circolare del 10 ottobre successivo introdusse però un criterio restrittivo: *ibid.*, pp. 74-75. Si veda inoltre l'interrogazione di P. Negrotto e altri in AP, *Camera dei deputati*, legislatura XXIV, sessione I, *Discussioni*, tornata del 27 settembre 1919, p. 21333 e V. Nitti, *L'opera di Nitti*, Torino 1924, pp. 144-158.

duramente criticata da alcuni esponenti del fronte interventista[39]. «Ha ristabilito l'ordine pubblico», ricordò poi Nitti[40]. Un effetto positivo ebbe anche l'annuncio dei provvedimenti adottati dal Consiglio dei ministri: il generale Cadorna collocato a *riposo* per anzianità di servizio e iscritto nella riserva come i tenenti generali Porro di Santamaria, Luigi Capello e Alberto Cavaciocchi; i tenenti generali Montuori, Bongiovanni e Boccacci collocati a *disposizione*, oltre ad altri provvedimenti per altri ufficiali superiori. Questi provvedimenti contribuirono infatti a far diminuire la tensione e al successo dell'obiettivo che Nitti si era prefisso: limitare il dibattito sull'Inchiesta. Introducendolo, rivendicò con efficacia il ruolo decisivo del'Italia nella vittoria dell'Intesa:

> Nessun paese ha fatto più grande sforzo dell'Italia. Noi e noi soli (poiché le forze che gli alleati avevano presso di noi erano inferiori a quelle che noi avevamo fuori d'Italia) abbiamo avuto l'onore di abbattere il grande impero austro-ungarico che rappresentava la reazione in Europa[41].

Nessun paese, aggiunse, dove si erano verificati «episodi come quelli della ritirata dall'Isonzo al Piave», aveva «voluto più rapidamente vedere al fondo le cause del male e accertarne la responsabilità»[42].

L'esaltazione delle vittoria, il riconoscimento del valore dei combattenti – con una menzione particolare delle benemerenze dei contadini –, le commosse parole di gratitudine all'esercito del ministro della Guerra non fecero recedere comunque Chiesa, repubblicano, interventista, dalla richiesta di sospendere la discussione – considerata «inopportuna» mentre «incalza[va]no i problemi economici [e] specie nel momento deliberativo della Conferenza di Parigi». La Relazione della Commissione d'inchiesta non forniva, secondo Chiesa, «tutti gli

---

[39] Alla Camera, però, annotò Vincenzo Nitti, «nessuno fiatò. Nessuno dei combattenti, nessun membro del fascio parlamentare fece alcuna osservazione o critica alcuna»: *ibid.*, p. 153.

[40] AP, *Camera dei deputati*, legislatura XXV, sessione I, *Discussioni*, tornata dell'8 marzo 1921, pp. 8493-8497 (anche per i dati relativi all'amnistia).

[41] AP, *Camera dei deputati*, legislatura XXIV, sessione I, *Discussioni*, tornata del 6 settembre 1919, p. 20885.

[42] *Ibid.*

elementi per giudicare [...]; [era] una relazione di origine amministrativa, portata alla Camera unicamente nelle forme conclusive»[43]; non approfondiva come era stata amministrata la giustizia militare, l'attività di corruzione «esercitata dal nemico a cominciare dai milioni di Erzberger»[44], gli avvenimenti del Trentino del '16[45]. La sua proposta era di rinviare la discussione al periodo successivo alla messa a disposizione di tutti i materiali raccolti[46]. Una proposta ritenuta inaccettabile da Modigliani: vi vedeva il tentativo di «svalutare anticipatamente il responso della Commissione d'inchiesta»[47]; voleva semmai un'inchiesta più vasta, «ma su tutta la guerra: sulle origini, sui risultati complessivi, sulla sconfitta», che indagasse anche «sul danaro tedesco e sull'oro degli alleati, per vedere se altri vendé la coscienza agli alleati per aiutare chi volle l'Italia in guerra». Ne conseguiva il rifiuto della proposta di sospensiva: la discussione sulla relazione della Commissione d'inchiesta «non nuoce[va] alla più vasta inchiesta, ma ne [era] la dolorosa e necessaria prefazione»[48].

La proposta Chiesa venne respinta anche da Monti Guarnieri, il quale avrebbe voluto, anzi, che Nitti avesse anticipata la discussione, che non fosse avvenuta prima sulla stampa che alla Camera[49]. Nitti aggiungeva che non si poteva «lasciare il paese sotto la tensione d'animo di una continua lotta e di una continua violenza»[50]. Accogliendo la proposta di sospensiva, si sarebbero avuti «due danni: il primo che, presentandoci al pubblico ora, si direbbe che la questione è aperta, e chi sa quante conseguenze ne scaturirebbero; la seconda che per due, tre anni ancora trascineremmo il Paese in una lotta violenta di odi e di passioni, che determinerebbe forse per lungo tempo una divisione

[43] *Ibid.*, tornata del 6 settembre 1919, pp. 20887-20888.

[44] Il riferimento è a Matthias Erzberger, deputato del Centro cattolico, firmatario fra l'altro di una proposta per una pace separata, approvata dal *Reichstag*.

[45] AP, *Camera dei deputati*, legislatura XXIV, sessione I, *Discussioni*, tornata del 6 settembre 1919, p. 20891.

[46] *Ibid.*, p. 20892.

[47] *Ibid.*, p. 20894.

[48] *Ibid.*, p. 20896.

[49] *Ibid.*, pp. 20896-20897.

[50] *Ibid.*, p. 20897.

di animi profonda e insanabile»[51]. Chiesa ritirò allora la sua proposta: aveva assunto «un significato che essa non potrebbe avere»[52].

Nella discussione dell'Inchiesta emerse, fin dall'inizio, un tema di grande rilievo: il ruolo della Camera durante la guerra: «avrebbe dovuto essere sempre presente, durante la guerra, annotò criticamente De Felice Giuffrida; è stata la maggiore responsabile per volontaria assenza».

> Essa non volle controllare, né conoscere: volle soltanto, e volontariamente, ignorare [...]. Fu così che il Comandante Supremo poté agire a suo solo talento, senza altro impulso che quello della sua volontà, senza altra inibizione che il suo sconfinato orgoglio, senza intervento di consiglieri, senza consiglio di generali[53].

In questo quadro, Caporetto non era stato, per De Felice Giuffrida, «una sconfitta nazionale, [ma] il fallimento di un uomo e di un Governo»[54]. In questa prospettiva ricordò «le tappe di una *via crucis* nazionale»: il *Carso*, dove Cadorna «sostò più di due anni, dove logorò il fior fiore dell'esercito»; il *Trentino*, quando «pose la sua persona e la sua autorità al di fuori e al di sopra del Governo e del Paese»; la *disorganizzazione dell'esercito* (con l'abolizione della *disciplina di persuasione* e l'imposizione della *disciplina di repressione*: «quindi, condanne senza scrupoli, fucilazioni senza processi, decimazioni senza pietà»[55]); *Caporetto* («una gravissima colpa del Comando, un funesto equivoco delle truppe. Non vi fu viltà, né tradimento, vi fu la convinzione di uno sciopero politico generale, suscitata dallo stato d'animo e avvalorata dagli strani e balordi ordini del momento»[56]). Il Grappa, il Piave, Vittorio Veneto avevano dimostrato che non era stato l'esercito che non si era voluto «battere a Caporetto, [erano stati] i capi che non lo [avevano] sap[uto] né comprendere, né usare»[57].

L'on. Soderini ammetteva che c'era stato «un accentramento, forse

---

[51] *Ibid.*, p. 20899

[52] *Ibid.*

[53] *Ibid.*, p. 20900.

[54] *Ibid.*, p. 20901.

[55] *Ibid.*, pp. 20901-20904.

[56] *Ibid.*, p. 20906.

[57] *Ibid.*, p. 20908.

troppo eccessivo», da parte del Comando Supremo[58], ma sottolineava che «dalla sventura di Caporetto era nato un gran bene perché quel giorno si [era] veramente creata una coscienza nazionale [...] che non esisteva ancora». Era stato «un episodio per sé doloroso, [ma] nelle sue conseguenze un fatto benefico [...]; una sventura, una sventura che [aveva] prodotto effetti salutari»[59]. In questa logica, «La Tribuna» riprendeva l'appello di Nitti alla pacificazione, interpretandolo.

> Il governo e il Parlamento non possono e non devono permettere che questo commercio di recriminazioni, che questo sadismo di autocontaminazione, si prolunghi all'infinito, e diventi, per così dire, il ritmo su cui debba impostarsi lo svolgimento prossimo e futuro della via nazionale[60].

Alla Camera, la discussione procedeva intanto – dopo due giorni di sospensione per consentire lo svolgimento dei lavori della 'Commissione dei 14' per la definizione delle nuove circoscrizioni elettorali – «senza calore e senza un grande interesse; si può dire, annotava un cronista, ch'essa sia ridotta ad una fastidiosa ed inconcludente formalità»[61].

3. *Errori militari e errori politici*

Fin dai primi giorni di dibattito erano comunque emerse le accuse a Cadorna, ritenuto responsabile di una «ecatombe di generali e di ufficiali superiori di ogni grado»[62], delle «esecuzioni sommarie per

---

[58] *Ibid.*, p. 20909.

[59] *Ibid.*, p. 20910.

[60] O. Malagodi, *Per la vita nuova*, «La Tribuna», 8 settembre 1919.

[61] *Il giudizio del paese*, «Corriere della Sera», 10 settembre 1919. Si vedano pure *L'episodio più saliente*, «L'Idea Nazionale», 8 settembre 1919; *Note alla seduta*, «Il Secolo», 7 settembre 1919; *L'inizio*, «La Stampa», 7 settembre 1919; *Verso l'equivoco*, ivi, 10 settembre 1919; *Cose italiane*, «Civiltà Cattolica», a. 70°, quad. 1661 e 1662 (27 settembre 1919), p. 458. «Tutti erano assorti da altri affanni – scriveva Anna Kuliscioff a Turati – e l'affanno elettorale dev'essere veramente morboso»: Turati-Kuliscioff, *Carteggio*, V, p. 198, l. del 10 settembre 1919.

[62] AP, *Camera dei deputati*, legislatura XXIV, sessione I, *Discussioni*, tornata del 9 settembre 1919, p. 20926.

decimazione, elemento tremendo di depressione»[63], e di altre gravissime decisioni: dell'avanzata della Bainsizza – «magnificata come una grande vittoria», giudicata «inopportuna» –, delle successive «disastrose» azioni militari[64], del disarmo delle opere del Tagliamento – «ordinato fin dall'autunno del 1915, [che aveva] rese più gravi le condizioni della ritirata»[65]. Gesualdo Libertini sottolineava che altre conseguenze negative erano dipese dall'«impulsività» del carattere e delle decisioni di Cadorna nei cui confronti né Salandra né Boselli avevano preso provvedimenti. Nel complesso, soprattutto, «nessuna azione di rilievo»[66]. «Il malgoverno morale e disciplinare impersonificava tutta quanta la sua azione»[67], aggiungeva Vinaj, che annotava pure: «non aveva messo piede in nessuna corsia di ospedale, neppure vicino a Udine»[68].

Il «regime Cadorna» venne denunciato anche da un esponente del Partito Democratico Costituzionale, Vito Luciani, per gli esoneri (217 generali, 255 colonnelli incaricati del comando di un reggimento, 355 tenenti colonnelli, maggiori ed ufficiali inferiori), per i graduati di truppa sottoposti a degradazioni[69], ma soprattutto per le decimazioni – per le quali chiedeva venissero accertate le responsabilità –, per le 729 condanne capitali[70]. «Si fecero fucilazioni di soldati in seguito alle colpe dei generali», denunciò Modigliani[71]. Emerse nel dibattito anche il problema del Codice Penale Militare: per Toscanelli, aveva avuto «una importanza grandissima all'epoca di Caporetto». Promulgato in Piemonte nel

[63] *Ibid.*, p. 20928.

[64] *Ibid.*, p. 20930. Fra le «azioni militari minori», Libertini ricordava la tentata conquista del monte Kuk e del Vodice, nel maggio 1917, e quella dell'Ortigara nel giugno successivo.

[65] *Ibid.*

[66] *Ibid.*, tornata del 10 settembre 1919, p. 20997.

[67] *Ibid.*, p. 20998.

[68] *Ibid.*, p. 20999.

[69] *Ibid.*, tornata del 9 settembre 1919, p. 20933 (anche per il raffronto con il «regime Diaz» che aveva esonerato soltanto 35 generali, 59 colonnelli e comandanti di reggimento, 82 tenenti colonnelli e ufficiali inferiori).

[70] *Ibid.*, pp. 20935-20936. Luciani ricordava tuttavia che in Francia le condanne capitali erano state 1627; le esecuzioni sommarie 174 in Italia, mentre in Francia le fucilazioni erano state addirittura 270 soltanto nella ritirata della Marna.

[71] *Ibid.*, tornata del 6 settembre 1919, pp. 20895-20897 (anche per la richiesta di «una più vasta inchiesta, su tutta la guerra»).

1840, poco mutato con le modifiche apportatevi nel 1859, l'Italia era entrata in guerra nel 1915 con un Codice pubblicato settantacinque anni prima: un fatto che spiegava «perfettamente come si [fossero] verificati quei danni che [erano giunti] al loro massimo effetto nel 1916 e nel 1917». Il modello indicato era quello inglese: il Codice Penale Miliare era affidato ad una Commissione parlamentare permanente che ogni anno doveva aggiornarlo e presentare questo *Army-Act* alla Camera per l'approvazione. Un'indicazione di riforma sulla quale consentì, senza riserve, il ministro Albricci[72].

Al centro di numerosi interventi fu soprattutto la questione dei rapporti fra Comando Supremo e governo. «Il Ministero fu trasportato al Comando Supremo [...]; quello di Via XX Settembre non rappresentò che un umile distaccamento. Un vero colpo di Stato!»[73], denunciò Di Giorgio[74].

> In questo sovvertimento dei poteri dello Stato – continuò –, in questa mancanza di cordialità, di affiatamento, di intesa fra Governo e Comando Supremo, sta il maggiore dei fatti efficienti di Caporetto[75].

Parve a Cottafavi, rileggendo le «pagine amare» della Relazione della Commissione d'inchiesta, «che la storia contemporanea si [fosse] arrestata al 1866, ai deplorevoli dissensi fra La Marmora, Cialdini e Della Rocca»[76]. «Credere di poter fare della politica fu uno dei difetti fondamentali del capo supremo dell'esercito», fu anche il giudizio

---

[72] *Ibid.*, tornata del 12 settembre 1919, p. 21083; *La riforma dei Codici militari annunziata dal ministro della Guerra*, «Il Tempo», 13 settembre 1919.

[73] AP, *Camera dei deputati*, legislatura XXIV, sessione I, *Discussioni*, tornata del 12 settembre 1919, pp. 21064-21065.

[74] Annotò «Il Secolo»: «l'on. Di Giorgio può discutere con cognizione di causa perché si trovò nella ritirata di Caporetto e seppe raccogliere intorno a sé un grosso numero di combattenti ritardando l'avanzata nemica poi arrestandola sul Grappa»: *Gli errori di Boselli*, «Il Secolo», 13 settembre 1919.

[75] AP, *Camera dei deputati*, legislatura XXIV, sessione I, *Discussioni*, tornata del 12 settembre 1919, p. 21066.

[76] *Ibid.*, tornata del 9 settembre 1919, p. 20941. «I rapporti fra Governo e Comando Supremo non furono quali dovevano essere», ammise anche «Il Secolo»: *Caporetto: il valore della verità*, ivi, 15 agosto 1919.

critico di Toscanelli[77]. Giacomo Ferri sostenne che all'Alta Corte non avrebbe dovuto

> essere inviato il solo Cadorna; ma con lui chi lo volle, chi lo esaltò, chi lo difese, chi anche dopo il disastro del Trentino, gli conservò in pugno l'armi della Patria, e così Salandra e con lui gli altri ministri, Sonnino [...] e Boselli e Orlando che lo conservarono fino a dopo il rovescio di Caporetto e al vilipendio successivo dell'esercito[78].

La tesi di un deferimento all'Alta Corte dei responsabili della guerra – che aveva diviso il gruppo parlamentare socialista[79] –, di Cadorna, di Salandra, era stata avanzata da «La Stampa» dopo la pubblicazione della Relazione della Commissione d'inchiesta:

> il giudice non può essere che l'Alta Corte di Giustizia, quando il governo non voglia la giustizia dei Commissari del popolo[80].

Anche coloro che non chiesero il deferimento all'Alta Corte di militari e di politici sottolinearono che le responsabilità non erano soltanto militari: «l'errore militare [aveva] coinciso con l'errore politico»; dovevano risponderne il Comando Supremo e Salandra, «del quale tace[va] a torto la Commissione», sottolineava Bentini[81].

Il governo, in particolare Salandra – sosteneva Di Giorgio – era il responsabile della condotta della guerra; aveva commesso «gravissimi errori»:

> occorreva insieme alla dichiarazione di neutralità fare la denunzia dell'alleanza [...], procedere immediatamente alla mobilitazione [...], esercitare sulla stampa e sulla opinione pubblica la necessaria influenza

[77] AP, *Camera dei deputati*, legislatura XXIV, sessione I, *Discussioni*, tornata del 10 settembre 1919, p. 20987.

[78] *Ibid.*, tornata dell'11 settembre 1919, p. 21025.

[79] *Prodromi di una battaglia. I socialisti e l'inchiesta*, «La Stampa», 4 settembre 1919. Nel PSI, secondo il quotidiano di Frassati, la richiesta di rinviare i responsabili della guerra all'Alta Corte era stata avanzata da Mazzoni, della corrente 'intransigente', ma respinta da Treves che ne aveva sostenuto la pericolosità.

[80] *Alta Corte di Giustizia*, «La Stampa», 13 agosto 1919.

[81] AP, *Camera dei deputati*, legislatura XXIV, sessione I, *Discussioni*, tornata dell'11 settembre 1919, p. 21035.

> perché prendesse prematuramente posizione [...]; spingere febbrilmente avanti gli armamenti, [invece] per gli apparecchi militari [...], nei dieci mesi della neutralità, non era stato speso neppure un miliardo[82].

Marazzi aveva sostenuto anche la necessità di un Comando unico e «l'azione concorde di un naviglio da guerra che dal mare sosten[esse] la destra italiana e le apr[isse] la via litoranea, agendo nel golfo di Trieste»; tesi assai diverse da quelle del Comando Supremo che non volle si parlasse «né di Comando unico, né di fronte unico»[83]. Avrebbe voluto anche che al posto di Cadorna, «fatale», fosse nominato non Diaz, ma Capello, da lui considerato l'unico «generale capace di mutare lo spirito delle truppe e le sorti della guerra»[84]. Marazzi condivideva la tesi di coloro che sostenevano che l'intervento dell'Italia «era stata una necessità fatale», ma sosteneva che la guerra avrebbe potuto «essere condotta con maggiore perizia e con sacrifici minori». La critica era rivolta al Governo che non aveva voluto né l'istituzione di Commissioni parlamentari – «che tanto bene [avevano fatto] in Francia» – né una Commissione d'inchiesta parlamentare[85]. Condivideva i giudizi della Relazione (ricordando i mezzi limitati di cui disponeva, senza i poteri dei giudici effettivi, con «un mandato molto angusto») sulle responsabilità militari:

> la colpa dello squarcio del Trentino – sosteneva – risale unicamente al Comando Supremo e non ad altri [...]; la rotta di Caporetto non poté essere infrenata al Tagliamento, perché quella linea era stata sguarnita nei primi mesi della guerra delle sue armi e non ne fu più reintegrata, onde si dovette improvvisare la resistenza alla Piave[86].

---

[82] *Ibid.*, tornata del 12 settembre 1919, p. 21062.

[83] F. Marazzi, *Per un "Direttorio Militare" e per un attacco unico*, «Il Giornale d'Italia», 29 gennaio 1917. Su queste posizioni, sostenute anche in altri giornali, in un ciclo di conferenze e in lettere a Bissolati, a Sonnino e ad Orlando: A. Saccoman, *Aristocrazia e politica nell'Italia liberale. Fortunato Marazzi militare e deputato (1851-1921)*, Milano 2000, pp. 344-349.

[84] *Ibid.*, p. 361 (per la citazione della l. di Marazzi a Orlando del 4 maggio 1918).

[85] AP, *Camera dei deputati*, legislatura XXIV, sessione I, *Discussioni*, tornata dell'11 settembre1919, p. 21016.

[86] *Ibid.*, p. 21017. Si veda pure l'intervento di Vinay: *ibid.*, tornata del 10 settembre 1919, p. 21000.

Marazzi riconosceva che negli anni precedenti l'Italia aveva raddoppiato il bilancio della guerra (nel 1914 rispetto all'inizio del secolo), ma tutte le forze erano state orientate «verso la battaglia difensiva e la battaglia di ponente; era impossibile potessero subitamente volgersi alla battaglia di levante e d'offesa»[87]. Giudicava pure negativamente il fatto che la denunzia del Trattato della Triplice Alleanza fosse stata fatta il 4 maggio e la dichiarazione di guerra soltanto il 24 maggio (le forze austriache erano diverse nelle due date: «la differenza delle forze vi dirà l'ampiezza dello sproposito commesso»)[88]. Durante la guerra poi – notava ancora criticamente –, i ministeri si erano disinteressati «della politica che si faceva a Udine e non si [erano] accor[ti] che là sorgeva un nuovo Governo, in contrasto con quello di Roma»[89]. Dopo la guerra si imponevano altri compiti: «rifare quasi tutte le leggi militari», riorganizzare armi e servizi, impegnarsi per una necessaria «restaurazione morale»[90].

Ma nel dibattito non vennero denunciati soltanto gli "errori militari", ma anche quelli politici, come sostenne Di Giorgio.

> La verità è che nessuno governò in Italia la guerra [...]. Il Parlamento era di fronte al Paese e di fronte al Governo paralizzato dal sospetto e dalle passioni di parte condannato all'impotenza, chiamato a dare periodicamente voti di fiducia tanto pletorici quanto insinceri [...].
> Tutte le nostre deficienze derivano da questo fattore[91].

Una denuncia era già stata avanzata dal socialista Giacomo Ferri: «per sventura d'Italia noi durante la guerra non avemmo chi governasse», aveva sostenuto[92].

Oltre alle denunce della mancanza di governo o, secondo altri, degli errori dei governi, nel dibattito venne posta anche la questione della trasformazione del ruolo del Parlamento «condannato all'impotenza;

---

87 *Ibid.*, tornata dell'11 settembre 1919, p. 21018.

88 *Ibid.*, p. 21019.

89 *Ibid.*, p. 21022. Di Giorgio sottolineava la differenza con il biennio 1911-1912 quando c'era stata «una soverchia inframmettenza del Governo nella condotta della guerra»; *ibid.*, tornata del 12 settembre 1919, p. 21063.

90 *Ibid.*, tornata dell'11 settembre 1919, pp. 21023-21024.

91 *Ibid.*, tornata del 12 settembre 1919, p. 21067.

92 *Ibid.*, tornata dell'11 settembre 1919, p. 21026.

fu scavato un abisso fra le due fazioni»[93]. Una valutazione che Giolitti aveva fatto durante la guerra: «Il Parlamento che non vota neppure più le imposte ed è tenuto al buio di tutto è per ora una semplice finzione legale», aveva scritto al sen. Senise alla fine del novembre 1916[94]. Due anni e mezzo dopo aveva ribadito che la Camera era «un corpo morto, bisogna[va] seppellirlo e dare la parola al paese»[95].

4. *Da Caporetto «è nato un gran bene…»*

Nei giudizi sul «rovescio di Caporetto» emersero anche valutazioni e indicazioni positive per il futuro, come aveva sostenuto Soderini fin dal primo giorno del dibattito parlamentare[96]. Il «rovescio di Caporetto» poteva essere considerato «perfino una fortuna se si considera[va] che [era valso] a dare al Paese, addormentato anch'esso nell'immobilità della guerra di posizione, il senso della grandezza del pericolo, a cementare l'anima della nazione nella volontà di vincere ad ogni costo!»[97]. Caporetto, certo, «un doloroso epilogo», aveva sostenuto anche Toscanelli, era, «nel tempo stesso, un magnifico prologo di vita nuova militare e politica, di unione»[98]. E Di Giorgio: «ora abbiamo ragione di essere fieri persino di Caporetto, se Caporetto fu il punto di partenza per l'ultimo slancio meraviglioso che abbatté il secolare nemico»[99]. Per Salvatore Orlando, Caporetto era stato «il ferro rovente» che aveva «sveglia[to] la coscienza del paese, di tutti i partiti, e allora solo si [era formata] quella concordia che ci [aveva portato] alla vittoria». Il paese non era però fuori pericolo «per i gravi debiti e la ridotta produzione». Si prospettava una «Caporetto economica»; in quella situazione non erano possibili nuovi scioperi; era necessario

---

[93] *Ibid.*, tornata del 12 settembre 1919, p. 21063.

[94] G. Natale, *Giolitti e gli italiani*, Milano 1949, p. 739.

[95] *Ibid.*, p. 741 (l. al sen. Senise del 25 giugno 1919).

[96] Sul cattolico deputato Edoardo Soderini: G. Formigoni, *I cattolici deputati (1904-1918). Tradizione e riforme*, Roma 1988, *ad indicem*.

[97] AP, *Camera dei deputati*, legislatura XXIV, sessione I, *Discussioni*, tornata del 9 settembre 1919, p. 20938, per l'intervento di Luciani.

[98] *Ibid.*, tornata del 10 settembre 1919, p. 20984.

[99] *Ibid.*, tornata del 12 settembre 1919, pp. 21070-21071.

che «il pensiero della patria racco[gliesse] di nuovo intorno a sé tutte le forze».

> Non è possibile che si metta in pericolo, col tagliare quasi le comunicazioni postelegrafoniche, la stessa vita civile del paese [...], che si esprima il proponimento, dal principale porto d'Italia, di respingere le navi cariche di quel carbone cercato con tanta difficoltà e a caro prezzo [...]. Noi dobbiamo prevenire questa Caporetto economica se vogliamo salvare il paese[100].

Quello che si imponeva – aveva sostenuto Cotugno – era «di difendere la vittoria e con essa il patrimonio morale così gloriosamente conquistato e che ci [avrebbe] perme[sso], salvandoci dal disfattismo e dall'anarchia, di mirare con fede al nostro avvenire»[101].

Caporetto trovava «la sua spiegazione – per Gasparotto – in un "concorso di cause"»:

> errori di capi; inerzia e incapacità di comandi; propaganda demolitrice delle ragioni di guerra e dei diritti della patria sui cittadini; disinteresse del paese; non giusta ripartizione dei rischi di guerra[102].

Toscanelli sottolineava che «tutti do[vevano] riconoscere che il partito cattolico [aveva] cooperato come meglio poteva (e non meno degli altri partiti) al mantenimento della concordia nazionale» e che il Partito Socialista non aveva tutte le responsabilità che gli erano state addebitate: «durante la guerra non si [era] avuto un solo sciopero generale»[103]. Altre erano le cause di Caporetto:

> stanchezza fisica, comando politicante e Codice inapplicabile, rappresenta[va]no le cause morali del disastro di Caporetto[104].

E anche chi, come Di Giorgio, aveva ricordato le responsabilità del disfattismo, aveva sottolineato che Caporetto era stato «della guerra un

---

[100] *Ibid.*, tornata dell'11 settembre 1919, pp. 21032-21033.
[101] *Ibid.*, tornata del 9 settembre 1919, p. 20946.
[102] *Ibid.*, tornata del 10 settembre 1919, p. 20994.
[103] *Ibid.*, p. 20985
[104] *Ibid.*, p. 20988.

episodio, un episodio grande, angoscioso, nefasto, ma un episodio» e che era

> il risultato delle colpe e degli errori di tutti, e tutti ne fummo più o meno colpevoli: comando supremo, alta e bassa gerarchia, truppe, governo, popolo[105].

Giuseppe Emanuele Modigliani non aveva esitato a ricordare in una precedente seduta che fino a poco tempo prima era prevalsa un'opinione opposta[106].

> Si era formata un'opinione artificiosa che i disfattisti fossero tutti da una certa parte e i patrioti e i fautori della vittoria dall'altra.

Coloro che avevano voluto l'Inchiesta – «non domandata dal Partito socialista», ripeteva Merloni – avevano pensato di potersene servire «come di una bomba contro di esso. Ora, i risultati dell'Inchiesta stanno a dimostrare l'inanità, il fallimento di questo conato [...]. E la rotta di Caporetto è apparsa semplicemente, luminosamente, la conseguenza degli spropositi, degli errori, delle colpe, e dirò anche dei delitti del militarismo»[107].

> L'inchiesta ha dimostrato che anche la diserzione, non suscitata dalla propaganda socialista, è il prodotto di fattori militari, è derivata dallo sgoverno dei soldati, dallo sciupío umano che si è fatto della loro vita [...], dalle fucilazioni, dalle decimazioni[108].

Ma «a cosa conduce questa discussione?» , aveva chiesto Vinaj. «Ad un collocamento a riposo per ragioni di età? È troppo poco»[109].

L'ultimo giorno del dibattito rimase senza alcun esito la proposta del radicale Pala di nominare una Commissione parlamentare di 20 membri da eleggersi per metà dai due rami del Parlamento, che avrebbe dovuto riferire oltre il termine della «imminente legislatura, con più ampi poteri del giudice istruttore, compreso quello di esonerare dal

---

105 *Ibid.*, tornata del 12 settembre 1919, p. 21070.

106 *Ibid.*, tornata del 6 settembre 1919, p. 20893.

107 *Ibid.*, tornata del 13 settembre 1919, p. 21104.

108 *Ibid.*, p. 21105.

109 *Ibid.*, tornata del 10 settembre 1919, p. 21001.

segreto d'ufficio»[110]. Senza esito rimase pure la proposta del socialista Merloni di una inchiesta parlamentare «sui metodi e sui provvedimenti politici-diplomatici-militari-economici che determinarono o informarono l'azione – sin qui incontrollata – dei governi italiani», da affidare ad una Commissione nella quale fossero presenti «rappresentanti dei combattenti, delle organizzazioni operaie e delle madri dei caduti»[111].

Proposte non accolte da Nitti: l'intervento in guerra era stato «fatale e necessario»[112], la vittoria aveva «sanato tutto».

> Che errori di uomini vi siano stati, che colpe vi siano state, oserei dire che è indifferente alla nazione. Accerteremo le responsabilità, ma constatiamo che l'impresa è riuscita [...]. La verità è che abbiamo vinto e che la vittoria ha sanato tutto [...]. Varie sono le formule della morale, ma la morale del mondo in fondo è una sola: chi vince ha ragione [...].
>
> Caporetto, sì, è stata una grande sventura, ma è stata anche la nostra salvezza.
>
> Un paese non può vivere del suo passato[113].

Alla fine del dibattito vennero presentati diciassette ordini del giorno. Furono tutti ritirati. Significativa fu la vicenda di quello firmato da Gasparotto e da altri per incarico di Nitti, appoggiato da tutto lo schieramento interventista, e poi ritirato su richiesta dello stesso Presidente del Consiglio, data l'indisponibilità di Giolitti ad appoggiarlo[114]. Il fatto «costituiva un rovesciamento di posizioni rispetto anche soltanto all'inizio di agosto», sanciva «il superamento della frattura tra neutralisti ed interventisti e l'isolamento dei socialisti, rimasti gli unici a votare contro»[115].

---

[110] *Ibid.*, tornata del 13 settembre 1919, p. 21101.

[111] *Ibid.*, p. 21104.

[112] *Ibid.*, p. 21118.

[113] *Ibid.* pp. 21115-21120 (citazioni dalle pp. 21115, 21117, 21119).

[114] *Verso l'equivoco?* «La Stampa», 10 settembre 1919. L'ordine del giorno era stato concordato con Nitti e sottoscritto da 72 deputati, fra i quali Luzzatti, Barzilai, Salandra, Alessio, Riccio, Colonna di Cesarò, Daneo. Giolitti dichiarò a Nitti «che avrebbe votato di buon grado l'ordine del giorno Gasparotto se esso non avesse portato, fra le altre, la firma di Salandra». Ne fu così presentato un altro da Luciani che riprodusse «succintamente» quello di Gasparotto: L. Gasparotto, *Diario di un deputato. Cinquant'anni di vita politica italiana*, Milano 1945, pp. 125-127.

[115] Rochat, *L'esercito italiano da Vittorio Veneto*, p. 69.

La votazione si svolse così sull'ordine del giorno Luciani, accettato dal Governo[116], nella seduta del 13 settembre, mentre si diffondevano notizie e commenti sull'occupazione di Fiume da parte di D'Annunzio e dei suoi legionari, in un clima di grande tensione. Turati annunciò il voto contrario dei socialisti, ma precisando che si associavano «al sentimento di affetto verso l'esercito, verso i nostri fratelli che hanno combattuto e che hanno sofferto»[117].

> Salutando i soldati d'Italia, la futura nazione armata del proletariato, noi pensiamo ad un esercito nuovo, che sarà contro la guerra, che sarà contro tutte le ignominie del regime borghese; che sarà l'esercito sacro del socialismo![118].

Su 257 presenti – fra questi non Giolitti[119], non Orlando[120], non Sonnino – 212 votarono a favore della prima parte dell'ordine del giorno Luciani, che approvava le dichiarazioni del governo; 28 contro (i socialisti); 17 si astennero (coloro che avevano fatto parte dei governi precedenti). La seconda parte, di plauso all'esercito, venne approvata per alzata e seduta[121].

> Governo e Camera, di pieno accordo – annotò «Il Dovere» – hanno calcato la lastra sepolcrale sulla famosa inchiesta. Amen! Ancora una volta la politica ha sanzionato la più assoluta irresponsabilità di chi sta in alto[122].

---

[116] AP, *Camera dei deputati*, legislatura XXIV, sessione I, *Discussioni*, tornata del 13 settembre 1919, pp. 21121-21122.

[117] *Ibid.*, tornata del 13 settembre 1919, p. 21123.

[118] *Ibid.*, pp. 21123-21124.

[119] «Trovo giuste le tue considerazioni sulle difficoltà dell'attuale situazione parlamentare e, poiché credi così, è forse opportuno non partecipare ad essa», aveva scritto Nitti a Giolitti prima dell'inizio del dibattito sull'Inchiesta: *Dalle carte di Giovanni Giolitti. Quarant'anni di vita politica, 3, Dai prodromi della grande guerra al fascismo 1910-1928*, a cura di C. PAVONE, Milano 1962, l. del 4 settembre 1919.

[120] V.E. Orlando non aveva partecipato né alla votazione sull'esercizio provvisorio né alla discussione sulla nuova legge elettorale: F. GRASSI ORSINI, *Orlando, profilo dell'uomo politico e dello statista: la fortuna e la virtù*, in V.E. ORLANDO, *Discorsi parlamentari*, Bologna 2002, p. 93.

[121] AP, *Camera dei deputati*, legislatura XXIV, sessione I, *Discussioni*, tornata del 13 settembre 1919, pp. 21124-21125.

[122] *La pietra leggera*, «Il Dovere», 18-19 settembre 1919.

Ma, sostenne Merloni per i socialisti: «la questione non si esaurisce qui dentro [...]. Ora l'inchiesta ha iniziato il lavoro che il partito socialista continuerà»[123]. I temi della guerra e dell'Inchiesta tornarono infatti, alcune settimane dopo, nella campagna elettorale.

Nella discussione si erano intrecciati fili di continuità e di rottura. Si erano riprodotti i contrasti fra interventisti e neutralisti, ma senza la prospettiva che quelle divisioni potessero contribuire a formare un fronte. Gli interventisti erano divisi dai giudizi sulla gestione della guerra, sulla responsabilità di Cadorna, sulle scelte e sulle posizioni delle classi dirigenti e in particolare dei governi durante il conflitto; dalla diversità di valutazioni su Caporetto, dai contrasti sulla questione adriatica. Netta era inoltre la dissociazione di alcune componenti dell'interventismo dagli esponenti che erano stati alla guida del paese.

Profondamente diviso era anche lo schieramento neutralista: i giolittiani erano usciti dall'isolamento, ma rimanevano nettamente distinti dai popolari «che desideravano solo accelerare l'avvento del loro nuovo partito senza comprometterlo in dispute sul passato»[124]. Isolati si mantenevano i socialisti, attestati su posizioni intransigenti e rivoluzionarie. Il PSI usciva, comunque, rafforzato dalla guerra e dal dibattito sull'Inchiesta su Caporetto: era rimasta senza esito la richiesta di scioglimento presentata dal Comando Supremo al governo[125]; era superata l'accusa della «minaccia disfattista» di aver sabotato la guerra. La gravità e l'urgenza dei problemi economici e sociali esasperati dal conflitto, inoltre, non favoriva la classe dirigente, semmai i socialisti. «La guerra – aveva scritto l'"Avanti!"– [aveva] aggravato talmente la situazione economica, sparso una tal somma di lutti e di miserie [...], messo a nudo tante ingiustizie, tante immoralità, che il proletariato [...] sente che la sua ora è alfine suonata»[126].

I giorni successivi al dibattito sull'Inchiesta furono tuttavia dominati dall'impresa fiumana, dalle riflessioni e dai dibattiti sulle sue conse-

---

[123] AP, *Camera dei deputati*, legislatura XXIV, sessione I, *Discussioni*, tornata del 13 settembre 1919, p. 21107.

[124] Rochat, *L'esercito italiano da Vittorio Veneto*, p. 66.

[125] AP, *Camera dei deputati*, legislatura XXIV, sessione I, *Discussioni*, tornata del 13 settembre 1919, p. 21106 (intervento di Merloni).

[126] Anando, *Vittoria e difesa del socialismo*, «Avanti!», 20-22 luglio 1919.

guenze[127]. Data la gravità della situazione, il Re convocò, su richiesta del ministro degli Esteri, Tittoni, il 25 settembre, il Consiglio della Corona, «parola e cosa ignota allo Statuto e alle nostre tradizioni costituzionali, che non esiste[va] più di fatto neppure in Inghilterra, che non [era stato] convocato mai, neppure per dichiarare la guerra»[128]. La convocazione attestava, secondo Turati, «una crisi molto superiore a quella di Gabinetto, una vera crisi di Stato»[129].

Il governo otteneva poi alla Camera, il 28 settembre, un voto di fiducia, ma con una maggioranza significativamente ridotta rispetto a quella che l'aveva sostenuto fino ad allora[130]. Finiva la più lunga legislatura del Regno[131]; iniziava una campagna elettorale nella quale «i disfattisti» erano riusciti «a rendere ineluttabili le elezioni su una piattaforma di politica estera e di guerra»[132], sostanzialmente non limitata dal rista-

---

[127] «Molta gente – scrisse Mussolini – spasima per non poter andare a Fiume, ma io mi domando: non c'è dunque più nessuno che conosca la strada per Roma?»: B.M., *Francesco Giuseppe Nitti: il ministro della fogna*, «Il Popolo d'Italia», 2 ottobre 1919. Filippo Turati aveva scritto della Kuliscioff, il 22 settembre: «Tutti sentono che il carro dello Stato naviga su un vulcano, per usare la frase grottesca leggendaria, e il *boulangismo* da una parte e il *bolscevismo* dall'altra stanno in agguato»: Turati-Kuliscioff, *Carteggio*, V, p. 227.

[128] *Ibid.*, pp. 224-225, 235. Al Consiglio della Corona, parteciparono oltre a Nitti e a Tittoni gli ex Presidenti del Consiglio – ma non Sonnino –, i ministri militari, i capi dei vari gruppi politici – ma non Colajanni e Turati –.

[129] *Ibid.*, p. 225.

[130] AP, *Camera dei deputati*, legislatura XXIV, sessione I, *Discussioni*, tornata del 28 settembre 1919, pp. 21426-21430. La prima parte dell'ordine del giorno L. Bianchi, accettato dal Governo (che riaffermava l'italianità di Fiume), venne approvata per alzata e seduta. Nella votazione nominale della 2ª parte («confidando nell'opera del governo, passa all'ordine del giorno») i *sì* furono 208, i *no* 148 (fra questi Daneo, Gasparotto, Luzzatti, Salandra), 10 gli astenuti. Per il riferimento di Nitti al «distacco di alcuni amici a cui il Governo molto [teneva]»: *ibid.*, p. 21430.

[131] La Camera venne sciolta il 29 settembre 1919.

[132] Cfr. «Corriere della Sera», 3 ottobre 1919. Sulle elezioni per la XXV legislatura del 16 novembre 1919: P.L. Ballini, *Le elezioni nella storia d'Italia dall'Unità al fascismo*, Bologna 1988, pp. 179-195; Id., *La questione elettorale nella storia d'Italia. Da Salandra a Mussolini (1914-1928)*, Roma 2011, pp. 56-67; S. Noiret, *La nascita del sistema dei partiti nell'Italia contemporanea: la proporzionale del 1919*, Manduria-Bari-Roma 1994, pp. 169-200; A. Baravelli, *Guerra, politica ed emozioni: l'uso del ricordo della guerra in occasione delle elezioni politiche del novembre 1919 (i casi di Francia e Italia)*, «Ricerche di storia politica», 3 (2001), pp. 311-339; Id., *La vittoria smarrita. Legittimità e rappresentazioni della Grande guerra nella crisi del sistema liberale (1919-1924)*, Roma 2006.

bilimento della censura[133]. Le elezioni smentirono le previsioni di Nitti («saranno un trionfo dei partiti dell'ordine e avremo non più di sessanta socialisti di cui la metà riformisti disposti a partecipare al governo. I repubblicani spariranno o quasi. I cattolici verranno piuttosto numerosi, forse cinquanta, ma sono sinceramente conservatori, monarchici, fedeli seguaci del Ministero di cui Nava fa parte»)[134]: le liste del PSI e del PPI ottennero il 52,8% dei voti e 256 deputati (156 socialisti, 100 popolari) sui 508 che ne contava allora la Camera; per i liberali fu una «Caporetto elettorale»[135].

---

[133] Cfr. «Gazzetta Ufficiale», 4 ottobre 1919, per il R.D. che richiamava in vigore le norme delle sanzioni stabilite negli artt. 3, 4, 5, 6 e 7 del decreto 23 maggio 1915, n. 657. Nitti fu indotto a prendere questa decisione dalla vicenda fiumana e, probabilmente, anche per limitare la campagna elettorale sul tema della «politica di guerra», sulle accuse all'esercito e sulla «svalutazione della vittoria»: A. Giobbio, *L'«Avanti!» 1919-1926*, in *1919-1925: Dopoguerra e fascismo*, pp. 628-629.

[134] P. Alatri, *Nitti, D'Annunzio e la questione adriatica:1919-1920*, Milano 1959, p. 179 (per la l. a Tittoni del 5 settembre 1919).

[135] In questi termini L. Becherucci, *Il Caporetto della borghesia*, «Il Telegrafo», 19 novembre 1919. Di «Caporetto elettorale» scrissero anche «La Perseveranza», 19 novembre 1919, e la «Civiltà Cattolica», IV (1919), p. 413.

Mario Isnenghi

CAPORETTO, L'INDOTTO*

Imbrigliato da una parte, l'*immaginario* torna a premere e farsi largo dall'altra. Caporetto non è semplicemente una sconfitta – né basta ad intenderla dilatarne le proporzioni e riconoscerla come grande e grave sconfitta: dire *disfatta* aiuta, ma non risolve. Caporetto è l'indotto e la sovradeterminazione di quella sconfitta. I suoi ipotetici *prima* e i suoi mal decifrabili *dopo,* che balzano prepotentemente in vista *durante*: nelle tumultuose, improvvisate, assertive *fake-news,* dei giorni di ottobre-novembre 1917, quando nulla di veridico e comprovato si può sapere, i fatti sono ignoti, la stampa sa poco più dei privati e deve comunque sottostare all'obbligo del silenzio o delle 'verità' pilotate; e la fantasia si sbriglia, il bisogno di narrare e autonarrarsi incalza. *Così è, se vi pare* – come nel dramma coevo, straordinariamente *ad hoc*, di Pirandello.

Abbiamo invocato a lungo gli storici militari garanti accreditati dei fatti e delle cifre, che ci dessero cognizione del vero: semplicemente... l'avvenuto. Se sì, se no, se quando, se dove: quale generale ha commesso quale errore di comando? Quali reparti hanno gettato le armi? Quali ordini, quali mancati ordini, quali ritardi? E via così, circostanze specifiche e concrete, con la mappa di tutto questo, sul filo dei giorni e delle ore. Il responso c'è da tempo: non ci fu *tradimento*, volontà collettiva, atto deliberato. Non ci fu *rivoluzione*, né *rivolta* e neppure *sciopero militare* (in senso attivo e organizzato, anche se le riforme di Orlando e Diaz nel 1918 potrebbero – viene da osservare – considerarsi misure di contenimento e di risposta a un movimento di massa percepito come tale e che, senza questa percezione in chiave di dialettica 'sindacale' e di *do-ut-des*,

---

* N.d.R. Alla conclusione dei lavori del convegno si è svolto un dialogo tra Ernesto Galli della Loggia, professore emerito dell'Istituto Italiano di Scienze Umane, e Mario Isnenghi, professore emerito dell'Università Ca' Foscari di Venezia. Si pubblica di seguito il testo pervenutoci.

non ci sarebbero state). Ma centinaia di migliaia di sbandati, di prigionieri, di fucili gettati, quelli sì, ci furono. Perché ci furono? Ci furono – altra cosa assodata – come effetto e non come causa di un processo disgregativo. Rotta la catena del comando, allora sì, si liberano bisogni , si decomprime e affiora ciò che non è più contenuto. Restaurata la capacità di comando, sfuma il sogno aurorale del 'tutti a casa', si esaurisce il 'Carnevale' e si restaurano l'ordine e la disciplina.

Ma, a questo punto, siamo già in zona-indotto di Caporetto, tra pregiudizi, illazioni e fantasmi.

Sono gli stessi storici militari, e non solo loro, a raccomandare di non fidarci dei 'lieto fine', nell'uscire dall'anniversario di Caporetto ed avviarci verso quello di Vittorio Veneto. Il discorso pubblico su se stessi che Caporetto rigenera da cent'anni è destinato a continuare: nessuno potrebbe con sicurezza dire – a fine 2017 e inizio 2018 – quanto della sindrome di Caporetto come rivelazione portandosi nei prossimi mesi dietro, a *mutilare* ancora, cento anni dopo, anche in sede di anniversario, la vittoria. Come del resto comincia a fare subito Giuseppe Prezzolini – prossimo teorico degli *apoti*, quelli che non la bevono – nei suoi *instant-book* del 1917-19, riducendo la portata della battaglia di Vittorio Veneto: bel paradosso, visto che ora è proprio lui l'esplicito o implicito bersaglio per avere divulgato il canone della redenzione, enfatizzando la capacità di pentimento e di ripresa dopo la colpa e la caduta. Solo la sconfitta militare in senso stretto può, in effetti, trovare pronto e irrevocabile compenso nella vittoria finale. *Chi ha avuto ha avuto...* La sconfitta quella sì, e anche la disfatta; ma l'indotto – cioè gli interrogativi, i fantasmi, la reciproca messa in stato di accusa fra borghesia e proletariato, militari e politici, ex-interventisti ed ex-neutralisti, liberali e socialisti, Classe e Nazione, Governo e Parlamento, Stato e Chiesa, e via risalendo nella storia e nelle responsabilità dei diversi attori sociali – quello non si cancella perché si è vinto. Si è vinto il nemico esterno – e non era né è ora il caso di sminuire un dato di fatto di tali proporzioni, esito conclusivo tutt'altro che assicurato un anno prima – , ma tutto il resto rimane un conto aperto.

E poi non è solo questo, cioè i nodi del dopoguerra. L'anniversario ha riaperto porte e finestre all'immaginario anche e proprio per via storiografica, assumendo e privilegiando fonti che sembrano fatte apposta, non finalmente per oggettivare, ma per tornare a moltiplicare la sfuggente pluralità di una Caporetto in soggettiva. Tutto il convegno di Venezia vi ha fatto riferimento: il migliaio e più di testimoni scelti e fatti parlare dalla Commissione di inchiesta fra 1918 e '19, con approssimazioni progressive a testi finali rimessi a fuoco e verbalizzati con una negoziazione di fatti e di parole, un prisma in cui entrano in gioco visioni, interessi, relazioni, mediazioni, calcolo degli effetti ecc. È proprio vero: un archivio straordinario, ma di soggettività e di voci interessate, in una vociferazione dell'appena *dopo*, che continua, in nuove forme, i sussurri e le grida di Caporetto *durante*.

L'altra grande fonte – individuale e collettiva – che viene giustamente oggi e ci si sollecita a mettere sempre più a frutto, sono le circa 16.000 relazioni di ufficiali ex-prigionieri. Splendido fondo d'archivio, certo, nell'ordine delle soggettività finalmente messe in grado di esprimersi; e molto in fase con *l'era del testimone* e il *paradigma vittimario*: i sospetti *disertori*, i *vinti di Caporetto* prendono la parola, il racconto collettivo si infoltisce e si anima, nella guerra anonima riprendono volto e nome persone. Sennonché le domande poste da chi ha avuto il merito di scoprire e valorizzare la fonte sono orientate a estrapolarne una volontà diffusa di resistenza anche all'interno della II Armata, una moltitudine di scontri di reparto, e anche di vere e proprie battaglie, che punteggiano la rottura del fronte dell'Isonzo e la rendono assai meno *rotta* di quanto, da sempre, non si vada dicendo.

Le *battaglie dei capitani* ci saranno o non ci saranno, numerose e di rilievo; quella che c'è di certo è una nuova battaglia identitaria, per le autorappresentazioni del popolo italiano, chiamato a non pensar male di sé. Indotto, anche questo, da effusioni e colate laviche di un cratere che non si è mai veramente chiuso.

RIASSUNTI – ABSTRACTS

Nicola Labanca, *Il passato e il futuro di Caporetto*

Alla fine del Centenario della prima guerra mondiale in Italia, il saggio mira a fornire un bilancio storiografico di quanto è stato fatto (e non fatto) nel campo della storiografia italiana relativamente a Caporetto. Viste le dimensioni dell'evento, che non si consiglia di ridimensionare, sono identificate otto aree tematiche: 1.La definizione; 2. L'alta politica; 3. La demografia; 4. La storia militare; 5. Società, classi sociali, comportamenti sociali e società civile; 6. Cultura, culture, discorsi, propaganda; 7. Lo scontro politico; 8. Eredità e memorie. Caporetto non è infatti comprensibile solo in termini militari, di battaglia: e la comprensione delle ragioni del pur solo scontro militare chiama in causa questioni generali della storia della guerra da una prospettiva non solamente militare. su questa base il saggio prova a tirare alcune prime conclusioni generali non solo su Caporetto ma su quale apporto ha dato il Centenario, come evento mediatico e come suscitatore di studi storici.

The past and future of Caporetto

At the end of the centenary of World War I in Italy, the essay aims to provide a historiographic review of what has been done (and not done) in the field of Italian historiography relating to Caporetto. Given the dimensions of the event, that the article suggests not be underrated, eight thematic areas are identified: 1. Definition; 2. High politics; 3. Demography; 4. The military dimension; 5. Society, social classes, social behaviours and civil society; 6. Culture, cultures, discourses, propaganda; 7. Political confrontations; 8. Legacy and memories. Caporetto cannot be understood only in military or battle terms, and understanding the reasons of the military clash alone involves general questions of the history of the war and from a not only military perspective. On this basis the essay aims at drawing some first general conclusions not only on Caporetto as historical event but on what contribution was given by the Centenary as media event and inspirer of historical writings.

M. Christian Ortner, *Caporetto: Comments on the Twelfth Battle of the Isonzo*

The twelfth battle of the Isonzo, the «Miracle of Kobarid», the breakthrough at Bovec-Tolmin, or simply just, «Caporetto», is viewed as an offensive operation undertaken by German and Austro-Hungarian troops in October 1917 on the Austro-Hungarian southwestern front, the southeast section of the Isonzo region. The offensive was originally planned to be a restricted action, designed only to quell a military crisis in the region, but throughout its course grew to become a very successful and significant breakthrough operation in the phase of «linear» trench warfare. The attack was initiated on the 24th of October 1917 and, according to chronological data from general reports, the decision to terminate the offensive ultimately followed on the 3rd of December. Based on the official numbers, which could vary, depending on Austrian or Italian portrayal, the success of the battle seemed impressive. One Italian army was annihilated to a large extent and another was considerably weakened. But nevertheless, the «breakthrough at Bovec-Tolmin» and even more the pursuit toward the Piave and the fact that the river was not crossed, would lead to the most intense discussions during the interwar period. Most of the debated and disputed aspects of these discussions were ultimately concerned with what is, more or less, the central question: could the ramifications of the battle, from a territorial, material, as well as political perspective, have been significantly increased due to military judgements, decisions, and implementations, modified arrangement of forces, improved preparation, etc. The newer historiography, however, shows a stronger judgement of the civil and political circumstances, as well as their respective consequences, for the autumn offensive against Italy. Especially in regards to the collapse of the Danube Monarchy in the November of 1918. As an example, connections between the deployment of the reinforcing troops creating a civil transportation and energy crises (coal shortage) – because it tied up the Austrian-Hungarian railway resources needed for food transportation – and the consequent need to care for hundred thousand prisoners of war, in combination with the food shortage of the winter of 1917/18, could be proven without a doubt.

Caporetto: commenti sulla dodicesima battaglia dell'Isonzo

La dodicesima battaglia dell'Isonzo, il «Miracolo di Kobarid», la svolta a Bovec-Tolmin, o semplicemente «Caporetto», è vista come un'operazione offensiva intrapresa dalle truppe tedesche e austro-ungariche nell'ottobre del 1917 sul fronte sudoccidentale austro-ungarico, la parte sudorientale della regione dell'Isonzo. L'offensiva era originariamente progettata come azione limitata, pensata solo per sedare una crisi militare nella regione, ma durante l'intero suo corso è diventata un'operazione di grande successo e significativa nella fase della guerra di trincea «lineare». L'attacco fu avviato il 24 ottobre 1917 e, in base ai dati cronologici dei rapporti generali, la decisione di porre fine all'offensiva alla fine seguì il 3 dicembre. Sulla base dei numeri ufficiali, che potrebbero variare, a seconda del ritratto austriaco o italiano, il successo della battaglia è sembrato impressionante. Un esercito italiano fu annientato in larga misura e un altro fu considerevolmente indebolito. Ciononostante, lo «sfondamento di Bovec-Tolmin» e ancor più l'inseguimento verso il Piave e il fatto che il fiume non fosse attraversato, avrebbero portato alle più accese discussioni nel periodo tra le due guerre mondiali. La maggior parte degli aspetti dibattuti e controversi di queste discussioni si sono occupati in definitiva di ciò che è, più o meno, la questione centrale: le conseguenze della battaglia, da una prospettiva territoriale, materiale e politica, sono state significativamente aumentate a causa di giudizi militari, decisioni e implementazioni, disposizione delle forze modificate, preparazione migliorata, ecc. La nuova storiografia, tuttavia, mostra un giudizio più forte delle circostanze civili e politiche, nonché le loro rispettive conseguenze, per l'offensiva autunnale contro l'Italia. Soprattutto per quanto riguarda il crollo della monarchia del Danubio nel novembre del 1918. Come esempio, i collegamenti tra lo spiegamento delle truppe di rinforzo, che creano un trasporto civile, e le crisi energetiche (carenza di carbone) – poiché ciò è legato alle risorse ferroviarie austro-ungariche necessarie per il trasporto di generi alimentari – e la conseguente necessità di curare centinaia di migliaia di prigionieri di guerra, in combinazione con la scarsità di cibo dell'inverno 1917-1918, potrebbero senza dubbio essere provati.

Daniele Ceschin, *La sconfitta come carattere nazionale: Custoza e Lissa, Dogali e Adua, Caporetto.*

La parola Caporetto evoca non solo la disfatta militare dell'ottobre 1917, ma richiama le altre cocenti sconfitte dell'Italia postunitaria: Custoza, Lissa, Dogali, Adua, solo per citare quelle più rilevanti. Ognuna di queste costituisce un tornante per la classe dirigente italiana e il motivo per confermare – e mettere in discussione – il carattere nazionale e, in fin dei conti, il valore militare dei nostri soldati, spesso accusati di viltà e di non sapersi battere. In questo senso, giudizi pubblici e riflessioni private affidati a diari, memorie e lettere, si sovrappongono fino a coincidere. 1866, 1887, 1896 e 1917: date sinistre che entrano nell'immaginario collettivo e nella memoria pubblica come simboli di disfatte irreparabili che hanno segnato in maniera inequivocabile la nostra identità di nazione.

Defeat as national character: Custoza and Lissa, Dogali and Adua, Caporetto

The word Caporetto not only evokes the military defeat of October 1917, but recalls the other blistering defeats of post-unification Italy: Custoza, Lissa, Dogali and Adua, to cite only the most important. Each of these was a turning point for the Italian ruling class and a reason for confirming – and questioning – the national character and, in conclusion, the military valour of our soldiers, often accused of cowardice and not knowing how to fight. In this sense, public opinion and private reflections entrusted to diaries, memoirs and letters overlap to the point of coinciding. 1866, 1887, 1896 and 1917: ominous dates that entered the collective imagination and public memory as symbols of irreparable defeats that unequivocally marked our identity as a nation.

Gian Piero Brunetta, *Effetto Caporetto*

Nel cinema italiano non esiste memoria cinematografica di Caporetto. Partendo da un drammatico frammento di pochi minuti di provenienza austro-ungarica, costruito all'insegna del disprezzo e dell'irrisione nei confronti degli italiani 'disertori' e confrontandolo con materiali cinematografici provenienti da archivi russi, francesi, inglesi, americani, la relazione intende documentare e connettere i diversi modi di rappresentazione del fronte di guerra e delle retrovie nelle settimane della disfatta di Caporetto. E riconoscere alla propaganda cinematografica un ruolo decisivo di trasmissione, nei mesi successivi a Caporetto, del senso di unità ritrovata in un paese che ha ricevuto dalla sconfitta una potente spinta e capacità immediata di reazione industriale, militare e morale, premessa necessaria alla vittoria finale.

Caporetto effect

There is no cinematographic memory of Caporetto in Italian cinema. Starting from a brief, dramatic fragment of Austro-Hungarian origin, constructed to mock and jeer at the Italian 'deserters', and comparing this with cinematographic materials from Russian, French, English and American archives, the paper intends documenting and connecting the different ways in which the war front and the back lines during the weeks of the Caporetto defeat were represented. And film propaganda is recognised as having had a decisive role in transmitting, in the months after Caporetto, the sense of rediscovered unity in a country that received from the defeat a powerful thrust and immediate capacity for industrial, military and moral reaction, the necessary premiss for the final victory.

Valeria Mogavero, *Un* network *nella Grande Guerra: gentildonne, ufficiali e intellettuali a palazzo Papafava*

Tra l'ottobre del 1917 e il novembre del 1918, Padova, «capitale della guerra», non è solo la città del Comando Supremo e delle missioni militari alleate, il capolinea di una robusta rete di istituzioni e funzioni di retrovia, ma anche il luogo suggestivo di alcune trincee 'civiche'. Il caso di studio che il contributo propone riguarda la famiglia Papafava, nel cui palazzo padovano di via Marsala affluivano, fin dall'inizio della Grande Guerra, accanto a principi sabaudi con funzioni di comando di unità combattenti, uomini di cultura come Salvemini, Prezzolini, Morra di Lavriano, Zanotti Bianchi, Amendola, Gallarati Scotti, Jacini, Visconti Venosta, Ferruccio Parri e il gruppo dei fondatori del giornale di trincea «Volontà», non a caso definito da Leo Valiani «un incunabolo del partito d'Azione».

A network in the Great War: gentlemen, officers and intellectuals in the Papafava palace

Between October 1917 and November 1918, Padua, "capital city" of the Great War, is not only the residence of the Supreme Command and of the Allied Military Missions, that is the leading terminal of a robust network of institutions and functions of the rear, but also the suggestive place of some 'civic' trenches. The case study that the contribution proposes concerns the Papafavas, in whose Paduan palace in Via Marsala flowed, from the beginning of the Great War, alongside the Savoy princes with command functions of fighting units, intellectuals such as Salvemini, Prezzolini, Morra di Lavriano, Zanotti Bianchi, Amendola, Gallarati Scotti, Jacini, Visconti Venosta, Ferruccio Parri, as well as the group of founders of the trench newspaper «Volontà», not by chance defined by Leo Valiani «an incunabulum of the Action party».

Augusta Molinari, *La mobilitazione femminile dopo Caporetto tra assistenza e propaganda*

Il saggio presenta un quadro del volontariato femminile mobilitato nell'assistenza civile e analizza gli effetti dell'evento Caporetto nel ridefinirne ideali e pratiche. Vengono presi in esame due esperienze significative dei diversi comportamenti tenuti da associazioni femminili impegnate nella mobilitazione: l'Unione Femminile Nazionale, associazione femminista attiva soprattutto a Milano, dopo Caporetto, passa da un assistenzialismo basato su ideali di pacifismo a un impegno di tipo nazionalista nella propaganda; l'Ufficio per le Notizie alle famiglie dei militari di terra e di mare, invece, accentua il suo impegno assistenziale cercando di dare risposte, tramite la corrispondenza, al dubbio della morte che affligge le famiglie dei combattenti.

The female mobilization after Caporetto between assistance and propaganda

The essay presents a portrait of female volunteering mobilized in the civil assistance and analyses the effects of Caporetto in redefining ideals and practices. We examine two significant experiences of different behaviours held by female associations engaged in the mobilisation: the *Unione Femminile Nazionale*, a feminist association active in Milan that, after Caporetto, moves from an assistance based on the ideals of pacifism to a nationalistic one centred on propaganda; the *Ufficio per le Notizie alle famiglie dei militari* of land and sea that, instead, after Caporetto, increases its aid in searching for answers through mail to the doubt of death that the family of the soldiers suffer from.

Filiberto Agostini, *«Un dovere del Paese per la coscienza unitaria della Patria». Considerazioni sul censimento dei profughi delle Venezie dopo Caporetto*

La ricerca analizza alcuni aspetti politici, amministrativi e sociali concernenti la complessa questione dei profughi trentini, veneti e friulani durante la prima guerra mondiale, in particolare dopo Caporetto. Illustra altresì il contesto di generale spaesamento e diffusa miseria delle popolazioni invase e la tremenda condizione umana dei profughi destinati a raggiungere località lontane. Inoltre approfondisce il ruolo del Comitato Parlamentare Veneto e dell'Alto Commissariato per l'assistenza ai profughi, affidato alla responsabilità di Luigi Luzzatti. Infine riporta in tabelle dettagliate il censimento generale dei profughi, voluto dal Regio Commissariato dell'emigrazione, per organizzare l'assistenza logistica e sanitaria. L'operazione di rilevazione riguarda le zone invase e sgombrate, sino a comprendere Trieste, Fiume, Istria e Dalmazia, con nomi di località, numeri e percentuali.

'A duty of the country for the unified knowledge of the homeland'. Considerations on the census of Tre Venezie refugees after Caporetto

The research analyses some political, administrative and social aspects of the complex subject of Trento, Veneto and Friuli refugees during World War I, in particular after Caporetto. It then illustrates the general context of disorientation and widespread destitution of the invaded peoples and the dreadful human condition of the refugees destined to reach distant places. It also looks more closely at the role of the Comitato Parlamentare Veneto and the Alto Commissariato per l'Assistenza ai Profughi, for which Luigi Luzzatti was given responsibility. Finally, it shows in detailed tables the general census of refugees, called for by the Regio Commissariato dell'Emigrazione, to organise logistical and health assistance. The survey operation concerns the invaded and cleared areas, through to including Trieste, Fiume (Rijeka), Istria and Dalmatia, with names of localities, numbers and percentages.

Alba Lazzaretto, *«Vivere e morire col povero popolo». Vescovi, clero, religiose nelle zone occupate dopo Caporetto*

Attraverso le lettere dei vescovi delle zone occupate dopo Caporetto, i diari dei parroci, la memorialistica dell'epoca, si ricostruisce l'opera del clero in favore della popolazione durante il cosiddetto «anno della fame», nel terribile periodo che seguì la disfatta dell'esercito italiano. Migliaia di persone furono costrette a fuggire, ma molti rimasero sotto il duro dominio nemico e il clero – come pure alcune suore – restarono ad aiutare il popolo, sostituendosi alle autorità civili che erano in gran parte fuggite.

«Vivere e morire col povero popolo». Bishops, clergy, religious in the occupied areas after Caporetto

Through the letters of the bishops of the areas occupied after Caporetto, the diaries of the priests and the documents of the period, we can discover the deeds of the clergy in favor of the population during the so-called 'year of hunger', in the terrible period that followed the defeat of the Italian army. Thousands of people were forced to flee, but many stayed under harsh enemy rule, and the clergy – and several sisters too – remained to help the people, replacing the civil authorities who had largely escaped.

Donato Nitti, *Aspetti medico-chirurgici della contingenza bellica*

Il compito del Corpo di Sanità Militare durante la Prima Guerra Mondiale fu gravoso per le conseguenze devastanti delle moderne artiglierie e per gli effetti dell'uso di armi come gas asfissianti e lacrimogeni. Fu disegnata una organizzazione delle strutture sanitarie, fu completamente modificato il *trattamento delle ferite*, la Radiologia risultò indispensabile, la Neurochirurgia acquisì la dignità di disciplina autonoma, l'Ortopedia moderna e la Chirurgia ricostruttiva devono la loro nascita agli ufficiali medici che svilupparono queste discipline. Si dovettero organizzare misure profilattiche e terapie per fronteggiare le malattie epidemiche e per le patologie psichiatriche, per alcuni aspetti inedite, furono proposti nuovi approcci diagnostici e terapeutici. Nel corso della guerra, i campi di battaglia diventarono un enorme laboratorio medico, dove anche si sperimentarono trattamenti innovativi.

Medical-surgical aspects of the war situation

The task of the Corpo di Sanità Militare during World War I was exacting due to the devastating consequences of modern artillery and the effects of the use of weapons like asphyxiating gases and tear gas. Organisation of the health structures was planned, the treatment of wounds completely altered, radiology became indispensable and neuro-surgery took on the dignity of an independent discipline; modern orthopaedics and reconstructive surgery owe their origins to the medical officials who developed these disciplines. Preventive measures and therapies had to be organised to confront the epidemic illnesses and new diagnostic and therapeutic approaches were proposed for psychiatric pathologies, in some respects previously unseen. The battlefields became an enormous medical laboratory during the course of the war, where innovative treatments were also tested.

Adriana Vignazia, *Caporetto nella stampa austriaca*

Il contributo analizza la presentazione e i commenti dell'offensiva di Caporetto nei maggiori quotidiani viennesi di diverso indirizzo politico: la «Neue Freie Presse», la «Reichspost» e l'«Arbeiterzeitung», e nelle riviste illustrate e satiriche: «Das interessante Blatt», «Die Muskete» e «Kikeriki» per il ruolo determinante di fotografia e immagine nella propaganda bellica. Caporetto suscita sentimenti di rivalsa, speranze di vittoria sull'Italia, compiacimento per la riconquista di un territorio considerato parte legittima della monarchia, ma anche lo scetticismo di chi era persuaso che le problematiche sviluppatesi con la guerra non fossero risolvibili militarmente. Le strategie adottate dalla stampa per il fronte interno consistono nell'esaltare la propria superiorità militare e politica, la fedeltà dell'Alleato Tedesco nei confronti del nemico, presentato come inferiore nel combattere, mal guidato e governato, poco sostenuto dagli alleati.

Caporetto in the Austrian press

The paper analyses how the Caporetto offensive was presented and commented on in the main Viennese newspapers of various political leaning: the 'Neue Freie Presse', the 'Reichspost' and the 'Arbeiterzeitung', and in the illustrated and satirical magazines: 'Das interessante Blatt', 'Die Muskete' and 'Kikeriki' for the decisive role of photography and image in the war propaganda. Caporetto aroused feelings of revenge, hopes of victory over Italy and satisfaction at regaining a territory considered a legitimate part of the monarchy, but also scepticism among those who were convinced that the problems developed with the war could not be solved militarily. The strategies adopted by the press for the internal front consisted of exalting their own military and political superiority and the loyalty of the German ally before the enemy, presented as inferior in fighting, poorly led and governed, and with little support from its allies.

Paolo Gaspari, *Il racconto degli ufficiali di prima linea nella battaglia di Caporetto tra storiografia e vulgata*

Caporetto è sinonimo di crisi morale, di fuga e di viltà. Non utilizzando le fonti degli archivi militari, l'interpretazione odierna si basa sui memorali dei letterati e su 'giudizi' che non corrispondono alla realtà e che figurano però nei libri di testo scolastici.

Nell'Archivio dello Stato Maggiore esiste il *corpus* memorialistico più imponente della storia italiana: 16.000 memoriali degli ufficiali caduti prigionieri, 8.000 a Caporetto e nella ritirata, con essi si sono definite le cause militari dello sfondamento, rivoluzionando l'interpretazione della battaglia e 'scoprendo' altre 9 grandi battaglie: gli italiani si ritirarono combattendo, da qui il gran numero di prigionieri.

The narrative of front line officers in the battle of Caporetto between historiography and vulgate

Caporetto is a synonym of moral crisis, flight and cowardice. The current interpretation, not making use of military archive sources, is based on the memorials of scholars and on 'judgements' that do not correspond to reality, but nevertheless appear in school textbooks. The Archivio dello Stato Maggiore contains the most impressive body of memorials on Italian history: 16,000 memorials of officers taken prisoner, 8000 at Caporetto and in the retreat. These are used to define the military causes of the breach, revolutionising the interpretation of the battle and 'discovering' nine other grand battles: the Italians retreat fighting, which explains the large number of prisoners.

Lorenzo Renzi, *I giorni di Caporetto nelle scritture dei soldati*

L'autore presenta alcune lettere e pagine di diario o di memorie che rappresentano testimonianze popolari sulla battaglia e la rotta italiana di Caporetto. Gli scriventi sono soldati semplici, qualche volta, ma non sempre, animati da spirito nazionale, o anche abitanti dei luoghi in cui sono avvenute la battaglia e la ritirata.

The days of Caporetto in the writings of the soldiers

The author presents some letters and other short texts excerpted from diaris or memoirs representing popular witness of the battle and the Italian retreat of Caporetto. They are written by private soldiers, who are sometime, not always, animated by national spirit, or, in other cases, by inhabitants of the location of the battle.

Carla Marcato, *Toponomastica della Grande Guerra*

Il contributo esamina aspetti della toponomastica in relazione alla Grande Guerra e in particolare la polionimia del fronte Isonzo e Carso, aree che si caratterizzano per essere plurilingui. Un altro aspetto riguarda nuove formazioni che vengono coniate durante il conflitto. Strettamente connessa alle vicende belliche è la toponomastica celebrativa e in particolare l'odonomastica, non di rado motivata dalla propaganda; appendice che riflette l'eco di certi toponimi legati alle battaglie è l'antroponimia personale (con le maggiori frequenze tra 1915 e 1918).

Toponomy of the Great War

The paper examines aspects of toponomy in relation to the Great War and in particular the polyonymy of the Isonzo and Carso front, areas that are characterised by being multi-lingual. Another aspect concerns new formations that were coined during the conflict. Celebratory place names and particularly street names are closely connected to war events, not rarely motivated by propaganda; personal anthroponomy is an appendix that reflects the echo of certain place names linked to the battles (with the greatest frequency between 1915 and 1918).

Luca Falsini, *La verità negoziata: i lavori della Commissione d'inchiesta*

Nel gennaio del 1918, a seguito delle molteplici pressioni giunte al Governo dopo la disfatta di Caporetto, venne istituita una Commissione d'inchiesta incaricata di indagare le responsabilità politico-militari della rotta.

Il ritrovamento della documentazione ufficiosa, conservata nelle carte personali di Fulvio Zugaro, Capo della segreteria della Commissione, ha consentito di ricostruire la complessità dei lavori che portarono ad addossare su alcuni generali (Cadorna, Porro, Capello e Cavaciocchi), le responsabilità principali di quanto avvenuto.

Gli esiti politici di rilievo furono la sostanziale assoluzione dei partiti neutralisti dall'accusa di disfattismo e l'occultamento delle responsabilità politiche sulla mancata condotta della guerra, una questione assolutamente centrale per una guerra totale e di massa come la Prima guerra mondiale.

Negotiated truth: the work of the Inquiry Commission

In January 1918, following the diverse pressures exerted on the government after the defeat of Caporetto, an Inquiry Commission was set up charged with investigating the political-military responsibility for the rout. The finding of unofficial documentation among the personal papers of Fulvio Zugaro, head of the commission's secretarial staff, has allowed the complexity of the works that led to the main responsibility for what took place being laid on some generals (Cadorna, Porro, Capello and Cavaciocchi) to be reconstructed. The significant political outcomes were the substantial exoneration of the neutralist parties from the accusation of defeatism and concealment of political responsibility on the unsuccessful handling of the war, an absolutely central question for a total, mass war like World War I.

Pier Luigi Ballini, *Il dibattito parlamentare sull'Inchiesta su Caporetto*

La pubblicazione della Relazione della Commissione parlamentare d'inchiesta su Caporetto favorì la ripresa del dibattito su quella tragica vicenda circa dieci mesi dopo la vittoria, nell'agosto 1919, prima sulla stampa poi alla Camera, fra il 6 e il 13 settembre. Nell'Aula di Montecitorio si contrapposero, ancora una volta, interventisti e neutralisti. Temi principali di quelle discussioni furono la gestione della guerra, i sistemi di comando, le responsabilità delle classi dirigenti politiche e militari, i difficili rapporti fra militari e governo, il disfattismo, le trasformazioni del ruolo del Parlamento «condannato all'impotenza», durante la guerra. Nel dibattito vennero sottolineati anche aspetti 'positivi' del «rovescio di Caporetto»: «un doloroso epilogo ma nello stesso tempo, un magnifico prologo di vita nuova militare e politica»; «un ferro rovente che aveva svegliato la coscienza del paese». «Una grande sventura – sostenne il Presidente del Consiglio, Nitti, ma anche la nostra salvezza; la vittoria ha sanato tutto». La «questione di Fiume» s'impose però, il 12 settembre, come questione centrale; «superò» Caporetto. Circa due settimane dopo veniva dichiarata la chiusura della XXIV legislatura, la più lunga del Regno.

The parliamentary debate on the Inquiry into Caporetto

Publication of the report of the parliamentary commission of inquiry into Caporetto encouraged a resumption of the debate on that tragic affair about ten months after the victory, in August 1919, first in the press and then in the chamber of deputies, between 6th and 13th September. Interventionists and neutralists once again opposed one another in the chamber at Montecitorio. The main themes of the debates were the management of the war, the command systems, the responsibilities of the political and military ruling classes, the difficult relations between military and government, defeatism and the transformations of the role of parliament 'condemned to impotence' during the war. 'Positive' aspects of the 'reversal of Caporetto' were also emphasised in the debate: 'a painful epilogue but at the same time a magnificent prologue of new military and political life'; 'a red-hot iron that had awoken the country's conscience'. 'A great misfortune, but also our salvation; the victory remedied all', sustained the prime minister, Nitti. The 'Fiume question' imposed itself though, on 12th September, as the central one; 'it surpassed' Caporetto. The close of the twenty-fourth legislature was declared about two weeks later, the longest of the Kingdom.

INDICE DEI NOMI

Finito di stampare nel mese di dicembre 2018
da Cierre Grafica, Sommacampagna (VR)

All'indirizzo internet www.istitutoveneto.it è consultabile il catalogo delle più recenti pubblicazioni dell'Istituto Veneto.

Allo stesso indirizzo possono essere scaricati gratuitamente alcuni volumi in formato PDF.

I volumi possono essere acquistati presso l'Istituto Veneto di Scienze, Lettere ed Arti (fax 041.5210598) oppure tramite il distributore CIERREVECCHI Srl (fax 049.8840277)